Herausgegeben und erarbeitet von
Michael Willemsen
Elmar Wortmann

Perspektive Pädagogik

Erziehung, Moral und Gesellschaft

Heft 5

Ernst Klett Verlag
Stuttgart · Leipzig

Inhaltsverzeichnis

1. Werte, Normen und Ziele in der Pädagogik

Sie sind in den ersten vier Kursen von „Perspektive Pädagogik" bereits oft Fragen nachgegangen, die die Bezüge zwischen Werten, Normen und Zielen in unterschiedlichen gesellschaftlichen und kulturellen Zusammenhängen betreffen. In diesem Kurs können Sie dies systematisch und auf dem erhöhten Niveau fortführen und ausbauen, was Sie sich inzwischen erarbeitet haben.

In den ersten Kapiteln dieses Heftes geht es um den Zusammenhang von Pädagogik und Politik in verschiedenen gesellschaftlichen Systemen und politischen Ordnungen, nämlich in der Zeit der Herrschaft des Nationalsozialismus (1933–1945), in der Deutschen Demokratischen Republik (1949–1990) und in der Bundesrepublik Deutschland. Als Einstieg gibt es im ersten Kapitel zunächst zwei Texte, in denen sich Zeitzeugen an ihre Erlebnisse in der Zeit des Nationalsozialismus und in der DDR erinnern. In einem weiteren aktuellen journalistischen Text stellt der Autor eine provozierende These zur politischen Bildung der heutigen Jugend in der Bundesrepublik Deutschland auf. Die Auseinandersetzung mit diesen Texten soll Sie dazu anregen, sich Ihr (Vor-)Verständnis des Verhältnisses von Pädagogik und Politik bewusst zu machen oder ein erstes Verständnis dieses Verhältnisses zu entwickeln.

Aufgaben

1. Beschreiben Sie zunächst, um welche Textsorte es sich bei M 1 und M 2 handelt. Beachten Sie dabei die Perspektive der Autorin/des Autors.
2. Analysieren Sie die Texte, indem Sie herausarbeiten,
   a) in welchen gesellschaftlichen und politischen Kontexten die erinnerten Erlebnisse und Erfahrungen gemacht wurden,
   b) in welchen Institutionen und Organisationsformen die erzieherischen Einflussnahmen stattfanden,
   c) welche Erziehungsziele (vor allem im Hinblick auf politische Erziehung) jeweils verfolgt wurden,
   d) mit welchen „Mitteln" (bzw. Methoden, Verfahrensweisen) die Ziele erreicht werden sollten,
   e) welche Wirkungen dies bei der Autorin/dem Autor auslöste und wie beide diese Wirkung aus der Distanz beurteilen.
3. Welche Fragen möchten Sie der Autorin/dem Autor stellen? Entwickeln Sie zunächst selbst solche Fragen, und tauschen Sie sich danach mit anderen Kursteilnehmern über Ihre Fragen aus. Halten Sie solche Fragen schriftlich fest, die Sie gemeinsam für besonders interessant und wichtig halten.

M1 Mein Eintritt in die Hitler-Jugend (Melita Maschmann)

Melita Maschmann (1918–2010) war begeisterte Anhängerin des nationalsozialistischen Regimes. 1963 erschien ihr Buch „Fazit. Kein Rechtfertigungsversuch", in dem sie von ihren damaligen Erlebnissen, Gefühlen und Gedanken erzählte und versuchte, ihre nationalsozialistische Vergangenheit zu verstehen.

Abb. 1.1: Melita Maschmann

„30. Januar 1933 …
An diesem Tag sollte die Hausschneiderin ein Kleid meiner Mutter so ändern, dass ich es tragen konnte. Vor den ermüdenden Anproben fürchtete ich mich, aber die Schneiderin mochte ich gern. Dass sie lahmte und einen Buckel hatte, unterschied sie von allen anderen Menschen meiner Umgebung, und ich empfand einen unklaren Zusammenhang zwischen ihrer körperlichen Besonderheit und dem, was sie selbst ihre sozialistische Gesinnung nannte.
Der Tisch, an dem ich meine Schularbeiten machte – ich war damals gerade eben fünfzehn Jahre alt geworden –, stand neben ihrer Nähmaschine, und wenn meine Mutter uns allein gelassen hatte, sprach sie manchmal über ihre politische Betätigung. Unter dem Aufschlag ihres Mantelkragens steckte, solange ich sie kannte, ein metallgestanztes Hakenkreuz. An diesem Tag trug sie es zum ersten Mal offen zur Schau, und ihre dunklen Augen funkelten, als sie

von dem Sieg Hitlers sprach. Meine Mutter reagierte mit Missbehagen. Sie fand es anmaßend, wenn ungebildete Leute sich mit Politik abgaben.

Aber gerade, dass diese Frau zu den kleinen Leuten gehörte, machte sie für mich anziehend. Ich fühlte mich aus demselben Grund zu ihr hingezogen, aus dem ich manchmal auch für unser Dienstmädchen und gegen meine Mutter innerlich Partei nahm. Heute weiß ich, dass der Widerstand gegen jede Äußerung bürgerlichen Standesdünkels, der sich früh in mir bildete, von der Auflehnung gegen die autoritäre Erziehungsweise meiner Mutter gespeist wurde. Sie erwartete von ihren Kindern den gleichen fraglosen Gehorsam, den sie von den Dienstmädchen oder dem Chauffeur unseres Vaters forderte. Durch diese Haltung drängte sie mich früh in die Opposition, die nicht nur pubertätsbedingten persönlichen Charakter hatte, sondern sich auch gegen das von meinen Eltern repräsentierte ‚Bürgertum' richtete.

Auf die Frage, welche Gründe junge Menschen damals veranlasst haben, Nationalsozialisten zu werden, wird es viele Antworten geben. Vermutlich hat der Gegensatz der Generationen und das Zusammentreffen der Hitler'schen Machtübernahme mit einem bestimmten Pubertätsstadium dabei oft eine Rolle gespielt. Für mich war es ausschlaggebend: Ich wollte einen anderen Weg gehen als den konservativen, den mir die Familientradition vorschrieb. Im Mund meiner Eltern hatte das Wort ‚sozial' (oder sozialistisch) einen verächtlichen Klang. Sie sprachen es aus, wenn sie sich darüber entrüsteten, dass die bucklige Hausschneiderin so anmaßend war, sich politisch betätigen zu wollen. Am 30. Januar 1933 verkündete sie, dass jetzt eine Zeit anbrechen würde, in der die Dienstmädchen nicht mehr am Küchentisch essen müssten. Meine Mutter hat stets vorbildlich für ihre Angestellten gesorgt, aber es wäre ihr absurd vorgekommen, Tischgemeinschaft mit ihnen zu haben.

Keine Parole hat mich je so fasziniert, wie die von der Volksgemeinschaft. Ich habe sie zum ersten Mal aus dem Mund der verkrüppelten und verhärmten Schneiderin gehört, und am Abend des 30. Januar bekam sie einen magischen Glanz. Die Art dieser ersten Begegnung bestimmte ihren Inhalt: Ich empfand, dass sie nur im Kampf gegen die Standesvorurteile der Schicht verwirklicht werden konnte, aus der ich kam, und dass sie vor allem den Schwachen Hilfe und Recht gewähren musste. Was mich an dieses fantastische Wunschbild band, war die Hoffnung, es könnte ein Zustand herbeigeführt werden, in dem die Menschen aller Schichten miteinander leben würden wie Geschwister.

Am Abend des 30. Januar nahmen meine Eltern uns Kinder – meinen Zwillingsbruder und mich – mit in das Stadtzentrum. Dort erlebten wir den Fackelzug, mit dem die Nationalsozialisten ihren Sieg feierten. Etwas Unheimliches ist mir von dieser Nacht her gegenwärtig geblieben. Das Hämmern der Schritte, die düstere Feierlichkeit roter und schwarzer Fahnen, zuckender Widerschein der Fackeln auf den Gesichtern und Lieder, deren Melodien aufpeitschend und sentimental zugleich klangen.

Stundenlang marschierten die Kolonnen vorüber, unter ihnen immer wieder Gruppen von Jungen und Mädchen, die kaum älter waren als wir. In ihren Gesichtern und in ihrer Haltung lag ein Ernst, der mich beschämte. Was war ich, die ich nur am Straßenrand stehen und zusehen durfte, mit diesem Kältegefühl im Rücken, das von der Reserviertheit der Eltern ausgestrahlt wurde? Kaum mehr als ein zufälliger Zeuge, ein Kind, das noch Jungmädchenbücher zu Weihnachten geschenkt bekam. Und ich brannte doch darauf, mich in diesen Strom zu werfen, in ihm unterzugehen und mitgetragen zu werden. […] In diesem Alter findet man sein Leben, das aus Schularbeiten, Familienspaziergängen und Geburtstagseinladungen besteht, kümmerlich und beschämend arm an Bedeutung. Niemand traut einem zu, dass man sich für mehr interessiert als für diese Lächerlichkeiten. Niemand sagt: Du wirst für Wesentlicheres gebraucht, komm! Man zählt noch nicht mit, wo es um ernste Dinge geht.

Abb. 1.2

Aber die Jungen und Mädchen in den Marschkolonnen zählten mit. Sie trugen Fahnen wie die Erwachsenen, auf denen die Namen ihrer Toten standen.

Irgendwann sprang plötzlich jemand aus der Marschkolonne und schlug auf einen Mann ein, der nur wenige Schritte von uns entfernt gestanden hatte. Vielleicht hatte er eine feindselige Bemerkung gemacht. Ich sah ihn mit blutüberströmtem Gesicht zu Boden fallen, und ich hörte ihn schreien. Eilig zogen uns die Eltern fort aus dem Getümmel, aber sie hatten nicht verhindern können, dass wir den Blutenden sahen. Sein Bild verfolgte mich tagelang. In dem Grauen, das es mir einflößte, war eine winzige Zutat von berauschender Lust: „Für die Fahne wollen wir sterben", hatten die Fackelträger gesungen. Es ging um Leben und Tod. Nicht um Kleider oder Essen oder Schulaufsätze, sondern um Tod und Leben. Für wen? Auch für mich? Ich weiß nicht, ob ich mir diese Frage damals gestellt habe, aber ich weiß, dass mich ein brennendes Verlangen erfüllte, zu denen zu gehören, für die es um Tod und Leben ging.

Wenn ich den Gründen nachforsche, die es mir verlockend machten, in die Hitler-Jugend einzutreten, so stoße ich auch auf diesen: Ich wollte aus meinem kindlichen, engen Leben heraus und wollte mich an etwas binden, das groß und wesentlich war. Dieses Verlangen teilte ich mit unzähligen Altersgenossen. […] Meine Eltern lehnten die Weimarer Republik ab. Bewusst und unbewusst lenkten sie das Augenmerk ihrer Kinder auf jene Tatsachen, die geeignet waren, das neue System in Misskredit zu bringen. Sie selbst starrten nur auf die Fehlschläge und hatten keinen Blick für den verzweifelten Kampf der Männer, die die Republik retten wollten. Auch die ungewöhnlich reiche Entfaltung der geistigen und künstlerischen Schöpfungskraft jener Jahre kam ihnen nicht zu Bewusstsein. […]

Alle Ereignisse […] wirkten in der gleichen Richtung: Sie bereiteten mich vor auf jenen unheimlichen und faszinierenden Appell des 30. Januar 1933, dem ich nicht widerstehen konnte, obwohl ich noch ein Kind und keineswegs ein frühreifes war.

Ich glaubte den Versprechungen der Nationalsozialisten, dass sie die Arbeitslosigkeit und damit die Not von sechs Millionen Menschen beseitigen würden. Ich glaubte ihnen, dass sie das deutsche Volk aus der Zersplitterung von mehr als vierzig politischen Parteien zu einer Einheit zusammenführen und dass sie die Folgen des Versailler Diktats überwinden würden. Wenn mein Glaube sich im Januar 1933 nur auf eine Hoffnung stützen konnte, so schien er bald genug auf Tatsachen hinweisen zu können […]. Die im Bürgertum heranwachsende Generation, die bei der Machtergreifung Hitlers auf der Schwelle zwischen Kindheit und Jugend stand, war in einer verhängnisvollen Weise darauf vorbereitet […], ein Opfer seiner ‚Ideen' zu werden; auch wenn die Eltern dieser Generation dem Nationalsozialismus feindlich gesonnen waren."

M2 Zerbröselndes Vaterland (Jochen-Martin Gutsch)

Jochen-Martin Gutsch (geb. 1971) ist Redakteur bei der Zeitschrift DER SPIEGEL. Im folgenden Text blickt er im Jahre 2015 auf seine Erlebnisse, Stimmungen und Erfahrungen am Ende der DDR in den Jahren 1989 und 1990 zurück. Gutsch war damals Schüler an einer „Erweiterten Oberschule" in (Ost-)Berlin und stand kurz vor dem Abitur.

Abb. 1.3: Jochen-Martin Gutsch

Als wir im Februar 1990 unser Halbjahreszeugnis der 12. Klasse erhielten, stand hinter den Fächern Staatsbürgerkunde und Geschichte plötzlich keine Note mehr. Nur noch ein Wort: „erteilt".

Das war seltsam, aber es passte in die Zeiten. Die Geschichte hatte die DDR so gut wie beerdigt, und in Staatsbürgerkunde lag das Lehrbuch mit dem Titel „Einführung in die marxistisch-leninistische Philosophie" auf unseren Tischen wie ein Irrtum. Nach Lenin war Imperialismus „parasitärer, faulender, sterbender Kapitalismus" – so hatten wir das gelernt. Aber offensichtlich war der sterbende Kapitalismus dann doch noch ganz vital. Im Gegensatz zum Sozialismus. Wir mussten nur aus dem Fenster schauen, um zu sehen, wie alles, was in einem Lehrbuch steht, von der Realität widerlegt wird. Und alles ging so schnell. Rasend schnell. Die DDR, „unser sozialistisches Vaterland", zerbröselte vor unseren Augen. Im Herbst 1989 war ich 17 Jahre alt und Schüler an der Erweiterten Oberschule „Immanuel Kant" in Ostberlin. Im Sommer 1990 machte ich das Abitur. Dazwischen lag die Revolution. Es waren aufregende Monate. Gerade noch standen wir Schüler im FDJ-Hemd zum Fahnenappell vor dem Schuldirektor, der davon sprach, dass wir „sozialistische Akademikerpersönlichkeiten" werden würden. Die nächste DDR-Elite. Dann verschwand erst Erich Honecker, dann die Mauer, schließlich das ganze Land.

Zunächst aber verschwanden ein paar Mitschüler. Sie ka-

Abb. 1.4

men aus den Sommerferien 1989 nicht mehr zurück, und jeder wusste, sie waren im Westen oder auf dem Weg dorthin. Aber im Unterricht wurde nicht darüber gesprochen. Wir beschäftigten uns mit Differenzialrechnung und der „historischen Mission der Arbeiterklasse". Einige Wochen später, der Herbst hatte gerade begonnen, verschwand dann auch die Mutter meines Banknachbarn. Über Ungarn in die BRD. Markus, mein Banknachbar, blieb in der Ostberliner Plattenbauwohnung zurück. Im Unterricht wurde nicht darüber gesprochen. Anfang Oktober gab es große Demonstrationen in Leipzig und Dresden, dazu der letzte, bizarre Republikgeburtstag mit Michail Gorbatschow und einem besserwisserischen Honecker in Ostberlin. Im Unterricht wurde nicht darüber gesprochen.

Das änderte sich, als Honecker am 18. Oktober 1989 zurücktrat. Der Genosse Generalsekretär. Es war das erste Mal, dass im Unterricht über die „Vorgänge im Land" geredet wurde. Vorsichtig, tastend. Die Lehrer waren ängstlich, wir Schüler waren ängstlich. Hätte ich zuvor gesagt: „Der Genosse Generalsekretär Erich Honecker ist alt, der Lage im Land nicht mehr gewachsen und muss abgelöst werden!" – vermutlich wäre ich von der Schule geflogen.

Jetzt sollten wir also diskutieren. Nur wie? Wir hatten keine Übung. Bei politischen Diskussionen im Unterricht ging es bislang nie um Sichtweisen oder Meinungen. Sondern um den „Klassenstandpunkt" und eine klare „weltanschauliche Haltung". Wir diskutierten nicht. Wir zeigten Haltung. Anscheinend hatte sich der Klassenstandpunkt gegenüber Erich Honecker aber gerade verschoben. Richtung Egon Krenz. Das war neu, sensationell, hielt aber nicht lange. Am 4. November 1989 ging ich zusammen mit einigen Mitschülern zur großen Demonstration auf den Alexanderplatz. Meine erste echte Demo, für Meinungs- und Reisefreiheit. Wir hatten Schiss, nicht vor der Polizei oder der Stasi, von

Abb. 1.5

der ich bis zum Herbst 1989 nicht einmal wusste, wo das berühmte Hauptquartier lag. Es war der alltägliche DDR-Schiss, der uns in den Knochen steckte, mit dem wir aufgewachsen waren und der sich um die Fragen drehte: Darf man das? Ist das erlaubt? Demonstrieren war bislang nicht erlaubt. Ich kannte nur das Vorbeimarschieren. Jetzt standen wir zwischen Zehntausenden Menschen und waren sicher: Diese Demo ist der Höhepunkt in diesem irren DDR-Herbst. Fünf Tage später fiel die Mauer.
Ich lag im Bett und schlief. Am 10. November schwänzte ich in der Schule die Chorprobe und fuhr am Nachmittag zum ersten Mal nach Westberlin, das an jeder Ecke so aussah wie in der Fernsehserie „Drei Damen vom Grill".
Am nächsten Tag musste ich in der Schule zu einer Aussprache. Die Musiklehrerin schrie: „Du hast die Chorprobe geschwänzt, Jochen!"
„Aber die Mauer ist offen!", sagte ich. „Ja, na und?", sagte sie und hatte Tränen in den Augen.
Sehe ich heute Dokumentationen über den Mauerfall, dann sind die Menschen so wahnsinnig euphorisch. In meiner Erinnerung aber ist das Gefühl der Verwirrung, der staunenden Verwunderung viel stärker.
Der Schulunterricht am Samstag wurde bald abgeschafft, genauso wie der Wehrunterricht. Aus Staatsbürgerkunde wurde Gesellschaftskunde. Die FDJ-Gruppe löste sich auf, und einige clevere Mitschüler waren jetzt am Bahnhof Zoo unterwegs und tauschten DDR-Währung gegen Westgeld. Meine Schulnoten wurden schlechter, Lehrer waren dauerhaft krank oder fuhren viel nach Westberlin. In Geschichte sprachen wir plötzlich über den Stalinismus. Stalinismus? Unser Abiturlehrbuch in Geschichte war bislang ein dickes Buch: „Geschichte der SED – Abriss". Der Titel klang jetzt sehr ironisch.
Der Geschichtslehrer war noch derselbe. Ein älterer, freundlicher Herr mit dem kleinen ovalen Parteiabzeichen am Jackett. Bei ihm hatten wir die Jahreszahlen der Parteitage gepaukt, das Wirken der sozialistischen und kapitalistischen Produktivkräfte, und er hatte erklärt, warum der Sieg des Sozialismus über den Kapitalismus eine „historische Gesetzmäßigkeit" sei. Jetzt sprachen wir übergangslos über Stalin und den Gulag in Sibirien.
Eine Aussprache über Unterricht und Propaganda, über gefälschte Geschichte und falsche Weltbilder blieb aus. Kein Lehrer bot sie uns an. Und wir forderten sie nicht ein. Dabei gab es viele Fragen: Warum jubelten die Menschen jetzt Helmut Kohl zu, wo sie eben noch Michail Gorbatschow zugejubelt hatten? Warum riefen sie jetzt nach der D-Mark und nicht mehr nach Perestroika und Glasnost? Niemand konnte uns das erklären. […]

Abb. 1.6

Sie haben sicherlich leicht einen Konsens darüber herstellen können, dass die politische Erziehung in der Zeit des Nationalsozialismus und in der DDR (auch) aus pädagogischer Perspektive nicht akzeptabel und hochproblematisch ist.

Aufgabe

Sie haben aus den Berichten der Zeitzeugen bereits erste Informationen über die Erziehung im Nationalsozialismus und in der DDR gewinnen können. Entwickeln Sie vor dem Hintergrund Ihrer Analyseergebnisse zu den ersten beiden Texten Ideen zu einem demokratischen Gegenentwurf, in dem Sie die Anforderungen an die politische Erziehung und Bildung in der „Bundesrepublik Deutschland" formulieren.

Greifen Sie dabei auch auf Ihre eigenen Erfahrungen und Vorkenntnisse zur politischen Erziehung und Bildung in der heutigen Schule und auf Ihr in den bisherigen Kursen erarbeitetes Verständnis von „Erziehung" und „Bildung" zurück.

Was kommt heraus, wenn man die (von Ihnen entwickelten) Grundsätze als Ansprüche an die politische Bildung und Erziehung an der Wirklichkeit misst? Wie ist es heute um die politische Bildung von Jugendlichen bestellt?

Der nächste Text kritisiert den aktuellen Zustand der politischen Erziehung und Bildung in Deutschland heftig. Er ist 2015 im „Magazin für politische Kultur" Cicero erschienen. Der Autor ist Leiter des Programmbereichs der „Vodafone Stiftung Deutschland", die Anstöße für eine „aktive Bürgergesellschaft" geben will.

M3 Jugendliche verkommen zu politischen Analphabeten (Sebastian Gallander)

Nur ein Viertel der Eltern in Deutschland findet, dass Kinder zu Hause das Interesse für Politik lernen sollten. In einer gerade veröffentlichten Allensbach-Umfrage wurden Eltern nach den Erziehungszielen für ihre Kinder gefragt. Fast 90 Prozent von ihnen waren sich einig: Erziehungsziel Nummer eins sind demnach Höflichkeit und gutes Benehmen. Im Mittelfeld liegt der sparsame Umgang mit Geld. Das Interesse für Politik landet dagegen weit abgeschlagen, fast auf dem letzten Platz, wobei es bei Eltern aus schwächeren sozialen Schichten besonders gering ist. In dieser Deutlichkeit ist das mehr als beunruhigend - gerade angesichts der aktuellen Lage. Die lokalen Pegida-Erdbeben sind zwar etwas abgeklungen, aber die Erschütterungen waren überall im Land zu spüren und haben deutlich gezeigt, welche Verwerfungen es unter der gesellschaftlichen Oberfläche gibt. Selbst in einer so weltläufigen Stadt wie Hamburg zieht die AfD ins Parlament ein. In Sachsen-Anhalt treiben rechtsradikale Demonstranten einen Bürgermeister aus dem Amt. Währenddessen verlieren die traditionellen Parteien massiv an Zulauf und die Wahlbeteiligung ist teilweise extrem gering - insbesondere unter jüngeren Menschen. Dabei müsste es genau andersherum sein. Von der Energiewende über den Datenschutz bis hin zu Deutschlands Rolle in der Welt, geht es um aktuelle Fragen, bei denen die Politik das Leben der Bürger beeinflusst.

Abb. 1.7

Mitbestimmung der Bürger erfordert natürlich eine gewisse politische Bildung, wofür die Grundlage in der Jugend gelegt wird. Jedoch scheint das nicht immer zu gelingen. Zuletzt hatte eine groß angelegte Studie der Freien Universität Berlin für Aufsehen gesorgt, die zeigte, dass das politisch-historische Wissen vieler Schüler so gering ist, dass sie den NS-Staat und die DDR nicht für eine Diktatur hielten und das wiedervereinigte Deutschland nicht für eine Demokratie. Dies kann man nicht den Eltern zum Vorwurf machen. Aber wenn sie die Demokratie-Aufklärung der Kinder nicht übernehmen, wer sollte es dann tun?
Es gibt wohl kaum einen anderen Ort, an dem man alle Jugendlichen erreichen kann, wie die Schule, und es gibt wohl kaum ein anderes Unterrichtsthema, das man so packend gestalten kann, wie Politik - aktuelle Nachrichten diskutieren, Planspiele organisieren, Exkursionen unternehmen, lokale Politiker einladen, sich im Stadtteil engagieren, eine Zeitung machen und vieles mehr. Viele Lehrer tun bereits ihr Bestes, um ihre Schüler für das Fach Politik oder Sozialkunde zu begeistern, doch verbindliche Vorgaben für den Unterricht variieren je nach Bundesland. […]
Man darf diese Aufgabe nicht allein der Schule überlassen. Auch die Regierung muss alles daran setzen, junge Menschen an die drängenden gesellschaftlichen Fragen heranzuführen. Das ist natürlich keine leichte Aufgabe, wenn man bedenkt, wie viele Unternehmen bereits um die knappe Aufmerksamkeit der Jugendlichen konkurrieren und welche Sturmflut aus Soap-Operas und Youtube-Filmchen täglich tosend über sie hereinbricht. […]

Abb. 1.8

Abb. 1.9

Aufgaben

1. Geben Sie die Position des Autors zum aktuellen Zustand der politischen Bildung der Jugend in der Bundesrepublik wieder.
2. In welchen Punkten stimmen Sie dem Autor zu, in welchen nicht? Begründen Sie Ihre Position. Schreiben Sie einen Leserkommentar.

Der Text von Sebastian Gallander wurde von einigen Lesern auf der Homepage der Zeitschrift Cicero kommentiert. Hier ist eine kleine Auswahl von Leserkommentaren.

Kommentare von Lesern

(1) Wenn Politik in der Schule gelehrt wird, besteht auch immer die Gefahr einer ideologischen Beeinflussung der Schüler. Mein Sozialkundelehrer hat auch den Wirtschaftskurs unterrichtet, und die politische Marschrichtung war genauso vorgegeben wie bei meiner Deutschlehrerin in der Oberstufe. […]

(2) Die privaten Fernsehsender und Medienkonzerne haben ein wichtiges Etappenziel erreicht: Die gezielte Verblödung der jüngeren Generationen durch bewusstes Ausblenden politisch-kontroverser Inhalte in ihren Programmen.
Diese Saat ist anscheinend auch bei den Elterngenerationen aufgegangen, denn sonst würden sie sich für ein Mehr an politischer Bildung einsetzen und ihre Kinder und Enkel stärker politisch vorprägen und ihre Sprösslinge zu kritischen Staatsbürgerinnen und -bürgern erziehen. […]
Aber wer denkt und hinterfragt noch im Zeitalter der Reizüberflutung? Und die amtierenden Politikerinnen und Politiker haben keinerlei Interesse an echter politischer Bildung im Sinne von „Aufklärung", weil diese Aufklärung ja ihre konservativen Mehrheiten ins Wanken bringen würde. […]

(3) Die Vollverblödung hat seit der Einführung des Privatfernsehens Mitte der Achtziger rapide zugenommen. Nur sieht kaum jemand hier einen Zusammenhang. Dabei ist der doch offensichtlich. Schulkinder haben heutzutage noch eine Aufmerksamkeitsspanne, die genau von einer Werbepause zur nächsten reicht. […]

Weiterführende Aufgaben

1. Was möchten Sie den Lesern antworten?
2. Erörtern Sie die Ansichten der Leser und Ihre Antworten in Ihrem Kurs.
3. Überprüfen Sie Ihre zuvor entwickelten Anforderungen an die politische Bildung in der heutigen Bundesrepublik und ergänzen oder verändern Sie sie gegebenenfalls.

Methode

Pädagogische Urteilsbildung

Aus Heft 3 von Perspektive Pädagogik (Kapitel 4, S. 43) kennen Sie bereits die Ausdifferenzierung der Dimensionen handlungsbezogener pädagogischer Reflexion nach Klaus Beyer. Hier finden Sie einen Vorschlag, sich im Anschluss an dieses Instrumentarium der Analyse und Beurteilung der politischen Erziehung in unterschiedlichen politischen und gesellschaftlichen Ordnungen zuzuwenden: der Erziehung im Nationalsozialismus, der politischen Erziehung in der DDR und der Werte-Erziehung und dem Demokratie-Lernen in der Bundesrepublik Deutschland (bzw. anderen offenen rechtsstaatlichen Ordnungen).

Fragen zur Analyse und Beurteilung politischer Bildung in verschiedenen politischen Systemen	
Fragen zu den Zielen politischer Erziehung	• Welche Erziehungsziele werden in den unterschiedlichen politischen Systemen verfolgt? • Durch welche politischen und pädagogischen Vorgaben werden diese Ziele formuliert? • Wie werden diese Ziele begründet? • Welche Rolle spielen dabei politische, welche pädagogische Argumente? • <u>Werturteil</u>: Wie beurteilen Sie die Ziele aus der pädagogischen Perspektive einer auf Mündigkeit (d.h. vernünftige Selbstbestimmung) zielenden Erziehung? • Welche pädagogischen Kriterien sind bei der Beurteilung ausschlaggebend? • …
Fragen zu den pädagogischen Institutionen und den Lehr-Lernformen, die in ihnen eingerichtet wurden, um die Ziele zu erreichen	• In welchen Institutionen werden die Ziele verfolgt? • In welchen institutionalisierten Lehr-Lernformen werden die Ziele in den Institutionen verfolgt? • Welche Hilfen werden den Erziehern zur Verfügung gestellt? • Welchen Kontrollen werden eingeführt? • Gibt es Unterschiede im Hinblick auf die Ziele und Lehr-Lernformen zwischen den Institutionen? • …

Fragen zur Analyse und Beurteilung politischer Bildung in verschiedenen politischen Systemen	
Fragen zu den „Mitteln" (Methoden, Verfahren) der politischen Erziehung	• Mit welchen Vorgaben, Verfahren, Methoden, Mitteln sollten/sollen die Ziele in den verschiedenen Institutionen verfolgt werden? • Welche Hilfen werden den Erziehern vorgegeben und/oder angeboten, um die Ziele zu erreichen? • Sachurteil: Wie beurteilen Sie die Effektivität und Effizienz der eingesetzten Verfahren zur Erreichung der pädagogischen Ziele? Effektivität: Wirksamkeit der eingesetzten Verfahren im Hinblick auf die Ziele; Effizienz: Wirksamkeit der eingesetzten Verfahren im Hinblick auf den Aufwand, der betrieben werden musste, um die Ziele zu erreichen. • Werturteil: Wie beurteilen Sie die pädagogische Legitimität (Berechtigung) der eingesetzten „Mittel" (bzw. Verfahren, Methoden) aus der pädagogischen Perspektive einer auf Mündigkeit (d.h. vernünftige Selbstbestimmung) zielenden Erziehung? • …

Fragen zu den gesellschaftlichen und politischen Verhältnissen, in denen politische Erziehung stattfand/stattfindet	• Welche politischen Ordnungen und wirtschaftlichen Rahmenbedingungen herrschten/herrschen?
	• Welche gesellschaftlichen Verhältnisse herrschten/herrschen?
	• Werturteil: Wie beurteilen Sie die politischen und gesellschaftlichen Verhältnisse aus der pädagogischen Perspektive einer auf Mündigkeit (d.h. vernünftige Selbstbestimmung) zielenden Erziehung? Beachten Sie bei Ihrer Antwort die Kriterien, an denen Sie Ihr Urteil orientieren.
	• Werturteil: Wie beurteilen Sie die politischen und gesellschaftlichen Verhältnisse aus der pädagogischen Perspektive einer auf Mündigkeit (d.h. vernünftige Selbstbestimmung) zielenden Erziehung? Beachten Sie bei Ihrer Antwort die Kriterien, an denen Sie Ihr Urteil orientieren.
	• Welche Bezüge bestehen zwischen der politischen Ordnung und den pädagogischen Zielen sowie den darauf bezogenen Verfahren, Methoden, „Mitteln"?
	• Sachurteil: Wie beurteilen Sie die Effektivität und Effizienz der eingesetzten Verfahren zur Erreichung der pädagogischen Ziele?
	  – Effektivität: Wirksamkeit der eingesetzten Verfahren im Hinblick auf die Ziele;
	  – Effizienz: Wirksamkeit der eingesetzten Verfahren im Hinblick auf den zeitlichen Aufwand und den Einsatz von Ressourcen, der betrieben werden muss, um Ziele zu erreichen.
	• …

Fragen zur Analyse und Beurteilung politischer Bildung in verschiedenen politischen Systemen	
Fragen zu den tatsächlichen Wirkungen, die die politische Erziehung erzielte/erzielt	• Mit welchen staatlichen Kontrollen (Kontrollinstrumenten) wurde/wird überprüft, ob bzw. wie die Ziele umgesetzt wurden? • Mithilfe welcher wissenschaftlichen Verfahren wird das Erreichen der Ziele untersucht? • Welche wissenschaftlichen Erkenntnisse über die tatsächlichen Wirkungen liegen vor? • Wie spiegelt sich das Erreichen der Ziele in den (subjektiven) Erfahrungen von Betroffenen wider? • Welche Ursachen lassen sich für das Erreichen bzw. Nicht-Erreichen der Ziele identifizieren? • …
Reflexion von alternativen Handlungsmöglichkeiten (in Bezug auf das Demokratie-Lernen in der Bundesrepublik Deutschland)	• Welche alternativen pädagogischen Organisationsformen und Handlungsmöglichkeiten („Mittel", Methoden, Verfahren …) gibt es bzw. können entwickelt werden, um Effektivität und Effizienz das Demokratie-Lernens zu steigern? • …

2. Erziehung, Gesellschaft und Politik im Nationalsozialismus

Mit der Zeit des Nationalsozialismus haben Sie sich wahrscheinlich schon in anderen Fächern beschäftigt. Welche neuen Erkenntnisse kann es bringen, dies im Pädagogikunterricht fortzusetzen? Welche Erkenntnisse über das Verhältnis von Erziehung, Gesellschaft und Politik kann der Blick zurück auf diese Zeit der Diktatur bringen?

Das Kapitel beginnt mit einigen Texten zur Ideologie der NS-Erziehung und wendet sich danach den Erziehungsverhältnissen in der Realität während der Zeit der nationalsozialistischen Herrschaft (1933–1945) zu. Am Ende finden Sie zwei zusammenfassende Darstellungen der Grundsätze nationalsozialistischer Erziehung sowie Angebote zur Diskussion der Frage, welche Lektionen die Beschäftigung mit Ideologie und Realität der NS-Pädagogik für die Pädagogik heute bereithält.

Aufgabe

Bevor Sie mit der Erarbeitung der Texte beginnen und eigene Recherchen zur pädagogischen Ideologie und Realität der Erziehungsverhältnisse vornehmen, sollten Sie Ihr Vorwissen über diese Zeit reaktivieren und eine Übersicht mit den wichtigen politischen Daten und Ereignissen anlegen. Danach können Sie aus pädagogischer Perspektive Fragen sammeln, denen Sie nachgehen möchten.

Methode

Der Prozess des hermeneutischen Verstehens (Wolfgang Klafki)

(a) Der hermeneutische Zirkel

Um nun erläutern zu können, wie man vom elementaren Verstehen zum höheren Verstehen gelangt und wie der Prozess der wissenschaftlich kontrollierten Interpretation genauer aussieht, hat Dilthey in Anlehnung an Schleiermacher das Modell des hermeneutischen Zirkels entwickelt. Dabei handelt es sich um eine kreisförmige Bewegung, eben um eine Zirkelbewegung, die zwei Aspekte des hermeneutischen Verstehens umfasst. Die erste Dimension betrifft die Frage des Vorverständnisses. Man kann nämlich nicht voraussetzungslos an einen Text herangehen, sondern muss das eigene Vorverständnis in seiner Geschichtlichkeit erkennen. Mit dem Verstehen des Textes erfährt das zugehörige Vorverständnis eine Modifikation und Erweiterung, sodass wiederum ein besseres Textverständnis möglich wird. Dieser hermeneutische Zirkel lässt sich in nachfolgender Abbildung veranschaulichen.

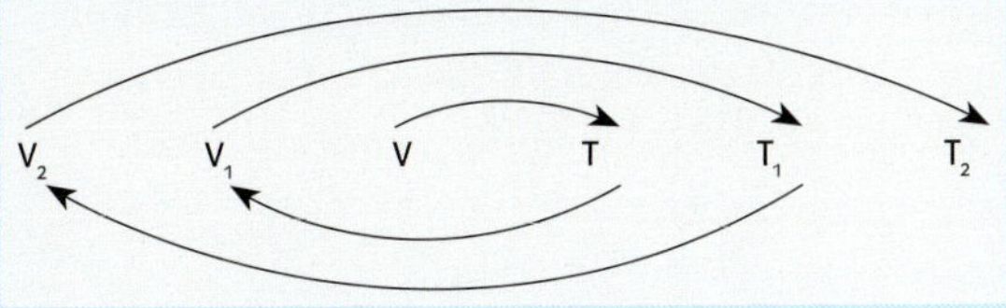

Abb. 2.1: Der hermeneutische Zirkel

Anhand des Schemas wird die zirkulierende Bewegung des hermeneutischen Verstehens augenscheinlich. Das ursprüngliche, noch so bruchstückhafte Vorverständnis ist eine notwendige Voraussetzung für das Verstehen eines Textes. Durch die Interpretation des Textes eignet man sich ein Wissen über das behandelte Gebiet an, mit dem das ursprüngliche Vorverständnis erweitert und in einem zweiten Schritt auch das ursprüngliche Textverständnis korrigiert wird. Die Differenz zwischen dem anfänglichen und dem erweiterten Textverständnis bzw. dem Verständnis des Autors wird durch die dargestellte zirkelförmige Bewegung überwunden [...]. Eine absolute Übereinstimmung zwischen dem Verstehenden und dem Produzenten des Textes ist kaum herzustellen. Wie oft müssen wir feststellen, dass wir nach der Lektüre eines pädagogischen Klassikers den Autor immer noch nicht richtig verstanden haben, obwohl wir uns vielleicht schon ganz sicher waren? Selbstverständlich wird der Abstand zwischen dem Verstehen des Lesers und den Intentionen des Autors geringer. Doch die hermeneutische Differenz gehört als Strukturmoment zu jeder hermeneutischen Situation [...].

Eine zweite Dimension des hermeneutischen Zirkels bezieht sich auf den Tatbestand, das sich Einzelelemente eines Textes nur aus dem ganzen Text erschließen lassen sowie umgekehrt das Ganze eines Textes nur auf der Grundlage der einzelnen Elemente zu verstehen ist. So lassen sich beispielsweise oft einzelne, wichtige Begriffe häufig nur aus dem Textganzen erschließen, während das vollständige Verstehen des Gesamttextes das Verstehen dieser Begriffe zur Voraussetzung hat. Die hermeneutische Spirale besteht also auch darin, dass der Teil vom Ganzen her verstanden, modifiziert und erweitert wird und sich umgekehrt das Ganze von den Teilen her bestimmt [...]. Hermeneutisches Verstehen ist somit nie vollständig abgeschlossen, denn Verstehen als Ziel hermeneutischer Bemühung hat nicht Produkt-, sondern Prozesscharakter [...].

(b) Regeln der Textinterpretation

Die Hermeneutik hat zwar keine geschlossene Regel-Lehre für die Textinterpretation im Sinne einer Technologie formuliert [...], doch bietet sie Orientierungshilfen, die beim höheren Verstehen von Texten beachtet werden sollen. So unterscheidet Danner (1989, S. 94 f.) drei Phasen der Textinterpretation.

In der **Phase der vorbereitenden Interpretation** gilt es zu prüfen, ob der zu interpretierende Text authentisch ist. Gleichzeitig muss der Interpret sich sein persönliches Vorverständnis, sein Vorwissen und seine Fragestellung bewusst machen und er muss in einem ersten Schritt den allgemeinen Sinn des Textes, seine Kernaussage herausarbeiten, damit sich das Einzelne von ihm aus aufschließt. In der **Phase der textimmanenten Interpretation** stehen semantische und syntaktische Untersuchungen, die auf Wortbedeutungen und grammatische Zusammenhänge eingehen, sowie logische Analysen im Zentrum, die versuchen, den Textsinn als Ganzes herauszuarbeiten. In der **Phase der koordinierenden Interpretation** können auch andere Werke des Autors herangezogen und auch die Stellung des interpretierten Textes im biografischen Werdegang des Autors berücksichtigt werden. Ebenso sollte versucht werden, die bewussten und unbewussten Voraussetzungen des Autors aufzudecken.

Wolfgang Klafki (1971, S. 134 ff.) hat solche globalen Hinweise im Hinblick auf das hermeneutische Vorgehen konkretisiert [...]. Als Beispiel wählt er Wilhelm von Humboldts (1767–1835) berühmten Text „Theorie der Bildung des Menschen“, der ein Fragment geblieben ist.

1. Zunächst hat der Interpret sich sein eigenes Vorverständnis [...] bewusst zu machen, das er aufgrund seiner Lektüre der Sekundärliteratur gewonnen hat. [...] Nach dem Studium der Sekundärliteratur muss der Forscher seine Fragestellung präzisieren. Verfolgt er mit seiner Untersuchung primär ein problemgeschichtliches Interesse oder ist er vor allem an den tatsächlichen Wirkungen der Bildungstheorie auf die Erziehungswirklichkeit interessiert oder will er beide Fragestellungen verbinden?
2. Diese vorgängige Fragestellung und das sich darin ausdrückende Vorverständnis müssen am Text selbst immer wieder überprüft und eventuell modifiziert werden.
3. Eine weitere wichtige Voraussetzung für eine wissenschaftliche Auseinandersetzung mit Texten ist die Quellen- bzw Textkritik. Textausgaben, die auf einer solchen Quellenkritik beruhen, nennt man „Kritische Ausgaben“. Sie geben den Text, soweit man auf Handschriften oder Erstdrucke zurückgreifen kann, entweder in der ursprünglichen sprachlichen Form oder aber nach der letzten vom Autor selbst genehmigten Ausgabe seiner Werke wieder, wobei dann Änderungen gegenüber früheren Ausgaben in Anmerkungen angegeben werden.
4. Ein weiterer notwendiger Schritt der hermeneutischen Interpretation ist die Frage nach der Bedeutung einzelner Worte oder Formen eines Textes, die sog. semantische Analyse. Wenn Humboldt z. B. [...] die Worte „ästhetisch“ oder „allgemeine Menschenbildung“ verwendet, so ist es eine Voraussetzung wissenschaftlicher Interpretation, dass man die naive Gleichsetzung dieser Worte mit dem heutigen Sprachgebrauch infrage stellt und den spezifischen Sinn herausarbeitet, in dem Humboldt diese Worte im Sprachgebrauch seiner Zeit verwendet.
5. Hermeneutische Interpretationen müssen auch die Entstehungssituation eines Textes mit berücksichtigen. Handelt es sich z. B. um eine bildungspolitische Streitschrift, so ist diese nur zu verstehen, wenn auch die pädagogischen Positionen der jeweiligen Gegenspieler in die Interpretation mit einbezogen werden.
6. Zur Interpretation eines einzelnen Textes ist es oft notwendig, ergänzende Quellen (z. B. sozialgeschichtliche Befunde) herauszuziehen, um nicht bei der rein textimmanenten Interpretation stehen zu bleiben.
7. Bei der Ermittlung des Argumentationszusammenhanges eines Textes müssen auch die syntaktischen Mittel mit berücksichtigt werden. [...]
8. Was die Ermittlung der syntaktischen Beziehungen zwischen Sätzen und Satzgliedern im Kleinen zu leisten vermag, muss vom Interpreten auch für den gesamten Text systematisch geleistet werden. Er muss die gedankliche Gliederung eines Textes, Hauptthesen, Begründungen und beispielhafte Erläuterungen systematisch herausarbeiten.
9. Der Interpret muss zudem die Herleitungen, die gedanklichen Schlussfolgerungen des Autors kritisch überprüfen. Ist die Argumentation logisch stringent, wo sind Brüche oder Widersprüche?
10. Die Interpretation bewegt sich ständig im hermeneutischen Zirkel. Die einzelne Aussage wird im Gang der Interpretation immer wieder im Zusammenhang größerer Aussagenzusammenhänge ausgelegt. Zugleich gilt aber auch, dass der jeweils umfassende Zusammenhang nicht ohne seine einzelnen Elemente verstanden werden kann.
11. Die Aussagen eines Autors müssen ständig in den gesellschaftlichen und kulturellen Kontext der jeweiligen historischen Zeit eingeordnet werden, da es grundsätzlich immer möglich ist, dass die Auffassungen und Argumentationen, die in einem Text von einem Autor geäußert werden, entscheidend durch die gesellschaftliche Situation oder Position, in der sich der Autor befand bzw. befindet, bestimmt sind.

2.1 Der Anspruch der NS-Pädagogik

Aufgaben

Die folgenden Texte formulieren den ideologischen Anspruch der nationalsozialistischen Erziehungspolitik.

1. Recherchieren Sie weitere Informationen zu Hitlers „Mein Kampf".
2. Arbeiten Sie heraus, welche Kritik an der bestehenden (nicht-nationalsozialistischen) Pädagogik geäußert wird.
3. Fassen Sie die Positionen der nationalsozialistischen Pädagogik zusammen. Gliedern Sie sie nach sinnvollen pädagogischen Kriterien. Achten Sie vor allem auf die Rolle des Staates und das Verhältnis von Politik und Erziehung.
4. Sie finden leicht weitere Texte von Nationalsozialisten zur Pädagogik in der Fachliteratur und im Internet, die Sie mit diesen Aufgabenstellungen bearbeiten können.

M1 Hitlers Erziehungsgrundsätze in „Mein Kampf"

Der völkische Staat hat […] seine gesamte Erziehungsarbeit in erster Linie nicht auf das Einpumpen bloßen Wissens einzustellen, sondern auf das Heranzüchten kerngesunder Körper. Erst in zweiter Linie kommt dann die Ausbildung der geistigen Fähigkeiten. Hier aber wieder an der Spitze die Entwicklung des Charakters, besonders die Förderung der Willens- und Entschlusskraft, verbunden mit der Erziehung zur Verantwortungsfreudigkeit, und erst als Letztes die wissenschaftliche Schulung. Der völkische Staat muss dabei von der Voraussetzung ausgehen, dass ein zwar wissenschaftlich wenig gebildeter, aber körperlich gesunder Mensch mit gutem, festem Charakter, erfüllt von Entschlussfreudigkeit und Willenskraft für die Volksgemeinschaft wertvoller ist als ein geistreicher Schwächling. […] Die körperliche Ertüchtigung ist daher im völkischen Staat nicht eine Sache des Einzelnen, auch nicht eine Angelegenheit, die in erster Linie die Eltern angeht, und die erst in zweiter oder dritter die Allgemeinheit interessiert, sondern eine Forderung der Selbsterhaltung des durch den Staat vertretenen und geschützten Volkstums. So wie der Staat, was die rein wissenschaftliche Ausbildung betrifft, schon heute in das Selbstbestimmungsrecht des Einzelnen eingreift und ihm gegenüber das Recht der Gesamtheit wahrnimmt, indem er, ohne Befragung des Wollens oder Nichtwollens der Eltern, das Kind dem Schulzwang unterwirft, so muss in noch viel höherem Maße der völkische Staat dereinst seine Autorität durchsetzen gegenüber der Unkenntnis oder dem Unverständnis des Einzelnen in den Fragen der Erhaltung des Volkstums. Er hat seine Erziehungsarbeit so einzuteilen, dass die jungen Körper schon in ihrer frühesten Kindheit zweckentsprechend behandelt werden und die notwendige Stählung für das spätere Leben erhalten. Er muss vor allem dafür sorgen, dass nicht eine Generation von Stubenhockern herangebildet wird.
[…]
Die Schule als solche muss in einem völkischen Staat unendlich mehr Zeit frei machen für die körperliche Ertüchtigung. Es geht nicht an, die jungen Gehirne mit einem Ballast zu beladen, den sie erfahrungsgemäß nur zu einem Bruchteil behalten, wobei zudem meist anstatt des Wesentlichen die unnötigen Nebensächlichkeiten hängen bleiben, da das junge Menschenkind eine vernünftige Siebung des ihm eingetrichterten Stoffes gar nicht vorzunehmen vermag. […] Es dürfte kein Tag vergehen, an dem der junge Mensch nicht mindestens vormittags und abends je eine Stunde lang körperlich geschult wird, und zwar in jeder Art von Sport und Turnen. Hierbei darf besonders ein Sport nicht vergessen werden, der in den Augen von gerade sehr vielen „Völkischen" als roh und unwürdig gilt: das Boxen. […] Es gibt keinen Sport, der wie dieser den Angriffsgeist in gleichem Maße fördert, blitzschnelle Entschlusskraft verlangt, den Körper zu stählerner Geschmeidigkeit erzieht. […]
Analog der Erziehung des Knaben kann der völkische Staat auch die Erziehung des Mädchens von den gleichen Gesichtspunkten aus leiten. Auch dort ist das Hauptgewicht vor allem auf die körperliche Ausbildung zu legen, erst dann auf die Förderung der seelischen und zuletzt der geistigen Werte. Das Ziel der weiblichen Erziehung hat unverrückbar die kommende Mutter zu sein.
[…] Heute ist die bewusste Entwicklung guter, edler Charaktereigenschaften in der Schule gleich null. Dereinst muss darauf ganz anderes Gewicht gelegt werden. Treue, Opferwilligkeit, Verschwiegenheit sind Tugenden, die ein großes Volk nötig braucht und deren Anerziehung und Ausbildung in der Schule wichtiger ist als manches von dem, was zurzeit unsere Lehrpläne ausfüllt. Auch das Aberziehen von weinerlichem Klagen, von wehleidigem Heulen usw. gehört in dieses Gebiet. Wenn eine Erziehung vergisst, schon beim Kinde darauf hinzuwirken, dass auch Leiden und Unbill einmal schweigend ertragen werden müssen, darf sie sich nicht wundern, wenn später in kritischer Stunde, z. B. wenn einst der Mann an der Front steht, der ganze Postverkehr einzig der Beförderung von gegenseitigen Jammer- und Winselbriefen dient. Wenn unserer Jugend in den Volksschulen etwas weniger Wissen eingetrichtert worden wäre und dafür mehr Selbstbeherrschung, so hätte sich dies in den Jahren 1915 bis 1918 reich gelohnt. […]
Von höchster Wichtigkeit ist die Ausbildung der Willens- und Entschlusskraft sowie die Pflege der Verantwortungsfreudigkeit. Wenn beim Heer einst der Grundsatz galt, dass ein Befehl immer besser ist als keiner, so muss dies bei der Jugend zunächst heißen: Eine Antwort ist immer besser als keine. Die Furcht, aus Angst Falsches zu sagen, keine Antwort zu geben, muss beschämender sein als eine unrichtig gegebene Antwort. […]

Abb. 2.2: Bücherverbrennung am 10.5.1933

Die gesamte Bildungs- und Erziehungsarbeit des völkischen Staates muss ihre Krönung darin finden, dass sie den Rassesinn und das Rassegefühl instinkt- und verstandesmäßig in Herz und Gehirn der ihr anvertrauten Jugend hineinbrennt. Es soll kein Knabe und kein Mädchen die Schule verlassen, ohne zur letzten Erkenntnis über die Notwendigkeit und das Wesen der Blutreinheit geführt worden zu sein. Damit wird die Voraussetzung geschaffen für die Erhaltung der rassenmäßigen Grundlagen unseres Volkstums und durch sie wiederum die Sicherung der Vorbedingungen für die spätere kulturelle Weiterentwicklung. Denn alle körperliche und alle geistige Ausbildung würde im letzten Grunde dennoch wertlos bleiben, wenn sie nicht einem Wesen zugute käme, das grundsätzlich bereit und entschlossen ist, sich selbst und seine Eigenart zu erhalten.

M2 Rede Hitlers in Reichenberg am 2.12.1938

Diese Jugend, die lernt ja nichts anderes als deutsch denken, deutsch handeln, und wenn diese Knaben mit zehn Jahren in unsere Organisation hineinkommen und oft zum ersten Mal überhaupt eine frische Luft bekommen und fühlen, dann kommen sie vier Jahre später vom Jungvolk in die Hitlerjugend, und dort behalten wir sie wieder vier Jahre. Und dann geben wir sie erst recht nicht zurück in die Hände unserer alten Klassen- und Standeserzeuger, sondern dann nehmen wir sie sofort in die Partei, in die Arbeitsfront, in die SA oder in die SS, in das NSKK und so weiter. Und wenn sie dort zwei Jahre oder anderthalb Jahre sind und noch nicht ganze Nationalsozialisten geworden sein sollten, dann kommen sie in den Arbeitsdienst und werden dort wieder sechs und sieben Monate geschliffen, alle mit einem Symbol, dem deutschen Spaten. (Beifall) Und was dann nach sechs oder sieben Monaten noch an Klassenbewusstsein oder Standesdünkel da oder da noch vorhanden sein sollte, das übernimmt dann die Wehrmacht zur weiteren Behandlung auf zwei Jahre (Beifall), und wenn sie nach zwei oder drei oder vier Jahren zurückkehren, dann nehmen wir sie, damit sie auf keinen Fall rückfällig werden, sofort wieder in die SA, SS und weiter, und sie werden nicht mehr frei ihr ganzes Leben. (Beifall) Und sie sind glücklich dabei, langsam verschwinden in ihrem ganzen Gesichtsfeld alle diese lächerlichen Vorurteile, unter denen vielleicht ihre Väter noch leiden mögen. Sie sehen sich ganz anders an. Sie haben allmählich den Menschen kennengelernt. (Beifall) Und wenn mir einer sagt, ja, da werden aber doch immer noch welche überbleiben: Der Nationalsozialismus steht nicht am Ende seiner Tage, sondern erst am Anfang. (Lang anhaltender Beifall)

Karl Friedrich Sturm war ab 1933 Oberregierungsrat im sächsischen Volksbildungsministerium.

M3 Der Staat als Erzieher (Karl Friedrich Sturm)

„Schließlich ist der totale, organische Staat, nach seiner Wirkung auf die Staatsglieder betrachtet, Erziehungsstaat. Durch sein ganzes Sein und Leben, durch seine Gliederung, seine Funktionen und seine Institutionen formt er alles, was in ihm lebt und wächst, gemäß seinen Normen und zu seinen Zielen. Jede politische Funktion des Staates ist gleichzeitig erzieherische Funktion. Er bezeugt sich als der mächtigste und vornehmste Erzieher. Menschenformung ist für ihn nicht eine Aufgabe neben anderen, sondern eine Seite aller seiner Aufgaben. Andererseits, wie der Staat durch sein Dasein und Sosein immer und überall erzieht, so hat alle bewusste und planmäßige Erziehung als eine ihrer obersten Aufgaben den Staat. Ihre Ausrichtung ist allewege vordringlich bestimmt durch die Lage, die besonderen Nöte, die jeweiligen Bedürfnisse des Staates.
Die politische Verwirklichung dieser Gedanken: Rasse, Blut, Boden, Geist, Führertum, Ehre, Wehr, der Durchbruch der deutschen Volkheit zur bewussten Selbstbejahung der Nation, das macht zusammen den Sinn des Dritten Reiches aus, an dessen Schwelle wir gläubig hoffend und mutig entschlossen stehen. Ihre erzieherische Verwirklichung ist der volkgebundene deutsche Mensch, der im Angesicht der Geschichte seines Volkes um dessen Zukunft kämpft. Aufgabe der Erziehungsarbeit im heutigen nationalsozialistischen Staate ist demnach nicht der ‚ewige Deutsche', sondern seine zeitgebundene Form; um es ganz konkret und anschaulich zu sagen: der treue Gefolgsmann Adolf Hitlers."

M4 Erziehung für das Dritte Reich (Karl Friedrich Sturm)

Aus der nationalsozialistischen Idee wächst mit strengster Folgerichtigkeit eine in sich einheitliche und geschlossene Erziehung heraus, die allmählich alle Aufgaben, Formen, Weisen und Inhalte des Erziehungslebens gestaltet. Diese Erziehung ist zuhöchst Dienst am deutschen Volk und Staat, Formung des Einzelnen zum Volks- und Staatsglied, zum Kämpfer für Deutschlands Zukunft. Sie will den Menschen in seiner leiblich-seelisch-geistigen Ganzheit formen, damit er treuer Gefolgsmann Adolf Hitlers werde oder, wie es in der Sprache der Bewegung heißt, politischer deutscher Mensch. In dieser Zielstellung drückt sich ein mehrfacher entschiedener Gegensatz zum Erziehungsideal der Ichzeit aus. Denn zum Ersten soll sich aus der Erziehung ergeben nicht „der" Mensch, der humanus, der doch lediglich Fiktion ist, sondern der völkische, der deutsche Mensch. Er soll zum anderen nicht bürgerlicher, sondern soldatischer und politischer Mensch sein und somit zum Dritten nicht „Gebildeter" im Sinne irgendeines Humanismus, nicht einzeltümliche Persönlichkeit im eitlen Glänze ihrer Einzigartigkeit und Einmaligkeit, sondern Typus. Typus ist nach Ernst Krieck „Gleichförmigkeit der inneren Bildung eines Menschenkreises: Gleichartigkeit der Haltung, der Gesinnung, der Bewusstseinskreise und der Funktionen". Aufgrund gleichartiger naturgegebener Anlagen als einer bestimmten Bildsamkeit entstehen durch gleichförmige Erziehungseinflüsse Menschen gleicher Gesinnung und Haltung. Ein bestimmter Typus erwächst, wenn rassisch bedingte Bildsamkeit zusammentrifft mit bestimmten Formeneinflüssen der naturhaften Umwelt „des Bodens" – und der geistigen Welt der Volksgemeinschaft. „Einzig auf dem Boden des Typus ist es möglich, ein ganzes Volk erzieherisch zu erfassen." Erziehung zum Typus ist einheitliche Erziehung und als solche heute gefordert durch die „neue Einheit des Volkes". […]

Künftig wird eben alles entschieden werden im Hinblick auf die Volksgemeinschaft, „deren Glieder wir sind, deren Leben wir leben, deren Blut uns durchpulst, deren Sprache wir sprechen, deren Geist uns durchdringt, ohne die wir nicht geworden wären, nicht waren und nicht sein werden". Weil die Volksgemeinschaft blutvolle, naturhaft geschichtliche Wirklichkeit ist, stellt sie die alles bestimmende Ganzheit dar, aus der sich durchaus konkrete Erziehungsforderungen ableiten lassen. Von ihr empfängt Erziehung nicht nur ihren höchsten Sinn, sondern auch ihre vornehmsten Gehalte und ihre sinn- und zweckmäßigen Weisen. So gewinnt Erziehung endlich die verlorene Substanz zurück.

2.2 Erziehungsverhältnisse im Nationalsozialismus

Die nächsten Texte geben Einblicke in die Realität der Erziehungsverhältnisse im Nationalsozialismus. Sie gehören ganz unterschiedlichen Textsorten an und können Fragen wie diese beantworten helfen:

- In welchen Phasen entwickelte sich die nationalsozialistische Machtergreifung im Bereich der Erziehung?
- Welche pädagogischen Institutionen gab es und in welchem Verhältnis standen sie zueinander?
- Inwieweit entsprach die Realität der Ideologie?
- Wie wurden die ideologischen Grundsätze in den pädagogischen Institutionen umgesetzt?
- Welche unterschiedlichen Entwicklungen gab es im Bereich von Familie, Schule, Schulverwaltung und außerschulischen pädagogischen Institutionen?
- Welche Widerstände gab es?

Anregungen zur Weiterarbeit

Sie können die Texte arbeitsteilig im Projektverfahren erschließen. Es gibt in Büchereien und im Internet leicht zugängliche weitere Materialien, auch Filme, Fotos und Bilder. Diese können Sie bei ihren Präsentationen einsetzen.

Bei der Erschließung der Materialien sollten Sie genau darauf achten, um welche Textsorte es sich handelt. Sie finden dazu im Folgenden einige Hinweise.

Methodisch ist von Bedeutung, die Quellen aus der Zeit des Nationalsozialismus ideologiekritisch zu analysieren. Auch dazu finden Sie im Folgenden Hinweise.

Methode

Erschließen und Interpretieren von Quellen

Textsorten

Eine **Akte** ist eine geordnete Sammlung von Unterlagen zu einem gerichtlichen oder administrativen Fall bzw. Thema.

Autobiografische Texte: In ihnen rekonstruiert der Autor/die Autorin die eigene Vergangenheit aus der zeitlichen Distanz. Ein älteres, erzählendes Ich konstruiert aus der Erinnerung ein jüngeres, erlebendes. Es ergeben sich zahlreiche kritische Anfragen, z. B.: Welche Erinnerungen werden präsentiert und verarbeitet? Welche nicht? Soll ein bestimmtes Bild von der Identität des erlebenden und/oder des erzählenden Ichs geschaffen werden? Nach welchen Kriterien bewertet das erzählende Ich das Denken und Verhalten des erlebenden Ichs? Inwieweit kann man verallgemeinern, was erlebt wurde?

Befehl ist der militärische Begriff für eine Anweisung zu einem bestimmten Verhalten, die ein militärischer Vorgesetzter einem Untergebenen schriftlich, mündlich oder in anderer Weise, allgemein oder für den Einzelfall und mit dem Anspruch auf Gehorsam erteilt.

Bescheid: Nachricht über eine Entscheidung, oft auch deren schriftliche Form.

Bücher von Protagonisten des nationalsozialistischen Regimes können deren politische Absichten offen und verdeckt formulieren.

Bücher und **Zeitschriften** von Institutionen des nationalsozialistischen Regimes sind in der Absicht geschrieben, die ideologischen Ziele und Interessen dieser Institution zu propagieren.

Schulbücher dienen dem Unterricht von Schülerinnen und Schülern.

Dienstanweisung bezeichnet einen verbindlichen Arbeitsauftrag an einzelne Personen oder eine Personengruppe, wenn ein Dienstverhältnis (z. B. innerhalb einer Behörde) zwischen der beauftragenden und der beauftragten Person besteht.

Erlasse: Im Staats- und Verwaltungsrecht sind Erlasse entweder Anweisungen gegenüber nachgeordneten Behörden zur Regelung eines Einzelfalls oder allgemeine Schriften zur Sicherstellung einer gleichmäßigen Verwaltungspraxis (Runderlass, Richtlinie).

Gesetze (im rechtlich-politischen Sinn): Gesetze bezeichnen eine verbindliche Vorschrift (Erlaubnis, Gebot, Verbot) darüber, wie sich die Mitglieder einer Rechtsgemeinschaft verhalten sollen. Sie regeln damit das Zusammenleben in einer Gesellschaft, einem Staat etc.

Reden sind mündliche Mitteilungen, die vom Redner im Vorhinein überlegt worden sind und sich an ein bestimmtes Publikum richten. Oft besteht die Absicht, die Zuhörer mithilfe rhetorischer Mittel zu überzeugen oder zu überreden.

Verfügungen sind im Verwaltungsrecht Maßnahmen oder Entscheidungen einer Behörde an eine untergeordnete Dienststelle, häufig in Form eines Bescheids.

Wissenschaftliche Darstellungen (Sekundärliteratur) können fachwissenschaftlich angelegt sein und sich an ein Fachpublikum von Wissenschaftlerinnen und Wissenschaftlern wenden. Es können aber auch populärwissenschaftliche Darstellungen sein, die sich an eine breite, nicht-fachliche Öffentlichkeit wenden.

Zeitungsartikel sind in der Regel zeitnah nach den Ereignissen entstanden. Sie sind oft von den politischen Absichten der Redaktion beeinflusst und geben perspektivisch verzerrte Darstellungen.

Schritte zur Erschließung von Quellen

Die folgenden Schritte zur Erschließung von Quellen und wissenschaftlichen Darstellungen bilden eine sachlogisch stimmige Stufenfolge. Allerdings werden diese Stufen in der Regel nicht einfach in der vorgestellten Reihenfolge durchlaufen. Es kann sinnvoll sein, Stufen zu überspringen oder zu bereits bearbeiteten Schritten zurückzukehren.

1. Das erkenntnisleitende pädagogische Interesse festlegen
- Welches erkenntnisleitende, pädagogische Interesse habe ich/haben wir?
- Welche Fragen an die historischen Quellen ergeben sich daraus?

2. Suchen von Quellen
- Welche Quellen liegen vor?
- Welche weiteren Quellen können herangezogen werden?
- Wo und wie können diese Quellen beschafft werden?

3. Erstes Erschließen der Quellen
- Welcher Quellengattung sind die Quellen zuzuordnen?
- Woher stammen die Quellen?
- Wer hat sie ediert?
- Welche Art von Aussagen ist von den Quellen zu erwarten?
- Welche Hilfen zum Verstehen der Quellen können herangezogen werden (Wörterbücher, historische Lexika, Fachliteratur etc.)?

4. Die Quellen kritisch prüfen
- Handelt es sich um authentische Quellen?
- Handelt es sich um Sekundärliteratur?
- Wie sind die Quellen überliefert (als Manuskript, Zitat)?
- Wann genau wurden die Quellen verfasst? Wann fanden die berichteten Ereignisse statt? Was ist dazwischen geschehen?
- In welchem historischen Erfahrungs- und Handlungszusammenhang steht die Quelle?

5. Die Quellen textimmanent interpretieren
- Zu welcher Textsorte gehört die Quelle?
- Wer ist die Autorin/der Autor (Machthaber, Amtsinhaber, Privatperson …)?
- An welche Adressaten richtet sich die Autorin/der Autor (Privatperson, politische Öffentlichkeit, Institution …)?
- Welche Absicht wird mit der Quelle verfolgt?
- Welcher Standpunkt wird in ihr sichtbar oder verborgen verfolgt? Welche Perspektive wird eingenommen?
- Welche Wirkung soll sie erzielen?
- Wie ist die Quelle inhaltlich aufgebaut? Welche zentralen Aussagen enthält sie? Welche Thesen und Argumente werden vorgetragen?
- Welche Kernbegriffe werden in den Quellen benutzt? Welche Bedeutung haben diese Begriffe?
- Welche Bezüge zu anderen Quellen, zum historischen Kontext gibt es?

6. Die Quellen ideologiekritisch analysieren
- Welche Wertungen werden in der Quelle vorgenommen?
- Welche Ansichten, Positionen werden abgewertet, kritisiert?
- Von welchen offenen oder verborgenen Voraussetzungen wird in der Quelle ausgegangen?
- Welche Tatsachenbehauptungen werden aufgestellt? Welche Belege gibt es?
- Welche Schlussfolgerungen werden gezogen? Sind diese Schlussfolgerungen nachvollziehbar?
- Welche Interessen werden in der Quelle bedient? Wem nützt, wem schadet es, wenn die Absicht verwirklicht wird, um die es in der Quelle geht?

- Welche alternativen Handlungsmöglichkeiten sind möglich gewesen?
- Warum hat sich die Autorin/der Autor für diese entschieden?

7. **Sach- und Werturteile entwickeln**
Sachurteile beurteilen geschichtliche Handlungen, Ereignisse und Quellen im historischen Kontext (z. B. im Hinblick auf die Wirksamkeit, mit der die in den Quellen sich artikulierenden Absichten erreicht werden können). Fragen können sein:
- Wie wirkungsvoll ist die in der Quelle zum Ausdruck kommende Absicht im Hinblick auf die Interessen der Autorin/des Autors/der Autoren?
- Werturteile bewerten historische Entscheidungen, Handlungen oder Ideen von Personen, Gruppen oder Institutionen mit Bezug auf Normen und Werte, die heute die Grundlage demokratischer Politik und auf Mündigkeit zielender Pädagogik bilden.
- Wie ist die Quelle aus der Perspektive einer an den Maßstäben des Grundgesetzes orientierten Demokratie zu beurteilen?
- Wie ist die Quelle aus pädagogischer Perspektive zu beurteilen? Welche pädagogischen Grundbegriffe, welche pädagogischen Positionen sind hierzu als Kriterium heranzuziehen?

Wenn es sich bei der Quelle um **Fotos** handelt, können folgende Fragen gewinnbringend bei der Erschließung und Analyse eingesetzt werden:
- Wann ist das Foto entstanden?
- Unter welchen Bedingungen ist es entstanden?
- Gibt es einen Auftraggeber?
- Wenn ja: Welche Interessen verfolgt er?
- Wer ist der Fotograf/die Fotografin?
- Wie ist das Foto überliefert worden?
- Ist es ein Einzelbild oder Teil einer Serie?
- Handelt es sich um ein gestelltes Foto oder um einen Schnappschuss?
- Wird eine normale oder eine besondere Situation wiedergegeben?
- Gibt es eine Bildunterschrift? Von wem stammt sie?
- Was genau ist auf dem Foto zu sehen?
- Welche Details des Fotos müssen erklärt werden?
- Bei gestellten Fotos: Wie werden Personen oder Gegenstände im Raum angeordnet? Werden Gegenstände oder Personen durch ihre Stellung in der Mitte oder am Rande isoliert oder hervorgehoben?
- Weist das Foto Symmetrien oder Abweichungen davon auf, wenn man die Längs- und Mittelachse legt?
- Werden durch die Anordnung von Personen oder Gegenständen Dreiecke oder andere geometrische Formen gebildet, die die Aufmerksamkeit des Betrachters hervorrufen?
- Aus welcher Perspektive werden die Personen und Gegenstände dargestellt?
- Gibt es Auffälligkeiten, die durch Licht und Farbe hervorgerufen werden?
- …

Viele dieser Fragen sind auch bei der Analyse von **Filmen** nutzbringend.

Hinzu kommen:
- Handelt es sich um einen Dokumentar- oder Spielfilm?
- Welche filmtypischen Gestaltungsmittel werden eingesetzt (Einstellungsgrößen, Kameraperspektiven, Schnitte, Montagen, Kamerabewegungen, Personendarstellungen und -bewegungen, Ton, Licht- und Schatteneffekte)?
- An welches Publikum richtet sich der Film?
- Welche offenen oder verdeckten Botschaften werden vermittelt?
- Welche Rolle spielen Musik und andere Geräusche?

Wissenschaftliche Darstellungen (Sekundärliteratur) erschließen und analysieren

Bei wissenschaftlichen Darstellungen sind u. a. folgende Fragen hilfreich:
- Ist die Darstellung fachwissenschaftlich oder populärwissenschaftlich angelegt?
- Wer ist die Autorin/der Autor?
- In welcher wissenschaftlichen Institution arbeitet sie/er?
- Welche wissenschaftlichen Qualifikationen hat sie/er erworben?
- Mit welchem Thema beschäftigt sich der Text? Was ist die Fragestellung?
- Was sind die zentralen Thesen, Aussagen des Textes?
- Auf welche (authentischen) Quellen bezieht sich die Autorin/der Autor?
- Welche anderen wissenschaftlichen Darstellungen zieht die Autorin/der Autor heran?
- Setzt sie/er sich mit anderen wissenschaftlichen Darstellungen auseinander?
- Wie werden die Darstellungen und Interpretationen gestützt?
- Welche Werte und Kriterien liegen den Interpretationen zugrunde?
- Werden sie offengelegt?

2.2.1 Phasen der Machtergreifung

M5 Phasen der Machtergreifung im Erziehungssektor (Harald Scholtz)

Prof. Dr. Harald Scholtz (1930–2007) forschte zur NS-Pädagogik. Im folgenden Text aus seinem Standardwerk „Erziehung und Unterricht unterm Hakenkreuz" gibt er einen Gesamtüberblick über die Phasen der Machtergreifung im pädagogischen Bereich.

Die Veränderungen auf dem Sektor der Jugenderziehung lassen sich ohne Bezugnahme auf die Person Hitler nicht angemessen beschreiben. Für keinen Bereich der Politik konnte er sich kompetenter ansehen als für den der Menschenführung; zugleich erlaubte ihm seine Fixierung auf die Steigerung seiner Macht über Menschen nicht, die aus der gesellschaftlichen Entwicklung resultierende Differenz zwischen Heranwachsenden und Erwachsenen anzuerkennen. […] In öffentlichen Reden hatte er schon seit 1923 seine Wunschvorstellung geäußert, ein „unverdorbenes Geschlecht" zu erziehen, das „bewusst wieder zurückfindet zum primitiven Instinkt". So enthielt sein Anspruch, die Jugend – gemeint war damit die von ihm beherrschte zukünftige Gesellschaft – „den alten Klassen- und Standeserzeugern" zu entreißen, eine Kampfansage an die von der bürgerlichen Gesellschaft institutionalisierte Jugenderziehung, die zum Vernunftgebrauch und zur nicht nur instinktgeleiteten Kommunikation hinführen muss.

[…] Aus den strukturpolitischen Entscheidungen von 1935/36 und von 1940/41 erscheint deshalb eine Unterscheidung von drei Phasen in der Dynamik der Machtergreifung hilfreich:

Die erste Phase bringt eine politische Aktivierung großer Teile der Lehrerschaft (230.000 im NSLB, Februar 1934; ein Viertel aller Lehrer Parteimitglieder) und eines Teiles der Jugend (45 % der 10- bis 18-Jährigen werden bis Dezember 1935 Mitglieder von HJ/BDM). Eine Reform des Schulsystems wird nicht in Angriff genommen, stattdessen die bestehende wirtschaftliche Notlage und die Euphorie eines politischen Neubeginns genutzt zur Entwicklung improvisierter Erziehungsformen, vornehmlich durch Einrichtung von Lagern, durch Uniformierung und entsprechend militärische Interaktionsformen. Die Erwachsenen werden dabei zu einem jugendkonformen Verhalten herausgefordert. Lehrer werden durch die Einrichtung des „Staatsjugendtages" angeregt, mit der HJ zu konkurrieren. Anstelle eines „Jugendministeriums" wird die HJ zur Staatsjugendorganisation aufgewertet und ihr „Führer" Hitler persönlich unterstellt.

Den Einschnitt bringt das Gesetz über die HJ, entsprechend Abschaffung des Staatsjugendtages, Verbot von „nationalpolitischen" Lehrgängen für Schüler und von politischer Schulung durch die Schulverwaltung auf Einspruch der HJ bzw. des NS-Lehrerbundes. Der Versuch einer Anbiederung bei den Kirchen ist rasch (1935) beendet. Die Einflussnahme der Wehrmacht auf die Wehrertüchtigung ist endgültig abgewehrt. Die RJF wird zusammen mit der „Deutschen Arbeitsfront" durch Gründung von Adolf-Hitler-Schulen schulpolitisch aktiv.

Abb. 2.3

In der zweiten Phase sind RJF und NSLB auf die Expansion ihrer Kontrollfunktionen aus. Die Schulpolitik ist durch technokratische Reformen gekennzeichnet, die in der dritten Phase infrage gestellt werden. Weniger konsenshaltige Veränderungen (Abschaffung der konfessionsgebundenen Volksschulen) werden durch den NSLB gefördert, ebenso die Ausgliederung des Religionsunterrichts aus den weiterführenden Schulen. Soziale Mobilität bringt nicht das Bildungssystem, sondern die Aussicht auf Prestigezuwachs durch politische und berufliche Bewährung (Reichsberufswettkampf).

Eingeleitet wird die dritte Phase durch den vergeblichen Versuch v. Schirachs, das Erziehungsministerium zu Kriegsbeginn zu übernehmen. Gleichzeitig steigt die Jugendkriminalität, die Himmler zu einer „Polizeiverordnung" veranlasst. Im März 1940 wird vor hohen Parteifunktionären von einem „Versagen der Hitlerjugend-Führung" gesprochen. Schirach ist zu dieser Zeit bei der Wehrmacht und gibt das Amt des Reichsjugendführers ab, bleibt aber als „Reichsleiter der NSDAP" Hitlers „Beauftragter für die Inspektion der gesamten Hitlerjugend". Als solchem wird ihm (schon) am 28. September 1940 – noch während der „Luftschlacht um England" – die Organisation der „Erweiterten Kinderlandverschickung" (KLV) übertragen. Im November 1940 ordnet Hitler die Übernahme der österreichischen Hauptschule, zumindest in den annektierten Gebieten, und die Einrichtung von Lehrerbildungsanstalten an. Nach seiner Rede vor Rüstungsarbeitern am 10.12.1940 erleben die „Napola" eine Expansion, ihr „Inspekteur", ein SS-Obergruppenführer, wird mit der „Ausweitung der Internate des Staates" durch „Deutsche Heimschulen" beauftragt, wovon vor allem private und stiftische Internate betroffen waren.

In der dritten, imperialistischen Phase gehen die erziehungspolitischen Initiativen auf die Parteikanzlei unter Bormann über, der unvermittelt Vorstellungen Hitlers in „Führerbefehle" umsetzt. Kleine Koordinations- und Kontrollzentralen greifen in die Kompetenzen der Behörden und Organisationen ein: Reichsleiter Bouhler übernimmt im Oktober 1940 die Kontrolle der Schulbuchproduktion, v. Schirach schaltet die Schulverwaltung bei der Organisation der KLV-Lager nahezu aus die „Inspektion" der „Internate des Staates" bewirkt, dass die „Heimschulen" mehr und mehr zu Einrichtungen der SS werden. Die zunehmende Verlegung von Schülern in Internate und Lager erhöhen deren Verfügbarkeit, etwa im Hinblick auf die Besetzung der annektierten Gebiete. Schon im Winter 1942 wird die Einberufung der 15- und 16-jährigen Mittel- und Oberschüler zur Flieger-

abwehr vorbereitet; noch am Einsatzort soll Unterricht erteilt werden. Gleichzeitig waren die weiblichen Arbeitskraftreserven nicht annähernd ausgeschöpft worden.
Was sich als vom Krieg erzwungen darstellen ließ, wurde, wie im Fall der KLV, als „wahrhaft sozialistische Leistung und eine revolutionäre Schulungs- und Erziehungstat" gefeiert. Der Ausnahmezustand des Krieges hatte Hitler der Erfüllung seiner Wunschvorstellungen nahekommen lassen.

2.2.2 Schule im Nationalsozialismus

In diesem Abschnitt lernen Sie Ausschnitte aus einem Geschichts- und einem Mathematikbuch aus der Zeit der nationalsozialistischen Herrschaft kennen.

Einen Überblick über die schulorganisatorischen Maßnahmen in dieser Zeit sowie Texte zum Schicksal der jüdischen Schulen und ihrer Schülerinnen und Schüler erhalten Sie in weiteren Quellen (vgl. PP-Code 4n68n2 und 565fw7).

M6 Volk und Führer. Deutsche Geschichte für Schulen. Klasse 8. Der Weg zum Großdeutschen Reich

III. Das deutsche Volk als Blutsgemeinschaft
1. Kampf gegen den Volkstod

Weltanschauliche Grundlage. Auch bei bester äußerer „Verfassung" ist ein Volk dem Untergang geweiht, wenn es die Stimme des Blutes nicht mehr hört, wenn der Wille zur Erhaltung des Blutes gebrochen ist. Diese Stimme wieder hörbar gemacht, diesen Willen neu entzündet zu haben, ist die dritte Tat des Nationalsozialismus.
Wies das deutsche Volk noch im Anfang des Jahrhunderts eine jährliche Geburtenziffer von zwei Millionen auf, so war diese Zahl 1932 um mehr als die Hälfte zurückgegangen. Das deutsche Volk schien rettungsloser Vergreisung und dem völligen Aussterben in nicht allzu ferner Zukunft verfallen.
Auch dieser Gefahr musste in erster Linie mit einer zielbewussten weltanschaulichen Schulungs- und Erziehungsarbeit begegnet werden, die wiederum anknüpfte an germanisch-deutsches Denken und Empfinden: Die Ehe ist Lebens- und Schicksalsgemeinschaft, kämpferische Kameradschaft in Glück und Leid. Ihr Sinn und Ziel ist die Schaffung der Familiengemeinschaft; sie ist die Volksgemeinschaft im Kleinen und der ewige Lebensquell des Volkes. Indem der Nationalsozialismus diese Anschauung wieder ins deutsche Volk hineintrug, suchte er, in jedem Einzelnen das Bewusstsein der Verantwortung gegenüber Leben und Zukunft der deutschen Art neu zu wecken.

Praktische Maßnahmen. Die Frau tritt aus dem Bereich des politischen Handelns im engeren Sinne zurück. Zugleich aber werden die Frauen in der „NS-Frauenschaft" und im „Deutschen Frauenwerk" zusammengefasst, zu nationalsozialistischer Weltanschauung und Lebenshaltung erzogen. Zu ihrem eigentlichen Amt als Frau und Mutter gesellen sich die kameradschaftliche Hilfe für die bedrängten Frauen und Mütter des Volkes, soziale Fürsorge und Mitwirkung beim Kampf um eine Gesundung der deutschen Volkswirtschaft.

Abb. 2.4

Zugleich sucht der neue Staat aber auch die schweren wirtschaftlichen Hindernisse, die der Entfaltung des jungen Lebenswillens im Wege stehen, so weit wie möglich zu beseitigen. Der Staat wird zum Schützer und Förderer der Familie. Er gibt in erster Linie den Familienvätern Arbeit und Brot. Er führt einen gerechten Ausgleich der Familienlasten herbei. Er baut das Versicherungswesen aus. Er gewährt kinderreichen Familien nicht nur beträchtliche Erleichterungen und Vergünstigungen, sondern räumt ihnen einen Ehrenplatz in der Volksgemeinschaft ein. Wie er die sorgfältige Erziehung auch eines zahlreichen Nachwuchses durch mannigfache Erziehungsbeihilfen zu ermöglichen sucht, so fördert er die Eheschließungen durch Ehestandsdarlehen und erlässt zugleich den Darlehensnehmern mit jedem Kinde, das geboren wird, ein Viertel der Schuld.

Biologischer Auftrieb. So setzt ein starker biologischer Auftrieb ein. Fast 460.000 Familien wurden in den fünf ersten Jahren nationalsozialistischen Aufbaus in Deutschland mehr gegründet als in den letzten fünf Jahren des Weimarer Systems. Gegenüber 1932 stieg die Zahl der Eheschließungen 1933 um 122.000, 1934 um 223.000. Obwohl die Ehestandsdarlehen von Jahr zu Jahr weniger in Anspruch genommen zu werden brauchten, wurden doch 878.000 Darlehen ausgegeben und Rückzahlungsraten für 708.000 Kinder erlassen (bis 1937). Die Zahl der Geburten, die im Jahre 1932 auf 993.000 gesunken war, erreichte 1937 die Höhe von 1.226.000, während der Geburtenüberschuss von 234.000 auf 600.000 stieg.

2. Schutz des deutschen Blutes

Kampf um die Volksgesundheit. Dem Germanen war es selbstverständlich, dass in der göttlichen Ordnung der Welt nur das Gesunde, Tüchtige, Gute seinen Platz habe, das Kranke und Entartete aber diese Ordnung gefährde. Im Geist germanischer Lebenswertung nahm der Nationalsozialismus den Kampf auf gegen die beiden großen Gefahren, die Jahrhunderte christlicher „Nächstenliebe", aufgeklärter „Humanität" und demokratischer „Gleichheit" heraufbeschworen hatten: In ständig steigendem Maße wurden dem gesunden Volksteil beste Menschenkräfte und bedeutende Mittel entzogen, die, statt Werte zu schaffen, in der Pflege und Erhaltung des Kranken vertan wurden. Noch bedenklicher aber war es, dass die minderwertigen Volksbestandteile sich ganz hemmungslos und sehr viel stärker vermehren als die gesunden. Die Fortdauer eines solchen Zustandes musste also in kurzer Zeit zur Herrschaft der biologisch Minderwertigen und zur gänzlichen Entartung des Volkes führen.

Einer solchen Entwicklung mussten Schranken gezogen werden. Das höhere Lebensrecht des Gesunden vor dem Kranken wird wieder anerkannt und gegen den Protest einer kirchlichen und demokratischen Weltöffentlichkeit durchgesetzt. Das „Gesetz zur Verhütung erbkranken Nachwuchses" („Sterilisationsgesetz") bestimmt, dass Träger schwerer Erbkrankheiten (wie Schwachsinn, Irrsinn, erbliche Blindheit und Taubheit) durch chirurgischen Eingriff unfruchtbar gemacht werden. Das „Gesetz zum Schutze der Erbgesundheit des deutschen Volkes" („Erbgesundheitsgesetz") verbietet Sterilisierten und denjenigen, die mit schweren ansteckenden Krankheiten behaftet sind, die Eheschließung mit Gesunden. Ein Gesetz zur Unschädlichmachung gefährlicher Gewohnheitsverbrecher tritt ergänzend hinzu.

Auf der anderen Seite ist aber die Führung des Reiches unermüdlich um die Gesundheit der lebenskräftigen Volksmehrheit und des steigenden Nachwuchses bemüht. Ein ständig wachsendes Heer von Kindergärtnerinnen, Säuglingspflegerinnen, „Braunen Schwestern" nimmt den Kampf um die völkische Zukunft auf. Im Rahmen der „NS-Volkswohlfahrt" erhält das Hilfswerk „Mutter und Kind" einen großen Aufgabenkreis: Betreuung der werdenden und jungen Mutter, Müttererholung in NSV-Heimen, Kinderspeisung und vor allem die „Landverschickung" erholungsbedürftiger Kinder [...]. Dazu kommt eine ständige ärztliche Überwachung der Jugend, ihre planmäßige körperliche Ertüchtigung in der HJ durch Sport, Fahrten und Lager. Zum Kampf um die Volksgesundheit gehört aber auch die Besserung der Wohnungsverhältnisse, gehören Stadtrandsiedlungen, Arbeiter-Eigenheime, der Ausbau der gesundheitlichen Einrichtungen in den Betrieben ebenso wie die Förderung des Strebens nach eigenem Gartenbesitz.

Kampf gegen Rassenmischung. Dem Kampf gegen den Volkstod ist noch ein drittes Ziel gesteckt: dem Willen zum Kinde und dem Willen zur Gesundheit muss sich der Wille zur Reinhaltung des Blutes gesellen. „Artfremdes" Blut sprengt die Einheit der deutschen Blutsgemeinschaft, Mischung mit ihm schwächt die völkische Lebenskraft und verfälscht die schöpferischen Fähigkeiten. Das „Gesetz zur Wiederherstellung des Berufsbeamtentums" verlangt von den Beamten und ihren Frauen den Nachweis „arischer Abstammung". Weit darüber hinaus gilt der „Arierparagraf" für die Zuerkennung der „Bauernfähigkeit" nicht minder wie für die Zulassung zu freien Berufen, für die Tätigkeit als Rechtsanwalt wie für die Ausübung ärztlicher Praxis. Er steht über dem kulturellen Leben (Lehrer, Künstler, Schriftleiter) und entscheidet über die Mitarbeit in den Organisationen des politischen Lebens. Er schließt den Juden als Träger artfremden Blutes vom deutschen Volke aus und nimmt ihm das Reichsbürgerrecht. Das „Gesetz zum Schutz des deutschen Blutes und der deutschen Ehre" („Nürnberger Gesetze") verbietet Mischehen zwischen Deutschen und Juden und belegt Rassenschande mit Zuchthausstrafen. Über die Stellung der Mischlinge in der deutschen Volksgemeinschaft werden besondere Bestimmungen erlassen. Die deutschfeindliche Haltung des Judentums führte später zu verschärften Abwehrmaßnahmen. Den Juden wurde der Zugang zu den deutschen Schulen gesperrt, der Besuch von deutschen Theater- und Filmvorstellungen und Konzerten verboten. So wurden die Juden vom kulturellen Leben völlig abgesondert.

M7 Rechenbuch für Knaben und Mädchen

Aufgabe 44: Wie viel Kinder muss eine Familie haben, damit der zahlenmäßige Bestand des Volkes gesichert ist?

Aufgabe 58: Bei den Reichsautobahnen waren im Oktober 1934 auf 50 Baustellen rund 7000 Mann beschäftigt, a) Wie viel sind dies je Baustelle? Man rechnet noch mit einer Steigerung dieser Beschäftigtenzahl um etwa die Hälfte; b) Wie hoch wird sie dann sein? Mittelbar erhalten durch Materiallieferungen für die Autobahnen noch eineinhalbmal soviel Volksgenossen, als unmittelbar eingesetzt sind, Arbeit und Brot.

Aufgabe 68: Nach dem Durchschnitt der letzten Jahre hatten in Deutschland die Großstädte nur 58 Prozent, die Mittelstädte 69 Prozent, die Landgemeinden dagegen 113 Prozent der Geburtenzahl aufzuweisen, die zur Bestandserhaltung notwendig ist. Von allen Einwohnern Deutschlands kamen auf die Großstädte 30,4 Prozent, die Mittelstädte 36,6 Prozent, das Land 33 Prozent.
a) Stelle dies bildlich in drei Rechtecken dar, deren Höhen der Normalgeburtenzahl entsprechend zunächst gleich gemacht werden (100 Prozent), und deren Breiten den Einwohneranteilen der verschiedenen Ortsklassen entsprechend gewählt werden. Von jedem Rechteck ist sodann durch eine Parallele zur Grundlinie soviel abzugrenzen, wie der tatsächlichen Geburtenzahl entspricht.
b) Berechne das gewogene Mittel der Geburtenhundertsätze (rund 80 Prozent) und ziehe durch alle Rechtecke die diesem entsprechende Parallele zur Grundlinie. Dann liegt oberhalb derselben bei ‚Land' ebensoviel Fläche wie unterhalb bei den beiden Städtegruppen zusammen.

Aufgabe 88: Der Profilwinkel α, der für die Schädelforschung ebenfalls von Wichtigkeit ist, wird von der deutschen Horizontale (Ohr-Augen-Ebene) und der Profillinie (Nasenwurzel-Oberkieferrand) gebildet. Man nennt einen Schädel vor- oder mittel- oder geradkiefrig, je nachdem $\alpha\ 80^\circ$ oder $80^\circ \leq \alpha\ 85^\circ$ oder $85^\circ \leq \alpha$ ist. Bestimme hiernach den Profilwinkel verschiedener Schädel.

Aufgabe 89: Wie viel Personen gehören in die „Ahnentafel" eines Menschen, falls sie von der nullten bis zur n'ten Reihe fortgesetzt wird?

Aufgabe 95: Der Bau einer Irrenanstalt erfordert 6 Millionen RM. Wie viele Siedlungen zu je 15 000 RM hätte man dafür bauen können?

Aufgabe 97: Ein Geisteskranker kostet täglich etwa 4 RM, ein Krüppel 5,50 RM, ein Verbrecher 3,50 RM. In vielen Fällen hat ein Beamter täglich nur etwa 4 RM, ein Angestellter kaum 3,50 RM, ein ungelernter Arbeiter noch keine 2 RM auf den Kopf der Familie. a) Stelle diese Zahlen bildlich dar. Nach vorsichtigen Schätzungen sind in Deutschland

Abb. 2.5

300.000 Geisteskranke, Epileptiker usw. in Anstaltspflege. b) Was kosten diese jährlich insgesamt bei einem Satz von 4 RM? c) Wie viel Ehestandsdarlehen zu je 1000 RM könnten – unter Verzicht auf spätere Rückzahlung – von diesem Geld jährlich ausgegeben werden?

Aufgabe 109: b) Zeichne in einen gegebenen Kreis mit 8 cm Durchmesser ein Hakenkreuz (HJ-Abzeichen), dessen Balken ebenso wie die weißen Zwischenräume je 1 cm breit sind.

Aufgabe 115: Zu 11 Millionen kunstseidenen Astern, die das Winterhilfswerk 1934/35 in Auftrag gab, wurden 100.000 Quadratmeter Krepp und 8000 Quadratmeter Samt benötigt. Wie viel Quadratmeter von jeder Sorte kommt auf eine Aster?

Weiterführende Aufgaben

Zur Entwicklung der Schulen im Nationalsozialismus gehört die Ausgrenzung, Verfolgung und Ermordung von jüdischen Schülerinnen und Schülern, Lehrerinnen und Lehrern.

Der totalitäre Zugriff auf die Jugendlichen konnte nicht alle erfassen. Ein berühmtes Beispiel sind die Geschwister Scholl. Es gab Widerstand aus sehr unterschiedlichen Kreisen.

Sie finden im Internet und in der Fachliteratur zahlreiche Informationen über jugendlichen Widerstand in der Zeit des Nationalsozialismus.

Stellen Sie ausgewählte Beispiele von Jugend im Widerstand vor.

2.2.3 Die Rolle der Hitlerjugend und des Bundes Deutscher Mädel

Die Hitlerjugend war die Jugendorganisation der NSDAP. Nach der Machtübernahme im Jahre 1933 wurde sie schrittweise als einzig legaler Jugendverband eingesetzt, in dem am Ende fast 9 Millionen Kinder und Jugendliche zusammengefasst waren. Die entsprechende Jugendorganisation für die Mädchen hieß „Bund Deutscher Mädel". Sie unterstanden dem „Jugendführer des Deutschen Reiches". Von 1933 bis 1940 war dies Baldur von Schirach (1907–1974), ab 1940 Artur Axmann (1913–1996).

Welche Rolle im totalitären nationalsozialistischen Staat diese Organisationen spielten, können Sie mithilfe der folgenden Quellen und eigener Recherchen rekonstruieren.

M8 Rede des Reichsjugendführers Baldur von Schirach am 12.5.1935 über „Wesen und Aufgabe der Hitler-Jugend"

Von welcher Art ist nun die Stellung, die ein durch die Führerschulen der Hitler-Jugend ausgebildeter und ernannter Führer der Hitler-Jugend einnimmt? Ganz gleich, welche Dienststellung und welchen Dienstrang der einzelne Führer bekleidet, ist er in seinem Verantwortungsbereich der Träger einer ungeteilten Befehlsgewalt. Der nationalsozialistische Grundsatz der absoluten Verantwortung eines Führers seinem Vorgesetzten gegenüber und seiner ebenso absoluten Autorität gegenüber seiner Gefolgschaft ist in der Hitler-Jugend durchgeführt. Der Hitler-Jugendführer teilt den Dienst seiner Gefolgschaft ein, führt sie auf Fahrt und ins Lager, gestaltet die Abende im Heim und all die tausend anderen Dinge, die zum Leben eines deutschen Jungen in dieser Zeit gehören. Heim, Lager, Fahrt sind Begriffe, die zu sehr zum Hitler-Jungen gehören, als dass ich sie nicht wenigstens mit ein paar Worten kurz streifen möchte. Zunächst das Heim: Es ist der Mittelpunkt der unteren Einheiten unserer Organisation. Durch das Heim macht sich die Jugend vom Wirtshaus unabhängig und damit frei von Alkohol und Nikotin. Ein solches Heim kann so anspruchslos sein wie nur möglich. Zwei alte Eisenbahnwaggons nebeneinandergestellt und innen von den Jungen selbst eingerichtet, sind ebenso gut ein Heim wie eine leerstehende Villa, die den Jungen durch wohlwollende Freunde zur Benutzung zur Verfügung gestellt wird und in der sie sich ebenfalls mit den Händen ihre Einrichtung schaffen. Hier sind sie alle anzutreffen, und wenn ein Junge Langeweile hat, ist er sicher, in dem Heim seiner Gefolgschaft oder Kameradschaft den einen oder anderen Freund zu finden. Außerdem dient das Heim in ganz außerordentlicher Weise der weltanschaulichen Schulung unserer Jugend. Jeden Mittwochabend findet hier der sogenannte Heimabend statt. Die Jungen und Mädel versammeln sich in ihren Heimen, und der zuständige Führer oder die Führe-

rin nimmt nun die von der Reichsjugendführung herausgegebene Heimabendmappe zur Hand, in der die Lieder verzeichnet stehen, die gemeinsam gesungen werden. Auch Bilder finden sich darin, die nun von Hand zu Hand gehen und zur Erläuterung des Themas des Heimabends dienen, der für das ganze Deutsche Reich einheitlich ist. Nun wird der Lautsprecher eingeschaltet und über alle deutschen Sender hören sie die pünktlich jeden Mittwochabend um 20.15 Uhr beginnende „Stunde der jungen Nation", die das Thema des Abends durch ein Hörspiel, einen Dialog oder Vortrag behandelt. Diese Stunde der jungen Nation wird von den Abteilungen Schulung und Rundfunk der Reichsjugendführung mit einem Spezialstab von Mitarbeitern vorbereitet und durchgeführt. Millionen junger Menschen werden auf diese Weise einheitlich geschult. Ich darf hier nur kurz bemerken, dass die Stunde der jungen Nation nicht die einzige Jugendsendung in der Woche ist […].
Das Lager ist natürlich ein Zeltlager. Es stellt den großen gesundheitlichen Ausgleich für die Großstadtjugend, vor allem für die in der Industrie tätige Jungarbeiterschaft her. Die Lager sind von verschiedener Dauer. Einige erstrecken sich über einen Zeitraum von vier bis sechs Wochen. Es wurden, um ein Beispiel herauszugreifen, im Hochlandlager 1934 am Fuße des Karwendelgebirges tausend Jungen für vier volle Wochen zusammengefasst. Der Tag wurde mit Spiel und Sport verbracht, abends fanden dann auf einem inmitten des Lagers gelegenen freien Platz große Feierstunden mit chorischen Aufführungen statt. Es waren Gelegenheiten zum Schwimmen, die Jungen hatten Pferde zum Reiten, und manche der kleinen Pimpfe haben an dem letzten Abend, als sich das Lager schloss, bittere Tränen

Abb. 2.6: Baldur von Schirach 1946 bei den Nürnberger Prozessen gegen die Hauptkriegsverbrecher

Abb. 2.7

vergossen, dass nun die schöne Zeit für ein ganzes Jahr vorbei sein sollte. Wir haben sie beruhigen können; wenn im vorigen Jahr rund eine Million Jungen unter dem Zeltdach geschlafen haben, werden es in diesem Jahr vielleicht zwei bis drei Millionen werden. Und in nicht allzu ferner Zeit wird es keinen Hitler-Jungen mehr geben, der nicht wenigstens drei Wochen des Jahres regelmäßig im Lager verlebt […].
Der nationalsozialistische Staat stand und steht heute noch auf dem Standpunkt, dass es außerhalb der schulischen Erziehung keine andere Erziehungsgemeinschaft in Deutschland geben darf als die Hitler-Jugend. Dieser Standpunkt musste im Jahre 1933 durchgesetzt werden.

M9 Für uns ist Gefühl mehr als Verstand (Baldur von Schirach)

Die HJ ist eine weltanschauliche Erziehungsgemeinschaft. Wer in der HJ marschiert, ist keine Nummer unter Millionen, sondern Soldat einer Idee. Je nachdem er mehr oder weniger tief in die Idee eingedrungen ist, ist sein Wert für die Gemeinschaft zu bemessen. Der beste Hitlerjunge ist – unabhängig von Rang und Dienststellung – derjenige, der ganz in der nationalsozialistischen Weltanschauung aufgeht. Unsere Weltanschauung ist eine Sache des Herzens. Für uns ist das Gefühl mehr als der Verstand. Ein Arbeiterjunge, dessen Herz heiß für unsern Führer schlägt, ist für Deutschland wesentlicher als ein hochgebildeter Ästhet, der jede Regung seines schwächlichen Gefühls mit verstandesmäßigen Überlegungen bekämpft. Er wird in der Stunde der Not unseres Vaterlandes bestimmt nicht wissen, wo er hingehört, wird immer außerhalb der Gemeinschaft stehen, weil er nicht die Kraft hat, die Gemeinschaft zu erleben. Für ihn ist der Marschrhythmus unserer Jungen etwas Unverständliches und Unnötiges. Unsere Begeisterung erscheint ihm unverständlich. Er ist vielleicht reich an Geist, aber arm an Gemüt, und das herrliche Gefühl unserer Kameradschaft, das man in Worten nicht auszudrücken vermag, kann von ihm nie mit seiner Bücherweisheit errungen werden. Trotz

alledem: Zu unserem Fühlen und Wollen gehört auch das Wissen und Können.
Was der Hitlerjunge in seiner Kameradschaft lernen muss, wird ihm nicht von weltfremden Theoretikern beigebracht. Die Schulung der HJ wird von Kameraden gestaltet, die aus den Reihen der HJ und aus den Kämpfen des Nationalsozialismus herausgewachsen sind.

M10 Aufnahmefeier in den Jungmädelbund, Oktober 1936

Aufnahmefeiern des BdM. 3.000 zehnjährige Düsseldorferinnen als Jungmädel verpflichtet
Als sich am Sonnabend die Dämmerung über die Stadt senkte, entzündete man draußen am Schlageterkreuz die Fackeln zu der Aufnahmefeier der zehnjährigen Mädel in den BdM. Vor der Gruft hatten sich die Wimpelträgerinnen aufgestellt, ihnen zur Seite die Singscharen. Ringsum standen die zahlreich erschienenen Eltern und Bekannten der zehnjährigen Mädel, die nun die Stufen der Schlagetergruft hinunter schritten.
Ernste Lieder klangen auf, dann las ein Jungmädel die Forderungen vor, die der Führer von den deutschen Mädeln verlange. Jungmädel-Untergauführerin Leni Hütsch wandte sich an die Anwärterinnen und führte u. a. etwa folgendes aus: „Heute sollt ihr euch zum ersten Male Jungmädel nennen dürfen. Doch wenn ihr ab heute die Bundestracht der Jungmädel tragen dürft, so gewinnt ihr dadurch nicht besondere Rechte, sondern nur erhöhte Pflichten. Jungmädel halten vor allen Dingen Kameradschaft. Sie fragen niemals danach, welchen Beruf der Vater dieser oder jener Kameradin ausübt, um danach Gruppen und Grüppchen innerhalb der Mädelorganisation zu bilden. Die Jungmädel wissen aber auch, was Gehorsam heißt. Sie haben sich ihrer Führerin in allen dienstlichen Angelegenheiten bedingungslos unterzuordnen. Die Führerin steht als Kameradin mitten unter den Jungmädeln. Zur Jugend des Führers kann nur das Mädel gehören, das sich ganz für die Idee des Führers einsetzen will, das so handelt, wie es ihm Eltern, Lehrer und Führerinnen im BdM. vorschreiben. Ihr sollt geloben, dass ihr solche Mädel sein wollt, wie der Führer sie verlangt."
Während fünf Jungmädel im Namen ihrer Kameradinnen das Gelöbnis ablegten, sich stets in Gehorsam und Kameradschaft zu bemühen, echte Jungmädel zu werden, verpflichtete die Jungmädel-Untergauführerin die Anwärterinnen einzeln durch Handschlag und Verleihung des Halstuches. Wie hier am Schlageterkreuz fanden an vierzehn verschiedenen Stellen Düsseldorfs diese Aufnahmefeiern statt. Auf den Rheinwiesen, auf dem Staufenplatz und in den Vororten der Stadt gestalteten sich die Feiern zu erlebnisreichen Weihestunden. Insgesamt wurden in Düsseldorf 3000 Anwärterinnen in den BdM. aufgenommen.

M11 Gliederung und Aufbau der Hitler-Jugend

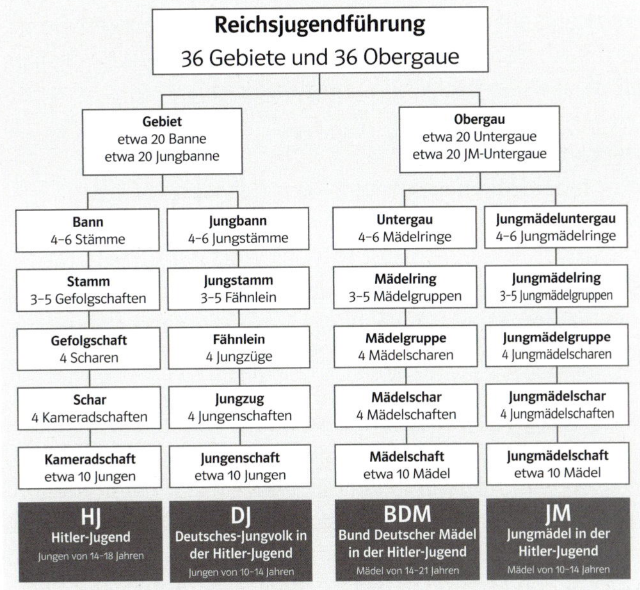

Im BDM sind die 17- bis 21-Jährigen zum BDM-Werk „Glaube und Schönheit" besonders zusammengefasst

Abb. 2.8

Sie können sich mithilfe von Quellen aus der Zeit des Nationalsozialismus ein noch genaueres Bild von der Durchsetzung der Machtansprüche der NSDAP erarbeiten. Dazu gibt es weitere Materialien (vgl. PP-Code z494s5):

- Ernennung des Reichsjugendführers der NSDAP Baldur von Schirach zum Jugendführer des Deutschen Reiches, 17.6.1933
- Anweisung des Reichsinnenministeriums, Jugendpflegemittel nur noch der HJ zu gewähren, 3.3.1934
- Verbot der Reichsschaft Deutscher Pfadfinder in Preußen, Berlin, 26.5.1934
- Gesetz über die Hitlerjugend, 1.12.1936
- Befehl der Reichsjugendführung zur Vorbereitung der HJ auf den Dienst in der Wehrmacht, Berlin, 15.10.1939
- Anordnung des Leiters der Partei-Kanzlei Martin Bormann zur 3. Ausführungsbestimmung über die Bildung des Volkssturms, 27.10.1944

M12 Hand- und Werkarbeit im BDM, 1934

Handarbeiten
Jede gute sinnvolle Arbeit erzielt, ob bewusst oder unbewusst, rückwirkend eine bestimmte Bildung; entweder wird der Farbensinn, der Materialsinn, der Formensinn oder der Sinn für Maßverhältnisse geschärft, oder es werden besondere künstlerische Anlagen gefördert.
In jedem Fall geht damit auch eine rein charakterliche Bildung einher. Wer sich zwingt, viele Stunden gewissenhaft an einer Arbeit zuzubringen, übt sicherlich seine Geduld. Jemand, der eine Tischdecke nur aus bestem Material webt und gezwungen ist, dieselbe technisch einwandfrei her-

zustellen, muss sich eben einem gewissen Zwang unterwerfen, der heilsam ist; die Persönlichkeit tritt dann hinter dem Werk zurück. [...] Der Zweck unserer Hand- und Werkarbeiten soll einzig der sein, in ganz gewissenhafter Weise erziehend auf den Charakter der Mädel einzuwirken. Dann wird auch der letzte Zweck erreicht: als Mitglied des Volkes für dieses selbst zu leben und zu wirken.

Werkarbeit

Wir Mädel wollen uns freuen, dass das Wort Nadelarbeit mehr und mehr aus dem weiblichen Sprachschatz schwindet. An seine Stelle tritt das Wort Werkarbeit. Die Werkarbeit umfasst alle Gebiete der Handarbeit, die man sich denken kann. Das sechsjährige Mädel macht ebenso seine Arbeit wie das zwanzigjährige, jedes in seinen Grenzen. Säge, Hammer und Zange gehören genau so in die Hand des Mädels wie Häkelhaken und Stopfpilz. Wir sind die Jugend, auf die heute gesehen wird. In unserer Arbeit müssen wir unsere Einstellung genau so klar herausstellen wie in Benehmen und Kleidung. Wir wollen Dinge schaffen, in denen wir leben. Da können wir gar nichts nachahmen, weil wir den Menschen nicht kennen, der uns das Vorbild gab. Wir sind keine Maschinen, die Serienwaren herstellen.

M13 Körpererziehung im BDM (Bund deutscher Mädel)

Anfang November vorigen Jahres kam von der Reichsjugendführung die Verordnung heraus, auch im B.d.M. eine planvolle und regelmäßige Körpererziehung durch Leibesübungen einzuführen. Zur Durchführung dieses Planes findet in jeder Einheit des B.d.M. unter Leitung einer Sportwartin wöchentlich ein Sportabend statt.

Abb. 2.9

Viele Mädel waren von der Einführung des Sportabends begeistert. „Sport! Au ja! Fein!" Daneben aber hieß es besonders bei vielen Eltern: „Warum sollen die Mädel auch noch Sport treiben, das ist doch nur Jungenssache!"
Nein, ein deutsches Mädel muss Körpererziehung durch Sport treiben, um später eine gesunde Frau und Mutter zu sein. [...]
Unser Sportabend soll ein Weg sein, unsere Mädel körperlich und seelisch widerstandsfähiger für das Leben zu machen und nicht eine Erziehung zu Höchstleistungen. Nicht die gemessene Leistung ist der Beweis für einen gesunden Menschen, sondern die innere Haltung und Teilnahme bei den Leibesübungen. Die Mädel sollen zunächst Freude und Lust an der Bewegung, und später an der Beherrschung ihres Körpers bekommen. Dadurch schaffen wir uns eine Quelle innerer seelischer Kräfte, die uns befähigen, den täglichen Lebenskampf frischer, freier und froher aufzunehmen. Daneben werden Mut, Geistesgegenwart und Einsatzbereitschaft geweckt und geübt. [...]
Einsatzbereitschaft für andere, Mut, Geistesgegenwart und Entschlossenheit sind durchaus unabhängig von männlicher Kraft und hoher sportlicher Leistung.
Diese Eigenschaften braucht ein deutsches Mädel unbedingt und besitzt sie auch; sie müssen aber erst durch straffe Körpererziehung geweckt werden. [...]

2.2.4 Lager

„Kolonne und Lager" nehmen im Nationalsozialismus eine herausragende Rolle bei den Versuchen ein, eine „Formationserziehung" durchzusetzen. Sie finden nun unterschiedliche Texte, die es Ihnen ermöglichen sollen, eine aspektreiche Sicht auf Anspruch und Wirklichkeit des Lagers zu entwickeln.

Es gab Ferienlager, die vor allem Erlebnisse von Gemeinschaft und Erholung ermöglichen sollten, und oft im Rahmen der sog. „Kinderlandverschickung" (KLV) von Kindern aus Städten genutzt wurden. Nach Beginn des Krieges im September 1939 erfuhr die Erziehung im Lager im Rahmen der „erweiterten Kinderlandverschickung" eine Ausweitung in gewaltigen Dimensionen. Auch hierzu gibt es einige Texte. Im Internet finden Sie auch Fotos und Filme, die die damaligen Geschehnisse anschaulicher machen können.

Sie sollten auch folgende Tatsache nicht aus dem Blick verlieren: Die hier vorgestellten Varianten des Lagers sind die eine Seite – die Lager der „Volksgenossen"; die andere Seite ist das Vernichtungslager, in das die „Gemeinschaftsfremden" deportiert wurden. Die planmäßige Ermordung in den Vernichtungslagern machte auch vor Kindern und Jugendlichen nicht Halt.

M14 Im Lager (Melita Maschmann)

Der Sommer nach dem Abitur war die sorgloseste Zeit meiner Jugend. Für Anfang April war ich zum Arbeitsdienst nach Ostpreußen einberufen. Schon bei der Abfahrt vom Berliner Schlesischen Bahnhof stellte ich mich freudig darauf ein, dass jetzt eine Zeit des Dienstes an der Volksgemeinschaft mir Gelegenheit bieten würde, die Theorie meiner Zeitungsartikel hinter mir zu lassen und mich ganz in die Praxis zu stellen. [...]

Das Lager befand sich in der Nähe des größten masurischen Sees, in D. am Spirdingsee. Es war in einem verwohnten, viel zu engen Haus untergebracht. So schäbig wie die Räume war auch das Inventar bis zu den geflickten Strohsäcken, der abgetragenen Kleidung und den plumpen Schnürstiefeln. Dieser Ärmlichkeit entsprach der Zuschnitt unseres Lebens. Der Tag begann um sechs Uhr mit dem Frühsport. Um halb acht gingen wir zu den Bauern, nachdem eine halbe Stunde gesungen worden war. Dabei schliefen freilich die meisten von uns vor Müdigkeit wieder ein. Während der Ernte dehnte sich die Bauernarbeit bis zu fünfzehn Stunden täglich aus, in der Regel sollte sie nur sieben bis acht Stunden dauern. Am Spätnachmittag wurde Sport getrieben, politisch geschult, getanzt oder gesungen. An den Abenden war häufig dienstfrei. D. bestand aus wenigen Gehöften einer neuen Siedlung, die sich dicht zusammendrängten. In weitem Umkreis über das Land verstreut lagen alte Bauernhöfe, von denen wir mehrere erst nach einstündiger Radfahrt erreichen konnten. Die Neusiedler und die Bauern vertrugen sich schlecht. Unter den Siedlern, für die der Staat viel Geld ausgegeben hatte, gab es Leute, die kaum deutsch sprechen konnten und denen es offensichtlich an Erfahrung und Fleiß mangelte. Ihre Höfe waren schnell verwahrlost. Manche von ihnen hielten es für ihr gutes Recht, dass regelmäßig ein Mädchen aus dem Lager kam, um ihnen zu helfen. Sie nützten die billigen Arbeitskräfte aus.

Wenn man zu den alteingesessenen Bauern kam, wurde man zunächst wie ein Besuch behandelt und bewirtet und musste sich die Arbeit – gegen den Protest der Bäuerin – selbst suchen. Für diese sehr konservativen Landwirte war der Arbeitsdienst etwas Neumodisches, Unwillkommenes. Sie trauten den Mädchen aus der Stadt nicht zu, dass sie arbeiten konnten, und sie fürchteten, dass man sich kritisch oder neugierig in ihre Angelegenheiten mischen würde. Ihre Höfe waren groß, verwittert und sehr düster. In den Ställen, die nur ein- bis zweimal im Jahr ausgemistet wurden, sah man die Hand kaum vor den Augen, aber in den Wohnhäusern herrschte Sauberkeit.

Meine erste Arbeitsstelle war auf einem heruntergekommenen Siedlerhof, dessen Besitzer Pissauwotzki hieß. Nach einer kühlen Begrüßung wurde ich in die Futterküche geschickt, um die Wäsche vorzuwaschen. Dort fand ich eine große Wanne mit unglaublich verschmutzter Leibwäsche. Der Großvater war krank. Ich hatte eben beobachtet, wie er gegen die Küchenwand spuckte. Seinetwegen mussten wir täglich Hemden und Hosen waschen. Meine erste Feldarbeit war das Kartoffelstecken. Sie begann an einem kalten, regnerischen Morgen. Noch vor wenigen Tagen hatte der letzte Schnee in den Gräben gelegen. Das aufgeweichte Erdreich ballte sich in Klumpen an meinen Stiefeln, und der Drahtkorb, den ich immer wieder aus dem Sack mit den Saatkartoffeln füllen musste, hing wie eine Zentnerlast an meinem Arm. In der nassen Kälte starben mir die Hände ab, und da ich jede Kartoffel in den Boden stecken musste, schmerzte mein Kreuz bald unbarmherzig. Der Bauer, der eigentlich vor mir her hätte pflügen sollen, war mir dicht auf den Fersen. Ich hörte das Pferd an meiner Schulter schnauben und stolperte verzweifelt voran.

Meine Erschöpfung nahm plötzlich so überhand, dass ich weinen musste, aber in dem Augenblick, in dem mir das Wasser aus den Augen lief, begann ich laut zu pfeifen. Um keinen Preis wollte ich erkennen lassen, wie mir zumute war. Nach dieser Kraftprobe des ersten Tages ging ich wochenlang mit der Angst zur Arbeit: Werde ich auch heute durchhalten können?

Auf einem der alten, düsteren Höfe erlebte ich die Macht, die der Aberglaube noch über manche dieser Menschen hatte. Der Bauer hatte wegen des Ersten Weltkrieges kaum die Schule besucht. Allmählich kamen wir in ein „Lehrgespräch", das sich über Wochen fortsetzte. Während wir fast alle Arbeiten gemeinsam verrichteten, bemühte ich mich, dem Mann, dessen Wissensdurst unersättlich war, über die Weltgeschichte zu erzählen, was ich aus der Schule wusste. Eines Tages leistete uns seine Frau Gesellschaft, während wir dabei waren, den Tiefstall auszumisten. Sie war hochschwanger und konnte eine so schwere Arbeit nicht mehr übernehmen. Plötzlich unterbrach sie uns mit der Frage, wie es vor sich gehe, dass das Kind in ihrem Bauch wachse. Während ich versuchte, ihr etwas über die Entwicklung des Embryos zu sagen, hörte sie mir aufmerksam zu.

Am nächsten Morgen kam der Bauer ins Lager und bat darum, dass ihm ein anderes Mädchen geschickt werde. Er sei traurig, die Unterhaltung mit mir abbrechen zu müssen, aber seine Frau wolle mich nie mehr sehen. Ich hätte behauptet, das Kind in ihrem Bauch atme durch die Kiemen. Nun fürchtete sie sich davor, anstelle eines Kindes einen Fisch zur Welt zu bringen. Zwei Wochen später bekam sie Zwillinge.

Unvergesslich ist mir auch eine Arbeitsstelle auf einem Hof, dessen Besitzer noch im selben Sommer enteignet wurden. Der Vater lebte nicht mehr, die Mutter war dem Alkohol verfallen, und der heranwachsende Sohn war schwachsinnig. Auch hier half ich, Kartoffeln zu pflanzen. Die Frau legte morgens eine Literflasche mit einer Flüssigkeit, die nach Brennspiritus roch, am Feldrain nieder. Sobald sie ein Furchenpaar abgeschritten hatte, holte sie sich eine Stärkung aus der Flasche. Später wurden die Zwischenräume immer kürzer. Zuletzt legte sie die Flasche in den Drahtkorb zu den Kartoffeln, um jederzeit trinken zu können. Sie sang ununterbrochen denselben Vers von „Jesus, meine Zuversicht". Den Schwachsinnigen erheiterte das auf eine beängstigende Weise. Er grölte manche Töne laut mit und schlug dabei auf sein Pferd ein, dass mir grauste. Gegen Mittag legten wir die Frau, die in einer Furche zusammengefallen war, auf den Wagen. Ihr Sohn trank den Rest aus der Flasche. Als ich einmal am Spätnachmittag auf den Hof zurückkam, lagen Mutter und Sohn in der Scheune und schliefen ihren Rausch aus.

Vor Beginn der Kornernte musste ich in der Lagerwaschküche arbeiten und rieb mir die Hände an der harten, schmutzigen Bettwäsche blutig. Diesen Wunden verdanke ich es, dass der Bauer, zu dem ich damals geschickt wurde, mir die schönste Arbeit anvertraute, die ich jemals in meinem Leben verrichtet habe. Ich brauchte nicht beim Garbenbinden zu helfen, sondern durfte die geladenen Fuder vom Feld in die Scheune fahren und den leeren Wagen zurück aufs Feld bringen.
Eines Abends sagte der Bauer, in der Absicht, mir eine besondere Anerkennung zu zollen: „Du bist so ein schmächtiger Krümel, ich wundere mich, wie du hier durchhältst. Aber mit den Pferden gehst du wirklich um wie ein alter Landsknecht." Wie ein alter Landsknecht! – Für ein junges Mädchen war das nicht sehr schmeichelhaft. Am nächsten Tag bemühte ich mich, weniger zu schreien, wenn ich mit den vierspännigen Fudern an die große Steigung kam. Stattdessen machte ich vorsichtig Gebrauch von der Peitsche. Aber die Pferde waren daran gewöhnt, akustisch angefeuert zu werden, es blieb mir nichts anderes übrig, als weiter zu schreien „wie ein alter Landsknecht".
In diesen Wochen habe ich etwas Wunderbares erlebt: Die körperliche Erschöpfung, die vor der Ernte ihren tiefsten Punkt erreicht, und die zuweilen ein fast apathisches Stück schmerzenden Fleisches aus mir gemacht hatte, schlug in ein Gefühl unverwüstlicher Schaffensfreude um. Ich musste mich auch künftig noch anstrengen, aber ich war oft so glücklich bei der Arbeit, dass ich vor Freude laut sang. Seit damals habe ich einen tiefen Respekt vor all denen, die körperlich schwer arbeiten. Das Ertragen ihrer physischen Leiden scheint mir, wenn es ohne Klage geschieht, in der unermüdlichen Übung der Jahrzehnte eine religiöse Leistung zu sein. Dass ich hatte durchhalten können, verdankte ich auch nicht in erster Linie meiner fortschreitenden physischen Anpassung an die ungewohnte Arbeit, sondern Hilfen ganz anderer Art. Ich wusste, dass die Bauern uns brauchten, und ich war in der Absicht gekommen, mich nicht zu schonen. Wenn die Versuchung, sich fallen zu lassen, sehr nahe war, gab es ein letztes Mittel: der Blick nach der Lagerfahne, oder – falls man sie nicht sehen konnte – die inständige Vergegenwärtigung eines jener Texte, die das anzeigen, was man für den Sinn seines Lebens hielt.

Abb. 2.10

Es kostet mich jetzt Überwindung, derartige Erlebnisse zu berichten, und ich sehe voraus, dass du sie nur mit Widerstreben lesen kannst, aber ich meine, dass ich nicht das Recht habe, Wesentliches auszulassen: Ich habe mich manchmal über den Zusammenbruch hinweggerettet, indem ich zehn- oder fünfzehn Mal dieselben Verse sagte: Du sollst an Deutschland glauben, so fest und klar und rein, so wie du glaubst an die Sonne, den Mond und den Sternenschein. Du sollst an Deutschland glauben, als wäre Deutschland du. So wie du glaubst, deine Seele strebe dem Ewigen zu. Du sollst an Deutschland glauben, sonst lebst du nur den Tod, und sollst um Deutschland ringen bis an das Morgenrot.

Abb. 2.11

Unsere Lagergemeinschaft war ein verkleinertes Modell dessen, was ich mir unter Volksgemeinschaft vorstellte. Sie war ein vollkommen gelungenes Modell. Niemals vorher oder nachher habe ich eine so gute Gemeinschaft erlebt, auch dort nicht, wo die Zusammensetzung in jeder Beziehung homogener war. Unter uns gab es Bauernmädchen, Studentinnen, Arbeiterinnen, Verkäuferinnen, Friseusen, Schülerinnen, Büroangestellte usw. Geführt wurde das Lager von einer ostpreußischen Bauerntochter, die nie über ihre engere Heimat hinausgekommen war. Obwohl sie kaum je ein Fremdwort richtig aussprach, wäre niemand auf die Idee gekommen, sie auszulachen. Sie brachte uns dazu, dass jeder jeden in seiner Art gelten ließ, nachdem man die gegenseitigen Schwächen und Stärken erkannt hatte, und dass jeder sich bemühte, hilfsbereit und zuverlässig zu sein. Dass ich dieses Modell einer Volksgemeinschaft damals mit so intensivem Glücksgefühl erlebt habe, hat einen Optimismus in mir entstehen lassen, an den ich mich bis 1945 eigensinnig klammerte. Gestützt auf diese Erfahrung glaubte ich allen Gegenbeweisen zum Trotz, dass der Musterfall unseres Lagers sich eines Tages ins Unendliche würde vergrößern lassen. Wenn noch nicht in der nächsten, so doch in einer künftigen Generation.

M15 Rundschreiben des Reichsleiters Bormann vom 27.9.1940

Streng vertraulich

Der Führer hat angeordnet, dass die Jugend aus Gebieten, die immer wieder nächtliche Luftalarme haben, auf der Grundlage der Freiwilligkeit in die übrigen Gebiete des Reiches geschickt wird. Hierbei sollen vor allen Dingen die Kinder aus Laubenkolonien und solchen Stadtteilen, die keine ausreichenden Luftschutzkeller besitzen, berücksichtigt werden. Die Unterbringung erfolgt, soweit wie möglich, schul- bzw. klassenweise. Die Lehrkräfte der Heimatschulen werden zu einem erheblichen Teil bei der Unterbringungsaktion mit eingesetzt und sorgen für eine Aufnahme des Schulunterrichts in ausreichendem Maße in dem Unterbringungsort.

Die Unterbringung erfolgt in Jugendherbergen, Gaststätten und anderen geeigneten Räumen. Sind derartige Räumlichkeiten zurzeit als Hilfslazarett oder andere Zwecke belegt, so können sie, wenn nicht ganz besondere Gründe im Einzelfall vorliegen, ebenfalls für diese Aktion in Anspruch genommen werden.

Mit der Durchführung dieser Maßnahme hat der Führer Reichsleiter Baldur von Schirach beauftragt, zu dessen Unterstützung insbesondere die NSV*, die Hitler-Jugend und der NS-Lehrerbund tätig sein werden.

Die NSV übernimmt die Verschickung der vorschulpflichtigen Kinder und der Kinder der ersten vier Schulklassen. Die Hitler-Jugend übernimmt die Unterbringung der Kinder vom fünften Schuljahr an. Die Unterbringungsaktion beginnt am Donnerstag, dem 3. Oktober 1940. Für die Aufnahme der Großstadtjugend kommen folgende Gaue infrage: Bayrische Ostmark, Mark Brandenburg, Oberdonau, Sachsen, Schlesien, Sudetenland, Thüringen, Wartheland, Ostland. Weitere Weisungen für die Landverschickung der Großstadtjugend werden vom Reichsleiter Baldur von Schirach herausgegeben. Bei der Durchführung dieser Maßnahme ist engste Zusammenarbeit der beteiligten Organisationen erforderlich. Für ein reibungsloses Zusammenarbeiten sind die Gauleiter verantwortlich. Die Gauleiter haben ferner eine einheitliche Werbung und Propaganda bei den Eltern zwecks freiwilliger Meldung der Kinder für die Landverschickung durchzuführen. Der Entwurf eines Schreibens der örtlichen Hoheitsträger der Partei an die Erziehungsberechtigten wird in Kürze den Gauleitern, aus deren Gebiet die Landesverschickung von luftgefährdeter Großstadtjugend erfolgt, zur Verteilung in den Schulen übersandt. Eine öffentliche Propaganda, insbesondere durch die Presse, hat nicht zu erfolgen. Beim Eintreffen der Jugendtransporte kann in der örtlichen Presse des Empfangsortes hierüber kurz berichtet werden. Nach einer Anordnung des Führers ist jedoch hierbei nicht von einer Evakuierung, sondern lediglich von einer Landverschickung der Großstadtjugend zu sprechen.

Rückfragen sind an Reichsleiter von Schirach zu richten.

* *NSV: Nationalsozialistische Volkswohlfahrt*

Unter PP-Code jf7z3m finden Sie ein Dokument der „Reichsstelle KLV", das „Anweisungen zur Gestaltung des Lagerlebens" gibt.

M16 Grundriss eines Arbeitsdienst-Barackenlagers

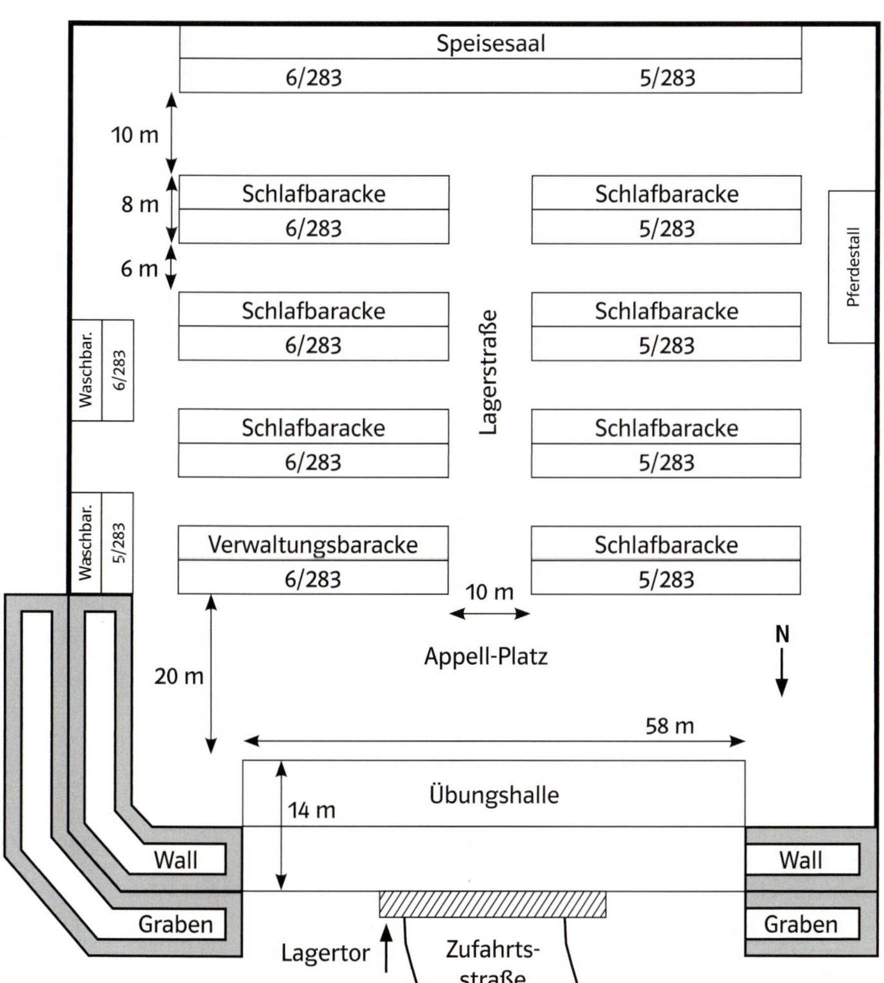

Abb. 2.12

M17 Tagesablauf im deutschen Arbeitsdienst

Frühdienst (2 Stunden)

5.00 Uhr	Wecken durch Trompeten- bzw. Hornsignal auf Befehl des Wachhabenden, der auch die Lagerfahne hisst
5.00–5.05	Aufstehen, Fertigmachen und Versammeln zum Morgensport
5.05–5.20	Morgensport, Einrücken ins Lager
5.20–6.00	Bettenbau und Reinigen der Unterkunft, Waschen, Anziehen
6.00–6.20	Versammeln zum Frühstück, Frühstück, Abräumen. Ab 6.20 Sprechstunde des Arztes
6.20–6.35	Morgenunterricht mit Ausgabe der Losung. Thema des Unterrichts abhängig vom Thema der Losung
6.35–6.45	Pause zum Austreten
6.45–7.00	Morgenappell in Arbeitskleidung und mit Ausrüstung

Arbeit (7 Stunden)

7.00	Trompeten- bzw. Hornsignal als Ende des Morgenappells; Abmarsch zur Arbeit. Abteilungsführer lässt Männer an sich mit „Augen rechts“ vorbeimarschieren, direkt danach singt die Kolonne das 1. Morgenlied
7.00–14.00	Arbeit auf Baustelle inkl. An- und Abmarsch und halbstündiger Pause. Arbeitsende wird durch Trompeten- oder Hornsignal verkündet. Rückmarsch mit Singen von Marschliedern
14.00	Einrücken ins Lager, nachdem Herannahen der Mannschaft durch Trompeten-/Hornsignal angekündigt wurde. Vorbeimarsch am Abteilungsführer mit „Augen rechts“

Mittagessen und Mittagsruhe (2 Stunden)

14.00–16.00 Zeiteinteilung bleibt Abteilungsführer überlassen, jedoch mindestens 55 Minuten Bettruhe

Als Richtschnur gilt:

14.00–14.20	Körperreinigung, Anziehen und Versammeln zum Mittagessen
14.20–14.50	Mittagessen
14.50–15.45	Bettruhe, zeitgleich Abteilungsrapport
15.45	Wecksignal
15.45–16.00	Aufstehen, Anziehen, Bettenbau, Stiefelreinigen, Fertigmachen zur Körperschulung

Nachmittagsdienst (3 Stunden)

Die genaue Zeiteinteilung von 16.00–18.25 nimmt der Abteilungsführer vor. Es muss aber, soweit es das Wetter erlaubt, täglich 1 1/4 Stunden für Körperschulung verwandt werden, d.h. wöchentlich an 2 Nachmittagen für die eigentliche Körperschulung, an 3 Nachmittagen für die Ordnungsübungen.

Als Richtschnur gilt:

16.00–17.15	Antreten und Ausrücken zur Körperschulung bzw. zu Ordnungsübungen
17.15–18.25	Dienst nach Ermessen des Abteilungsführers, d.h. Appelle aller Art, Putz- und Flickstunde, Baden usw.
18.25–19.00	Nachmittagsunterricht: 2-mal wöchentlich als Dienstunterricht, 3-mal als Staatspolitischer Unterricht

Abendessen und Feierabend (3 Stunden)

19.00–19.15	Pause und Versammeln zum Abendessen
ab 19.15	Abendessen und Feierabend. Nach dem Abendessen können die Angehörigen des Lagers, wenn sie nicht Ausgang haben, sich im Lager aufhalten und dort den Feierabend nach ihren persönlichen Neigungen verbringen (Feierabendgestaltung durch Neigungsgruppen unter der Anleitung des Spezialführers für Feierabendgestaltung). 2-mal pro Woche feiern alle Lagerangehörigen den Feierabend zusammen unter Leitung des Abteilungsführers
22.00	Zapfenstreich durch Trompeten-/Hornsignal, Einziehen der Lagerfahne. Mittwochs Zapfenstreich um 22.30

Nachtruhe (7 Stunden)

22.00–5.00 Völlige Nachtruhe im gesamten Lager

Ein Beispiel dafür, wie es in einem Lager zuging, gibt folgende Darstellung unter PP-Code 3ek69y.

Die Lagererziehung wurde nicht nur für Kinder und Jugendliche organisiert. Einer der führenden Ideologen der NS-Erziehung begründet im nächsten Text, warum auch angehende Lehrerinnen und Lehrer am besten im Lager auf ihren Beruf vorbereitet werden.

M18 Schulungslager für Lehrer (Alfred Baeumler)

Alfred Baeumler (1887–1968) war neben Ernst Krieck der führende Ideologe der NS-Pädagogik. Er war von 1933 bis 1945 Professor in Berlin.

Abb. 2.13: Alfred Baeumler (1887–1968)

Ausgangspunkt der neuen Lehrerbildung ist das Lager. Die Wirklichkeit der Erziehung selbst, so wie sie sich im und am werdenden Menschen in den Jahren seiner reichsten Empfänglichkeit ereignet, steht am Anfang. Damit ist etwas gegeben, was aus Gründen der Exaktheit nur mit einem unbestimmten Ausdruck bezeichnet werden darf. Nennen wir es die pädagogische Atmosphäre. Der künftige Lehrer wird in jedem Falle aus einer Stätte kommen, die ihn durch ein von Musik, Spiel und Wort lebendig durchströmtes Gemeinschaftsleben geformt hat. Er kommt nicht von der Schule in eine Hochschule, sondern er kommt aus der Schule ins Schul-Lager und kehrt von da zur Schule zurück, bereichert um das Erlebnis der Gemeinschaftserziehung, an welchem alle anderen Bildungserlebnisse von nun an sich zu messen haben.

Es macht einen gewaltigen Unterschied, ob ein junger Mensch, getrieben vom eigenen Wunsche oder bestimmt durch den Zufall, nach dem Durchlaufen einer höheren Schule sich dem Lehrerberuf „zuwendet" – oder ob er von seinem vierzehnten Lebensjahr an innerhalb einer bewegten, frischen Gemeinschaft steht, die ihm in ihren lebendigen Bezügen den Vorgang der Erziehung täglich neu zum Erlebnis werden lässt. Nicht darauf kommt es an, wie viel man einer werdenden Seele darbietet oder aufnötigt, sondern darauf, wie viel sie aus innerer Anteilnahme tatsächlich in sich aufnimmt und verarbeitet. Je kräftiger und reiner im pädagogischen Lager die Luft erzieherischen Lebens weht, desto reiner und inniger wird sich auch das Bild künftigen Lehrertums unbewusst in der Seele des Heranwachsenden gestalten. Damit aber wird eine Bereitschaft zur Aufnahme geschaffen, die wichtiger ist als jede zeitliche Ausdehnung des Studiums. Die Seele lässt sich, wie alles Lebendige, nicht künstlich abrichten. Sie verkümmert unter dem Zwang von Zielsetzungen, die sie nicht versteht; sie blüht auf und leistet das Größte, wenn sich das, was sie zu schaffen hat, an ein vom verehrenden Herzen erfasstes Bild anschließt. Der Grundgedanke der neuen Lehrerbildung ist, dass der Schüler im Anstaltslager nicht nur „lernt", sondern unmerklich zugleich ergriffen wird von dem, was ihn verwandelt, von der Atmosphäre einer dem Leben nach allen Seiten offenstehenden pädagogischen Provinz. [...]

2.3 Lektionen für die Pädagogik heute

Anregungen zur Weiterarbeit

Welchen Prinzipien folgte die Erziehung im Nationalsozialismus? Wie kann man die Pädagogik in den Jahren der nationalsozialistischen Diktatur zusammenfassend charakterisieren? Welche pädagogischen Erkenntnisse gibt es, wenn man heute die Erziehung in dieser Epoche aufarbeitet?

Sie finden in diesem Abschnitt zwei Texte von Erziehungswissenschaftlern, die Antworten auf diese Fragen vorlegen.

M19 Formationserziehung im Nationalsozialismus (Harald Scholtz)

Mit Recht hat Rust 1934 „Lager und Kolonne" als diejenigen Einrichtungen bezeichnet, durch die man Nationalsozialist werden könne – ein Ersatz für das „Sturmlokal" wie für die Propagandaaktivität der „Kampfzeit", die jetzt in einen Furor des Organisierens umschlug. Im Lager darf die charakteristische Form nationalsozialistischer Machtausübung gesehen werden: totale Kontrolle über alle Lebensäußerungen, aber unter improvisierten Bedingungen und auf begrenzte Zeit. [...] Schon die Improvisation war ein erzieherisch wirksames Arrangement: Sie setzte das Einverständnis mit den knappen Mitteln, die zur Verfügung standen, voraus, wodurch erhöhte Anforderungen an die Menschen gestellt werden konnten. Diese Anforderungen richteten sich nicht, wie bei den „Tagungen", die von der Bündischen Jugend zu einem Bestandteil der politischen Kultur entwickelt worden waren, auf das Einbringen der politischen Kompetenz jedes Einzelnen in eine Atmosphäre gegenseitiger menschlicher Achtung, sondern nur noch auf die Bewährung als „Kamerad". Dieser hatte durch Wohlverhalten gegenüber dem ihm vorgesetzten Lagerleiter und den „Kameraden" die frisch-fröhliche Stimmung nicht zu stören, etwa durch allzu großes Ernstnehmen des politischen Tuns. [...] Ob Jungen-, Arbeitsdienst- oder Schulungslager für Lehrer, alle waren auf den gleichen Tenor abgestimmt, die Distanz zum Alltag auszukosten und sich in Feiertagsstimmung dem Politischen zuzuwenden, gar noch die eigene Erholung als politische Tat zu deuten. Hier wurde kalkuliert das eingeübt, was schon vor der Machtübernahme zumeist für den Eintritt in die NS-Organisationen den Ausschlag gegeben hatte: „Wir waren uns unserer Taten nie so recht bewusst, aber wir hatten unseren Spaß und kamen uns auch wichtig vor." Politisches Verhalten sollte von der Emotion her gesteuert werden. Die Sympathien der Lagerteilnehmer richteten sich entsprechend an den Kriterien des gemeinschaftskonformen Verhaltens aus, keineswegs an einer ideologischen Kompetenz. Die Ergebnisse einer empirischen Untersuchung in RAD-Lagern referiert Lingelbach:

„So genoss derjenige das höchste Ansehen in der Gruppe, der durch seine physisch und psychisch robuste Konstitution wie durch seine Fähigkeit zu sach- und situationsgerechtem, beherztem ‚Zupacken' den Anstrengungen des Lagerlebens am besten gewachsen war. Die Sympathien seiner Kameraden errang ein solcher ‚Kerl' vollends, wenn er sein größeres Anpassungsvermögen an die Bedingungen des Arbeitslagers durch frischen Umgangston und stetige Hilfsbereitschaft den Schwächeren seiner Gruppe zugute kommen ließ."

Daraus wird ersichtlich, dass die Zuschreibung einer politischen Bedeutung des Lagers für die Teilnehmer von sekundärer Bedeutung war: „Tamtam", das in ihren Augen dazu diente, wichtig genommen zu werden. Dass auch in den Schulungslagern eine ähnliche Grundstimmung vorherrschte, geht aus der appellierenden Aussage eines Schulungsleiters hervor, die das Wollen der Ideologen und das Verhalten der angepassten Mehrheit deutlich werden lässt:

„Geistige Schulung bedeutet nicht ein notwendiges Übel, das man hinnimmt, sondern bezweckt eine Aufrüttelung des inneren Menschen und ein Wachrufen seelischer Kräfte."

Die Propagandisten verkannten die Situation. Nicht ihre Lehre war „aufrüttelnd", sondern das asketisch-alternative Arrangement des Lagers. Wo es, wie in den Arbeitsdienstlagern, zu einer wohldosierten Herausforderung psychischer und physischer Kraftentfaltung kam, wurde „dem Jugendlichen der Arbeitsvorgang zum nachhaltigen Erlebnis". Hier wurde nicht versucht, der emotional positiven Einstimmung der großen Mehrheit noch eine „geistige Schulung" hinzuzufügen, sondern man begnügte sich mit der „Steuerung seines sozialen und politischen Verhaltens durch die Einprägung bestimmter immer wiederkehrender Denkschemata und Parolen".

Diese Denkschemata hatten in der Marschkolonne ihre konkrete Entsprechung:

„Das Trittfassen und Tritthalten sind Angelegenheiten, die das Ganze der Leib-Seele-Einheit ergreifen und in einem einzigen Willen nach vorn zwingen."

Die Ordnung in der „Formation" sollte Sicherheit verbürgen und die Grundlage für Aktionen abgeben, die sich in eine politische Bewegung einfügten. Die Beschränkungen des Denkens und der sozialen Aktivität kompensierte das Versprechen, an einem übergeordneten Sinnzusammenhang mitzuwirken. Dieser wurde durch Symbole repräsentiert, vor allem durch den Führerkult und die Fahne. Führer der Formationen sollten nicht nur Befehlshaber sein, sondern auch persönliche Bindungen ermöglichen. Ein Führer hatte Aktionen zu organisieren, die das Bedürfnis nach kollektiver Selbstbestätigung (das Wichtiggenommenwerden) befriedigen sollten. Darin hatte er sich zu bewähren. Dazu gehörte, auf Disziplinierung, Sauberkeit und Gesundheit zu achten, denn im Leib sollte sich die „Seele" zeigen. Gesellschaftliche Zielsetzungen wie Hilfeleistung, Schulung oder sinnvolle Freizeitgestaltung waren demgegenüber von untergeordneter Bedeutung. Darin unterschied sich die HJ wesentlich von den sozialistischen Jugendorganisationen, von denen man die „Zucht- und Lebensform des politischen Bundes" übernommen hatte. Die „Formation", das disziplinierte, uniformierte Kollektiv war der bürgerlichen bündischen Jugend bis zu den Angleichungstendenzen in den letzten Jahren der Republik fremd geblieben. Andererseits gab es, da die Führer wohl an die Sicherung von Grundwerten, nicht aber politisch-programmatisch gebunden waren, einen größeren Spielraum zur Deutung der verbindlichen Symbole. Dadurch wurde die persönliche Identifizierung mit dem „Führerwillen" gefördert, weil die Einsicht in das Notwendige individuell getönt formuliert werden konnte.

Der Eintritt in eine Formation, abgegrenzt von einer Gesellschaft, in der das Tauschprinzip herrschte, stellte Anforderungen, eröffnete aber auch Perspektiven, die bei entsprechendem Vertrauen in die selbst erzeugte Heilserwartung keineswegs wie eine Negativpädagogik anmuteten. Eine hierarchisch organisierte Scheinwelt [...] bereitete die totale Verfügbarkeit folgendermaßen vor.

Das Gebot zur Einordnung in das Kollektiv: Achtung des gleichgestellten Kameraden und seine Bewertung nach den Kriterien der kollektiven Selbstbestätigung: Hochschätzung von Vitalität, Charakter, Leistungsfähigkeit; Aussonderung von vital Schwachen, Abgrenzung gegenüber Nicht-Organisierten.

Das Gebot der Unterordnung: Anerkennung der Befehlsgewalt des Vorgesetzten, wenn nicht seiner Autorität; Vertrauen auf die Ablösung unfähiger Vorgesetzter durch die Organisation; Bereitschaft, „Härten schweigend zu ertragen", überhaupt „Verschwiegenheit" zu üben, sich bei gestellten Aufgaben zu bewähren, nur der eigenen Befehlshierarchie zu folgen, das „Dienstverhältnis" von privaten Beziehungen völlig zu trennen.

Angebote zum Prestigegewinn: Bejahung des Wunsches, nicht nur gehorchen zu müssen, sondern auch befehlen zu können. Bereitstellung von Möglichkeiten zum Wetteifern, von Angeboten zur Entwicklung spezieller, vom Staat als nützlich eingestufter Interessen; gleichzeitig Abkoppelung der Dienstleistung von persönlichen Zielsetzungen, etwa für den Beruf: Karrieredenken ist verpönt, dagegen wird die Preisgabe eigener Gestaltung der Freizeit zum Nutzen für die Gemeinschaft verlangt.

Verteidigung der Organisation im Vertrauen auf ihre Sicherung durch die Führung und im Glauben an die politische Bedeutung der Organisation. Deutung der Dienstleistung als Ehre zur Rechtfertigung der eigenen Unterwerfung. Aus dem Widerspruch der Gefühle der Selbstbestätigung und der Selbstpreisgabe werden Deutungen des eigenen Handelns erzeugt, die als subjektivierte Ideologie nicht direkt mit dem Handeln vermittelt sind. So entsteht ein Gefühl der Ungebundenheit an politische Doktrinen, mit denen der Verdacht, fremdbestimmt indoktriniert zu sein, abgewehrt werden kann.

Von der „funktionalen Erziehung“ durch Bereitstellung von Organisationsformen jenseits des zivilen Alltags darf nicht auf bestimmte gleichbleibende inhaltliche Bindungen geschlossen werden. Für die Jugenderziehung ist es besonders wichtig, darauf hinzuweisen, dass sich von oben her die jeweilig mit Nachdruck propagierten Vorstellungen von politischer Ordnung, Kultur, Moral, Religion ändern ließen, ja verändert werden mussten, je nach allgemeiner politischer Lage, den Konkurrenzverhältnissen zwischen den Machthabern und dem Verschleiß, dem ein propagiertes Leitbild durch die Hektik in der Veränderung des Lebensgefühls ausgesetzt war. So wurde etwa die Ordnungsvorstellung vom „Dritten Reich“ (nämlich als „Volksstaat“) 1939 zum „Großdeutschen Reich“, später zum „Germanischen Reich“ hin abgewandelt. Schirach veränderte das preußisch anmutende Wort von der „Generation der harten Pflichterfüllung“ 1938 zur Deutung der NS-Bewegung als einer „Revolution der Seele“ in deutlichem Widerspruch zu ihren Erscheinungsformen:

„Wir deuten die nationalsozialistische Revolution als die Erhebung des deutschen Gemütes gegen die Willkür des kalten Intellekts. Ihr Sieg bedeutet den Triumpf der Seele über alles Mechanische. […] Wir haben dadurch die natürliche Ordnung wiederhergestellt, nach der die Dinge für den Menschen da sind und nicht der Mensch für die Dinge.“

[…] Die Dynamik der Hitlerbewegung lebte, das hatte ihr Führer richtig vorausgesehen, aus „Organisation und Propaganda“. Ein großer Apparat wurde aufgeboten, um die veröffentlichte Meinung zu lenken. Die erzieherisch relevante Propaganda ging jedoch weniger von der veröffentlichten Meinung als vielmehr von den Artikulationsformen der Dienstbereitschaft aus. Durch das Arrangement der Rahmenbedingungen in den „Formationen“ wurden Selbstdeutungen der Träger kultureller Aktivitäten (Führung, Feiergestaltung, Sammelaktionen etc.) präformiert. […]

Eine Situation wird so organisiert, dass sich der Einzelne zu ihrer Bewältigung nicht nur vorgegebener Normen für sein Verhalten, sondern auch vorgegebener Begründungen bedienen muss, die er in persönlicher Weise interpretieren kann. So ist beispielsweise der Sammeleifer von „Pimpfen“ beim „Winterhilfswerk“ nicht allein durch karitative Hilfsbereitschaft oder Wetteifer beim Sammeln zu erklären. Vielmehr konnten die Kinder Druck ausüben, um Gesinnung öffentlich zu machen. Der Kauf von Abzeichen, die Eintragung in die Spendenliste sollten Konformität bezeugen. Bei den jungen Sammlern förderte die Lust an der Nötigung zum Konformismus zugleich die Bereitschaft, Denkschablonen zu übernehmen. […] Die Uneigennützigkeit ihres Einsatzes verband sich mit dem Anspruch, die Erwachsenen „erziehen“ zu können.

Die „Formationserziehung“ musste notwendig durch Rituale ergänzt werden, die über das Verhalten hinaus auch das Fühlen und Denken formen sollten. Wie die Leib-Seele-Einheit postuliert wurde, um die Körper beherrschbar zu machen, so sollte auch der Geist an die Kette sozialer Akzeptanz gelegt, das „Gemüt“ verhärtet und auf den Ton eines frisch-fröhlichen Optimismus, später auch „Heroismus“ gestimmt werden. Als Beispiel einer Initiation in eine solche verhärtende „Charaktererziehung“ (die gleichwohl Charakterfestigkeit im bürgerlichen Sinne auszulöschen beabsichtigte) soll der „Spindappell“ dargestellt werden.

Bei jeder Heimunterbringung spielte er eine bedeutende Rolle; jedenfalls wurde die Ordnung in jenem schmalen Schrank auch zum Gegenstand der Werbung in Filmen über NS-Einrichtungen. Dieses Ritual wurde aus der Drillpraxis des „Kommiss“ übernommen. Im Rahmen der militärischen Erziehung konnte die Überprüfung der Schränke den Sinn haben, bei Alarm die notwendigen Dinge sozusagen im Schlaf zu finden. Diese Prozedur ließ sich zur Schikane vor versammelter Mannschaft nutzen. Die Innenseite der Schranktür war, nach militärischem Brauch, der einzige Ort in den Massenunterkünften, in denen sich die Gefühle des Besitzers in Form von Andenken dokumentieren konnten. Der „Appell“ bot in der Regel Gelegenheit, diesen Intimbereich öffentlich zu machen. Der Willkür des Vorgesetzten blieb es überlassen, Ordnung und Sauberkeit zu bemängeln und die vorgefundene Ordnung wieder zu zerstören. Der Schein einer funktionsgerechten Übung blieb bewahrt. Tatsächlich wurden Unterwerfung und das Durchstehen von Schikanen gelernt. Die Gruppe wurde dafür verantwortlich gemacht, dass sich jeder an das vorgezeichnete Schema von Ordnung und Sauberkeit anpasste. Das „Heim“ mochte selbst improvisiert und in einer wenig ansprechenden Umwelt angesiedelt sein – im „Inneren“ sollte jedenfalls Ordnung herrschen.

Im Krieg, in den besetzten Gebieten konnte die verinnerlichte Unterwerfung unter ein Ordnungsschema mit missionarischem Eifer an die fremde Umwelt weitergegeben werden. Die „Lager“, meist für Mädchen, konnten dann als Missionszentren für „Ordnung und Sauberkeit“ erscheinen, während sie tatsächlich einer gewalttätigen Machtpolitik dienten. […]

Den Aussagen auf Massenveranstaltungen und Feiern korrespondierte ein „heimlicher Lehrplan“, der dem Aufwand zur organisatorischen Vorbereitung solcher Vorhaben zu entnehmen ist. Wenn jeweils eine halbe Million Menschen in die Organisation der „Reichsparteitage“ eingespannt wurde, ging dem „weltanschaulich-volklichen Glaubensbekenntnis“ Auslese, Drill und die Einpassung des Einzelnen in einen minutiösen Organisationsplan voraus, in dem selbst die Haltung der Finger der Vorbeimarschierenden festgelegt war. Wenn Hitler 1937 auf einem Reichsparteitag beanspruchte, „zur Selbstlosigkeit, zur Opferbereitschaft und zur Beherrschung eines gesunden, gehärteten Körpers“ zu erziehen, so entsprach dieser Rede bei seinen Zuhörern eine Realität, die sie in der Vorbereitung auf die „Heerschau der vom Nationalsozialismus eroberten Nation“ selbst erfahren hatten. Der Wille zur Teilhabe an der Repräsentation von Macht und die Bereitschaft, dafür Opfer zu bringen, wird verkannt, wenn der politische Kult nur als eine Inszenierung der Herrschenden und nicht zugleich als Angebot an die Beherrschten interpretiert wird, an der magischen Beschwörung einer neuen Wirklichkeit aktiv Anteil zu nehmen. […]

M20 Prinzipien der Erziehung im Nationalsozialismus (Armin Bernhard)

Faschismus ist eine diktatorische Form der Herrschaft, die auf dem Boden der bürgerlich-kapitalistischen Gesellschaft entsteht, aber gleichzeitig deren demokratische Errungenschaften und zivilgesellschaftliche Grundlagen (Rechtsstaat, Sozialstaat, Demokratie, Menschenrechte usw.) außer Kraft setzt. Diese Herrschaftsform soll nach innen die alte Gesellschaftsordnung aufrechterhalten, soweit sie in eine Krise geraten ist, etwa durch die Ansprüche demokratischer oder sozialistischer Bewegungen. Diese Aufgabe erfüllt der Faschismus durch die Vernichtung der parlamentarischen Demokratie und des bürgerlichen Rechtsstaates. Nach außen schafft das faschistische System die politischen und militärischen Voraussetzungen für eine imperialistische Politik, um den ökonomischen und politischen Einfluss des eigenen Landes zu vergrößern, d.h., Expansionskriege gehören notwendigerweise zu einer faschistischen Form der Herrschaft dazu [...]. [...] Am 30. Januar 1933 wird Hitler zum Reichskanzler ernannt und beginnt sofort mit der „völkischen Erneuerung" der Gesellschaft. Mit der „Verordnung zum Schutz von Volk und Staat" vom 28. Februar 1933 wird zunächst die rechtsstaatliche Ordnung in Deutschland liquidiert. Es folgt das Ermächtigungsgesetz vom 24. März 1933 („Gesetz zur Behebung der Not von Volk und Reich"), das die gesetzgebende Gewalt der faschistischen Regierung überträgt. Die Gleichschaltung auf Verwaltungs- und politischer Ebene schließt sich an. Die *kulturelle Gleichschaltung* und die diktatorische Reglementierung von Erziehung und Bildung werden zu einem Schwerpunktgebiet der nationalsozialistischen Politik. Der Gestaltung der Erziehung und Sozialisation kommt im NS-System eine Schlüsselrolle zu. Nicht umsonst versteht die faschistische Politik ihren Staat als einen Erziehungsstaat. Zu diesem Zusammenhang äußert sich Hitler, unmittelbar nachdem ihm die Macht zugetragen wurde: „Seit zweieinhalbtausend Jahren sind mit ganz wenigen Ausnahmen nahezu sämtliche Revolutionen gescheitert, weil ihre Führer nicht erkannt hatten, dass das Wesentliche einer Revolution nicht die Machtübernahme ist, sondern die Erziehung der Menschen." [...]

Auf weltanschaulicher Ebene versuchte der Faschismus eine Erziehungsideologie zu entwickeln, die seiner Gesamtideologie entsprechen sollte. Auf der praktischen Ebene sollten nicht nur die pädagogischen Institutionen, sondern auch die Sozialisationsräume nach den Direktiven der NS-Ideologie umgestaltet werden.

Von einer Erziehungstheorie des Faschismus kann allerdings keine Rede sein. Vielmehr werden die erziehungspolitischen Grundlagen des Nationalsozialismus aus den verschiedensten Elementen willkürlich zusammengesetzt. Sie basieren auf der Veränderung und Uminterpretation bislang vorhandener pädagogischer Theorien und ihrer Verschmelzung mit den Versatzstücken der NS-Ideologie. Wichtige Ideologeme faschistischer Erziehungspolitik werden bereits in Hitlers „Mein Kampf" von 1924 ausgeführt [...]. Führende NS-Pädagogen sind Ernst Krieck [...], Alfred Baeumler, Philipp Hördt, Theodor Wilhelm. [...]

Der Erziehungswissenschaftler Hans-Jochen Gamm hat in seiner 1964 zum ersten Mal erschienenen grundlegenden Studie „Führung und Verführung" (Gamm 1990) Prinzipien faschistischer Erziehung herausgearbeitet, die im Folgenden systematisch dargestellt und ergänzt werden:

1. *Die körperliche Tüchtigkeit hat absoluten Vorrang vor der Ausbildung der intellektuellen Kräfte.* Der Faschismus zielt in seiner Erziehungspolitik, wie sie Hitler in „Mein Kampf" ausgeführt hat, auf „das Heranzüchten kerngesunder Körper" (1933). Sekundär ist demgemäß die geistige Bildung der heranwachsenden Generation. Die wissenschaftliche Bildung rangiert erst am unteren Ende in der Hierarchie der Erziehungsziele. Der völkische Erziehungsstaat geht von der Prämisse aus, dass „ein zwar wissenschaftlich wenig gebildeter, aber körperlich gesunder Mensch mit gutem, festem Charakter, erfüllt von Entschlussfreudigkeit und Willenskraft, für die Volksgemeinschaft wertvoller ist als ein geistreicher Schwächling" (ebd.). Die Aufwertung der erzieherischen „Stählung" des Körpers gegenüber der wissenschaftlichen Bildung verfolgt drei politische Intentionen: Einerseits soll der Körper als Instrument kriegerischer Auseinandersetzungen gewonnen werden; andererseits soll die Kritikfähigkeit gegenüber dem NS-System systematisch unter Verschluss gehalten werden, die mit der Ausbildung der geistigen Fähigkeiten potenziell einhergeht. [...] Eine weitere, dritte politische Funktion der Stählung des Körpers durch Erziehung steht in einer rassistisch-nationalistischen Perspektive. Sie soll Überlegenheitsgefühle über andere Nationen und Völker aufbauen und damit das nationale Selbstvertrauen stärken. Der „deutsche" Mensch muss „in seiner körperlichen Kraft und Gewandtheit den Glauben an die Unbesiegbarkeit seines ganzen Volkstums wiedergewinnen" (ebd.).

2. *Grundlage der Erziehungsideologie ist die Vererbungslehre.* Die produktive Wechselwirkung von Anlage und Umwelt wird im Faschismus außer Kraft gesetzt. Der Mensch ist ein Produkt, das einerseits durch das genetische Potenzial, andererseits durch den politischen Einfluss *determiniert* wird. Autonomiepotenziale, selbstständiges Urteilsvermögen, Entscheidungsfreiheit, haben in dieser Erziehungsideologie keinen systematischen Ort. Die Vererbung wird zur entscheidenden Basis für die Verbesserung der „biologischen Substanz des deutschen Volkes" (Gamm 1990). Dabei wird deutlich, dass die nationalsozialistische Erziehungsideologie auf einem aristokratischen Erziehungsprinzip beruht. Es sollen nämlich die als „rassisch besonders wertvoll erkannten Elemente" innerhalb der Volksgemeinschaft verstärkt befördert werden. Damit kommt der Erziehung eine verschärfte Auslesefunktion zu: *Sie soll die wertvolle „Erbsubstanz" erkennen und durch ihre weitergehende Förderung die Verbesserung des „deutschen Volkstums" vorantreiben.*

3. *Die „liberalistische" Auffassung von der Entfaltung des Individuums wird kategorisch abgelehnt und durch das Konzept einer Erziehung zur Volksgemeinschaft ersetzt.* Allen freiheitlichen Erziehungsansätzen sagt der Faschis-

mus den Kampf an. Die „Bildung der freien Einzelperson" (Reichsinnenminister Frick) lehnt der NS-Staat ab. Die individualistische Bildungsvorstellung habe „wesentlich zu der Zerstörung des nationalen Lebens in Volk und Staat beigetragen" [...].

4. *„Typenzucht" hat Vorrang vor der Entfaltung des Individuums. Dieser Vorgang erfordert die „Uniformierung" der Gesellschaft* (Gamm 1990). Diese Praxis der Uniformierung soll suggerieren, dass die Widersprüche, Probleme und Härten des gesellschaftlichen Lebens in der Volksgemeinschaft aufgehoben seien. Das Volk soll als „ein kämpfender Gesamtkörper" erscheinen. Dafür hat der Faschismus sein Konzept der *Formationserziehung* entworfen. Formationserziehung meint eine Erziehung in festen gemeinschaftlichen Anordnungen, in militärähnlichen Formen, in klaren Befehls-Gefolgschafts-Verhältnissen. Formationserziehung kennzeichnet die „Erziehung durch (die) und in den Formationen der Bewegung bzw. der Partei und des nationalsozialistischen Staates" (Herrmann 1994). Alfred Baeumler führt aus, was unter Formationserziehung zu verstehen ist: „Durch die Erziehung in der Formation werden Knaben und Mädchen in den Rhythmus der politischen Gemeinschaft eingefügt. Verbunden mit Gleichaltrigen, geführt von solchen, die noch ihrer Jugendwelt angehören, lernen sie in der Formation sich auch außerhalb des Elternhauses mit anderen eins zu fühlen. Die Erziehung in der Formation ist unerlässlich, um in der jugendlichen Seele den Feierklang der großen Gemeinschaft und den Stolz auf gemeinsame Leistungen zum Schwingen zu bringen."

5. *Erziehung wird auf eine rassistische Grundlage gestellt. Sie soll die Überlegenheit der nordischen Rasse an die jeweilig nachwachsende Generation vermitteln.* In „Mein Kampf" heißt es hierzu: „Die gesamte Bildungs- und Erziehungsarbeit muss ihre Krönung darin finden, dass sie den Rassesinn und das Rassegefühl instinkt- und verstandesmäßig in Herz und Gehirn der ihr anvertrauten Jugend hineinbrennt" (Hitler 1933, S. 475 f.). Die Erziehung muss das Fundament schaffen „für die Erhaltung der rassenmäßigen Grundlagen unseres Volkstums und durch sie wiederum die Sicherung der Vorbedingung für die spätere kulturelle Weiterentwicklung" (ebd., S. 476).

6. *Erziehung soll auf die nationalistische Aufgabe eingeschworen werden.* Die patriotische Erziehung, die dem NS-System vorschwebt, soll aus der geschichtlichen Bildung heraus „den Nationalstolz ... entflammen" (ebd., S. 471). Der völkische Staat kann seine Hegemonie nicht allein über Aufrüstungsmaßnahmen und Waffen sichern; er soll auch innerlich gerüstet werden, durch eine Art geistiger und psychischer Aufrüstung, nämlich durch eine „lebendige Mauer von Männern und Frauen, erfüllt von höchster Vaterlandsliebe und fanatischer Nationalbegeisterung" (ebd., S. 473). Nach dem Verlassen der Schule soll der Jugendliche weder ein „kranker Pazifist" noch ein „halber Demokrat" sein, „sondern ein ganzer Deutscher" (ebd., S. 477). [...] In der faschistischen Sozialisation wird das *perfektionistische Gegenmodell zu einer emanzipativen Sozialisation* durchexerziert. Jede Pädagogik vorher, so konservativ sie auch sein mochte, forderte ein pädagogisches Verhältnis ein, in dessen Rahmen sich die Heranwachsenden in Erziehungs- und Bildungsprozessen entfalten sollten. Der Faschismus zerstörte die Freiräume für dieses pädagogische Erziehungsverhältnis durch seinen totalen und ungefilterten politischen Zugriff auf den Menschen.

Weiterführende Aufgaben

1. Geben Sie übersichtlich die Grundsätze und Elemente der nationalsozialistischen „Formationserziehung" sowie die Prinzipien nationalsozialistischer Erziehung wieder. Sie können sich dabei an der Systematik orientieren, die am Ende von Kapitel 1 vorgestellt wurde.

2. Erläutern Sie sie mithilfe von Beispielen, die Sie in diesem Buch oder durch eigene Recherchen gefunden haben.

3. Überprüfen Sie Ihre Analyseergebnisse und Ihr Urteil zur politischen Erziehung im Nationalsozialismus aus dem ersten Kapitel und verändern und ergänzen Sie sie gegebenenfalls.

3. Politische Bildung in der DDR

Die DDR existierte von 1949 bis 1990. Es war ein Staat, in dem eine Partei, die Sozialistische Einheitspartei Deutschlands (SED), die Macht und Führungsrolle besaß. Die SED rechtfertigte ihre Führungsrolle damit, dass sie als Vertreterin der Arbeiterklasse die historische Mission erfüllte, den Kommunismus als klassenlose Gesellschaft herbeizuführen. Sie erhob den Anspruch, die Gesellschaft und das Bildungswesen nach den Grundsätzen des Marxismus-Leninismus zu gestalten. Welchen pädagogischen Sinn macht es, sich als Pädagogin bzw. Pädagoge diesem gescheiterten Staat und der von ihm „durchherrschten" Gesellschaft zuzuwenden? Welche pädagogischen Einsichten können gewonnen werden, wenn man sich auf das Bildungssystem dieses Staates einlässt?

Sie werden sehen: Es lohnt sich! Der Fokus der folgenden Angebote liegt auf der politischen Bildung im Unterrichtsfach Staatsbürgerkunde in den Schulen der DDR. Das Fach Staatsbürgerkunde galt als wichtigstes Instrument der politischen Erziehung.

Sie können sich, wenn Sie möchten, vertiefend auf die DDR, ihre Pädagogik und das Fach Staatsbürgerkunde einlassen, um ihr Wissen und Können über die pädagogische Perspektive auf die Wirklichkeit zu erweitern.

Sie können sich aber auch **kompakt** und **kurz** über die zentralen Aspekte informieren. Dazu gibt es am Ende des Kapitels unter 3.4 einen zusammenfassenden Überblick.

3.1 Subjektive Perspektiven auf das Fach Staatsbürgerkunde

Zu Beginn lernen sie zwei Perspektiven auf den Unterricht im Fach Staatsbürgerkunde kennen: Jens Bisky erzählt in der Rückschau von seinen Erfahrungen als Schüler der Erweiterten Oberschule „Immanuel Kant" in Berlin. Danach kommt eine Lehrerin zu Wort. Sie wurde nach dem Ende der DDR im Rahmen eines Forschungsprojekts zur Staatsbürgerkunde der DDR von einem der beteiligten Wissenschaftler interviewt.

Sie können diese Texte arbeitsteilig erarbeiten und sich gegenseitig vorstellen.

Jens Bisky (geb. 1966) ist Feuilletonredakteur bei der Süddeutschen Zeitung. Der Autor lebt mit seiner Familie in Leipzig.

Abb. 3.1: Jens Bisky

M1 Dogmas Anstalt (Jens Bisky)

Wir erhoben uns, wenn die Stunde begann, und begrüßten die Lehrerinnen im Chor. Bald gab es den wöchentlich wechselnden Klassendienst, der das in seine Hände nahm und den Pioniergruß zelebrierte: „Für Frieden und Sozialismus seid bereit!" – „Immer bereit!" Dazu hoben sich fünf Finger der flachen Hand über den Kopf, als säße dort das Käppi, das zur vollständigen Pionieruniform gehörte. Die Völker der fünf Kontinente stehen über dem Ich – das war die Botschaft des Grußes.

Der Einzelne sollte sich der Mehrheit unterordnen, die Regeln, darunter vernünftige wie übertrieben strenge, befolgen. Wer etwas sagen wollte, hatte sich zu melden, aufzustehen, in ganzen Sätzen zu sprechen. Wer auf die Toilette musste, sollte fragen, ob es erlaubt sei. Das Schulgebäude durfte nur in der Hofpause verlassen werden. Dann wurden die Kleinen aus den unteren Klassen im Kreis herumgeführt. Wer der Hofaufsicht

Abb. 3.2

auffiel, weil er ausscherte, schrie, rannte, bekam ebenso einen Tadel wie der, der in den Stunden schwatzte. So belanglos das klingt, so wenig ist die DDR zu verstehen, wenn die kleinen, albernen Regeln übersehen werden. Sie erzogen zur Einordnung und boten dem Einzelnen zugleich die Möglichkeit, sich durch Befolgen oder Zuwiderhandeln auszudrücken, seine Position im Gesamtbetrieb zu bestimmen. Die Lehrer hatten Gelegenheit, die Regeln zu verfeinern oder auszusetzen. Da gab es welche, die Wert auf aufrechte Haltung des stehenden Schülers legten – „Stell dich mal anständig hin!" –, und solche, denen das gleichgültig war. Da gab es Schüler, die an ebendiesen Vorschriften früh schon scheiterten und lieber gar nichts sagten, als sich wegen ihrer hängenden Schultern und dem schlackernden Körper, der nicht stillhalten wollte, zurechtweisen zu lassen. Und wenn sie es doch versuchten, geschah es oft genug, dass das unerbittliche „Und nun noch einmal in ganzen Sätzen!" ihren Auftritt ins Reich des Vergeblichen verbannte.
Zu dieser Kultur der Disziplinierung gehörte ein umfangreiches System von Lob und Tadel. An der 28. Polytechnischen Oberschule, wo man mir das Lesen beibrachte, wurde alles im „Muttiheft", einer kleinen Kladde in DIN A5, festgehalten, grüne Striche für Verfehlungen, rote Striche für buchenswert Anständiges und zu besonderen Anlässen ein „Bienchen". […] Leistung und Folgsamkeit waren die höchsten Werte, und vielfach galt Folgsamkeit als besonders lobenswerte Leistung. […]

Abb. 3.3

Jens Bisky zieht mit seiner Familie von Leipzig nach (Ost-)Berlin um. Er kommt auf die Erweiterte Oberschule „Immanuel Kant".

Ein harter Realismus beherrschte die Kant-Schule. Die Dinge waren, wie sie waren. Die Welt zog ihre Bahn, die Verhältnisse mochten hier und da verbesserungsbedürftig scheinen, waren aber grundsätzlich in Ordnung. Warum alles richtig und unausweichlich war, würden wir hier lernen. Über der Tür hätte doch besser „Lasst allen Leichtsinn fahren!" gestanden.
Die Aufgabe, uns Traumtänzer in fest gefügte Schülerpersönlichkeiten umzuformen, übernahm Dr. Mannsfeld, ein Mann der ersten Stunde. Er war Neulehrer gewesen, hatte Marxismus studiert und am Parteiinstitut für Marxismus-Leninismus promoviert. War eine Kriegsverletzung oder ein Unfall die Ursache? Auf jeden Fall trug er eine gut sichtbare Metallplatte im Schädel und war ansonsten ein Mann von stahlharten Überzeugungen und Prinzipien. Er war unser Klassenlehrer, gab Geschichte und Staatsbürgerkunde. Wir nannten ihn „Dogma". Dabei gehörte er zu den wenigen Lehrern, die auch nach dreißig Jahren noch mit Hingabe und Sympathie für die Zöglinge unterrichteten. Gerade unter den Älteren hielten einige es anders. Ein Physiklehrer etwa ließ vier Jahre lang von der Höhe seines breiten Sprelacarttisches – dieser stand tatsächlich auf einer Art Podest, um die Übersicht zu erleichtern – Verachtung auf uns regnen. Nicht selten kommentierte er eine Antwort in schneidendem Ton: „Ich habe Sie nicht gefragt, ob es draußen schneit." Oder: „Wissen Sie, was Sie da eben gesagt haben: ‚Die Tomate ist grün, weil sie rot ist.'" Ein Russischlehrer war, um die Frustrationen des Pädagogendaseins zu kompensieren, ins Schmierig-Eitle gefallen und gab den Beau. Er sprach in salbungsvollem Ton, modulierend, als genieße er jeden Laut, der seiner Kehle entfuhr, redete viel über sich, charmierte mit allen Mädchen, trug aufdringlich schicke Anzüge mit Halstuch und fuhr das teuerste Auto.
Doc Mannsfeld, Dogma, kam im blauen Kittel, als sei er Maschinenbauingenieur, besaß einen Zeigestock aus der Sowjetunion und benutzte über Jahre hinweg unverändert dieselben Fragen, Leistungstests und Folien. Er war weder eitel noch verachtend, er war, was schlimmere Folgen hatte, ein Hundertprozentiger. Alles, was an ihm missfiel, schien ein direkter Ausfluss seines wissenschaftlich-kommunistischen Glaubens. Dogma fehlte ein Gran Zartgefühl oder Leidenschaft, etwas Humor, ein abseitiger Zug, Beweglichkeit. Er war eben bloß hundertprozentig überzeugt und verschmolz mit seinen Tafelbildern, die wir so eifrig wie amüsiert in die Hefter übertrugen. Die kapitalistische Welt war blau zu markieren, rot die unsere, Gegensätze wurden mit einem nach beiden Seiten spitzen Pfeil bezeichnet. Handelte es sich um Widersprüche, war ein Bogen über den Pfeil zu schlagen, um die Einheit der Gegensätze anzudeuten, die einen vollgültigen Widerspruch vom schlichten Gegensatz unterscheidet.
Akl, PK, PM, PV, HAu, ESG, Wipo, Sopo* – die Liste der von Dogma benutzten Abkürzungen war lang.
Freunde gründlicher Geschichtszahlenkenntnis hätten ihre Freude an ihm gehabt. Er schritt durch die Klasse, fixierte mit beinahe leerem Blick Steffen oder Jenny, Martin oder mich und rief: „Erfurter Parteitag?" Wehe, wenn nicht rasch die Zahl „1891" erklang. „Aufbau der Grundlagen der sozialistischen Gesellschaft abgeschlossen?" War es 1960 oder 1964? „Zweite Parteikonferenz?" – „Kritik des Gothaer Programms?" – „Konferenz von Bandung?" – „Der Imperialismus ist – Steffen?"
„Sterbend."
„Oliver!"
„Verfaulend."
„Jens!"
„Das höchste und letzte Stadium des Kapitalismus."
„Der Imperialismus wäre längst unterge-

Abb. 3.4

gangen, wenn die Monopolbourgeoisie nicht den Ausweg des Faschismus gewählt hätte, der nach Dimitroff -?" „Die offene und brutale Diktatur der am meisten aggressiven, am meisten reaktionären Kräfte des Finanzkapitals ist."

Sieg, setzen!

Auf diese Weise war alles zu bewältigen. Das Deutsche Kaiserreich? Ein Marx-Zitat. Das grausame Wunder der Großen Sozialistischen Oktoberrevolution? Eine Abfolge aus Definitionen und Stichwörtern: revolutionäre Situation, Aprilthesen, Doppelherrschaft, Sturm auf das Winterpalais, Erstes Dekret. Unvermittelt sprang Dogma auf, stellte sich straff vor die erste Bank und ratterte los: „Maschinengewehre, Barrikadenkampf in Deutschland 1918." Oder er hob die großen Hände wie ein Megafon vor seinen Mund und rief, dass man es bis zum nahen S-Bahnhof hätte hören können: „Generaaalstreeik!" Wir waren beim Kapp-Putsch angelangt.

Ich habe alles verlernen müssen, um ein wenig von Geschichte zu verstehen, und doch bin ich dem alten Mann, vom dem wir nie wussten, ob es etwas gab, das ihm Freude machte, nicht böse. Er hat viel Unsinn erzählt, aber das mit System. Rasch mitschreiben, ein paar Bücher konsultieren, einen Vortrag halten, terroristische Schriften wie Lenins „Staat und Revolution" exzerpieren – das konnte man bei ihm lernen. Das ging möglicherweise nur so gut, weil der Stoff vollkommen belanglos und von höchster Wichtigkeit zugleich war.

Nach der Wende hieß es, Dogma habe der Partei enttäuscht den Rücken gekehrt, fühle sich betrogen. Er glich eigentlich einer Gogol-Figur, einem der Schreiber in einer riesigen Behörde, tagaus, tagein Nichtiges kopierend, ohne Aussicht auf mehr als die Wiederholung des Immergleichen.

* *Arbeiterklasse, Produktivkräfte, Produktionsmittel, Produktionsverhältnisse, Hauptaufgabe, entwickelte sozialistische Gesellschaft, Wirtschaftspolitik, Sozialpolitik*

M2 Interview mit der Staatsbürgerkundelehrerin Frau M.

Das Interview wird am 3.9.1994 in Leipzig geführt. Frau M. ist Jahrgang 1962, zum Zeitpunkt des Interviews also 32 Jahre alt. Interviewer: Hans-Joachim Vogler.

I.: Warum glauben Sie, dass die Schüler, wie Sie sagten, so wenig Interesse hatten?

M.: Weil sie von vornherein eine abwertende Haltung gegen das Fach hatten. Das war schon eigentlich mit der ersten Stunde, viele hatten ältere Geschwister oder Verwandte, Cousin, Cousine usw., sie haben sich unterhalten, was wird wohl in diesem Fach unterrichtet werden und hatten dann meistens negative Meinungen ... Aber auf der anderen Seite waren sie natürlich auch gespannt, was machen wir jetzt eigentlich? Und es war, glaube ich, ganz wichtig, so um in der 7. Klasse in den ersten Stunden die Schüler da irgendwie dafür aufzuschließen. Dass sie sehen, so schlimm ist es eigentlich gar nicht, so schlecht ist es eigentlich gar nicht, wie die Großen immer erzählt haben, es kann doch irgendwie Freude machen. Und das war der Vorteil auch von dem Lehrplan, dass das ja am Anfang Themen waren, „Vom schweren Anfang" z. B., die doch die Schüler interessiert haben. Die sie also auch schon teilweise kannten aus dem Fernsehen, aus Dokumentationen, aus Erzählungen vielleicht von Großeltern. Das konnten sie ja dann auch mit nutzen. Aber von Klasse zu Klasse wurde der Lehrplan dann natürlich immer theoretischer ... [...]

I.: Hatten Sie den Eindruck, dass Sie Handlungsspielräume hatten hinsichtlich des Lehrplans?

M.: Kleinere ja. Aber große, dass ich ein Thema direkt weggelassen habe, nicht. Ich habe manchmal Dinge verkürzt oder Dinge ausführlicher behandelt, aber sonst im Großen und Ganzen bin ich schon danach gegangen. In der 8. Klasse habe ich z. B. kürzer behandelt die Stoffeinheit 3, „Die sozialistische DDR und die imperialistische BRD, zwei Staaten mit gegensätzlicher gesellschaftlicher Ordnung". Ja, und zwar dieses letzte, das aggressive Wesen der BRD, des BRD-Imperialismus und seiner Politik, das Scheitern seiner Politik gegenüber dem Sozialismus, das Stückchen habe ich nicht so lang gehalten, sondern verkürzt, weil es doch sehr schwer war zu zeigen, inwiefern jetzt der BRD-Imperialismus – in der damaligen Zeit, meine ich, gegen 1988 oder 1985 – gescheitert ist gegenüber dem Sozialismus. Das war eigentlich sehr schwierig, das darzustellen.

I.: Wie sah das denn in der Darstellung aus, dann haben Sie praktisch weniger Stunden dafür genommen?

M.: Ja, vielleicht sicherlich ein – eine Stunde weniger, ich kann mich nicht mehr ganz genau daran erinnern und dann lieber bei solchen Punkten, das kam vielleicht auch in der ein oder anderen Stoffeinheit mal vor, dann lieber hier eine Diskussion eingeschoben, wenn sich's ergab, oder manchmal habe ich auch versucht, die Schüler irgendwie anzuregen, zu motivieren, dass wir darüber doch mal sprechen können und uns austauschen können.

I.: Ja, und haben die Schüler das dann angenommen meistens oder –

Abb. 3.5

M.: Diskussionen sehr gerne, ja. Und ich hatte eigentlich auch nicht den Eindruck, dass das irgendwie ausgenutzt wurde … in der Richtung, dass nun mal kein normaler Unterricht gemacht wird, so straff, wie es sonst ist, sondern dass man sich auch mal frei unterhalten kann, frei im Rahmen der Möglichkeiten unterhalten.

I.: Welche Stoffeinheiten waren für Sie am leichtesten und welche Stoffeinheiten am schwierigsten?

M.: Also die 10. Klasse, das war so für mich das Schwierigste. Sehr gerne unterrichtet habe ich die 9. Klasse, „Die Gesetzmäßigkeiten der gesellschaftlichen Entwicklung, historische Mission der Arbeiterklasse, Notwendigkeit der Ablösung des Kapitalismus", weil man da mit Klassikerdokumenten auch arbeiten konnte, das war dann mal was anderes außer das Lehrbuch, tja, und irgendwie waren die Schüler aufgeschlossen in der Richtung. Ja, ich nehme an, weil – sie hatten ja keine Erfahrung sonst mit diesen Dingen, nun haben sie sich das einfach angehört, und – und da gab's auch nicht die riesengroßen Widersprüche, die es z. B. dann in der 10. Klasse gab, wo dann wirklich mal vorkam, dass einer sagte, also das schreibe ich nicht ab von der Tafel, das ist nicht so.

I.: Das ist ja dann eine Verweigerung …

M.: Ja, ja, Verweigerung des Ganzen. Was ich dann gesagt habe? Ja, wenn du das nicht abschreibst, wenn ich das irgendwann fordere, dann weißt du's vielleicht nicht. Also es war dann auch – ist jetzt die Sache ziemlich zum Schluss auch gewesen, also das war ein Schüler gewesen, der dann sowieso hatte – vorhatte auszureisen und der dann schon so eine Oppositionshaltung einnahm während des Unterrichts.

I.: Wie sind Sie mit solchen Oppositionshaltungen umgegangen?

M.: Solange das Ganze nicht in Frechheit ausartete, das kam auch vor, muss ich sagen, habe ich eigentlich immer versucht, erst mal das zu akzeptieren, was der Schüler sagt. Habe mir das angehört, weil's manchmal auch für mich teilweise interessant war, in diese Richtung habe ich manchmal gar nicht gedacht, habe dann aber auch gesagt, das ist deine Meinung und – und du siehst das so, oder du machst das so, ich würde es wahrscheinlich nicht machen, nicht tun.

I.: Gab's da so Grenzen von Meinungen, die Sie akzeptieren konnten, oder gab es ein – eine Schranke, wo Sie sagten, also da kann ich jetzt nicht weiter drüber hinausgehen?

M.: Ja, ja, die gab es schon, die Schranke, nämlich insofern – ich habe mir die Schranke selbst gesetzt, muss ich dazu sagen. Ja, die ist nicht irgendwie von oben diktiert worden, wenn es darum ging, dass also die DDR als Staat bzw. die Politik direkt verleumdet wurde oder da ganz krass was dagegen gesagt wurde, also das habe ich dann nicht mehr akzeptiert.

I.: Wie sind Sie bei so was dann vorgegangen, oder was haben Sie da gemacht?

M.: … Tja, indem ich das so geäußert habe, dass ich das nicht akzeptiere. Was man nicht machen konnte, war, das ganz im Raum stehen lassen. Oder ich habe dann versucht, noch durch andere Fragen, durch andere Dinge, die mir dazu einfielen, den Schülern klarzumachen, dass es nicht unbedingt so ist. Denn ich muss auch heute sagen, es war ja nicht alles schlecht, und es war auch nicht alles falsch, was wir vermittelt haben, der Meinung bin ich. Nur manchmal vielleicht die Herangehensweise, dass man die Politik der DDR damals so besonders hervorgestellt hat, gesagt hat, jawohl, das ist alles richtig und gut, was wir machen. Man hätte einfach die Meinungen der anderen mehr akzeptieren müssen bzw. auch manchmal, denke ich, die Erfahrung mit einfließen lassen müssen.

Aufgaben

1. Beschreiben Sie zunächst, um welche Textsorten es sich bei den beiden Texten handelt. Erläutern Sie, was dies für die Informationen bedeutet, die in diesen Texten enthalten sind.
2. In den beiden Texten finden Sie viele Informationen über den Unterricht in der DDR, vor allem im Fach Staatsbürgerkunde. Stellen Sie diese Informationen geordnet zusammen.
3. Wahrscheinlich gibt es in den Texten auch viele Wörter und Bezüge zum Leben in der DDR, die Ihnen unbekannt sind. Stellen Sie auch diese zusammen.
4. Was möchten Sie noch über das Leben in der DDR, den Unterricht in der DDR und das Fach Staatsbürgerkunde wissen? Welche weiteren Fragen möchten Sie Jens Bisky und der Lehrerin stellen? Sammeln Sie Ihre Fragestellungen und halten Sie sie schriftlich fest.

Weiterführende Aufgabe

Grundlegende Informationen und Recherchehinweise zu Geschichte, Gesellschaft und Ideologie der DDR finden Sie unter PP-Code ii7c7f. Sie können sie arbeitsteilig erarbeiten und Ihren Kurs mit Kurzvorträgen informieren.

Weiterführende Aufgaben

Formulieren Sie nun ein erstes, vorläufiges Urteil zur politischen Bildung in der DDR und zum Politikunterricht in der Bundesrepublik. Sie werden im Folgenden weitere Materialien zu beiden Themenbereichen erarbeiten und ihr Urteil immer weiter ausdifferenzieren und/oder revidieren können.

1. Am Ende des Interviews sagt die Lehrerin, es habe „Schranken" bei Meinungen gegeben, die sie akzeptiert habe. Gibt es solche Schranken auch im heutigen Politik- oder Pädagogikunterricht? Sollte es Schranken geben? Wenn ja: Welche? Und warum?
2. Worin unterscheidet sich der Unterricht im Fach Staatsbürgerkunde (soweit Sie das auf der Grundlage der beiden Texte einschätzen können) von dem Politikunterricht, den Sie selbst erleben bzw. erlebt haben? Worin gleicht er sich?

3.2 Das einheitliche sozialistische Bildungssystem der DDR – Anspruch und Wirklichkeit

In diesem Abschnitt sind Materialien zusammengestellt, die einige Ihrer Fragen zum Bildungssystem der DDR beantworten können. Zunächst gibt es einen Lexikonartikel aus einem 1987 erschienenen pädagogischen Wörterbuch der DDR, in dem das „einheitliche sozialistische Bildungssystem" vorgestellt wird. Es folgen zwei Schaubilder zum Aufbau des DDR-Bildungssystems und zur „Stundentafel" der Polytechnischen Oberschule (POS). Danach finden Sie einen Text des Bildungshistorikers Heinz-Elmar Tenorth (Humboldt-Universität Berlin) aus dem Jahre 2009, in dem der Forschungsstand zu Leistungen und Grenzen des DDR-Bildungssystems zusammengefasst wird.

Aufgabe

Im Internet sind leicht weitere Materialien zur Geschichte der DDR, zu den einflussreichen Personen, zum Schulsystem und zu den Unterrichtsfächern zu finden.

Wenn Sie sich ausführlicher und tiefer mit der DDR beschäftigen möchten, können Sie ergiebige Recherchen betreiben.

M3 Einheitliches sozialistisches Bildungssystem (Pädagogisches Wörterbuch. DDR)

Einheitliches sozialistisches Bildungssystem – Bezeichnung für die Gesamtheit der Bildungseinrichtungen der DDR, wie sie sich mit der Entwicklung der sozialistischen Gesellschaft herausgebildet haben. Mit dem e.s.B. sichert der Staat allen Bürgern der DDR das → Recht auf Bildung auf hohem wissenschaftlichem Niveau und verwirklicht die Prinzipien der → Einheitlichkeit, → Staatlichkeit und Weltlichkeit der Bildung. Dem Staat und seinen Organen obliegt die Leitung und Unterhaltung aller Bildungseinrichtungen, die strukturell und inhaltlich so aufeinander abgestimmt sind, dass sie allen Bürgern durchgängige und rationelle → Bildungswege bis hin zu den höchsten Bildungsstätten ermöglichen. – An die Einrichtungen der Vorschulerziehung (→ Krippe und → Kindergarten), deren Besuch nicht obligatorisch, aber für alle Kinder offen ist, schließt sich als grundlegender Schultyp, für den → Schulpflicht besteht, die zehnklassige allgemeinbildende polytechnische Oberschule an, die in der → Unterstufe, → Mittelstufe und → Oberstufe eine fundierte → Allgemeinbildung vermittelt und die Grundlage für die Berufsausbildung und die weiterführende Bildung legt. Die zehnjährige Schulpflicht ist in der DDR seit 1959 schrittweise verwirklicht worden. – Das e.s.B. schließt ein ausgedehntes Sonderschulwesen für alle → physisch-psychisch geschädigten Kinder und Jugendlichen ein sowie ein Netz von → Spezialschulen und -klassen zur Förderung besonders begabter Kinder und Jugendlicher. Weiterhin gehören in das e.s.B. die → außerunterrichtliche Tätigkeit (→ Arbeitsgemeinschaften), der → Hort und die außerschulischen Einrichtungen, die auf vielfältige Weise die Erziehungsarbeit der Schule unterstützen, das Prinzip der Ganztägigkeit der Erziehung durchsetzen, eine sinnvolle Betätigung in der Freizeit ermöglichen und die Ausprägung von Interessen, Neigungen und Talenten fördern. An die 10. Klasse der Oberschule schließt eine in der Regel zweijährige Berufsausbildung an. Ihr Ziel besteht darin, hochqualifizierte und klassenbewusste Facharbeiter heranzubilden, die über eine hohe Allgemeinbildung, umfassende berufliche Kenntnisse, Fähigkeiten und Fertigkeiten verfügen, die disponibel sind und sich für die Weiterentwicklung der sozialistischen Gesellschaft engagieren. – Die Hochschulreife (→ Abitur) kann auf verschiedene Weise erworben werden: In der Regel erreichen die Absolventen der Oberschule die Hochschulreife durch den zweijährigen Besuch einer erweiterten Oberschule oder durch den dreijährigen Besuch einer Abiturklasse in Einrichtungen der Berufsausbildung, wo sie das Abitur zugleich mit der Facharbeiterqualifikation erwerben. Der Besuch der erweiterten Oberschule ist, ebenso wie aller Schulbesuch im Rahmen der Schulpflicht, kostenlos; bei Bedarf werden Erziehungsbeihilfen gewährt. Die Hochschulreife kann weiterhin durch den Besuch einer Volkshochschule, einer → Fachschule oder durch eine Sonderreifeprüfung nach entsprechenden Spezialkursen erworben werden (→ Abiturstufe). Mit dem Fachschulstudium wird die Befähigung zur Betreuung oder Erziehung von Menschen bzw. zur Ausübung einer mittleren Leitungsfunktion in einem bestimmten Zweig der Volkswirtschaft erworben. Die Ausbildungsdauer beträgt im Direktstudium in der Regel drei, im Fern- oder Abendstudium vier bis fünf Jahre. – Die → Universitäten und Hochschulen sind die höchsten Bildungsstätten. Auch hier ist das Direkt-, Fern- und Abendstudium möglich. Ziel der Ausbildung ist der sozialistische Hochschulabsolvent, der zu schöpferischer wissenschaftlicher Arbeit, zur Anwendung seiner Kenntnisse in der gesellschaftlichen Praxis und zu ihrer Weitergabe an andere befähigt und bereit ist, seine Kraft bewusst in den Dienst der Gesellschaft zu stellen. – Die → Weiterbildung der Werktätigen dient dazu, das Wissen und Können bereits ausgebildeter Arbeitskräfte der verschiedenen Qualifikationsstufen ständig in Übereinstimmung mit der wissenschaftlich-technischen und gesellschaftlichen Entwicklung zu erweitern und zu vertiefen. In der Weiterbildung werden zugleich individuelle Bildungsbedürfnisse auf verschiedenen Gebieten befriedigt. […] – In allen Einrichtungen des e. s. B. werden in jeweils spezifischer Weise Grundlagen für eine allseitige und harmonische Persönlichkeitsentwicklung gelegt. Das Fundament dafür wird in der Oberschule durch die umfassende wissenschaftliche Allgemeinbildung geschaffen. Auf den weiterführenden Bildungswegen nimmt die unmittelbare Vorbereitung auf die Ausübung spezieller beruflicher Tätigkeit durch die sich kontinuierlich verstärkende Spezialbildung bei gleichzeitiger Fortführung und Vertiefung wesentlicher Momente der Allgemeinbildung ständig zu. Die gegenwärtige Struktur des e. s. B. hat sich in einem längeren historischen Prozess herausgebildet. Sie entspricht den gesellschaftlichen und individuellen Bedürfnissen bei der Gestaltung der entwickelten sozialistischen Gesellschaft. Das e. s. B. hat entscheidenden Anteil an der Entwicklung des bedeutenden Bildungspotenzials, über das die DDR verfügt und das auf seiner Grundlage ständig vervollkommnet wird, um den Erfordernissen des wissenschaftlich-technischen Fortschritts auch zu Beginn des nächsten Jahrhunderts, wenn die Schüler von heute als Erwachsene im Arbeitsprozess stehen, gerecht zu werden. Inhalt und Struktur des e. s. B. werden deshalb durch analytische und prognostische Forschungen der Bildungsforschungseinrichtungen ständig überprüft und, wenn erforderlich, veränderten gesellschaftlichen Erfordernissen angeglichen. Das e. s. B. ist integrierter Bestandteil der sozialistischen Gesellschaftsordnung in der DDR.

M4 Einheitliches sozialistisches Bildungssystem (Strukturschema und Stundentafel der POS)

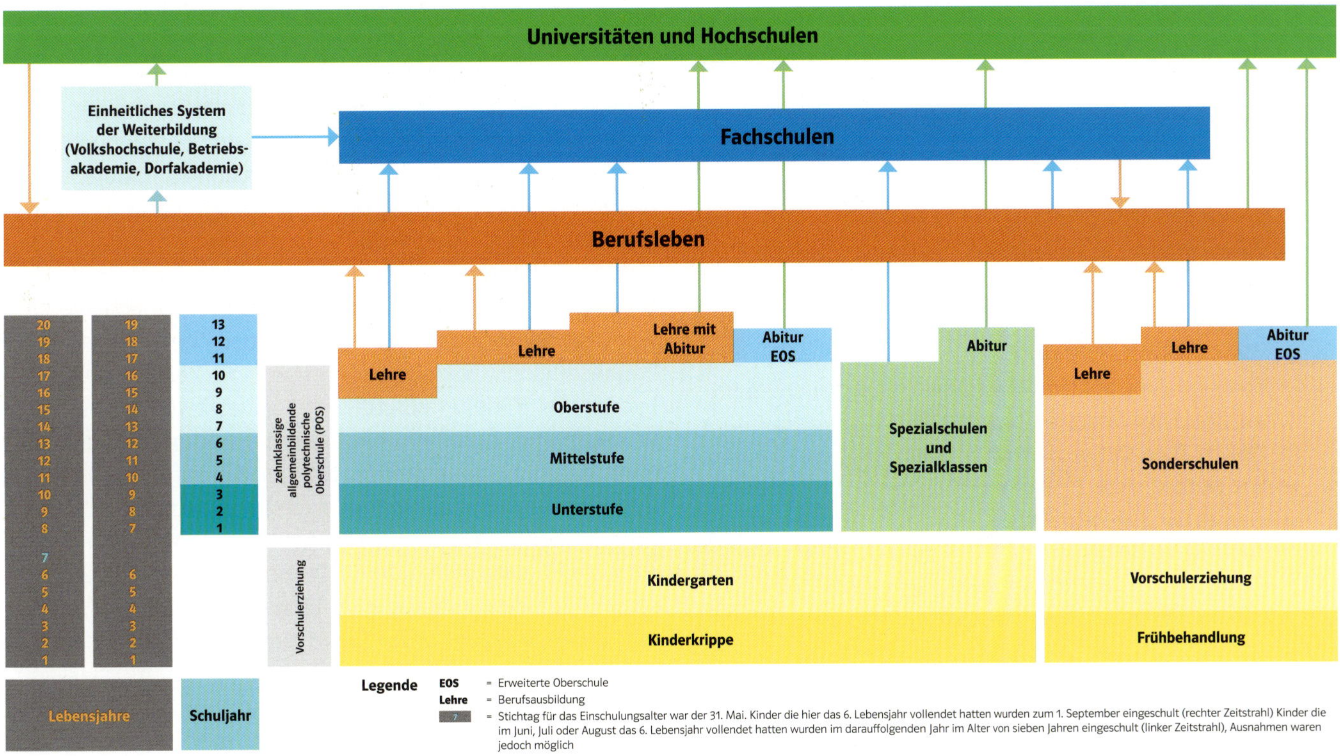

Abb. 3.6: Strukturschema der POS

	Klasse										
	1		2	3	4	5	6	7	8	9	10
	1. Hj.	2. Hj.									
Deutsche Sprache und Literatur	11	10	12	14	14	7	6	5	4+1	3+1	3
Russisch	–	–	–	–	–	6	5	3	3	3	3
Mathematik	6	6	6	6	6	6	6	6	4	6	4
Physik	–	–	–	–	–	–	3	2	2	3	3
Chemie	–	–	–	–	–	–	–	2	4	2	2
Biologie	–	–	–	–	–	2	2	1	2	2	2
Geographie	–	–	–	–	–	2	2	2	2	1	2
Astronomie	–	–	–	–	–	–	–	–	–	–	1
Polytechnik	–	–	–	–	–	–	–	4	4	5	5
davon TZ (technisches Zeichnen)	–	–	–	–	–	–	–	(1)	(1)	–	–
ESP (Einf. i. d. sozialistische Produktion)	–	–	–	–	–	–	–	(1)	(1)	(2)	(2)
PA (Unterricht i. d. techn. Produktion)	–	–	–	–	–	–	–	(2)	(2)	(3)	(3)
Werken	1	1	1	1	2	2	2	–	–	–	–
Schulgarten	–	1	1	1	1	–	–	–	–	–	–
Geschichte	–	–	–	–	–	1	2	2	2	2	2
Staatsbürgerkunde	–	–	–	–	–	–	–	1	1	1	2
Kunsterziehung	1	1	1	1	2	1	1	1	1	1	–
Musik	1	1	1	2	1	1	1	1	1	1	1
Sport	2	2	2	2	3	3	3	2	2	2	2
Pflichtwochenstunden	21	21	24	27	29	31	33	32	32+1	31+1	32
fakultativ											
2. Fremdsprache	–	–	–	–	–	–	–	3	3	3	2
fakultative Kurse nach Rahmenprogramm	–	–	–	–	–	–	–	–	–	2	2
Nadelarbeit	–	–	–	–	1	1	–	–	–	–	–
Wochenstunden höchstens	21	21	24	27	30	32	33	35	35+1	34+1	34

Abb. 3.7: Stundentafel der POS

Aufgaben

1. Beschreiben Sie zunächst, um welche Textsorte es sich bei M 3 handelt. Erläutern Sie, was dies für die Informationen bedeutet, die in diesem Text enthalten sind.
2. Arbeiten Sie auf Grundlage des Materials M 3 und M 4 heraus, durch welche Merkmale (wie Ziele, Institutionen, Organisationsformen wie Fächer, Wochenstunden der Fächer …) sich das DDR-Bildungssystem von dem Bildungssystem Ihres Bundeslandes unterscheidet.
3. Sie können durch weitere Recherchen Ihre Kenntnisse über das DDR-Bildungssystem vervollständigen. Hier sind einige Anregungen:
   - Was war „Polytechnik"?
   - Warum wurden alle in diesem Fach unterrichtet?
   - Wieso war Russisch als Fremdsprache verpflichtend?
   - Welche Stundentafel galt in der Erweiterten Oberschule (EOS)?
   - Was war „Wehrerziehung"?
   - Was war „Einführung in die sozialistische Produktion (ESP)"?
   - Wer ist Margot Honecker?
   - Was sind „Jungpioniere"? Was „Thälmannpioniere"? Was war die „Freie Deutsche Jugend" (FDJ)?
   - Welche Ziele hatten diese Organisationen?
   - Wie wurden diese Ziele erreicht?
   - Was ist die „Jugendweihe"?
   - Was ist ein „Fahnenappell"?
   - Wie haben sich die Bildungssysteme in den neuen Bundesländern nach der „Wende" entwickelt?

M5 Wirkungen und Nebenwirkungen des Bildungssystems in der DDR (Heinz-Elmar Tenorth)

Ambitionen, Leistungen und Probleme von Bildung und Erziehung in SBZ und DDR

[…] Entsprachen, so kann man auf der Basis der aktuell vorliegenden Forschung inzwischen fragen, die Praxis und die Wirkungen dieses Bildungssystems den selbst gesetzten Zielen, welche Nebenwirkungen hat dieses System erzeugt, welche Folgeprobleme hat es bewusst in Kauf genommen? Konzentriert auf wesentliche organisatorische und pädagogische Strukturen und Prozesse sowie in der Frage nach den Wirkungen auf Mentalitäten und in den Lebensläufen der DDR-Bürger sollen diese Fragen hier beantwortet werden, ohne Anspruch auf Vollständigkeit, aber doch in den wesentlichen Dimensionen, in denen sich dieses Bildungssystem selbst beschrieben hat und heute retrospektiv diskutiert wird.

„Allgemeinbildung" als gleiche und gemeinsame Phase der Beschulung aller Heranwachsenden, das zeigt sich zuerst, war organisatorisch und programmatisch begrenzt auf die Polytechnische Oberschule (POS) und die Zeit bis zum 16. Lebensjahr. In der Praxis der Schulen setzten Sortierungsprozesse aber bereits früher in der Sekundarstufe I ein. Bis nach 1980 war der Anteil der Schüler, die den Abschluss des zehnklassigen Lehrgangs nicht erreichten, noch circa zehn Prozent hoch. Der Übergang in die Berufsausbildung erfolgte für eine gleich große Gruppe der Jugendlichen schon nach der achten Klasse. Einheit und Differenz waren infolgedessen nicht ohne Grund ein kontinuierliches Thema der bildungspolitischen und pädagogischen Diskussion der DDR, und dann in der Regel konzentriert auf die selbst gestellte Aufgabe, das Bildungsniveau aller auf das Niveau des zehnklassigen Lehrgangs zu heben.

Differenzen gab es aber auch in anderer Hinsicht, in der großen Zahl der Spezialschulen und Spezialklassen, die besonders für Lernende mit besonderer Begabung – etwa für Sport und Musik – oder in den Regelschulen mit einem nach Zeit oder Inhalt anderen Curriculum eingerichtet worden waren. Vor allem die früh, im dritten Jahrgang, einsetzenden Russischklassen zeigen diese Besonderheiten (die auch sozial elitär rekrutierten, nicht allein nach Leistung), daneben die Spezialklassen für Mathematik oder die Naturwissenschaften, die als Instrumente der Rekrutierung fachlicher Eliten große Bedeutung hatten, das Einheitsprinzip aber ebenfalls schon in der Sekundarstufe I dementierten. Zu den differenzierenden Bildungsgängen zählten schließlich die eigens etablierten Sonderschulen. Hier wurden die Schüler beschult, die noch als schulisch bildbar galten, denn auch die Pädagogik der DDR kannte noch die anderen Gruppen, die aus dem Prozess der Beschulung ausgegrenzt wurden. Eine integrative Beschulung auch von (Lern-)Behinderten, wie es nach 1970 in der Bundesrepublik erprobt wurde, kannte die DDR jedenfalls nicht.

Pädagogisches Selbstverständnis: Polytechnik – Sozialistische Allgemeinbildung – Wissenschaft und Volksbildung

„Bildung für alle" war zwar die große politische Losung, sie bezog sich aber nur auf den Bereich der Sekundarstufe I und die obligatorische Bildung; dann setzten deutlich Differenzierung und Selektion nach Leistung, Begabung und Neigung sowie – für den Zugang in Studium und Beruf – auch nach dem gesellschaftlichen Bedarf und dem politischen Wohlverhalten ein. In den inhaltlichen wie den Kompetenzdimensionen, curricular und im pädagogischen Programm der Schulen, schlug sich diese Konzeption der Allgemeinbildung aber eindeutig nieder. Dabei war das Curriculum der Pflichtschule durchaus traditional in denjenigen Dimensionen beziehungsweise Lernbereichen organisiert, die auch in den obligatorischen Pflichtschulen weltweit im ausgehenden 20. Jahrhundert charakteristisch sind, also in den Sprachen, in Mathematik und Naturwissenschaften, in den historisch-politischen Fächern und in der ästhetisch-expressiven Dimension. Man kann diese Lernbereiche lehrplantheoretisch durchaus modern den Modi der Weltorientierung zurechnen, in den sich Curricula der Allgemeinbildung heute meist strukturieren. Konkret waren aber die Proportionen der Fächer durchaus DDR-typisch vorgegeben, nicht so sehr sprachenzentriert wie etwa in den westlichen Gymnasien, durchaus „proportionierlich", wie es die klassische Bildungstheorie erwartete. Aber die hätte sich streng dagegen gewehrt, dass solche Vorgaben zentralistisch, in der Einzelschule unveränderbar und in den Lernzielen ebenfalls staatlich vorgegeben würden. „Sozialistisch" war also nicht schon diese Struktur des Curriculums, sondern – neben den Themen des Unterrichts – vor allem das Element der Polytechnischen Bildung und seine konkreten Realisierungsformen (vom Unterrichtsfach bis zum Unterrichtstag in der Produktion) und natürlich die Pflichtfremdsprache Russisch. In der Tradition seit Marx verfügbar und als eigener Bereich neben der geistigen und der körperlichen Bildung konzipiert, bezeichnete die Polytechnische Bildung eine curriculare Spezialität der sozialistischen Länder und sehr weit gefasste pädagogische Ambitionen: die Vorbereitung auf die sozialistische Produktion, theoretische Durchdringung der Arbeits- und Produktionsverhältnisse, praktische Einführung in die Formen der Arbeit, Vorbereitung der Berufswahl, allerdings nicht die Kritik der Herrschaftsform der Produktion, wie noch bei Marx; denn jetzt galt das Volkseigentum als harmonisch geordnet und gut realisiert. […]

Die Geschichte von Bildung und Erziehung in der DDR ist in dieser Perspektive, in der Frage nach den Leistungen und Wirkungen, eine immer ambivalente Geschichte, nie frei von Konflikten, immer auch problembeladen, wohl zu keinem Zeitpunkt in den Effekten so, wie es die politischen Intentionen erwartet und als Vorgaben formuliert hatten. In einschlägigen Forschungen selbst in der DDR, wegen der unerwünschten Befunde meist nicht publiziert, wurde nicht nur deutlich, dass die Identifikation mit dem SED-Staat nicht dauerhaft war, bei Jugendlichen nachließ, sobald sie in den Beruf gingen, allenfalls bei Studierenden länger anhielt; hier werden auch der Pionierleiter beziehungsweise die -leiterin als die unbeliebteste Person im Bildungssystem und die Alltagsprobleme der DDR – vom Konsum bis zur Reisefreiheit – als Distanz erzeugende Erfahrungen genannt. Den Pädagogen der DDR war selbst klar, dass alle Indoktrinationsversuche gegenüber der authentischen Erfahrung der Jugendlichen relativ schwach blieben, dass die intendierte vollständige Kontrolle der Erfahrung kaum realistisch war.

Abb. 3.8

Außerschulische Aktivitäten, in der FDJ oder bei den Pionieren, in der Gesellschaft für Sport und Technik, in den Kinder- und Jugendolympiaden und -Spartakiaden, in den „Clubs der Besten", in der schulischen und außerschulischen Wehrerziehung und anderes mehr sollten die Bildungswirkungen der Schulen steigern und zugleich die Erziehungsdefizite der Schulen ergänzen. […]

Politisierung von Bildung und Erziehung

[…] Waren wenigstens die Bildungschancen so verteilt, dass der alte Anspruch eingelöst war? Hier gibt es nach den einzelnen Phasen der DDR-Geschichte unterschiedliche Effekte. Zunächst sind eindeutige Indizien gegeben, dass der Zugang zu höherer Bildung und in akademische Berufe nach 1945 kompensierend organisiert war, dass neue Chancen für

bisher Benachteiligte in der frühen Phase unverkennbar waren (auch in der Diskriminierung der bis dato Privilegierten). Seit 1961 und mit dem Mauerbau stärker werdend, dominierten dann eher Formen der Selbstreproduktion der politischen und intellektuellen Eliten, die in einem weitgehend abgeschotteten Sozialraum ihre eigenen Karrieren über die Generationenfolge hinweg erneuern konnten.
Generell bleiben aber die Übergangsquoten in die erweiterte Oberschule und in das Hochschulsystem radikal niedrig, mit kaum mehr als zehn Prozent der Alterskohorte niedriger als in allen vergleichbaren westlichen Staaten (schon in der alten Bundesrepublik war 1990 die Übergangsquote in das Hochschulsystem deutlich über 20 Prozent, die Wahrscheinlichkeit des Hochschulbesuchs für die traditionell benachteiligten Schichten ebenfalls höher als in der DDR). Ungleichheit in den Bildungschancen wurde also nicht beseitigt, eher wurde, wie der DDR-Bildungssoziologe Artur Meier formuliert hat, in einem Prozess der „Refeudalisierung" der DDR-Gesellschaft neue Ungleichheit geschaffen, das Prinzip der Leistung dispensiert und zugunsten der Selbstreproduktion der Herrschenden und Regierenden nach dem Prinzip der politischen Zuverlässigkeit und „gesellschaftlicher Aktivitäten" kontrolliert. [...]

Aufgaben

1. Tenorth fasst seinen Überblick zusammen, indem er die Geschichte des Bildungssystems der DDR im Hinblick auf seine Leistungen und Wirkungen als „ambivalent" bezeichnet. Geben Sie seine Argumente und Belege wieder und erläutern Sie sie.
2. Wie würde der Abgleich von Anspruch und Wirklichkeit beim Bildungssystem der Bundesrepublik ausfallen? Was vermuten Sie?

3.3 Das Fach Staatsbürgerkunde – Anspruch und Wirklichkeit

M6 Staatsbürgerkundeunterricht (Pädagogisches Wörterbuch. DDR)

Staatsbürgerkunde(unterricht) – [...] In der sozialistischen Schule führt der S. die Schüler in relativ systematischer und altersgemäßer Weise in den Marxismus-Leninismus ein, macht sie mit Grundfragen der wissenschaftlich begründeten Politik der marxistisch-leninistischen Partei und des sozialistischen Staates vertraut und zielt auf der Basis soliden Wissens auf die Entwicklung der bewussten, parteilichen und aktiven Haltung des sozialistischen Staatsbürgers. In der DDR wird S. in den Klassen 7 bis 10 der Oberschule, in der erweiterten Oberschule und in den Berufsschulen erteilt. Er ist aus dem 1946 eingeführten Fach Gegenwartskunde hervorgegangen und gewann mit der Einführung neuer Lehrpläne im Jahre 1964 und in den nachfolgenden Jahren das heutige Profil. – Das weltanschaulich-politische Grundanliegen des S.s wird über die Vermittlung und Aneignung ausgewählter marxistisch-leninistischer Erkenntnisse, über die Einheit von marxistisch-leninistischer Theorie und Politik der SED, über ihre lebendige Verbindung mit dem praktischen Kampf der Werktätigen und über das Bewusstmachen von Konsequenzen für das eigene politische Denken und Handeln realisiert. Die Gesamtanlage des Faches sichert den Erwerb grundlegenden Wissens und Könnens auf steigendem Niveau sowie ein ausgewogenes Verhältnis von Linearität und Konzentrik bei der Behandlung politischer Grundfragen.
– Den Schülern wird erstmals ein relativ geschlossenes, recht konkretes und durch theoretisches Wissen fundiertes Bild vom realen Sozialismus in der DDR, von ihrem sozialistischen Vaterland vermittelt. Sie lernen auf der Grundlage historischer und aktueller Tatsachen, Ereignisse und Prozesse die großen Anstrengungen und Leistungen der Werktätigen, die unter Führung der SED erkämpften sozialistischen Errungenschaften kennen. Über solides Wissen von der Entstehung und Entwicklung der politischen und ökonomischen Grundlagen des Sozialismus, von der Rolle der Arbeiterklasse und ihrer marxistisch-leninistischen Partei als der politischen Führungskraft im Sozialismus, vom sozialistischen Staat und von der sozialistischen Demokratie, von den Rechten und Pflichten des sozialistischen Staatsbürgers werden sie in elementarer Weise in wesentliche Entwicklungs- und Strukturzusammenhänge der sozialistischen Gesellschaft eingeführt. Durchgängig sind dabei die imperialistischen Störmanöver gegen die sozialistische Entwicklung in der DDR, die harte Klassenauseinandersetzung mit dem Imperialismus in der BRD zu behandeln. Unmittelbaren Gegenstand des Unterrichts bilden auch die Gesetzmäßigkeit der gesellschaftlichen Entwicklung, das Wesen kapitalistischer Ausbeutung und des imperialistischen Systems, die gesetzmäßig erforderliche Ablösung des Kapitalismus durch den Kommunismus, die welthistorische Aufgabe der Arbeiterklasse und der Charakter unserer Epoche. Die Gestaltung der entwickelten sozialistischen Gesellschaft in der DDR wird darin historisch eingeordnet. Die Schüler lernen die im Parteiprogramm der SED fixierte strategische Aufgabenstellung und insbesondere ihre ökonomische Strategie kennen; sie gewinnen erste Einsichten in das Wesen und die Wirkungsweise ökonomischer Gesetze des Sozialismus und gründliche Kenntnisse über die darauf basierende Wirtschaftspolitik der SED, über ihre Bewährung unter sich wandelnden Bedingungen, über die erreichten Ergebnisse und die zu lösenden Aufgaben. Aus der Kenntnis über das Wesen der marxistisch-leninistischen Weltanschauung und ihre Bedeutung für die Politik der marxistisch-leninistischen Partei sollen die Schüler und Jugendlichen zu einem sozialistischen Klassen-

standpunkt und gesellschaftlicher Aktivität gelangen. Der S. in der Abiturstufe vermittelt ausgewählte Kenntnisse der marxistisch-leninistischen Philosophie. – Der S. ist darauf gerichtet, die Schüler zum klassenmäßigen und materialistischen Herangehen, zum dialektischen Denken und parteilichen Werten von den Positionen der Arbeiterklasse zu befähigen. Er entwickelt das offensive und überzeugende Argumentieren mit feindlichen und falschen Auffassungen. Die methodische Konzeption des S.s ist am revolutionären Wesen des Marxismus-Leninismus orientiert. Einheit von strenger Wissenschaftlichkeit und Parteilichkeit, von marxistisch-leninistischer Theorie und revolutionärer Politik, Einbeziehung der politischen und sozialen Erfahrungen, offensive Auseinandersetzung mit der Politik und Ideologie des Imperialismus, Einheit des Logischen und Historischen, Anleitung zum revolutionären Handeln gehören zu ihren wesentlichen Merkmalen. Der Charakter des S.s verlangt des Weiteren die Anwendung von Methoden der Reaktivierung von Kenntnissen und der Einbeziehung des in anderen Fächern Angeeigneten. Schriften der Klassiker des Marxismus-Leninismus sowie Dokumente der marxistisch-leninistischen Partei und des sozialistischen Staates nehmen in der Methodik des S.s einen wichtigen Platz ein.

Aufgaben

1. Erläutern Sie, welche Quelle vorliegt, und erschließen Sie Begriffe, die Ihnen unbekannt sind.
2. Geben Sie wieder, welche Geschichte das Fach in der DDR hatte und welchen Status es nach 1964 im Schulsystem besaß. Greifen Sie dazu auch auf das Material M 5 zurück.
3. Arbeiten Sie heraus, welche Ziele im Fach Staatsbürgerkunde angestrebt wurden, welche Inhalte vermittelt werden sollten und welche Verfahren oder Methoden eingesetzt werden sollten, um die Ziele zu erreichen. Beachten Sie dabei, wie im Text empirische und normative Aussagen benutzt werden.
   Stellen Sie die Ergebnisse Ihrer Analysen in einem übersichtlichen Schaubild dar.
4. Formulieren Sie ein erstes Urteil im Hinblick auf die (1) Ziele, (2) Inhalte und (3) Verfahren des Faches Staatsbürgerkunde und diskutieren Sie darüber in Ihrem Kurs.

Im Pädagogischen Wörterbuch von 1987 (S. 231) heißt es unter dem Stichwort „Lehrplan": „Für die Einrichtungen des Bildungssystems der DDR gelten verbindliche staatliche L.e bzw. L.werke. Sie basieren auf der geltenden → Stundentafel und bilden die Grundlage für die Gestaltung der Lehrbücher, der anderen Lehr- und Lernmittel, der speziellen didaktischen und methodischen Literatur (→ Unterrichtshilfen) sowie für die konkrete Unterrichtsplanung durch den Lehrer."

Abb. 3.9

Die folgenden Materialien greifen exemplarisch eine „Stoffeinheit" des Faches Staatsbürgerkunde aus dem 8. Schuljahr auf. Zunächst werden die Vorgaben des Lehrplans aus dem Jahre 1985 zu „Stoffeinheit 3" für das 8. Schuljahr dokumentiert. Als zusätzliches Angebot gibt es online Auszüge aus den entsprechenden Abschnitten der „Unterrichtshilfen" für Lehrerinnen und Lehrer und aus dem Lehrplan (vgl. PP-Code qc6n7d). Aus diesen Materialien lassen sich (exemplarisch) die Ziele (bzw. beabsichtigten Wirkungen) und die unterrichtlichen Verfahren rekonstruieren, mit deren Hilfe diese Wirkungen erzielt werden sollten. Wurden die beabsichtigten Wirkungen auch tatsächlich erzielt? Um der Frage nach dem Verhältnis von beabsichtigter (intendierter) und tatsächlicher Wirkung nachzugehen, bieten wir Ihnen einen internen Evaluationstext aus der DDR an (vgl. PP-Code f443np).

Bei der Erarbeitung können Sie arbeitsteilig (z. B. im Gruppen-Puzzle, vgl. Heft 2, S. 86) vorgehen.

M7 Lehrplan Staatsbürgerkunde, Klasse 8 – Stoffübersicht

Lehrplan Klasse 8	
1. Sozialistischer Staat und sozialistische Demokratie	9 Stunden
1.1. Der sozialistische Staat der Arbeiter und Bauern – Machtinstrument der von der Arbeiterklasse geführten Werktätigen beim Aufbau des Sozialismus	(3 Stunden)
1.2. Aufbau und Arbeitsweise der sozialistischen Staatsmacht in der DDR	(5 Stunden)
1.3. Der demokratische Zentralismus	(1 Stunde)
2. Rechte und Pflichten des sozialistischen Staatsbürgers	7 Stunden
3. Die sozialistische DDR und die imperialistische BRD – zwei Staaten mit gegensätzlicher gesellschaftlicher Ordnung	9 Stunden

3.1. Die gegensätzlichen Macht- und Eigentumsverhältnisse in der DDR und in der BRD	(2 Stunden)
3.2. Die Aggressivität des Imperialismus in der BRD	(5 Stunden)
3.3. Die Politik der DDR zur Stärkung des Sozialismus und für die Erhaltung des Friedens	(2 Stunden)
4. Behandlung aktueller politischer Probleme, wesentlicher örtlicher Ereignisse sowie von Problemen und Fragen im Klassenkollektiv	5 Stunden
	30 Stunden

Die „Stoffübersichten" des Faches Staatsbürgerkunde zu den anderen Klassenstufen finden Sie unter PP-Code 7n678h.

Einen Auszug aus einer Stoffeinheit der 10. Klasse können Sie hier abrufen: PP-Code q7xc53.

Wurden die Ziele des Faches Staatsbürgerkunde erreicht? Die Akademie der pädagogischen Wissenschaften der DDR hatte die Aufgabe, die Entwicklung des „Einheitlichen sozialistischen Bildungssystems" zu erforschen, zu begleiten und voranzutreiben. 1988/1989 legte eine Arbeitsgruppe in einem nicht-öffentlichen Bericht ihre Einschätzung zu den tatsächlichen Wirkungen des Faches Staatsbürgerkunde vor.

M8 Interne Einschätzung der Lage des Faches Staatsbürgerkunde (Arbeitsgruppe der APW)

1. Zielstellung und Materialgrundlage des Problemmaterials

Mit dem Problemmaterial wird das Ziel verfolgt, aus der Gesamtheit der vorliegenden Einsichten in den Staatsbürgerkundeunterricht seit dem Sekretariatsbeschluss 1981 bzw. seit Einführung der bearbeiteten Lehrpläne 1983/84 die wichtigsten Fortschritte in diesem Unterrichtsfach und die hauptsächlichen Entwicklungsprobleme kenntlich zu machen, die Ursachen zu benennen und Schlussfolgerungen in Gestalt konkreter Vorschläge für Maßnahmen zur Erhöhung der Qualität des Unterrichts, seiner ideologischen Wirkungen, zu ziehen.

Die Aussagen stützen sich auf Ergebnisse der Bewährungsanalysen, die 1983/84 nach abgestimmter Konzeption und unter Beteiligung aller Kooperationspartner einsetzten und die vor allem die Bewährung der neu eingeführten Lehrpläne, Lehrbücher und Unterrichtshilfen in der Breite erfassen. Sie wurden begleitet durch Tiefenanalysen zu ausgewählten Fragestellungen. In der Regel lag diesen Analysen die unmittelbare, meist längerfristige Zusammenarbeit der mit den Analysen Beauftragten mit Lehrern zugrunde, sodass nicht nur punktuelle Einsichten gewonnen werden konnten [...]. Als besonders förderlich für die Objektivierung der Aussagen erwiesen sich Aussprachen und Seminare mit Lehrern und Fachberatern [...], die Aussprachen mit Direktoren [...] sowie Beratungen im Wissenschaftlichen Rat Staatsbürgerkundeunterricht und wissenschaftlich-praktische Konferenzen an den PH Leipzig und Zwickau und an der MLU Halle. [...]

2. Was wurde im Unterricht erreicht? Wo liegen die Hauptprobleme? Welche Ursachen bedingen Fortschritte und Nichterreichtes?

Zu Beginn des Staatsbürgerkundeunterrichts in der 7. Klasse ist ein außerordentlich hohes Interesse der Schüler an aktuellen politischen Fragen, an politischen Diskussionen sowie an Informationen über Geschichtliches zur Entwicklung der DDR seit 1945 feststellbar. [...]

Im Verlauf des Unterrichts in der 7. Klasse tritt ein Rückgang in der Übereinstimmung zwischen den Erwartungshaltungen der Schüler, ihrem Interesse am Unterricht und konkretem Unterrichtsinhalten auf.

Abb. 3.10

[...] Trotz der relativ wirksam gestalteten ersten beiden Stoffeinheiten in Klasse 7 gelingt es im gesamten 7. Schuljahr noch nicht ausreichend, Errungenschaften des Sozialismus als Werte zu kennzeichnen. Vielmehr tritt hier [...] wie auch im Unterricht der folgenden Schuljahre als Tendenz hervor, dass die Schüler die Errungenschaften des Sozialismus als Selbstverständlichkeiten in ihrem Leben und nicht zugleich als Verpflichtung reflektieren, an ihrer Bewahrung und an ihrem weiterem Ausbau aktiv teilzuhaben.

Die Analysen zu den Stoffeinheiten 7.3. und 7.4. weisen aus, dass das Lehrplananliegen bei der Begründung der führenden Rolle der Arbeiterklasse und der SED als politischer Führungskraft der sozialistischen Gesellschaft nicht durchgängig erreicht wird. Insbesondere die Einsicht in das Wesen der Partei als politischer Führungskraft in unserem gesellschaftlichen Leben und in ihrer Funktion im Bündnis ist nicht ausreichend mit Wissen und konkreten Vorstellungen über ihre Tätigkeit bei der politischen Führung historischer Prozesse und der Lösung gegenwärtiger Aufgaben bei der weiteren Gestaltung der entwickelten sozialistischen Gesellschaft gestützt. [...]

3. Einzelfragen der Unterrichtsgestaltung

[...] Die Stoffeinheiten und inhaltlichen Schwerpunkte des Lehrplanes werden zum Teil noch zu isoliert behandelt. Damit geht die inhaltliche Logik verloren, sind Linienführungen der ideologischen Erziehung ungenügend im Blick und wird die Arbeit an Knotenpunkten der Erkenntnistätigkeit erschwert [...]. Fach- und stufenübergreifende Linienführungen, Schwerpunktsetzungen und die konkreten Niveauanforderungen sind zum großen Teil bei den planerischen Überlegungen der Lehrer nicht ausreichend im Blick. Dieser Umstand führt dazu, dass in der Tendenz jeweils die Gesamtheit der Problematik erörtert wird und sich viel Allgemeines und Oberflächliches wiederholt. Dies steht einem wirksamen Unterricht entgegen und kann in bestimmten Fällen eine engagierte Erwartungshaltung der Jugendlichen beeinträchtigen und zu „Sättigungseffekten" führen [...].

Versuche, in der Anlage der Lehrpläne Ziel und Stoff auf Wesentliches zu konzentrieren, wird von den Lehrern als notwendige Orientierung verstanden. Jedoch ist das Problem, ein entsprechendes längerfristiges, dem Prozess der Ideologieaneignung entsprechendes Unterrichtskonzept zu entwickeln und es inhaltlich und methodisch umzusetzen, nicht durchgängig gelöst. Nach wie vor wird verbreitet Stoffangabe für Stoffangabe in ihrer Reihenfolge im Lehrplan relativ gleichgewichtig und mit gleichem Aufwand abgearbeitet. Das hat oft zur Folge, dass in inhaltlichen Hauptfragen nicht die notwendige theoretische Tiefe erreicht, theoretische Kenntnisse nicht immer überzeugend als Instrument zur Klärung politischer Fragen benutzt und der Prozess der Verinnerlichung vernachlässigt werden.

Zu Recht werden vom Staatsbürgerkundeunterricht hohe Wirkungen auf die Entwicklung des Klassenstandpunktes der Schüler erwartet. Nicht immer jedoch wird in Rechnung gestellt, dass Erziehungswirkungen – besonders in diesem Fach – über einen längerfristigen Prozess Zustandekommen, in der Regel nicht kurzfristig erwartet werden können und das Ergebnis von Ensemblewirkungen (alle Unterrichtsfächer, Erfahrungen, Außerunterrichtliches) sind.

Das hat u. a. zur Folge, dass nach wie vor im Unterricht und besonders in den Prüfungen Bekenntnisse von den Schülern abverlangt werden, die nicht ausreichend reifen konnten und so auch Bedingungen geschaffen werden, die wirklichen Erziehungsfortschritten entgegenstehen.

Obwohl seit 1983 Fortschritte langfristigen, pädagogischen Denkens, hinsichtlich wirksamer Unterrichtskonzepte und hohen pädagogischen Wirkungen angemessenen methodischen Vorgehens erkennbar sind, ist das Bedürfnis der Lehrer nach rezeptartigen Hilfen, das von Stunde-zu-Stunde-Denken, das Fortschreiten im pädagogischen Prozess von Neuvermittlung zu Neuvermittlung nicht überall überwunden. Es zeigen sich so Defizite, den jeweils konkreten Bedingungen entsprechend zu unterrichten, eine zu hohe Vergessensquote, mangelnde Diskussion und unzureichender Meinungsstreit in Bezug auf die Schüler und die Gesellschaft bewegende politische und weltanschauliche Probleme. Es wächst jedoch die Zahl der Lehrer, die nach einem längerfristigen Unterrichts- und Erziehungskonzept arbeiten. Bei Konzentration auf inhaltliche und erzieherische Schwerpunkte des Unterrichts fordern und fördern sie intensives Lernen und schaffen sich Raum und Zeit für Problemdiskussionen und notwendigen Meinungsstreit. [...]

Der Unterschiedlichkeit im prinzipiellen Herangehen an den Unterricht entspricht oft auch der Umgang mit Unterrichtsmitteln. So werden die Schüler nur in seltenen Fällen dazu angehalten, zusammenhängende Darstellungen und Argumentationen im Lehrbuch selbstständig zu lesen, Fragen zu stellen, das Gelesene zu erörtern und zu verarbeiten. [...]

Klima und Unterrichtsstil im Staatsbürgerkundeunterricht haben sich teilweise verbessert. Viele Lehrer bewältigen das Problem erfolgreich, die mit dem Lehrplan gesetzten Ansprüche mit den Bedürfnissen und Erwartungshaltungen der Schüler in Bezug auf die Klärung politischer Fragen unserer Zeit zu verbinden. Jedoch wird vielfach der Unterrichtsstil auch noch dadurch geprägt, dass wichtige Bedingungen für die erziehungswirksame Vermittlung und Aneignung ideologischer Kenntnisse unberücksichtigt bleiben.

Sichtbarer als noch vor Jahren wirken sich Oberflächlichkeit, mangelnde fachliche, politische und pädagogisch-

Abb. 3.11

methodische Souveränität des Lehrers, unzureichendes Eingehen auf die Fragen und Probleme der Schüler, die Darbietung abstrakter Thesen und vorschneller Schlussfolgerungen, das penetrante Abfordern von Bekenntnissen, Ungeduld des Lehrers bei nicht sofort erkennbaren Erfolgen seines Unterrichts negativ aus. Ein solcher Unterrichtsstil führt zu Desinteresse der Schüler am Staatsbürgerkundeunterricht, in manchen Fällen zu Abneigung auch gegenüber anderen Formen politisch-ideologischer Arbeit an der Schule, zur Tendenz, sich politische Informationen aus den imperialistischen Massenmedien zu beschaffen. Diese Tatbestände machen die wachsende Verantwortung des Staatsbürgerkundelehrers für die ideologische Entwicklung der Schüler besonders deutlich. Entschieden größeres Gewicht muss in der Arbeit mit den Staatsbürgerkundelehrern auf Stil und Ton des politisch-erzieherischen Umgangs mit den Jugendlichen gelegt werden. Dazu gehören u. a. fachwissenschaftliches Niveau, die weitere Ausprägung der Dialogfähigkeit der Lehrer, die Vervollkommnung ihrer Allgemeinbildung, die Kenntnis wichtiger Bedingungen für die erfolgreiche Vermittlung und Aneignung ideologischer Kenntnisse, klassenmäßiger Positionen und Haltungen der heutigen Schülergeneration, das Kennen und methodische Praktizieren der dem Ziel und dem Gegenstand der Staatsbürgerkunde adäquate Aneignungsweisen.

Aufgaben

1. Erläutern Sie, auf welcher empirischen Basis dieser Bericht verfasst wurde.
2. Geben Sie übersichtlich gegliedert (z. B. als Tabelle) wieder, welche „Fortschritte“ laut Bericht erreicht wurden, welche „Probleme“ identifiziert wurden, welche Ursachen für diese Probleme verantwortlich gemacht werden und welche Verbesserungen vorgestellt werden.
3. Stellen Sie Bezüge zu den Materialien M 1 und M 2 her.
4. Ergänzen Sie Ihr Urteil über den Staatsbürgerkundeunterricht und/oder revidieren Sie es.
5. Anregung zur Diskussion: Ist die politische Erziehung in der Schule, die Sie selbst bislang erfahren haben, wirkungsvoller als es die DDR-Staatsbürgerkunde war? Sind Ziele, Inhalte und verfahren dieses Unterrichts anders? Sind sie pädagogisch legitim?

Im Verlaufe des Jahres 1989 geriet die herrschende politische Ordnung der DDR immer mehr unter Druck. Zehntausende von DDR-Bürgern verließen das Land über die Tschechoslowakei und Ungarn, es gab Bürgerproteste gegen Fälschungen und Betrug bei den Kommunalwahlen im Mai, ab September fanden – zuerst in Leipzig, dann auch in anderen Städten – jeweils montags Demonstrationen gegen das SED-Regime statt. Kurz vor dem Fall der Mauer, am 4.11.1989, kam es auf dem Alexanderplatz zu der größten Demonstration der DDR-Geschichte. Dabei wurde eine Äußerung der Schauspielerin Steffi Spira mit großem Beifall bedacht.

„Ich wünsche mir für meine Urenkel, dass sie aufwachsen ohne Fahnenappell, ohne Staatsbürgerkunde und dass keine Blauhemden mit Fackeln an den hohen Leuten vorbeigehen.“

Die Schauspielerin Steffi Spira (1908–1995) auf der Demonstration am Alexanderplatz am 4.11.1989.

Abb. 3.12: **Steffi Spira**

3.4 Staatsbürgerkunde – kompakt

Die folgende kompakte Übersicht über Geschichte, Ziele, Methoden, Wirkungen und Wirklichkeit des Faches Staatsbürgerkunde kann Ihnen helfen, Ihre bisherigen Erkenntnisse zu wiederholen und zu ordnen.

M 9 Staatsbürgerkunde als Kernfach politischer Bildung in der DDR (Wolfgang Sander)

Anders als die nationalsozialistische Schulpolitik verzichtete die der SED trotz eines breit angelegten pädagogischen Zugriffs auf die Jugend nicht auf ein eigenes Unterrichtsfach für die politische Bildung an den Schulen. Ganz im Gegenteil betonte Margot Honecker noch wenige Monate vor der demokratischen Revolution in der DDR auf dem IX. Pädagogischen Kongress im Juni 1989:

> „Das Fach Staatsbürgerkunde ist ein in seiner Bedeutung für sozialistische Erziehung, für die Vermittlung unserer Ideologie durch nichts zu ersetzendes, unverzichtbares Fach […] und leistete immer schon einen großen Beitrag dazu, wissenschaftlich begründete Lebenspositionen herauszubilden, Lebensorientierungen zu vermitteln, klassenmäßig geprägte Einsichten in grundlegende gesellschaftliche, politische und ideologische Zusammenhänge zu gewinnen“ (Margot Honecker 1989, zit. nach Sigrid Biskupek 2002).

Allerdings gab es das Fach Staatsbürgerkunde nicht schon seit Gründung der DDR. Zunächst sollte, beginnend bereits in der Zeit der SBZ, Gegenwartskunde in den Schulen unterrichtet werden. Die Gegenwartskunde war zunächst als Unterrichtsprinzip gedacht und wurde meist von Neulehrern, häufig im Geschichtsunterricht, erteilt. Die enge Bindung an die Politik der SED wurde ab 1948 durch monatlich zentral herausgegebene Themenpläne für den Unterricht in Gegenwartskunde unterstrichen. Ab 1950 wurde auf Be-

Abb. 3.13: Margot Honecker (1988)

schluss des III. Parteitags der SED Gegenwartskunde formell als eigenes Schulfach eingeführt, das nach und nach den Staatsaufbau der DDR und Elemente des Marxismus-Leninismus als seine zentralen Lerngegenstände zugewiesen bekam. Gleichzeitig gab es eine gewisse Lockerung in der politischen Kontrolle: An die Stelle von vorgegebenen Monatsplänen traten zunächst Lehrplanvorgaben für ein Jahresdrittel, dann (ab 1953/54) für ein Schuljahr. Vorübergehend, im Schuljahr 1956/57, gab es eine große Wahlfreiheit für die Lehrkräfte bei der Wahl der Themen und rund ein Drittel der Stunden zur freien Verfügung. Diese Entwicklung war vor dem Hintergrund des XX. Parteitags der KPdSU zu sehen, auf dem sie sich von Stalin (auf dessen Politik auch die SED fixiert war) und seinen Verbrechen distanzierte. Nachdem aber 1957 politisch klar war, dass es bei einer sozialistischen Orientierung der DDR wie ihres Schulwesens auch nach Stalin bleiben würde, wurde diese kurze Phase der Öffnung wieder beendet.

Die Gegenwartskunde war auch institutionell ein wenig gefestigtes Fach. Eine eigene Fachlehrerausbildung gab es ebenso wenig wie eine Fachzeitschrift oder eine fachbezogene Weiterbildung. Nach der gescheiterten Phase der Öffnung setzten nun Bestrebungen ein, ein eigenes Fach für die politische Bildung systematisch zu entwickeln und in den institutionellen Strukturen des Schulwesens fest zu verankern. Ab dem 1.9.1957 wurde deshalb die Gegenwartskunde durch das Fach Staatsbürgerkunde ersetzt, das bis zur demokratischen Revolution in der DDR im Jahr 1989 ohne substanzielle Änderung seiner politischen Grundorientierung an der Politik der SED erhalten blieb. Die Staatsbürgerkunde wurde zunächst ab Klasse 8, seit 1968 ab Klasse 7 mit einer bis zwei Wochenstunden unterrichtet. Nach einer ersten Orientierungsphase mit schnell wechselnden Vorgaben für das Fach entwickelte sich ab Ende der 1950er-Jahre eine stabilere Struktur. Nun wurden schrittweise an den Hochschulen Lehrstühle für Methodik der Staatsbürgerkunde geschaffen, 1959 wurde die Zeitschrift „Geschichte in der Schule" in „Geschichtsunterricht und Staatsbürgerkunde" umbenannt, 1961 erschien ein erstes methodisches Handbuch für das neue Fach, 1964 wurde mit der Ausbildung von Fachlehrern begonnen.

Dass der Staatsbürgerkunde trotz ihrer relativ geringen Stundenzahl von der SED eine zentrale Rolle für die ideologische Erziehung beigemessen wurde, erklärt sich daraus, dass das Fach gewissermaßen eine Leitfunktion für die politische Bildung auch in anderen Fächern einnehmen sollte. Seine Ziele waren deshalb nicht nur als Ziele eines Faches neben anderen zu verstehen, sie bildeten vielmehr den Kern des politischen Erziehungsauftrags für die ganze Schule und waren letztlich mit dem politischen Kern allgemeiner Bildung identisch. Allgemeines Ziel des Bildungswesens war die Erziehung zur „sozialistischen Persönlichkeit". Politisch-ideologischer Kern hierbei war die Vermittlung von ideologischen Grundüberzeugungen, hier zitiert nach einer „Aufgabenstellung" für die Staatsbürgerkunde von 1969 (zit. nach Schmitt, a. a. O., S. 64. Die „Grundüberzeugungen" liegen in verschiedenen sprachlichen Varianten vor, die sich durch Akzentuierungen, nicht aber durch ihre politische Grundorientierung unterscheiden.):

Abb. 3.14

„1. Die Überzeugung von der historischen Mission der Arbeiterklasse unter der Führung der marxistisch-leninistischen Partei und ihrer führenden Rolle und wachsenden Verantwortung im revolutionären Kampf bei der Gestaltung der entwickelten sozialistischen Gesellschaft;

2. Die Überzeugung vom objektiven Charakter der Entwicklung in Natur und Gesellschaft und von der Fähigkeit der Menschen, diese Gesetzmäßigkeiten zu erkennen und in bewusster, verändernder Tätigkeit anzuwenden;

3. Die Überzeugung von der Gewissheit, dass die Zukunft der ganzen Menschheit der Sozialismus ist, dass wir in der DDR zu den Siegern der Geschichte gehören und dass der Sozialismus auch in Westdeutschland siegen wird;

4. Die Überzeugung von der historischen Aufgabe der DDR und der Verantwortung der Jugend bei der Gestaltung des entwickelten gesellschaftlichen Systems des Sozialismus, bei der Meisterung der wissenschaftlich-technischen Revolution und bei der Verteidigung der Deutschen Demokratischen Republik und der sozialistischen Staatengemeinschaft;

5. Die Überzeugung von der entscheidenden Rolle der ruhmreichen Sowjetunion und der sozialistischen Staatengemeinschaft in der weltweiten Auseinandersetzung zwischen Sozialismus und Imperialismus;

6. Die Überzeugung, dass Demokratie, Freiheit und Menschlichkeit nur dort gesichert wird, wo das werktätige Volk unter der Führung der Arbeiterklasse und ihrer Partei die politische Macht ausübt;

7. Die Überzeugung, dass die Jugend ihres eigenen Glückes Schmied ist, indem sie die Rechte und Pflichten gegenüber der sozialistischen Gesellschaft bewusst wahrnimmt, sich fest in die sozialistische Menschengemeinschaft einordnet, Verantwortung für das Ganze trägt und ein kulturvolles Leben führt."

Thematische Schwerpunkte des Unterrichts in Staatsbürgerkunde blieben, mit wechselnden Prioritäten, der Marxismus-Leninismus sowie das System und die Politik der DDR und der sozialistischen Staaten. Auffallend ist der teilweise direkte Niederschlag von Wandlungen in der Politik der SED in Vorgaben für die Staatsbürgerkunde. So wirkte sich beispielsweise der Wandel in der offiziellen Sicht der SED auf die deutsche Frage zu Beginn der 1970er-Jahre wie folgt in zwei Fassungen des Lehrplans für die Klasse 7 aus:

1967	**1972**
„Sie (die Schüler) sollen die Einsicht erwerben, dass nur die Arbeiterklasse in beiden deutschen Staaten vereinen kann, was die Imperialisten gespalten haben."	„Sie (die Schüler) sollen die Einsicht gewinnen, dass die Abgrenzung der Deutschen Demokratischen Republik von der imperialistischen BRD ein objektiver Prozess ist und unsere Republik als untrennbarer Bestandteil der sozialistischen Staatengemeinschaft eine feste Bastion des Friedens und des Sozialismus in Europa ist."

(zit. nach Schmitt, a. a. O., S. 82)

Ein striktes Freund-/Feind-Bild in Abgrenzung zum „imperialistischen" Westen bis hin zu einer Erziehung zum Hass gegen den „Klassenfeind" prägte das Politikverständnis der Staatsbürgerkunde. Kritische Analysen der Realität der DDR waren nicht vorgesehen, für differenzierende politische oder weltanschauliche Positionen selbst aus dem Spektrum der innermarxistischen Diskussion blieb kein Raum.
Die SED versuchte, den Erfolg der politischen Vorgaben für die Staatsbürgerkunde durch eine Reihe von Vorkehrungen sicherzustellen. So wurde bereits bei der Auswahl von Lehrkräften für die Staatsbürgerkunde auf politische Zuverlässigkeit geachtet und in der Regel die Mitgliedschaft in der SED erwartet. Der Handlungsspielraum der Lehrer (nicht nur im Fach Staatsbürgerkunde) war gering: Die Lehrplanvorgaben waren sehr eng und wurden als strikt verbindlich betrachtet, es gab nur ein zugelassenes, auf die Lehrpläne abgestimmtes Schulbuch, Prüfungsrichtlinien definierten zentral die Anforderungen. Zusätzlich wurden „Unterrichtshilfen" angeboten, die genaue Stundenplanungen enthielten. Diese waren zwar nicht verbindlich, machten aber die Erwartungen an den Unterricht deutlich.

Die Unterrichtskultur in der Staatsbürgerkunde war – wie generell die der Schulen in der DDR – in hohem Maße lehrerzentriert und autoritär strukturiert. Dies entsprach über weite Strecken dem offiziellen, sehr stark auf die Steuerung und Kontrolle des Unterrichtsgeschehens durch die Lehrkraft abhebenden pädagogischen Leitbild. Die Tradition der Reformpädagogik aus dem frühen 20. Jahrhundert wurde bereits auf dem IV. Pädagogischen Kongress 1949 verurteilt; 1950 wurden in einer Verordnung deren Methoden, die der „bürgerlichen Schulreformer", als „reaktionär" und „imperialistisch" gebrandmarkt und stattdessen die „führende Rolle des Lehrers im Unterricht" und die „ständige Leitung des Lehrers" propagiert. Dieser Grundtendenz steht nicht entgegen, dass es in den letzten Jahrzehnten der DDR in der Pädagogik und der Methodik der Staatsbürgerkunde auch Überlegungen und Versuche zu einer vorsichtigen unterrichtsmethodischen Öffnung der Staatsbürgerkunde gab. Hintergrund solcher Ansätze war die – gemessen an den politischen Zielen – allzu offenkundige Erfolglosigkeit der Staatsbürgerkunde, die auch der DDR-Pädagogik nicht verborgen geblieben war: In der Staatsbürgerkunde herrschte offenbar weithin ein opportunistisches Sprachspiel vor, bei dem viele, gegen Ende der DDR vermutlich die weitaus meisten Schülerinnen und Schüler sagten, was gewünscht war (und dabei immerhin die in der von der SED kontrollierten Öffentlichkeit geltenden Sprachregelungen zu beherrschen lernten), und im Übrigen dachten, was sie für richtig hielten. Um dieses Sprachspiel aufzubrechen und die Jugendlichen überhaupt erst zu erreichen, wurde über neue, offenere methodische Formen nachgedacht – ohne die inhaltlichen Ziele damit infrage zu stellen. Damit jedoch wurde die Staatsbürgerkunde gänzlich ein „unmögliches Fach", denn eine methodische Öffnung hätte letztlich auf die eigenständige Meinungs- und Urteilsbildung der Schülerinnen und Schüler zielen müssen, was aber aus Sicht der SED gerade unter allen Umständen zu vermeiden war. Es gibt denn auch keine Hinweise darauf, dass eine solche methodische Öffnung in der Praxis des Unterrichts sich in größerem Umfang tatsächlich durchgesetzt hat.

Aufgaben

1. Geben Sie die in diesem Text zusammengestellten Informationen zu (1) Geschichte, (2) Status, (3) staatlicher Kontrolle, (4) Zielen, (5) Methoden, (6) tatsächlichen Wirkungen und Problemen des Faches Staatsbürgerkunde geordnet wieder.
2. Stellen Sie Bezüge zu den Materialien her, die in diesem Kapitel angeboten werden.
3. Überprüfen Sie Ihr Urteil über den Staatsbürgerkundeunterricht und modifizieren Sie es gegebenenfalls. Beachten Sie dabei vor allem Ihre pädagogischen Kriterien.

3.5 Indoktrination oder Bildung?

„Das Fach Staatsbürgerkunde ist ein in seiner Bedeutung für sozialistische Erziehung, für die Vermittlung unserer Ideologie durch nichts zu ersetzendes, unverzichtbares Fach." So wird Margot Honecker im vorigen Text zitiert. Muss aber nicht jeder Staat, jede Gesellschaft daran ein Interesse haben, die Grundlagen des Zusammenlebens, ihre bestimmenden Werte und Institutionen den nachfolgenden Generationen zu vermitteln? Kann man das schaffen ohne „Indoktrination" oder „Manipulation"? Kann man dabei den Ansprüchen einer Erziehung zur Mündigkeit gerecht werden?

Aufgaben

1. Machen Sie sich Ihr Vorverständnis bewusst: Was verstehen Sie unter „Indoktrination" und „Manipulation"? Unterscheiden sie sich von „Bildung" und „Erziehung zur Mündigkeit"? Wenn ja: Wodurch?
2. Wurde im Fach Staatsbürgerkunde in der DDR „indoktriniert" und/oder „manipuliert"?
3. Erörtern Sie Ihre Positionen in Ihrem Kurs.

Die folgenden Texte sollen Sie dabei unterstützen, Ihr erstes Urteil zu prüfen. Dazu erhalten Sie Definitionen und Positionen aus der wissenschaftlichen Literatur.

Aufgaben

1. Stellen Sie aus den Materialien M 10, M 11, M 12 die Kriterien zusammen, mit deren Hilfe „Indoktrination" und „Manipulation" im pädagogischen Bereich identifiziert werden können.
2. Prüfen Sie Ihr erstes Urteil und verändern Sie es gegebenenfalls?
3. Beantworten Sie die Frage erneut: Wurde im Fach Staatsbürgerkunde in der DDR „indoktriniert" und/oder „manipuliert"?
4. Wie kann politische Bildung ohne „Indoktrination" und „Manipulation" funktionieren?
5. Erörtern Sie Ihre Positionen in Ihrem Kurs.

M 10 Indoktrination und Manipulation (Lexikonartikel)

Indoktrination (lat. doctrina „Belehrung")
I. meint die bewusste, gezielte, systematische, auf eigene Praktiken gestützte Beeinflussung von Menschen, um deren Überzeugungen und Verhalten in bestimmter Weise, jedenfalls gemäß der erwünschten Doktrin oder Ideologie, zu formen und zu prägen. Geschieht dies unter Zuhilfenahme spezifischer psychologischer Techniken oder z. B. pharmakologischer Mittel, spricht man von Manipulation.

Abb. 3.15

Manipulation
M. bezeichnet die Steuerung, Lenkung und Verwendung eines Menschen für fremdbestimmte Ziele und Zwecke, z. B. politischer, ökonomischer, sozialer, ideologischer Art. Durch geplante Beeinflussung und durch gezielte, für den Manipulierten meist unbemerkt sich vollziehende Veränderung von Emotionen, Bedürfnissen, Einstellungen und Verhaltensmustern besteht die Gefahr, den Menschen in seinem Selbstbestimmungsrecht zu missachten und ihn für von ihm nicht gewollte Absichten zu verwenden. – Manipulativ wird in der Erziehung dort vorgegangen, wo die Maßnahmen des Erziehers den erreichten Status der Mündigkeit des zu erziehenden Menschen nicht respektieren. Insofern Erziehung stets auf die Befähigung zu Selbstständigkeit zielt, sind manipulative Mittel und Methoden ausgeschlossen.

M 11 Indoktrination und Fachunterricht (Henning Schluß)

In gewisser Weise ist diese Differenz grundlegend für viele weitere Differenzen in den Weltverhältnissen des Menschen und die Wahrnehmung und Reflexion dieses immer auch konflikthaften Ineinanders dieser Weltverhältnisse ist es, die Indoktrination erschweren.

Wird diese fundamentale Differenz reflektiert, so verbieten sich Unterrichtsformen, die die Differenz zwischen offe-

Abb. 3.16: Prof. Dr. Henning Schluß

nen und geschlossenen Verknüpfungen, zwischen deskriptiven und präskriptiven Aussagen nicht berücksichtigen, weil mit einer geschlossenen Verknüpfung beider Aussageformen ein Wahrheitsanspruch verbunden ist, der mit jener fundamentalen Differenz nicht zu vereinbaren ist.
[...] Indoktrination liegt demnach dann vor, wenn Inhalte von Unterricht ihre Geltung allein von staatlich-politischer Macht aus gewinnen und/oder Praktiken dominieren, die den Lernenden die Möglichkeit zu Widerspruch, Zweifel und Kritik gegen die zugemuteten Themen, Inhalte und Verhaltensformen systematisch versperren und im Unterricht nicht die Differenz zwischen einer nie vollständig erreichbaren Wirklichkeit (Ding an sich selbst) und von Menschen konstruierten Theorien zu deren modellhaften Beschreibung in allen Verhältnissen von Menschen untereinander und Menschen zur Welt deutlich gemacht wird. Letzteres kann z. B. dadurch geschehen, dass Lehrpersonen beispielhaft alternative Theorieansätze vorstellen, die den gleichen thematisierten Sachverhalt in einem anderen Licht erscheinen lassen [...] oder aber, zumindest in den oberen Klassenstufen, das erkenntnistheoretische Problem bei der Beschreibung von „Wirklichkeit" explizit thematisieren.
Indoktrination kann nur vermieden werden, wenn der Fachunterricht folgender dreier Kriterien verpflichtet ist, wobei das dritte Kriterium das entscheidende ist, denn die ersten beiden für sich genommen können auf viele auch naturwissenschaftliche Unterrichte zutreffen, ohne dass diese deshalb als Indoktrination bezeichnet würden:
1. wenn Inhalte von Unterricht ihre Geltung nicht allein von staatlich-politischer Macht aus gewinnen
2. und/oder Praktiken dominieren, die den Lernenden die Möglichkeit zu Widerspruch, Zweifel und Kritik gegen die zugemuteten Themen, Inhalte und Verhaltensformen systematisch versperren
3. und im Unterricht nicht die Differenz zwischen einer nie vollständig abbildbaren Wirklichkeit und von Menschen konstruierten Theorien zu ihrer modellhaften Beschreibung deutlich gemacht wird.

M12 „Kunstgriffe" der Manipulation im Unterricht (Ivo Nezel)

Erwachsenenbildung, Erziehung, Manipulation, Unterricht, Werbung und Propaganda haben einen Prozess gemeinsam, nämlich die Beeinflussung einer oder mehrerer Personen durch eine andere Person. Der Einfluss zielt auf Einstellungen, auf das Verhalten und Handeln, auf Veränderungen (mindestens vorübergehend) des Individuums und auf Festigung des Veränderten. Für diesen Zweck werden Mittel, Methoden bzw. Instrumente gebraucht, die im Falle einer (je nach ethischem Standpunkt) „anrüchigen" Einflussnahme mit Begriffen wie „List", „Trick", „Kunstgriff" oder – eher in Verbindung mit Kriegslist – „Strategem" bezeichnet werden. [...] In allen Fällen, in denen das Denken kurzfristig ausgeschaltet, eingeschläfert oder unterlaufen wird, geht es dem Manipulator darum, den Manipulierten dazu zu bewegen, dass er innerhalb kürzester Zeit etwas tut, was er unter anderen situativen Umständen in der Regel nicht tun würde. Die Manipulation ist eine Fremdbestimmung, sie lässt den Betroffenen keine Wahl, sie schmälert ihren Entscheidungsspielraum. Den Nutzen zieht der Manipulator, der vom Ergebnis der Beeinflussung [...] materiell oder durch Prestige- und Einflusszuwachs profitiert. [...]
Reboul (1979) hat den Versuch unternommen, diejenigen Kunstgriffe der Manipulation zu gruppieren, die für die Indoktrination im Unterricht symptomatisch sind:

- Eine schädliche Doktrin verbreiten. Gemeint sind Doktrinen, die Menschenverachtung und Hass verbreiten (Grenzfall der Indoktrination, typisch für den Unterricht in totalitären Staaten).
- Eine parteiische Doktrin propagieren. Die Propagierung einer einseitigen Doktrin ist noch nicht Indoktrination (z. B. Parteien in der Demokratie). Die Indoktrination beginnt erst dort, wo die Propagierung einer einseitigen Auffassung an einem Ort stattfindet, der dafür nicht vorgesehen ist, nämlich in der Schule.
- Unterrichten, ohne begreiflich zu machen, was begriffen werden müsste, z. B. Auswendiglernen, ohne es zu verstehen. Das Denken des Schülers wird zu einer Reaktion auf einen vorhandenen Reiz. Die Indoktrination beginnt, wenn man lernt ohne zu verstehen, was sich dem Verständnis – hinsichtlich der vorhandenen Lerndispositionen – erschließen könnte.
- Das Ergebnis: Man verliert den Geschmack am Verstehen, das einsichtige Lernen wird durch Konditionierung ersetzt.
- Beweisführung als Vorführung von Autoritäten. Die Autorität eines Namens wird als Argument verwendet: A ist wahr, weil es XY sagte. Im Falle der Indoktrination ist die Autorität nicht mehr Vorschlag, sondern Gebot. Die Betroffenen haben nicht die Möglichkeit, selbst herauszufinden, was wahr und falsch ist, sie werden zur Unmündigkeit verurteilt.
- Auf der Basis von Vorurteilen unterrichten. Vorhandene Vorurteile werden verstärkt (konformistische Indoktrination) oder durch andere ersetzt (sektiererische Indoktrination).
- Eine Doktrin zu lehren, als sei sie die einzig mögliche. Indoktrinieren heißt also nicht eine Doktrin, sondern Verachtung entgegengesetzter Meinungen und Argumente lehren.
- Als Wissenschaft lehren, was nicht wissenschaftlich ist. Extreme Fälle von Indoktrination: Wissenschaftlicher Sozialismus, Rassismus. Die unrechtmäßige Aneignung von Wissenschaftlichkeit ist die moderne Form des Dogmatismus.
- Nur die Fakten lehren, die für die eigene Doktrin sprechen. Alle anderen Fakten, die sich mit der Doktrin nicht vertragen, werden ausgeschlossen. Extremfall: Die Betroffenen werden daran gehindert, sich zu informieren.
- Fakten zugunsten der eigenen Doktrin fälschen. Der Unterricht ist nicht nur tendenziös, sondern verlogen.
- Einen bestimmten Teil des Lehrplanes willkürlich auswählen. Indoktrination beginnt dort, wo man der didaktischen Auswahl ideologische Bedeutung verleiht, oder wo man das ausschließt, was man verachtet.
- Eine bestimmte Wertvorstellung auf Kosten einer anderen preisen. Es geht um den emotionalen Aspekt der Indoktrination. Bemerkbar vor allem im polemischen Unterricht: A wird schlecht gemacht, um B zu preisen.

- Im Hintergrund steht die zweiwertige Einstellung: Einteilung der Welt in Gut und Böse.
- Das Appellieren an die Vernunft für die Verteidigung der Doktrin missbrauchen. Die Vernunft kann nicht alles aus eigener Kraft erkennen, sie muss sich an die Erfahrung und Tradition halten und das ungeachtet aller Fehlerrisiken. Verminderung der Risiken: Eine Einstellung, die zulässt, dass Auffassungen frei geäußert werden, die man nicht teilt. Aber: Man toleriert den Irrtum nicht, weil er die Wahrheit des Lerners ist, sondern, weil er dessen Weise ist, zur Wahrheit zu gelangen.

Es folgt ein für die politische Bildung in der Bundesrepublik Deutschland grundlegendes Dokument: der „Beutelsbacher Konsens". Kann auf dieser Grundlage politische Bildung ohne Indoktrination und Manipulation ermöglicht werden?

M13 Beutelsbacher Konsens

Die theoretischen Grundlagen der politischen Bildung in Deutschland sind 1976 formuliert worden – in einem kleinen Ort in Süddeutschland. Im „Beutelsbacher Konsens" wurden drei Leitgedanken entwickelt [...].

Der Beutelsbacher Konsens im Wortlaut

1. Überwältigungsverbot. Es ist nicht erlaubt, den Schüler – mit welchen Mitteln auch immer – im Sinne erwünschter Meinungen zu überrumpeln und damit an der „Gewinnung eines selbstständigen Urteils" zu hindern. Hier genau verläuft nämlich die Grenze zwischen Politischer Bildung und Indoktrination. Indoktrination aber ist unvereinbar mit der Rolle des Lehrers in einer demokratischen Gesellschaft und der – rundum akzeptierten – Zielvorstellung von der Mündigkeit des Schülers.

2. Was in Wissenschaft und Politik kontrovers ist, muss auch im Unterricht kontrovers erscheinen.
Diese Forderung ist mit der vorgenannten aufs Engste verknüpft, denn wenn unterschiedliche Standpunkte unter den Tisch fallen, Optionen unterschlagen werden, Alternativen unerörtert bleiben, ist der Weg zur Indoktrination beschritten. Zu fragen ist, ob der Lehrer nicht sogar eine Korrekturfunktion haben sollte, d.h. ob er nicht solche Standpunkte und Alternativen besonders herausarbeiten muss, die den Schülern (und anderen Teilnehmern politischer Bildungsveranstaltungen) von ihrer jeweiligen politischen und sozialen Herkunft her fremd sind.
Bei der Konstatierung dieses zweiten Grundprinzips wird deutlich, warum der persönliche Standpunkt des Lehrers, seine wissenschaftstheoretische Herkunft und seine politische Meinung verhältnismäßig uninteressant werden. Um ein bereits genanntes Beispiel erneut aufzugreifen: Sein Demokratieverständnis stellt kein Problem dar, denn auch dem entgegenstehende andere Ansichten kommen ja zum Zuge.

3. Der Schüler muss in die Lage versetzt werden, eine politische Situation und seine eigene Interessenlage zu analysieren, sowie nach Mitteln und Wegen zu suchen, die vorgefundene politische Lage im Sinne seiner Interessen zu beeinflussen. Eine solche Zielsetzung schließt in sehr starkem Maße die Betonung operationaler Fähigkeiten ein, was eine logische Konsequenz aus den beiden vorgenannten Prinzipien ist. Der in diesem Zusammenhang gelegentlich [...] erhobene Vorwurf einer „Rückkehr zur Formalität", um die eigenen Inhalte nicht korrigieren zu müssen, trifft insofern nicht, als es hier nicht um die Suche nach einem Maximal-, sondern nach einem Minimalkonsens geht.

Aufgaben

1. Erläutern Sie die drei Leitgedanken.
2. Erörtern Sie, ob bzw. inwiefern sie geeignet sind, Indoktrination und Manipulation in der politischen Bildung zu verhindern.
3. Prüfen und diskutieren Sie Ihr Urteil.
4. Inwiefern erweitern und vertiefen die Erkenntnisse, die Sie in diesem Kapitel gewonnen haben, Ihr Verständnis von Erziehung und Bildung?

Weiterführende Aufgaben

1. Geben Sie übersichtlich die Grundsätze und Elemente der politischen Erziehung in der DDR wieder. Sie können sich dabei an der Systematik orientieren, die am Ende von Kapitel 1 vorgestellt wurde.
2. Überprüfen Sie Ihre Analyseergebnisse und Ihr Urteil zur Erziehung in der DDR aus dem ersten Kapitel und verändern und ergänzen Sie sie gegebenenfalls.

4. Konzepte der Moralerziehung und des Demokratie-Lernens

Wer erzieht, präsentiert dem Heranwachsenden immer bestimmte Lebensformen. Anders geht es nicht. Diese Lebensformen verkörpern moralische Geltungsansprüche, indem sie offen oder verdeckt bestimmte Normen vorgeben. Wie soll der Erzieher/die Erzieherin damit umgehen? Soll er die herrschende Moral zum Maßstab machen? Soll er kritisch mit ihr umgehen? Wie entwickeln sich moralische Urteile und moralisches Handeln bei Kindern und Jugendlichen? Wie kann der Erzieher den Heranwachsenden dabei unterstützen zu lernen, wie man moralisch vernünftig urteilt und handelt? Gibt es Bezüge zwischen moralischem Urteilen und Handeln und Demokratie-Lernen? Was ist das überhaupt: Demokratie-Lernen? Warum ist es heute von Bedeutung? Welche Verfahren und Methoden des Demokratie-Lernens gibt es? Welche Wirkungen werden damit erzielt?

In diesem Kapitel werden Sie sich mit solchen Fragen beschäftigen. Eine besondere Rolle spielen dabei die einflussreiche Theorie der Entwicklung des moralischen Urteilens und die darauf bezogenen Konzepte der Moralerziehung, die der US-amerikanische Forscher Lawrence Kohlberg entwickelt hat.

4.1 Einstieg: Was ist Moral/Moralentwicklung?

Wann ist eine Handlung moralisch brisant? Was ist überhaupt das Moralische an der Handlung? Wenn Sie sich die folgenden Situationen anschauen, werden Sie sich sicherlich sofort an viele ähnliche Entscheidungen erinnern, die Sie treffen mussten.

Aufgaben

1. Wie würden Sie sich in den folgenden Situationen entscheiden? Begründen Sie Ihre Entscheidung.
2. Diskutieren Sie Ihre Entscheidung in Kleingruppen.
3. Prüfen Sie, ob Sie nach der Diskussion bei Ihrer Entscheidung bleiben.

M1 Moralische Problemsituationen (Günter Schreiner)

a) Stefan hat Hans vor Kurzem aus einer schwierigen Situation geholfen. Hans entdeckt, dass Stefan mit Rauschgiften „dealt". Er kennt auch einige seiner Kunden. Als Hans Stefan daraufhin anspricht, sagt dieser, er müsse ja schließlich auch von etwas leben, wenn er den Stoff nicht verkaufe, würden andere Dealer das Geschäft machen, u.a.m. Was soll Hans tun?

b) Maria hat sich ein hübsches Sümmchen Geld gespart, um sich ein Mofa zu kaufen. Da gesteht ihr die verzweifelte Freundin Anna, dass sie schwanger ist und unbedingt Geld für einen Schwangerschaftsabbruch braucht, weil sie sonst ihre weiteren Ausbildungspläne aufgeben müsste. Sie spricht auch von Selbstmord. Soll Maria der Freundin das Geld geben oder soll sie etwas anderes tun?

c) Bei einer entscheidenden Klassenarbeit bittet Susanne die in diesem Fach wesentlich leistungsstärkere Heike um Mogelhilfe. Susanne und Heike haben sich noch vor Kurzem heftig gestritten, und Susanne hat Heike dabei tief beleidigt. Außerdem besteht das Risiko, dass Heike selbst bei dieser „Nachhilfe" erwischt und ihre Klassenarbeit dann annulliert wird. Was soll Heike tun?

d) Mathias und Claudia bummeln zusammen durch ein großes Kaufhaus. Ohne „Vorwarnung" eignet sich Claudia plötzlich eine Armbanduhr an und macht sich aus dem Staub. Der Hausdetektiv, der beide beobachtet hat, bekommt nur noch Mathias zu fassen. Er verlangt von ihm Name und Adresse Claudias, sonst würde er ihn bei der Polizei als „Komplizen" anzeigen. Was soll Mathias tun?

e) Thomas, 15 Jahre und also noch ohne Führerschein, hat sich das Auto seines Vaters klammheimlich entliehen, um mit Nele ein wenig spazieren zu fahren. Er fährt einen Radfahrer an, der dabei, wie er von der Heftigkeit des Aufpralls her vermuten kann, schwerer verletzt wird. Thomas hält aber nicht an, sondern fährt weiter, weil er Angst hat, die Polizei würde miteinbezogen, der Vater würde informiert, usw. Was soll Nele jetzt tun?

f) Klaus und Frank sind in derselben Klasse. Seitdem Frank Klaus bei einem Schwimmausflug das Leben gerettet hat (er hatte beim Schwimmen in einem stark strömenden Fluß einen Krampf bekommen, war von Frank in seiner Hilflosigkeit entdeckt und herausgezogen worden), sind beide befreundet. Nun entdeckt Klaus, dass Frank aus der Klassenkasse einen größeren Betrag entwendet hat. Zur Rede gestellt, will Frank das Geld nicht zurücklegen. Was soll Klaus tun?

Wenn man versucht, den gemeinsamen Gegenstand der – theoretischen und praktischen – Bemühungen zu bestimmen, die sich ihrem Selbstverständnis nach auf moralische Entwicklung und Erziehung beziehen, so kann man Moral als die Bereitschaft definieren, sich um das Wohl anderer zu kümmern. Um zu verdeutlichen, dass sich das hier angestrebte Verständnis von Moral dabei nicht auf bloße Bewusstseinsbildung oder Gefühlskultivierung beschränkt, „sich um das Wohl anderer kümmern" also auch effektives Handeln einschließt, möchte ich im Weiteren vom (Ziel-)begriff der moralischen Handlungsfähigkeit ausgehen.

Aufgaben

1. Was ist das „Moralische" an diesen Situationen?
2. Was genau bedeutet der Begriff „Ethik"? Der Philosoph Otfried Höffe beantwortet die Frage unter PP-Code 28rs65.

4.2 Kohlbergs Theorie der Entwicklung des moralischen Urteilens

Lawrence Kohlberg war Professor an der Harvard-Universität in Cambridge bei Boston.

Abb. 4.1: Lawrence Kohlberg (1927–1987)

Aufgabe

Informieren Sie sich über Kohlbergs Leben und Wirken.

M2 Die Grundannahmen Kohlbergs (Fritz Oser/Wolfgang Althof)

Das entwicklungspsychologische System Kohlbergs umfasst ein Untersuchungsverfahren, das Aussagen erlaubt über die kognitiven Muster, d.h. die Organisation und die Komplexität der Problemlösungsprozesse, und über die Bedingungen von Aufbau, Verwendung und Transformation solcher Urteilsmuster. Außerdem umfasst es eine Theorie über die sukzessive Abfolge moralisch-kognitiver Strukturen: die Stufentheorie des moralischen Urteilens. Weil Kohlberg sich, wie Piaget und andere, für die Genese von Strukturen interessiert, sprechen wir bei diesem Typ von Theorie und Methodologie übergreifend vom strukturgenetischen Ansatz.
Kognitive Strukturen heben sich ab von inhaltlichen Aspekten und Differenzierungen. Sie sind die allen Menschen gemeinsamen Muster, aus denen Entscheidungen hervorgehen. Diese Grundmuster lassen sich an einem Beispiel verständlicher machen. Eine der Dilemma-Geschichten, die Kohlberg in der Forschung einsetzt, basiert auf Victor Hugos berühmtem Roman „Les Miserables": Valjean, ein entflohener Sträfling, wird unter falschem Namen zu einem ebenso erfolgreichen wie wohltätigen Geschäftsmann. Eines Tages entdeckt ein Schneider seine wahre Identität. Was sollte dieser tun?
In den folgenden Urteilen zu dieser Konfliktgeschichte zeigen sich jeweils dieselben Denkmuster:

- Valjean sollte angezeigt und bestraft werden, weil die Gesetze einheitlich angewandt werden müssen; die Gesellschaft würde auseinanderfallen, wenn jeder aus vermeintlich guten Gründen stehlen würde.
- Valjean sollte angezeigt und zurückgeschickt werden, weil die Gesetze einer Gesellschaft unangetastet bleiben müssen. Sie sind dazu da, das soziale Wohlergehen zu sichern und allen Mitgliedern der Gesellschaft Schutz zu gewähren. (Der Grund könnte auch sein: Gesetze werden von der Mehrheit gemacht und repräsentieren den Willen des Volkes, selbst wenn sie schlechte Gesetze sind.)
- Valjean sollte nicht angezeigt oder nochmals bestraft werden, denn der grundlegende Zweck des Strafsystems ist bereits erreicht: Rehabilitation.
- Valjean sollte nicht angezeigt oder zurückgeschickt werden, obwohl er gegen das Gesetz verstoßen hat; denn Gesetze können nicht immer fair oder angemessen sein, weil sie nicht die besonderen Umstände eines jeden denkbaren Falles berücksichtigen können.

Wenn man diese kurzen moralischen Urteile liest, so findet man einige Elemente, die bei aller inhaltlichen Unterschiedlichkeit jedesmal auftauchen. Diese Gemeinsamkeiten sind wahrscheinlich leicht zu erkennen. Sie bestehen vor allem darin, dass das Problem nicht nur aus der Sicht der beteiligten Einzelpersonen, sondern unter einer gesellschaftlichen Perspektive gesehen wird. Bei den ersten zwei Urteilen steht dabei der Aspekt der Unantastbarkeit von Gesetzen im Mittelpunkt, bei den letzten beiden der Aspekt der besonderen Bedingungen und der Grenzen gesetzlicher Regelungen. In allen vier Urteilen werden aber das Gesetz und das Funktionieren der Gesellschaft als entscheidendes Kriterium in der Beurteilung des Falles, als höchste Instanz der Legitimation moralischer Normen gesehen. […]

In den genannten Beispielen wurden entgegengesetzte Urteile (anzeigen versus nicht anzeigen, bestrafen versus nicht bestrafen) mit strukturell gleichen Argumenten begründet. Umgekehrt lässt sich die gleiche Meinung mit strukturell unterschiedlichen Argumenten begründen.

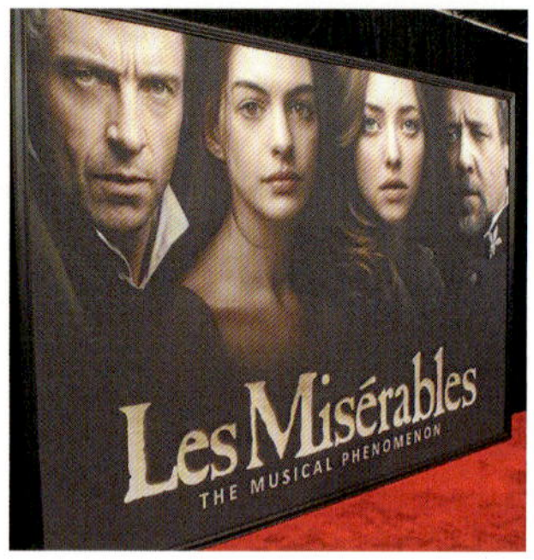

Abb. 4.2

Hier sind einige Beispiele für strukturell verschiedene, aber inhaltlich gleiche Antworten auf das „Valjean-Dilemma“:

Der Schneider sollte Valjean anzeigen,

- weil dieser ein Dieb ist; weil es falsch ist zu stehlen;
- weil er (der Schneider) sonst vielleicht selbst Schwierigkeiten mit dem Gesetz bekommt;
- weil es für einen treuen Bürger – der sich um sein Land sorgt und möchte, dass die Gesetze eingehalten werden – eine Pflicht ist, Gesetzesbrecher anzuzeigen. […]

Die diesen Urteilen zugrunde liegenden Meinungen sind Inhalte; die Strukturen hingegen finden sich in typischen Denk- und Argumentationsmustern, auf die zur Begründung einer Meinung zurückgegriffen wird. […]

Kohlberg hat nun ein Untersuchungsinstrument, das „Moral Judgment Interview“ entwickelt, mit dem versucht wird, nicht in erster Linie Meinungen zu erheben, sondern die Grundelemente des jeweiligen Denkens – und damit die Strukturen – zugänglich zu machen. […]

Noch einmal: Die Beschreibung der so vorgefundenen Muster basiert auf allgemeinen Merkmalen des Denkens. Es sind diese Muster, nicht in erster Linie die inhaltlichen Meinungen, die sich mit der Entwicklung verändern. Das moralische Urteil bezieht sich auf die moralische Bedeutung von Handlungen, die sich in Regeln, Gesetzen und Aussagen über die Gerechtigkeit ausdrückt. Die entscheidenden Veränderungen in der Moralentwicklung sind systematische Transformationen in der Struktur operativen Denkens über Gerechtigkeitsfragen.

M3 Das Messen des moralischen Urteils (Fritz Oser/Wolfgang Althof)

Das „Moral Judgement Interview (MJI)“ von Kohlberg

Mit diesem Interview wird die Struktur des Denkens über Gerechtigkeitsfragen untersucht, indem von moralischen Entscheidungskonflikten ausgegangen und der Befragte veranlasst wird, normative Vorstellungen auf den gegebenen Fall anzuwenden und ausführlich zu begründen.

In jedem Interview werden drei Dilemmasituationen durchgespielt. Es existieren drei parallele Versionen des Gesamtinterviews (Form A, B und C), die eine jeweilige Test-Retest-Reliabilität zwischen 0,92 und 0,99 sowie eine Paralleltest-Reliabilität von 0,84 (Form A und B), 0,82 (Form A und C) bzw. 0,84 (Form B und C) aufweisen (vgl. Colby, Kohlberg et al., 1987a, S. 63 ff.). Anhand des berühmtesten Dilemmas, des „Heinz-Dilemmas“ (Form A, Dilemma III), soll der Charakter dieser Befragung verdeutlicht werden. Es lautet in der deutschen Übersetzung folgendermaßen:

In einer fernen Stadt liegt eine Frau, die an einer besonderen Krebsart erkrankt ist, im Sterben. Es gibt eine Medizin, von der die Ärzte glauben, sie könne die Frau retten. Es handelt sich um eine besondere Form von Radium, die ein Apotheker in der gleichen Stadt erst kürzlich entdeckt hat. Die Herstellung war teuer, doch der Apotheker verlangt zehnmal mehr dafür, als ihn die Produktion gekostet hat. Er hat 2000 Mark für das Radium bezahlt und verlangt 20.000 Mark für eine kleine Dosis des Medikaments.

Heinz, der Ehemann der kranken Frau, sucht alle seine Bekannten auf, um sich das Geld auszuleihen, und er bemüht sich auch um eine Unterstützung durch die Behörden. Doch er bekommt nur 10.000 Mark zusammen, also die Hälfte des verlangten Preises. Er erzählt dem Apotheker, dass seine Frau im Sterben liegt, und bittet, ihm die Medizin billiger zu verkaufen bzw. ihn den Rest später bezahlen zu lassen. Doch der Apotheker sagt: „Nein, ich habe das Mittel entdeckt und ich will damit viel Geld verdienen.“ Heinz hat nun alle legalen Möglichkeiten erschöpft; er ist ganz verzweifelt und überlegt, ob er in die Apotheke einbrechen und das Medikament für seine Frau stehlen soll.

Der Ablauf des Interviews gestaltet sich wie folgt:

(1) Dem Befragten wird das moralische Dilemma vorgelesen.

(2) Er wird gebeten, eine spontane Entscheidung für eine der beiden denkbaren Handlungsoptionen zu fällen (im „Heinz-Dilemma“: für oder gegen den Einbruch) und diese zu begründen.

(3) Eine Reihe von Nachfragen sind standardisiert (d. h. für den Interviewer verbindlich vorgegeben). Sie dienen dazu, dem Denken des Befragten tiefer auf den Grund zu gehen (sozusagen die Gründe hinter seinen Gründen zu sondieren). Diese Nachfragen verändern die ursprüngliche Situation des Dilemmas unter Einbeziehung verschiedener hypothetischer Möglichkeiten oder eruieren allgemeine soziomoralische Vorstellungen (Stellenwert bestimmter Werte, Bedeutung von Gesetzen oder des Rechts auf Leben etc.).

(4) Weitere Zusatzfragen sollen dazu beitragen, wirklich zu verstehen, was die Befragten mit ihren ersten Antworten jeweils gemeint haben. Der Interviewer darf sich nicht damit zufriedengeben, wenn der Befragte ein moralisches Vokabular (und z. B. Begriffe wie „Gesetz“, „Recht auf Leben“ verwendet), sondern muss die Bedeutung in Erfahrung bringen, die mit solchen Begriffen verbunden wird.

Die wichtigsten standardisierten Fragen zum „Heinz-Dilemma“ lauten:

1. Soll Heinz das Medikament stehlen?

1a. Warum oder warum nicht?

2. (Wenn die Vp den Diebstahl befürwortet hat:) Wenn Heinz seine Frau nicht liebt, sollte er dann das Medikament für sie stehlen? Beziehungsweise (wenn die Vp

sich gegen den Diebstahl ausgesprochen hat): Bedeutet es einen Unterschied, ob Heinz seine Frau liebt oder nicht?

2a. Warum oder warum nicht?

3. Angenommen, die Person, die im Sterben liegt, ist nicht seine Frau, sondern ein Fremder. Sollte Heinz das Medikament für einen Fremden stehlen?

3a. Warum oder warum nicht?

4. (Wenn die Vp sich dafür ausspricht, das Medikament auch für einen Fremden zu stehlen:) Angenommen, es handelt sich um ein Haustier, das Heinz liebt. Sollte er das Medikament stehlen, um das Haustier zu retten?

4a. Warum oder warum nicht?

5. Ist es wichtig, dass Menschen alles versuchen, was sie können, um das Leben eines anderen zu retten?

5a. Warum oder warum nicht?

6. Es ist illegal, wenn Heinz einbricht. Ist diese Handlungsweise deshalb moralisch falsch?

6a. Warum oder warum nicht?

7. Sollten Menschen im Allgemeinen alles versuchen, um dem Gesetz Folge zu leisten?

7a. Warum oder warum nicht?

7b. Wie lässt sich dies (die vorherige Antwort) auf das beziehen, was Heinz tun sollte?

Die Auswertung nach den Vorgaben des sogenannten Standard Issue Scoring Manual (Colby, Kohlberg et al., 1987) wird in den folgenden Hauptschritten durchgeführt:

- Zerlegung des Interviewmaterials in Einheiten, die eindeutige moralische Urteile beinhalten;
- vorläufige Stufenverschlüsselung jedes einzelnen Urteils und Abgleich mit vorgegebenen Musterurteilen („Criterion Judgments");
- Berechnung der Stufenwerte für die einzelnen abgefragten moralischen Gegenstandsbereiche (je 6 pro Interviewformat);
- Berechnung der Gesamtstufe;
- Berechnung eines „gewichteten Durchschnittswerts" (Weighted Average Score, WAS), der auf einer angenommenen Intervallskala von 100 bis 500 (entsprechend der Sequenz von Stufe 1 bis 5) basiert.

Der für die Reliabilität entscheidende Schritt besteht dabei im „Matching" zwischen Interview-Urteilen und Kriteriumsurteilen. Das Manual enthält sehr präzise Angaben, unter welchen Bedingungen dieser Abgleich vorgenommen werden darf: Es werden sichtbare Formulierungsähnlichkeiten verlangt, die Argumentation muss strukturell als Ausdruck einer Stufe identifiziert werden können, es müssen jeweils bestimmte Schlüsselindikatoren vorhanden sein. Gefordert wird demzufolge eine theoriegeleitete Interpretationsleistung seitens der Auswerter. Das Einstufen ist somit eine recht schwierige Prozedur. Wer die Theorie beherrscht und sich in hermeneutischer Methode einerseits, im Umgang mit qualitativen Daten andererseits bereits auskennt, muss einige Wochen Übung investieren, um einigermaßen reliabel einschätzen zu können. Bei geübten Auswertern wird eine Interrater-Übereinstimmung (innerhalb einer Marge von max. ½ Stufe) von 95 % und mehr erreicht.

Anregungen zur Weiterarbeit

1. Kohlberg stützt seine Theorie der Entwicklung des moralischen Urteils auf Positionen von Jean Piaget. Greifen Sie auf Ihre Kenntnisse aus dem dritten Kurs zurück, um die Grundannahmen Piagets zu rekonstruieren.
2. Im Text M 1 heißt es: „Kognitive Strukturen heben sich ab von inhaltlichen Aspekten und Differenzierungen" (Zeile 3–14). Erläutern Sie diesen Satz anhand des Beispiels aus dem Roman „Les Misérables".
3. Erläutern Sie den Satz mithilfe anderer Beispiele.
4. Geben Sie wieder, wie Kohlbergs Methode funktioniert, mit der er (und seine Mitarbeiterinnen und Mitarbeiter) die Stufen des moralischen Urteilens bei seinen Versuchspersonen herausarbeitet.
5. Erläutern Sie, wie die Auswertung der Interviews verläuft, um wissenschaftlichen Ansprüchen zu genügen.

M4 Moralstufen und Moralerwerb (Lawrence Kohlberg)

In dieser Arbeit werde ich einen Überblick über die kognitiv-entwicklungsorientierte Theorie des Moralerwerbs geben, wie sie in Untersuchungen über Moralstufen von mir selbst und meinen Kollegen ausgearbeitet wurde. Zunächst werde ich die sechs Stufen theoretisch beschreiben, um dann darzulegen, wie sich unsere Methoden zur Identifizierung der Stufen bzw. der Ermittlung der Stufenzugehörigkeit von Denkäußerungen entwickelt haben. Nach diesem Umriss der Moralentwicklung und der Erhebungsmethoden werde ich die Theorie des Moralerwerbs präsentieren, die diesem Bild von moralischer Entwicklung am besten gerecht wird; und schließlich werde ich diese Theorie mit Ansätzen konfrontieren, die Moralentwicklung als Ergebnis von Sozialisation und sozialem Lernen begreifen. […]

Der Stellenwert des moralischen Urteils in der Gesamtpersönlichkeit

Um die Moralstufen zu begreifen, wird es hilfreich sein, sie in eine Abfolge der Entwicklung der Gesamtpersönlichkeit einzuordnen. Wir wissen, dass die Individuen die Moralstufen Schritt für Schritt durchlaufen, wenn sie von der Grundlinie (Stufe 1) in Richtung der Spitze (Stufe 6) voranschreiten. Es gibt auch noch andere Stufen, die die Menschen durchlaufen müssen, wobei die grundlegendsten vielleicht die von Piaget untersuchten Stufen des logischen Denkens bzw. der Intelligenzentwicklung sind (Piaget, 1972). Nachdem das Kind sprechen gelernt hat, findet man drei Hauptphasen der Entwicklung des Denkens: intuitives, konkret-operatorisches und formal-operatorisches Denken. Etwa im Alter von sieben Jahren treten die Kinder in das Stadium des konkreten logischen Denkens ein und können dann logisch schließen, Gegenstände klassifizieren und quantitative Relationen zwischen konkreten Dingen handhaben. In der Adoleszenz erreichen viele, jedoch nicht alle Individuen das Niveau der formalen Operationen; auf dieser Ebene können sie in abstracto denken. Mithilfe formal-operatorischen Denkens können alle Möglichkeiten durchgespielt, die Beziehungen zwischen Elementen in einem System bedacht, Hypothesen gebildet, aus ihnen Implikationen abgeleitet und diese an der Realität überprüft werden. Viele Jugendliche und Erwachsene erreichen die Stufe der formalen Operationen nur teilweise; sie berücksichtigen alle tatsächlichen Beziehungen, die zu einer bestimmten Zeit zwischen einer Sache und einer anderen bestehen, sie erwägen jedoch nicht alle Möglichkeiten und bilden keine abstrakten Hypothesen.

Im Allgemeinen wird fast kein Jugendlicher oder Erwachsener mehr ganz dem konkret-operatorischen Denken verhaftet sein, viele werden das formal-operatorische Denken teilweise beherrschen, und die meisten werden die höchste Stufe der formalen Operationen erreicht haben (vgl. Kuhn u.a., 1977). Da moralisches Denken natürlich auch Denken ist, hängt ein fortgeschrittenes moralisches Denken von einem fortgeschrittenen logischen Denken ab. Es besteht eine Parallelität zwischen der logischen Stufe eines Individuums und seiner Moralstufe. Eine Person, die nur konkret-operatorisch denkt, kann über die präkonventionellen Moralstufen (Stufen 1 und 2) nicht hinauskommen. Eine Person, deren Denken nur „knapp" formal-operatorisch ist, bleibt auf die konventionellen Moralstufen (Stufen 3 und 4) beschränkt. Die logische Entwicklung ist eine notwendige Bedingung für Moralentwicklung, sie ist aber keine hinreichende Voraussetzung. Viele Individuen haben eine höhere logische, aber noch nicht die parallele moralische Stufe erreicht, dagegen befindet sich so gut wie niemand auf einer höheren moralischen als logischen Stufe (vgl. Walker, 1980).

Nach den Stufen der logischen Entwicklung sind jene der sozialen Wahrnehmung oder sozialen Perspektiven- bzw. Rollenübernahme (vgl. Selman, 1982) zu beachten. Wenn wir die Moralstufen definieren, ist darin eine teilweise Beschreibung dieser Stufen der Rollenübernahme enthalten. Sie erfassen das Niveau, auf dem die Person andere Menschen wahrnimmt, ihre Gedanken und Gefühle interpretiert und ihre Rolle bzw. Stellung in der Gesellschaft versteht. Diese Stufen hängen sehr eng mit den Moralstufen zusammen, sind jedoch allgemeineren Charakters, da sie nicht nur mit Fairness und Entscheidungen zwischen „richtig" und „falsch" zu tun haben. Es ist schwieriger, ein Gerechtigkeitsurteil eines bestimmten Niveaus zu fällen, als die Welt einfach auf dieser Ebene wahrzunehmen. Somit geht, wie im Falle der Logik, die Entwicklung der sozialen Kognition eines bestimmten Stadiums der Entwicklung der parallelen Stufe moralischen Urteilens voran – sie ist weniger schwierig. So wie es eine vertikale Abfolge von Schritten in der Aufwärtsbewegung von der ersten zur zweiten und dann zur dritten Moralstufe gibt, so gibt es auch eine horizontale Abfolge von Schritten in Form einer Bewegung von der Logik zur sozialen Wahrnehmung und dann zum moralischen Urteil. Zuerst erreichen die Individuen ein logisches Stadium, etwa das der partiellen

Abb. 4.3: Calvin und der Weihnachtsmann

formalen Operationen, das es ihnen erlaubt, „Systeme" in der Welt zu erkennen, eine Reihe miteinander verknüpfter Variablen als System zu identifizieren. Danach erreichen sie ein Niveau der sozialen Wahrnehmung bzw. der Rollenübernahme, auf dem sie erkennen, wie andere Menschen einander unter Rekurs auf den Ort jedes Einzelnen innerhalb des Systems verstehen. Schließlich erreichen sie die Stufe 4 des moralischen Urteils, auf der das Wohl und die Ordnung der Gesamtgesellschaft zum Bezugspunkt des Urteils über „fair" und „richtig" werden. Wir haben festgestellt, dass Personen, die in unseren Programmen zur moralischen Erziehung Fortschritte machen, bereits über die logischen und oft auch die sozialkognitiven Fähigkeiten für die höhere Moralstufe verfügen, auf die sie sich zubewegen (vgl. Walker, 1980).
In dieser horizontalen Sequenz gibt es einen abschließenden Schritt: moralisches Verhalten. Um moralisch anspruchsvoll handeln zu können, bedarf es moralischer Urteile eines fortgeschrittenen Niveaus. Man kann nicht prinzipienorientiert handeln (Stufen 5 und 6), wenn man Prinzipien nicht versteht oder nicht an sie glaubt. Man kann allerdings in der Begrifflichkeit derartiger Prinzipien denken oder argumentieren, ohne nach ihnen zu leben. Ob eine bestimmte Person in einer bestimmten Situation den ihr jeweils – mit ihrer moralischen Urteilsstufe – zugänglichen moralischen Einsichten nachkommt, hängt von einer Vielzahl von Faktoren ab; immerhin jedoch hat sich die Moralstufe in verschiedenen experimentellen und natürlichen Kontexten als Variable erwiesen, die Handeln gut vorherzusagen erlaubt (vgl. Kohlberg, 1974).
Zusammengefasst lässt sich festhalten, dass die moralische Stufe mit vorausgehenden kognitiven Entwicklungen und mit dem moralischen Handeln zusammenhängt; die Bestimmung einer moralischen Stufe muss jedoch allein auf dem moralischen Urteilen gründen.

Eine theoretische Beschreibung der Moralstufen

Die sechs moralischen Stufen werden drei Hauptebenen zugeteilt: der präkonventionellen (Stufen 1 und 2), der konventionellen (Stufen 3 und 4) und der postkonventionellen Ebene (Stufen 5 und 6).
Man versteht die einzelnen Stufen besser, wenn man zuvor eine Vorstellung von den drei moralischen Niveaus gewonnen hat. Die präkonventionelle Ebene ist die moralische Denkebene der meisten Kinder bis zum neunten Lebensjahr, einiger Jugendlicher und vieler jugendlicher und erwachsener Straftäter. Der konventionellen Ebene sind in unserer und in anderen Gesellschaften die meisten Jugendlichen und Erwachsenen zuzurechnen. Die postkonventionelle Ebene wird von einer Minorität von Erwachsenen erreicht – und das in der Regel erst nach dem 20. Lebensjahr. Der Begriff „konventionell" bedeutet, dass man den Regeln, Erwartungen und Konventionen der Gesellschaft oder einer Autorität eben deshalb entspricht und sie billigt, weil sie die Regeln, Erwartungen und Konventionen der Gesellschaft sind. Das Individuum auf präkonventionellem Niveau ist noch nicht so weit, dass es die konventionellen oder gesellschaftlichen Regeln und Erwartungen wirklich verstehen oder unterstützen könnte. Jemand auf postkonventionellem Niveau versteht die Regeln der Gesellschaft und akzeptiert sie grundsätzlich, aber dieses grundsätzliche Einverständnis leitet sich daraus ab, dass die allgemeinen moralischen Prinzipien, die den gesellschaftlichen Regulierungen zugrunde liegen, formuliert und anerkannt werden. Gelegentlich kommen diese Prinzipien mit den Regeln der Gesellschaft in Konflikt, und dann hält das postkonventionelle Individuum sich an das Prinzip und nicht an die Konvention.

Moralstufen und Moralerwerb: Der kognitiv-entwicklungstheoretische Ansatz

Man kann sich die Bedeutung der drei Niveaus auch so plausibel machen, dass man sie als drei unterschiedliche Typen von Beziehungen zwischen dem Selbst und den gesellschaftlichen Regeln und Erwartungen begreift. Aus dieser Perspektive hat das präkonventionelle Subjekt (Ebene I) ein Selbst, dem die sozialen Normen und Erwartungen äußerlich bleiben; Ebene II bezieht sich auf die konventionelle Person, deren Selbst mit den Regeln und Erwartungen anderer, speziell der Autoritäten, identifiziert ist bzw. diese internalisiert hat; und Ebene III bezeichnet die postkonventionelle Person, die ihr Selbst von den Regeln und Erwartungen anderer unabhängig gemacht hat und die ihre Werte im Rahmen selbst gewählter Prinzipien definiert.
Innerhalb jedes der drei Moralniveaus gibt es zwei Stufen, wobei die zweite Stufe jeweils eine fortgeschrittenere und besser organisierte Variante der allgemeinen Perspektive des jeweiligen Hauptniveaus darstellt. Abb. 4.4 definiert die sechs moralischen Stufen in drei Dimensionen: (1) Was gilt als richtig, (2) mit welchen Gründen wird das Richtige vertreten und (3) welche soziale Perspektive steht im Hintergrund der jeweiligen Stufe? Mit dem Begriff der sozialen Perspektive ist ein zentrales Konzept berührt, dem unser Bemühen um eine Definition des moralischen Urteilens sich nun zuwendet.

Aufgaben

1. Geben Sie (übersichtlich visualisiert) wieder, welche Beziehungen zwischen der kognitiven Entwicklung und der Entwicklung des moralischen Urteils bestehen.
2. Geben Sie wieder, wie Kohlberg den Zusammenhang von moralischem Urteil und moralischem Handeln darstellt.
3. Erläutern Sie detailliert die Merkmale jeder der sechs Stufen. Greifen Sie dazu auch auf die Interviews vom Beginn dieses Kapitels zurück M 2.

Eine Übersicht zu den sechs Stufen des moralischen Urteilens finden Sie auf der folgenden Seite. Einen weiteren Text von Lawrence Kohlberg zum Thema „Die Sozialperspektiven der drei moralischen Niveaus" unter PP-Code nt2v77. Vertiefende Hinweise zu Kohlbergs Stufenkonzeption der Moralentwicklung und den Sozialperspektiven auf den Stufen finden Sie ebenfalls unter diesem Online-Code.

Inhalt der Stufe		Soziale Perspektive der Stufe
Was rechtens ist	**Gründe, das Rechte zu tun**	
Niveau I – Präkonventionell *Stufe 1 – Heteronome Moralität*		
Regeln einzuhalten, deren Übertretung mit Strafe bedroht ist. Gehorsam als Selbstwert. Personen oder Sachen keinen physischen Schaden zuzufügen.	Vermeiden von Bestrafung und die überlegene Macht der Autoritäten.	Egozentrischer Gesichtspunkt. Der Handelnde berücksichtigt die Interessen anderer nicht oder erkennt nicht, dass sie von den seinen verschieden sind, oder er setzt zwei verschiedene Gesichtspunkte nicht miteinander in Beziehung. Handlungen werden rein nach dem äußeren Erscheinungsbild beurteilt und nicht nach den dahinter stehenden Intentionen. […]
Stufe 2 – Individualismus, Zielbewusstsein und Austausch		
Regeln zu befolgen, aber nur dann, wenn es irgendjemandes unmittelbaren Interessen dient; die eigenen Interessen und Bedürfnisse zu befriedigen und andere dasselbe tun zu lassen. Gerecht ist auch, was fair ist, was ein gleichwertiger Austausch, ein Handel oder ein Übereinkommen ist.	Um die eigenen Bedürfnisse und Interessen zu befriedigen, wobei anerkannt wird, dass auch andere Menschen bestimmte Interessen haben.	Konkret individualistische Perspektive. Einsicht, dass die verschiedenen individuellen Interessen miteinander im Konflikt liegen, sodass Gerechtigkeit (im konkret-individualistischen Sinne) relativ ist.
Niveau II – Konventionell *Stufe 3 – Wechselseitige Erwartungen, Beziehungen und interpersonelle Konformität*		
Den Erwartungen zu entsprechen, die nahestehende Menschen oder Menschen überhaupt an mich als Träger einer bestimmten Rolle (Sohn, Bruder, Freund usw.) richten. Gut zu sein, ist wichtig und bedeutet, ehrenwerte Absichten zu haben und sich um andere zu sorgen. Es bedeutet, dass man Beziehungen pflegt und Vertrauen, Loyalität, Wertschätzung und Dankbarkeit empfindet.	(1) Das Verlangen, in den eigenen Augen und in denen anderer Menschen als ‚guter Kerl' zu erscheinen; (2) die Zuneigung zu anderen; (3) der Glaube an die goldene Regel; (4) der Wunsch, die Regeln und die Autorität zu erhalten, die ein stereotypes gutes Verhalten rechtfertigen.	Perspektive des Individuums, das in Beziehung zu anderen Individuen steht. Der Handelnde ist sich gemeinsamer Gefühle, Übereinkünfte und Erwartungen bewusst, die den Vorrang vor individuellen Interessen erhalten. Mittels der konkreten goldenen Regel bringt er unterschiedliche Standpunkte miteinander in Beziehung, indem er sich in die Lage des jeweils anderen versetzt. Die verallgemeinerte ‚System'-Perspektive bleibt noch außer Betracht.
Stufe 4 – Soziales System und Gewissen		
Die Pflichten zu erfüllen, die man übernommen hat. Gesetze sind zu befolgen, ausgenommen in jenen extremen Fällen, in denen sie anderen festgelegten sozialen Verpflichtungen widersprechen. Das Recht steht auch im Dienste der Gesellschaft, der Gruppe oder der Institution.	Um das Funktionieren der Institution zu gewährleisten, um einen Zusammenbruch des Systems zu vermeiden, wenn jeder es täte oder um dem Gewissen Genüge zu tun, das an die selbst übernommenen Verpflichtungen mahnt. Leicht zu verwechseln mit dem für die Stufe 3 charakteristischen Glauben an Regeln und Autorität.	Macht einen Unterschied zwischen dem gesellschaftlichen Standpunkt und der interpersonalen Übereinkunft bzw. den auf einzelne Individuen gerichteten Motiven. Übernimmt den Standpunkt des Systems, das Rollen und Regeln festlegt. Betrachtet individuelle Beziehungen als Relationen zwischen Systemteilen.
Niveau III – Postkonventionell oder prinzipiengeleitet *Stufe 5 – Die Stufe des sozialen Kontrakts bzw. der gesellschaftlichen Nützlichkeit, zugleich die Stufe individueller Rechte*		
Sich der Tatsache bewusst zu sein, dass unter den Menschen eine Vielzahl von Werten und Meinungen vertreten wird, und dass die meisten Werte und Normen gruppenspezifisch sind. Diese relativen Regeln sollten im Allgemeinen jedoch befolgt werden, im Interesse der Gerechtigkeit und weil sie den sozialen Kontrakt ausmachen. Doch gewisse absolute Werte und Rechte wie Leben und Freiheit müssen in jeder Gesellschaft und unabhängig von der Meinung der Mehrheit respektiert werden.	(1) Ein Gefühl der Verpflichtung gegenüber dem Gesetz aufgrund der im Gesellschaftsvertrag niedergelegten Vereinbarung, zum Wohle und zum Schutz der Rechte aller Menschen Gesetze zu schaffen und sich an sie zu halten; (2) ein Gefühl der freiwilligen vertraglichen Bindung an Familie, Freundschaft, Vertrauen und Arbeitsverpflichtungen; (3) Interesse daran, dass Rechte und Pflichten gemäß der rationalen Kalkulation eines Gesamtnutzens verteilt werden nach der Devise ‚Der größtmögliche Nutzen für die größtmögliche Zahl'.	Der Gesellschaft vorgeordnete Perspektive. Perspektive eines rationalen Individuums, das sich der Existenz von Werten und Rechten bewusst ist, die sozialen Bindungen und Verträgen vorgeordnet sind. Integriert unterschiedliche Perspektiven durch die formalen Mechanismen der Übereinkunft, des Vertrags, der Unvoreingenommenheit und der angemessenen Veränderung. Zieht sowohl moralische wie legale Gesichtspunkte in Betracht, anerkennt, dass sie gelegentlich in Widerspruch geraten, und sieht Schwierigkeiten, sie zu integrieren.
Stufe 6 – Die Stufe der universalen ethischen Prinzipien		
Selbst gewählten ethischen Prinzipien zu folgen. Spezielle Gesetze oder gesellschaftliche Übereinkünfte sind im Allgemeinen deshalb gültig, weil sie auf diesen Prinzipien beruhen. Wenn Gesetze gegen diese Prinzipien verstoßen, dann handelt man in Übereinstimmung mit dem Prinzip. Bei den erwähnten Prinzipien handelt es sich um universale Prinzipien der Gerechtigkeit: Alle Menschen haben gleiche Rechte, und die Würde des Einzelwesens ist zu achten.	Der Glaube einer rationalen Person an die Gültigkeit universaler moralischer Prinzipien und ein Gefühl persönlicher Verpflichtung ihnen gegenüber.	Perspektive eines ‚moralischen Standpunkts', von dem sich gesellschaftliche Ordnungen herleiten. Es ist dies die Perspektive eines jeden rationalen Individuums, das das Wesen der Moralität anerkannt bzw. anerkennt, dass jeder Mensch seinen (End-)Zweck in sich selbst trägt und entsprechend behandelt werden muss.

Abb. 4.4: Sechs Stufen des moralischen Urteilens

4.3 Konzepte der Moralerziehung

Kohlbergs Stufenmodell ist ein psychologischer Ansatz zum Verstehen der Entwicklung des moralischen Urteilens. Es unterscheidet mehrere moralische Niveaus:

- Jedes höhere Niveau repräsentiert einen gesteigerten Grad an Differenzierung.
- Die zum moralischen Urteilen notwendigen kognitiven Operationen werden immer „umkehrbarer", weil vom Urteilenden die Interessen aller beteiligten Akteure als gleichberechtigt angesehen werden.
- Jede neue Stufe verfügt über eine umfassendere Perspektive auf die Gesellschaft.
- Dies führt am Ende zur freiwilligen Orientierung an verallgemeinerbaren Prinzipien.

Die pädagogische Leitfrage lautet: Wie kann ich mit Heranwachsenden (und möglicherweise auch Erwachsenen) so umgehen, dass sie lernen, sich schließlich in ihren Urteilen und Handlungen freiwillig an verallgemeinerbaren Prinzipien im Sinne von Kants kategorischem Imperativ zu orientieren?

Sie können nun einige Konzepte der Moralerziehung kennenlernen M 5 – M 7 sowie unter PP-Code xq8r75. Sie werden schnell bemerken, dass es deutliche Unterschiede gibt. Bei der Erschließung der Konzepte der Moralerziehung sollten Sie vier große Schritte beachten:

1. Zunächst muss das jeweilige Konzept nachvollzogen, verstanden und gewürdigt werden.
2. Danach sollten Sie es auf Kohlbergs Stufenmodell beziehen. Die Frage lautet: Welches Niveau moralischen Urteilens kann durch dieses Konzept erreicht werden?
3. Sie können die Konzepte auch an den Kriterien messen, die Sie im ersten Kapitel entwickelt haben.
4. Am Ende sollte eine kritische Würdigung von Leistungen und Grenzen des jeweiligen Konzepts aus pädagogischer Perspektive erfolgen.

Die folgenden Texte beziehen sich auf ein Konzept, das „Compassion" genannt wird.

M 5 Compassion: ein Projekt (Regina Dötsch/Monika Gieren/Marie-Louise Maier)

COMPASSION – Die Sozial-AG der Realschule an der Liebfrauenschule Sigmaringen

Seit September 2002 besteht eine Sozial-AG für Schülerinnen und Schüler der Klassen 9 an der Realschule der Liebfrauenschule Sigmaringen.

I. Der Aufbau und die Organisation der Sozial-AG

Die Sozial-AG findet jeden Dienstagnachmittag statt: Sie dauert 90 Minuten, also zwei Schulstunden. Die Praxiseinsätze in den verschiedenen Einrichtungen wechseln mit den sogenannten „Theorie-Nachmittagen" an der Schule im Zwei-Wochen-Turnus. Die Schüler aus allen drei 9. Klassen der Realschule arbeiten hier freiwillig mit, jedoch besteht nach Anmeldung als Mitglied der Sozial-AG Anwesenheitspflicht. Wer nicht kommen kann, muss sich entschuldigen. Eine Entschuldigung der Erziehungsberechtigten wird eingefordert.

COMPASSION

Abb. 4.5

Die Mitglieder der Sozial-AG dokumentieren ihre Tätigkeit und ihre Erfahrungen in einem persönlichen Tagebuch, das nicht für die Öffentlichkeit bestimmt ist, sowie in einem offiziellen Praxisbericht zum Abschluss, der dem Betreuerteam […] zum Schuljahresende vorgelegt wird. Dafür dass sie ein Jahr lang hier mitgearbeitet haben, bekommen die Mitglieder ein Zertifikat von der Schule, und diese Tätigkeit wird auch in der Halbjahresinformation und im Abschlusszeugnis von Klasse 9 vermerkt.
Zukünftig soll noch in Zusammenarbeit mit den Institutionen eine Art Arbeitszeugnis erstellt werden.

II. Die Arbeitsfelder: die soziale Einrichtung und der „Theorie-Nachmittag"

Im Schuljahr 2003/2004 arbeiten die Schüler im Altenpflegebereich und in der Kinderbetreuung. Die Praktikanten sind in der Regel mindestens zu zweit im Einsatz. Bei der Kinderbetreuung geht es vor allem darum, den Kindern bei den Hausaufgaben zu helfen und dann mit ihnen zu basteln oder zu spielen. In der Altenpflege wird mit den Senioren gesprochen, gespielt, gebastelt und gebacken, es wird ihnen vorgelesen, man geht auch mal spazieren oder macht eine Ausfahrt mit dem Rollstuhl. Manchmal helfen unsere Praktikanten bei hausinternen Feiern mit. Bei allen diesen Aktionen wird von den Praktikanten Eigeninitiative hinsichtlich der Angebote verlangt.
Während der sogenannten „Theorie-Nachmittage" in der Schule arbeiten die betreuenden Lehrerinnen mit unsern Praktikanten auf verschiedenen Ebenen:

- Regelmäßige Reflexion über die in den Einrichtungen gemachten Erfahrungen, z. B. mit Plakaten;
- Gespräche mit Menschen, welche in diesen Berufsfeldern arbeiten („Experten") und Rückmeldungen dazu;
- Vertrauensübungen (Blindenspaziergang, sich fallen lassen …);
- Übungen zur Eigen- und Fremdwahrnehmung (du bist …, was mache ich, wenn …);
- Umgang mit Kritik;
- Arbeit an der Dokumentation (Tagebuchführung und Praxisbericht).

M6 Compassion: Vorstellung des Ziels

Das Compassion-Projekt ist ein Projekt sozialen Lernens. Ziel ist die Entwicklung sozialverpflichteter Haltungen wie Solidarität, Kooperation, Kommunikation und Engagement für Menschen, die aus welchen Gründen auch immer auf die Hilfe anderer Menschen angewiesen sind. Zu diesem Zweck gehen die Schülerinnen und Schüler der Projektschulen während des Schuljahres jeweils zwei Wochen lang in eine soziale Einrichtung, in Altenheime, Krankenhäuser, Behinderteneinrichtungen, Obdachlosenheime, Kindergärten, Bahnhofsmissionen und Ähnliches.
Die Lehrerinnen und Lehrer besuchen die Schülerinnen und Schüler am Praktikumsort, halten Kontakt und begleiten die Praktika vorbereitend und reflektierend in ihrem Fachunterricht. Diese enge Verbindung von Praktikum und Unterricht, Erlebnis und fachspezifisch aufbereiteter Reflexion ist entscheidend und das pädagogisch Neue des Compassion-Unterrichts. Sie beruht auf der Überzeugung, dass Erlebnisse allein wenig bewirken und nach einiger Zeit schlichtweg verpuffen, wenn sie nicht erinnert, artikuliert, reflektiert, bewertet und eingeordnet werden. Das Compassion-Projekt hat freilich alle Vorteile eines erlebnispädagogischen Projekts: Es bietet eine Alternative zu einem normalen Schulalltag, es vermittelt ein intensives Erlebnis und man kann gewiss sein, dass man nach einer überschaubaren Zeit wieder in den normalen Alltag zurückkehrt. Aber man muss darauf achten, dass diese erlebnispädagogische Seite für die Erreichung des Projektziels nicht ausreicht.
Ethische Haltungen beruhen nicht auf Erlebnissen und resultieren nicht aus starken Gefühlen. Für seine Gefühle kann man nichts und für seine Gefühle ist ein Mensch auch nicht verantwortlich zu machen. Gefühle sind ambivalent und können wechseln. Aber die Entscheidung, ob ich einem Menschen menschlich begegne und sozial-verpflichtet zu handeln bereit bin, fällt bewusst und dafür allein kann ich mich auch verantworten.
Ethische Haltungen beruhen also auf Einsicht, Urteil und Entscheidung. Das Compassion-Projekt ist deshalb mehr als ein Praktikum. Das für die Zielsetzung des Projekts Entscheidende geschieht letzten Endes im Unterricht, der informierend, reflektierend und bewertend auf Erfahrungen in den Praktika vorbereitet und nachträglich darauf eingeht und auf diese Weise dazu beiträgt, das eine reflektierte Haltung im Sozialen sich bildet. Pädagogischer Kerngedanke der Projektplanung ist also die Überzeugung, dass Sozialpraktika in Verbindung mit Fachunterricht langfristig zu veränderten Handlungsbereitschaften und Haltungen im Bereich des Sozialen führen können.

M7 Compassion: Begründung der Konzeption (Jürgen Rekus)

Das Compassion-Projekt wäre missverstanden, wenn es nur darum ginge, soziale Handlungskompetenzen in „lebensnahen" Ernstsituationen zu vermitteln, wie sie in Altersheimen, Kinderheimen, Behindertenwerkstätten, Bahnhofsmissionen, Krankenhäusern, Sterbehospizen usw. vorliegen. Der erzieherische Akzent von Compassion liegt gerade nicht auf den in diesen Situationen gebotenen Handlungsakten, sondern auf den ihnen vorausliegenden Wert- und Entscheidungsmotiven, die eine caritative Handlung erst notwendig erscheinen lassen. Solche Motive sind zwar allemal in jeder Handlungssituation immanent präsent, gelangen aber oft nicht zur Reflexion, da sie durch den Handlungsdruck überspielt werden. Gerade die mit dem Handeln verknüpften Wert- und Entscheidungsfragen stehen im Zentum des Compassion-Projekts. Und diese sind nicht schon im Sinne eines „learning by doing" (DEWEY) erledigt, sondern werden erst aus Anlass des Tuns aufgeworfen.
Deswegen sind im Kontext des Compassion-Projekts alle sogenannten erlebnispädagogischen Vorstellungen verfehlt, die kurzschlüssig davon ausgehen, dass sich durch besonders ergreifende Handlungserlebnisse gleichsam nebenbei die gewünschten Haltungen und Einstellungen als unreflektierter Habitus ausprägen. Mit einer solchen Intention würde Compassion zu einem Typus von erlebnispädagogischem Projekt herabgewürdigt, das letztlich auf Manipulation hinausläuft.
Beispiele für solche erlebnispädagogischen Veränderungsversuche gibt es viele: Da sollen straffällige Jugendliche auf einem Segeltörn bei Wind und Wetter den Wert der Gemeinschaft erleben und geläutert heimkehren. Bei einer Extremtour in die Berge soll die gegenseitige Abhängigkeit erlebt werden und Teamgeist entstehen. Beim Löscheinsatz in der Jugendfeuerwehr sollen die damit verbundenen Gefahren gemeinsam erlebt werden und Kameradschaft erzeugen. Solche Konzepte gehen davon aus, dass die Teilnehmer „im geplanten Erlebnis vom Ereignis ergriffen werden. Es wird vermutet, dass eine geballte pädagogische Energie in besonderen Erlebnissen liegt, die lange nachwirkt oder nur ins Vorbewusste abgleitet und bei Bedarf ins Bewusstsein gerufen werden kann. Das Erlebnis wirkt also sozusagen von selbst, wird zum Bodensatz der Persönlichkeit und braucht nicht durch ein bewusstmachendes Gespräch oder andere Methoden verstärkt zu werden" (Heckmair/Michl 1994, S. 67). Hier wird offenbar der Irrationalität ein Vorrang gegenüber rationaler Reflexion eingeräumt, sodass am Ende die Frage nach den Wertungs- und Entscheidungsgründen, die Frage nach dem Geltungs- und Verantwortungsgrund des Handelns gar nicht mehr reflektiert werden soll. Die Lernenden sollen vielmehr in solchen erlebnispädagogischen Konzepten von der Wucht der Handlungssituation geradezu überwältigt werden.
Streng genommen sind solche erlebnisbetonten emotional aufgeladenen Lernsituationen aber gar nicht handlungsorientierend, sondern verhaltensbestimmend. Denn der emotionale Druck des vorgegebenen Situationskontextes erfordert ein bestimmtes haltungsindifferentes Verhalten. Der im Hinblick auf gewünschte Lernergebnisse vordefinierte Handlungsrahmen soll also nur die äußerlich sichtbaren Ergebnisse funktionalisieren. […]
Wenn die Schule ihren Erziehungsauftrag in der pluralisierten Erlebnisgesellschaft ernst nehmen will, dann muss sie – deutlicher als früher – auch die außerschulischen um-

gangsbezogenen Erlebnisse der Kinder und Jugendlichen durch systematisierte und methodisierte Unterrichts- und Erziehungsprozesse ergänzen.

Das gilt durchgängig und in jeder Hinsicht. Ergänzen heißt, dass das Lernen von den lebensweltlichen Erlebnissen der Schülerinnen und Schüler ausgeht, um sie dem Grunde nach systematisch zu klären, den Folgen nach zu reflektieren und im Hinblick auf ihre künftige Bedeutsamkeit für das eigenen Handeln einzuschätzen. Und auch hier geht es wieder um das Ziel der Bildung, nämlich um Wissens-, Urteils- und Entscheidungskompetenz. Das heißt mit anderen Worten: Unterricht und Erziehung fangen erst da an, wo Erlebnisse aufhören.

Freilich bedarf es dazu eines gemeinsamen Ausgangspunktes. Wenn wir im Unterricht auch über sozialverpflichtete Wert- und Entscheidungsmotive sprechen wollen, dann müssen die erlebnishaften, d.h. anschaulichen Voraussetzungen dafür erst vorliegen. Und weil diese – wie wir gesehen haben – in der individualisierten und pluralisierten Lebenswelt von Kindern und Jugendlichen heute nicht mehr ohne Weiteres vorausgesetzt werden können, werden im Compassion-Projekt solche Erlebnischancen in einem Praktikum ermöglicht.

Kennzeichen dieser Praktika ist die Eindrücklichkeit der Erlebnisse, wie man sie eben in sozial-caritativen Einrichtungen vermuten darf. Wer in Altersheimen, Pflegestationen, Behindertenwerkstätten oder gar in Sterbehospizen tätig wird, der wird sicher erleben, dass ihn die Situation nicht kaltlässt. Aber die mit den Handlungen verbundenen Wertungen sind nicht unbedingt eindeutig. Wer alte Menschen pflegt, wer Kranke versorgt, wer mehrfach Behinderte betreut, wer Sterbende begleitet, der erlebt seine Tätigkeit als angenehm oder unangenehm, bereichernd oder belastend, freudig oder traurig, gutartig oder bösartig, anziehend oder abstoßend, abhärtend oder – wenn es gut geht – Mitleid erregend. Erlebnisse sind also nicht durch die Situation selbst bestimmt, sondern werden erst vom Subjekt im eigenen Wertempfinden generiert. Dabei handelt es sich selten um begründete Werturteile, sondern oftmals um das Urteil überwältigende Gefühle. Diese kontextgebundenen Wertempfindungen – wie auch immer sie ausfallen mögen – bilden den Anlass für die Reflexion im Unterricht. […]

Auch wenn das „Mitleid" als wünschenswertes mitmenschliches Empfinden bei der Namensgebung des Projekts Pate gestanden hat, das bloße Gefühl von Mitleid kann nicht das primäre Ziel von Compassion sein. Mitleidsgefühle entstehen bei den Schülern von selbst oder auch nicht, ob das gewollt wird oder nicht, ob man damit einverstanden ist oder nicht. Das bedeutet: „Mitleid" kann sich bei denjenigen Schülern ausprägen, die eine Disposition dazu mitbringen.

Bei den „Harten" und „Verhärteten" entsteht vielleicht gar kein Mitleid, sondern Distanz, Widerwillen, Ekel oder Abscheu. Pädagogen können darüber nicht verfügen. Deshalb finden die pädagogisch relevanten Prozesse im Wesentlichen nicht in der Praktikumssituation, sondern vorrangig in der didaktischen und methodischen Vorbereitung, in der beratenden Begleitung und in der unterrichtlichen Auswertung und Nachbereitung statt. Dabei kann dann auch bei demjenigen, der nun mal kein Mitleid empfindet, die Einsicht und Überzeugung entstehen, dass mitmenschliche Hilfe unter dem Humanitätsprinzip in bestimmten Situationen geboten ist. Denn ein solches Handlungsgebot ist als Sozialverpflichtung begründbar. Es wird als Handlungspflicht von der Vernunft und gerade nicht vom Gefühl diktiert.

Die Erlebnisse, die die Schüler in Krankenhäusern, Pflegeheimen, Behindertenwerkstätten und Sterbehospizen haben, bleiben aber ein notwendiger Anlass für die unterrichtliche Reflexion über das „gute Leben". Diese Reflexionsaufgabe bildet den pädagogischen Kern von Compassion. Er ist umfassend zu verstehen, d.h., alle Fächer sind gefordert, zur Stärkung der Werturteilsfähigkeit und Entscheidungsfähigkeit aus Anlass der Praktikumserlebnisse beizutragen. […]

Aufgaben

1. Stellen Sie dar, wie das Compassion-Projekt in der Praxis funktioniert.
2. Arbeiten Sie die bildungstheoretische Fundierung des Konzepts heraus. Achten Sie dabei auch auf folgende Aspekte:
   - Wieso ist „das bloße Gefühl von Mitleid" nicht das primäre Ziel?
   - Welche Aufgabe hat die unterrichtliche Reflexion?
   - Inwiefern geht es um „begründete Werturteile"?
3. Vergleichen Sie das Compassion-Konzept mit der Erlebnispädagogik.
4. Erörtern Sie, ob bzw. inwiefern der Anspruch des Compassion-Konzepts stimmt und gerechtfertigt ist, die „Irrationalität" erlebnispädagogischer Projekte zu überwinden.
5. Ordnen Sie das Compassion-Konzept dem Stufenmodell von Kohlberg zu: Welches Niveau kann mit diesem Konzept erreicht werden?
6. Nehmen Sie kritisch Stellung zum Compassion-Konzept der Moralerziehung.

Die folgenden Texte konzipieren Moralerziehung als „Werten lernen". Es geht also *nicht* um „Werte lernen"! Wo liegt der Unterschied? Eine genaue Lektüre der folgenden Texte wird Ihnen Antworten auf diese Fragen geben. Sie kennen Texte von Volker Ladenthin (Universität Bonn) bereits aus den früheren Kursen. Die Texte liefern zugleich eine bildungstheoretische Fundierung des Compassion-Konzepts, das als ein möglicher praktischer Ansatz gelten kann, das „Werten lernen" zu fördern.

M8 Handeln als Werten (Volker Ladenthin)

Menschliches Leben vollzieht sich in Handlungen. Handlungen sind – im Gegensatz zu Reflexen – bewusste, also intendierte Tätigkeiten, die das Behandelte oder den Handelnden – häufig aber beide – im Hinblick auf den Zustand vor der Handlung verändern. […] Handeln heißt, eine Wahl treffen zwischen dem, was getan werden soll und dem, was ungetan bleiben muss. Handeln heißt insofern immer auch unterlassen.

Wer handelt, bewertet etwas: Er erachtet etwas für behandelnswert, er erachtet eine Handlung für handlungswürdig. Andere Handlungen werden abgelehnt, andere Sachen als nicht behandelnswert erachtet. Wer entscheidet, ob er liest oder Sport treibt, bevorzugt das eine und schätzt das andere gering. Eben dieses Bevorzugen oder Geringschätzen kann man „Bewerten" nennen.

Somit drückt sich in jeder Handlung eine Bewertung aus. Und da eine Handlung irreversibel ist, nicht zurücknehmbar, ist sie eine eindeutige Entscheidung zwischen „Ja" oder „Nein", zwischen bevorzugen und nicht bevorzugen. Der Handelnde bevorzugt, was ihm gut (oder besser) und lehnt ab, was ihm schlecht (oder schlechter) erscheint. Somit ist Handeln die Entscheidung zwischen gut oder schlecht. Jedes Handeln, da in der Zeit, da immer ein tatsächliches Bevorzugen, ist endgültiges Werten. Da der Mensch handeln muss (auch das Nichthandeln, z. B. die Ruhe, die Unterlassung, ist eine Handlung) ist er zum Werten genötigt. […]

Kurz und verallgemeinert: Damit der Mensch werten kann, muss er wissen, was ihm bedeutsam ist. Er kann handeln, also werten, wenn er die Bedeutsamkeit der Handlung vor dem Handeln zumindest für sich erwiesen hat. Wer handelt, setzt also voraus, dass er bereits Bedeutsames erkannt hat.

Aufgaben

1. Geben Sie mit Bezug auf Textstellen im Detail wieder, wie Ladenthin „Handeln" definiert.
2. Erläutern Sie den Zusammenhang von „Handeln", „Entscheiden", „Werten" und „Bedeutsamkeit".
3. Konkretisieren Sie diese Zusammenhänge mithilfe von Fallbeispielen.
4. Welche Fragen können im Anschluss an diesen Handlungsbegriff gelöst werden?

M9 Was sind Werte? (Volker Ladenthin)

Frankena unterscheidet zwischen moralischen und außermoralischen Werten.

Und in der Tat: Ein sauberer Klassenraum, eine gut einsehbare Tafel, ein funktionierender OHP, eine überschaubare Lerngruppe sind für Lehrer und Schüler wichtige Werte. Sie sichern guten Unterricht. Aber sie sind keine moralischen Werte. Sauberkeit, Funktionalität und Lernatmosphäre sind außermoralische Werte. Außermoralische Werte sollen ein gutes Leben beschreiben.

Von anderer Qualität ist es aber, wenn ein Mitschüler einen anderen aufgrund seiner Herkunft hänselt, wenn etwas entwendet wird oder man sich im Unterricht wechselseitig aggressiv beschimpft, wenn körperliche Gewalt gegen andere Menschen ausgeübt wird. Von dieser Qualität wäre es auch, wenn die Schüler im Alltag ein verächtliches Verhalten gegenüber Minderheiten zeigen oder rücksichtslos im Straßenverkehr fahren. Hier wird offensichtlich ein moralischer Wert verletzt – die Würde der Person. Immer wenn es um eine Betrachtung von Handlungen unter der Perspektive „Würde des Menschen" geht, sprechen wir von moralisch relevanten Werten.

Außermoralische Werte – so können wir nun im Anschluss an Frankena unterscheiden – betreffen die Lebensbedingungen, die Qualität der Lebensumstände. Sie wollen ein gutes Leben sichern. Wir finden diese Werte, indem wir fragen: Was muss ich tun, um ein gutes Leben führen zu können? Moralische Werte betreffen dagegen die Würde des Menschen, seine körperliche und geistige Integrität. Sie wollen zum Beispiel ein gerechtes Leben sichern. Wir finden diese Werte, indem wir fragen: Was muss ich tun, um ein gerechtes Leben zu führen? […]

Für einen Raucher hat eine Zigarette einen hohen Wert, weil sie ihn stimuliert, frisch macht, anregt usw. Für die Reinigungskraft, die die Kippen zusammenfegen muss, für einen Autofahrer, der seine vom Rauch verunreinigte Klimaanlage warten muss, sind Zigaretten ein Unwert – weil sie diese Folgen haben. Im Alltag fragen wir immer nach diesem Wert – zumindest – so illustriert dieses Beispiel, bei außermoralischen Werten. Aber auch bei moralischen Werten können wir diesen Wertungsvorgang beobachten. Sicherlich stellen Almosen oder Spenden nach gemeiner Übereinkunft eine wertbezogene, ja moralische Handlung dar. Nun könnte aber ein dauerhaftes Almosen denjenigen, der es erhält, dazu verführen, sich nicht mehr selbst um die Sicherung des Lebensunterhalts zu bemühen. […] Die gleiche Handlung wird also einmal als positiv, als tugendhaft, zum anderen als negativ (das Gemeinwohl schädigend, daher als lasterhaft) betrachtet.

Aufgaben

1. Erläutern Sie den Unterschied zwischen moralischen und außermoralischen Werten. Beachten Sie dabei auch die Fragen, die beim Finden der Werte eine Rolle spielen.
2. Erklären Sie den letzten Satz mithilfe eines Beispiels.

M10 Wie fällen wir Wertentscheidungen? (Volker Ladenthin)

Da Werte im Vorgang einer „Wertung“ gefunden werden, setzen sie ein Maß, anhand dessen sie gefunden werden, voraus. Dieses Maß muss gültig, d.h. begründet sein. Werte – so ist dann zu folgern und festzuhalten – können keine letzte Rechtfertigung für unser Handeln sein. Sie bedürfen vielmehr der Rechtfertigung, um unser Handeln leiten zu können. Hilfreicher also als „Werte“ zu lernen, ist es dann, die Begründung für Werte zu kennen – und so Werte zu identifizieren. [...] Teamfähigkeit z.B. ist kein situationsunabhängig zu bestimmender Wert, der eine feste Beziehung zu anderen Wertungen (z.B. Selbstbestimmung, Leistung, Individualität) hat. Sondern Teamfähigkeit wird durch eine auf eine Situation bezogene Begründung zum Wert – oder zum Unwert. Bezogen auf gemeinsame Aufgaben, wie z.B. die Vorbereitung einer Klassenfahrt, hat die Teamfähigkeit einen sehr hohen Wert. Wenn man aber beim 100-Meter-Lauf gewinnen will, ist Teamfähigkeit so ziemlich das Letzte, was man zeigen sollte. [...]
Wir fällen alle Wertentscheidungen, indem wir eine Situation auf mögliche Werthaltungen hin analysieren und dann bezogen auf Kriterien beurteilen – eben bewerten. Diese Kriterien sind [...]: Die Conditio humana und die Würde des Menschen. Nun kann man sich natürlich darüber streiten, was man unter Conditio humana versteht. Aber dieser Streit setzt voraus, dass man die Conditio humana als regulative Idee bereits anerkennt. Unsere Geschichte besteht aus dem Versuch, zu erkennen, was diese Conditio humana ist, und wie man sie ermöglichen oder sichern kann. [...]
Wertorientierung heißt also: helfen, aufgrund des Maßstabs der Conditio humana und der Würde des Menschen, Werte zu identifizieren. Und in einem weiteren Schritt heißt es dann, den Wert zu bevorzugen, der am meisten geeignet ist, die Conditio humana zu sichern – oder die Würde des Menschen. Dieser Begründungsakt ist rational.

Aufgaben

1. „Wir fällen alle Wertentscheidungen, indem wir eine Situation auf mögliche Werthaltungen hin analysieren und dann bezogen auf Kriterien beurteilen – eben bewerten. Diese Kriterien sind [...]: Die Conditio humana und die Würde des Menschen“ (Zeile 19–23). Erläutern Sie diese These – vor allem die beiden zuletzt genannten Begriffe – mithilfe selbst gewählter Beispiele.
2. Ordnen Sie das Konzept des Wertelernens dem Stufenmodell von Kohlberg zu: Welches Niveau kann mit diesem Konzept erreicht werden?
3. Nehmen Sie kritisch Stellung zu diesem Konzept der Moralerziehung.

Fritz Osers Konzept des „Negativen Lernens“, des „Lernens aus Fehlern“, kennen Sie bereits aus dem zweiten Kurs. Reaktivieren Sie Ihr Wissen. Nehmen Sie dazu auch den Text „Negatives moralisches Wissen“ von Fritz Oser/Maria Spychiger unter PP-Code 49ii7j zu Hilfe.

Lawrence Kohlberg und seine Mitarbeiterinnen und Mitarbeiter haben sich seit Ende der Sechzigerjahre intensiv mit Problemen der Moralerziehung beschäftigt. Das erste Konzept, das dabei entstand, stellt die Diskussion von Dilemmageschichten in den Mittelpunkt.

M11 Der progressive Ansatz der Moralerziehung (Fritz Oser/Wolfgang Althof)

Grundannahmen und zentrale Elemente des progressiven Ansatzes

Kohlbergs moralpsychologische Entwicklungstheorie stellt das entscheidende Fundament seines Ansatzes der Moralerziehung dar. Dieser Ansatz geht davon aus, dass das Kind mit dem Lösen ganz konkreter ethischer Konflikte einen Lernprozess durchmacht, der auf die nächsthöhere moralische Stufe der Entwicklung hinführt. Der interaktive und intensive Umgang mit der sich wandelnden Umwelt ermöglicht es, dass das Kind nach der beschriebenen Entwicklungssequenz immer reversibler, immer differenzierter und komplexer zu denken beginnt und seine Urteilskraft immer mehr nach universellen Prinzipien ausrichtet, wie wir sie für die Stufe 5 beschrieben haben.
Die Hauptaufgabe der Erziehung ist es danach, moralische Erfahrungs- und Verarbeitungsprozesse zu stimulieren und es dem Kind zu erleichtern, seine Entwicklung selbst voranzubringen. Die organisierende und entwickelnde Kraft des Kindes ist das aktive Denken, das vor allem durch die Erfahrung des Problematischen und des Konflikthaften herausgefordert wird. Also nicht feste angeborene Muster und nicht eine konfliktfreie, heile pädagogische Umwelt sind hiernach entscheidend, sondern die Auseinandersetzung mit Problemen, die beides herausfordern, die moralische Kognition und das moralische Gefühl. In diesem Ansatz wird das Kind als eine Person gesehen, die Verantwortung übernehmen kann, wenn man entsprechende Situationen dafür schafft. Es wird aber auch als Philosoph gesehen, der die Wirklichkeit immer wieder nach moralisch zunehmend reversiblen Gesichtspunkten rekonstruiert.
Die Pädagogik des progressiven Ansatzes ist nicht in erster Linie auf den Erwerb bestimmter Tugenden gerichtet, sondern konzentriert sich auf den Aufbau moralischer Urteilskompetenzen. Sie ist dabei ganz und gar nicht neutral gegenüber konkreten Werten; aber sie geht davon aus, dass inhaltliche Werte je nach Entwicklungsstand unterschiedlich interpretiert werden. Das moralische Hauptprinzip ist für diese Theorie das Prinzip der Gerechtigkeit. Gerechtigkeit (und mit ihr die Ideen der Freiheit, Gleichheit, Menschenwürde etc.) wird von Stufe zu Stufe umfassender verstanden. Das Ziel der Erziehung ist insofern nicht der Er-

werb bestimmter Vorstellungen, sondern die Entwicklung selbst, konkret das Erreichen des jeweils nächsten Entwicklungsschritts, der nächsthöheren Stufe.

Moralerziehung zielt dennoch auch auf Inhalte, nicht bloß auf Struktur. Sie kann nicht inhaltsfrei geschehen, weil sie von der Auseinandersetzung über das moralisch Richtige in konkreten Situationen lebt. Notwendigerweise stammen die Inhalte in erster Linie aus der eigenen Erfahrungswelt und Kultur. Die Förderung von Urteilskompetenzen (die sich in strukturell gleicher Form bei Menschen in allen Kulturen finden), vermeidet aber eine Erziehung zur Anpassung an die sozialen und kulturellen Gegebenheiten, weil sie sich nie mit bloßen Meinungsbekundungen zufriedengibt, sondern immer die Fähigkeit in den Mittelpunkt rückt, Werte und Normen zu begründen und kritisch zu befragen. So kann dieser Ansatz mit der Frage umgehen, wie ein Maßstab von nichtrelativem Wert gefunden und trotzdem die Handlungsfähigkeit in einer gegebenen Kultur gefördert werden könne.

Abb. 4.6

Wie sieht die an Kohlberg orientierte Moralerziehung praktisch aus? Strukturelle Weiterentwicklung kann nur erreicht werden, wenn das Kind oder der Jugendliche selbst erfährt, dass ein bestimmtes Denkmuster ungenügend ist, also durch das Erlebnis eines Ungleichgewichts und durch Umwandlung der globalen moralischen Orientierungen. Der Schritt zur nächsthöheren Stufe kann, wie Lempert (1988a, S. 73) sagt, „durch den Erzieher nur begünstigt, nicht dirigiert", also nicht direkt vermittelt werden.

Eine seiner Möglichkeiten besteht darin, das Kind oder den Jugendlichen mit Argumenten zu einem Problem zu konfrontieren, die einer höheren Stufe als ihrer eigenen angehören. Forschungsarbeiten haben gezeigt, dass solche Argumente auf Dauer das Denken auf heilsame Weise verunsichern und Prozesse der Weiterentwicklung begünstigen. (Voraussetzung ist dabei, dass die Argumente nicht mehr als eine Stufe von der des Kindes entfernt sind; dann nämlich kann es sie nicht mehr verstehen, sie gehen buchstäblich über seinen Kopf hinweg. Man spricht, im Sinne einer didaktischen Leitlinie, von der Plus-eins-Konvention). Piaget (1973) würde in diesem Zusammenhang von reflektierender Abstraktion sprechen, von jener Fähigkeit also, die es ermöglicht, die Handlungs- oder Operationsstrukturen eines bestimmten Niveaus von einem höheren Niveau der Stufenleiter her zu reflektieren (vgl. dazu auch Kesselring, 1981).

Wir haben oben ein Transformationsmodell skizziert, das den Wandel von einer Stufe zur anderen erklären könnte. Dieser Ablauf struktureller Übergänge:

Verunsicherung, Grenzerfahrung
↓
Erkennen neuer Elemente
↓
Auflösung der alten Struktur
↓
Einbau neuer Elemente
↓
Zusammenbau und Anwendung der neuen Struktur

muss für Erziehungszwecke natürlich operationalisiert werden. In der an Kohlberg orientierten Moralerziehung wurden die folgenden praktischen Schritte für eine stimulierende Auseinandersetzung mit moralischen Problemstellungen im Unterricht vorgeschlagen:

Stimulation durch Dilemma-Diskussion

(a) Ein moralischer Konflikt – ein „Dilemma" – wird vorgestellt oder bewusst gemacht. Dieses geschieht narrativ und wird didaktisch durch alle möglichen Mittel wie Dias, Skizzen, Filme, Dokumente, Erlebnisberichte etc. unterstützt. Die thematisierten Dilemmata können aus unterschiedlichen Quellen stammen: Sie können fiktiv (hypothetisch) sein; sie können reale Konflikte aus dem Alltag der Schüler (Familie, Freundschaften, Schule, Erfahrungen in Jobs, Vereinen oder Institutionen) oder aus der sozialen und politischen Gegenwart sein; sie lassen sich im Stoff des Fachunterrichts (Sozialkunde, Geschichte, Deutsch/Literatur, aber auch Physik, Biologie etc.) finden und können dann in enger Verbindung mit der Stofferarbeitung diskutiert werden.

(b) Erste spontane Stellungnahme durch die einzelnen Schüler. Klärung von Besonderheiten des Dilemmas oder der Situation. Akzentuierung der Möglichkeit unterschiedlicher Ausgänge.

(c) Stimulierung zur Gruppendiskussion, wobei die Mitglieder der jeweiligen Kleingruppe so eingeteilt werden, dass entweder Personen mit verschiedenen Ansichten hinsichtlich der Handlungsentscheidung oder solche mit unterschiedlichen Auffassungen hinsichtlich der Begründung derselben Entscheidung zusammenarbeiten. Auf zweierlei Weise werden durch diese Diskussion Argumente höherer Stufe eingebracht (sogenannte „+1-Konvention"): durch die Mischung der Gruppe (heterogene Stufenzugehörigkeit der Beteiligten) und durch den an der Diskussion teilnehmenden Lehrer.

(d) Die Resultate werden dem Plenum vorgestellt. Die Klasse bezieht Stellung zu den Argumenten.

(e) Der Unterrichtende fasst die verschiedenen Argumente zusammen und arbeitet Ähnlichkeiten und Unterschiede heraus, ohne die Argumente als „besser" oder schlechten zu bewerten. Er unterstreicht aber Lösungen, die höherstufige Argumente enthalten. Wenn die Schüler es wünschen, gibt er seine Meinung wieder (was er vorher meistens schon in der Kleingruppe durch seine Teilnahme getan hat), ohne sie als „absolute Wahrheit" zu deklarieren. Er lässt dadurch die Situation offen.

(f) Es können Vergleichssituationen (z. B. aus der Geschichte) analysiert werden, in denen Menschen vor ähnlichen

Problemen gestanden, auf bestimmte Weise gehandelt und sich auf bestimmte Rechtfertigungen (ähnliche wie die in der Klasse vorgebrachten oder ganz andere) berufen haben. […]
Das *Ziel* dieses didaktischen Vorgehens ist nicht ein Konsens über „die" richtige Lösung des diskutierten Konflikts, sondern eine zunehmende Fähigkeit zum Erkennen und zur Hierarchisierung moralischer Rechte und Pflichten, ist die Suche nach verallgemeinerbaren (d.h. nicht auf die Besonderheiten der jeweiligen Situation fixierten) Strategien zur Beurteilung von Wertkonflikten.
[…]
Die entscheidenden *Mittel* sind dabei die Konfrontation der Schüler mit Inkonsistenzen ihres eigenen Denkens und die Unterstützung von zunächst probeweisen Versuchen, das zu eng gewordene Korsett sozialer Denkkategorien abzustreifen. […]
Meinungsstreit ist ein notwendiges Element dieser Form von Unterricht. Dabei darf aber eines nicht vergessen werden: Alle Beteiligten müssen lernen, zwischen Standpunkten und Personen zu unterscheiden. Auf dem Prüfstand sollen Meinungen und Argumente, nicht der Charakter von Personen stehen. Moralische Urteile sollen als kritisierbar erfahren werden, aber ihre Fürsprecher dürfen nicht zum Opfer von Abfälligkeit und Denunziation werden.
Besonders hervorzuheben ist in diesem Zusammenhang die „Qualität" des Dilemmas. Je antagonistischer die Situation scheint, desto besser wird die Diskussion; je mehr eine Lösung eindeutig die bessere ist, desto schlechter und unergiebiger wird die Kontroverse.

Aufgaben

1. Sie können den Text erschließen, indem Sie folgende Zitate mit Bezug auf weitere Textstellen erläutern:
   - „Die Hauptaufgabe der Erziehung ist es […], moralische Erfahrungs- und Verarbeitungsprozesse zu stimulieren und es dem Kind zu erleichtern, seine Entwicklung selbst voranzubringen."
   - „Die Pädagogik des progressiven Ansatzes ist nicht in erster Linie auf den Erwerb bestimmter Tugenden gerichtet, sondern konzentriert sich auf den Aufbau moralischer Urteilskompetenzen."
   - „Das moralische Hauptprinzip ist für diese Theorie das Prinzip der Gerechtigkeit. Gerechtigkeit (und mit ihr die Ideen der Freiheit, Gleichheit, Menschenwürde etc.) wird von Stufe zu Stufe umfassender verstanden."
   - „Eine seiner (des Erziehers) Möglichkeiten besteht darin, das Kind oder den Jugendlichen mit Argumenten zu einem Problem zu konfrontieren, die einer höheren Stufe als ihrer eigenen angehören."
2. Wählen Sie einige der folgenden Dilemmasituationen aus und führen Sie nach dem didaktischen Konzept Kohlbergs eine Diskussion.

Methode

(Möglicher) Ablauf einer Dilemmadiskussion

1. Präsentation und Lesen der Dilemmasituation.
2. Gegebenenfalls Klärung und Präzisierung des Dilemmas.
3. Jeder Kursteilnehmer entscheidet sich spontan für eine der Handlungsoptionen.
4. Per Handzeichen werden die Entscheidungen angezeigt, das Abstimmungsverhältnis wird an der Tafel festgehalten.
5. Einzelarbeit: Jeder sucht möglichst viele Argumente für seine Position.
6. Partnerarbeit/Gruppenarbeit mit solchen Kursteilnehmern, die die gleiche Position vertreten. Aufgabe: vorstellen, ausschärfen, ergänzen der Argumente.
7. Vorstellen der Argumente im Plenum: Jede Gruppe trägt zunächst ein Argument vor. Es beginnt die Position mit dem geringeren Stimmenanteil. Die Argumente werden an der Tafel/auf Plakaten festgehalten. Jedes Argument wird daraufhin geprüft, ob es einen Zuwachs an Erkenntnis bringt. Wenn keine solchen Argumente mehr vorhanden sind, wird die Sammlung abgeschlossen.
8. Einzelarbeit: Jeder bewertet die Argumente der anderen Position und ordnet sie nach ihrer Stärke.
9. Partnerarbeit/Gruppenarbeit mit solchen Kursteilnehmern, die an den gleichen Argumenten gearbeitet haben. Aufgabe: vorstellen, ausschärfen, ergänzen der Argumentationen und nach der Stärke der Argumente eine Reihenfolge bilden.
10. Erneute Abstimmung. Per Handzeichen werden die Entscheidungen angezeigt, das Abstimmungsverhältnis wird wieder an der Tafel festgehalten.
11. Diskussion im Plenum: Was sind die stärksten Argumente? Warum? Was ist die beste Entscheidung in der Dilemmasituation?
12. Reflexion der Dilemmadiskussion im Plenum: Was ist der Lernertrag?

Sabines Dilemma

Sabine und Karin waren eng befreundet. Eines Tages gingen sie zusammen einkaufen. Sie schlenderten durch ein Kaufhaus. Da sah Karin eine Bluse, die ihr sehr gut gefiel, und sie wollte sie anprobieren. Karin ging mit der Bluse zu den Umkleidekabinen; Sabine schaute sich weiter um.
Bald kam Karin aus der Umkleidekabine zurück. Sie hatte schon wieder ihren Mantel an. Karin sah zu Sabine herüber und zwinkerte ihr zu: Unter dem Mantel trug sie die Bluse. Karin wandte sich zum Ausgang, und ohne ein Wort verließ sie den Laden.

Einen kurzen Augenblick später kamen drei Männer auf Sabine zu. Den einen hatte sie vorher schon gesehen, das war ein Verkäufer. Dieser zeigte schon aus der Entfernung auf Sabine und rief mit hochrotem Kopf: „Da ist sie – das ist eins der Mädchen! Kontrollieren Sie ihre Tasche!" Der zweite Mann stellte sich als Kaufhausdetektiv vor; er zeigte auf ein über der Tür angebrachtes Schild, auf dem stand, dass das Kaufhaus sich das Recht vorbehielt, Taschen und Gepäckstücke auf eventuelles Diebesgut hin zu kontrollieren. Sabine gab ihm ihre Tasche. „Da ist keine Bluse drin", stellte der Kaufhausdetektiv fest; er hatte den dritten Mann angesprochen — den Abteilungsleiter. „Dann war es das andere Mädchen, ich bin ganz sicher!", sagte der Verkäufer. „Ich habe die beiden doch gesehen. Es war völlig klar, dass die hier was planten. Sie haben zusammengearbeitet!"

Der Detektiv fragte den Manager, ob er den Fall weiterverfolgen wolle. „Aber sicher", antwortete dieser. „Ladendiebstahl wird in Kaufhäusern wie diesem langsam zum wichtigsten Kostenfaktor. Ich kann Ladendiebe nicht laufen lassen und dann erwarten, dass wir erfolgreiche Geschäfte machen."

Der Kaufhausdetektiv wandte sich an Sabine: „Wie heißt das Mädchen, mit dem Sie zusammen waren?" Sabine schaute zu ihm hoch, sie sagte nichts. „Ach, kommen Sie, geben Sie schon zu, wie das gelaufen ist", drängte der Mann. „Sie wissen doch sicher, dass Sie sich selbst strafbar machen, wenn Sie mir den Namen Ihrer Freundin nicht sagen. Beihilfe zu einer strafbaren Handlung, wenn Sie den Diebstahl nicht sowieso gemeinsam begangen haben!"

Matthias Gebauer: Der Fall Daschner

Frankfurt – Es war gegen 8 Uhr morgens am 1. Oktober 2002, als im Verhörzimmer des Frankfurter Polizeipräsidiums härtere Saiten aufgezogen wurden. Sieben Stunden lang hatten Fahnder den Verdächtigen Magnus Gäfgen während der Nacht bereits vernommen. Der Student log sie immer wieder an. Bestritt, der Entführer des Bankierssohns Jakob von Metzler zu sein. Zwischendurch machte er sich sogar über die Beamten lustig. Wegen seiner Jura-Kenntnisse, so sagten die Kripo-Leute später, habe er sich wohl unangreifbar gefühlt.

Frankfurts Vize-Polizeipräsident Wolfgang Daschner kannte jedes Wort der ergebnislosen Vernehmung. Der heute 60-jährige Chef-Fahnder wusste, dass Gäfgen der Täter sein musste. Immer wieder hatte er sich mit seinen Beamten beraten, war selbst in die Befragung eingestiegen und bestellte selbst die Mutter des Verdächtigen ins Präsidium. Nichts half. Deshalb traf Daschner nach wenigen Stunden Schlaf die wohl verhängnisvollste Entscheidung seiner Karriere. Im Führungsstab des Präsidiums diktierte er seinen Beamten, sie sollten Gäfgen bei der nächsten Vernehmung „Schmerzen" androhen.

Daschners Untergebene gehorchten. Zurück im Vernehmungszimmer rückte einer der Beamten ganz nah vor den Verdächtigen, packte seine Schultern und sprach mit leiser Stimme. Das Ganze hier sei „kein Spiel". Gäfgen müsse mit Schmerzen rechnen, die er noch nie in seinem Leben gekannt habe, wenn er nicht endlich auspacke. Per Hubschrauber sei „ein Experte" unterwegs, der sein Folterhandwerk verstünde, ohne dass dabei Spuren hinterlassen würden. Dabei soll der Kripo-Mann die Rotorengeräusche des Helikopters nachgeahmt haben.

Die Drohung allein wirkte. Innerhalb der nächsten 25 Minuten legte Gäfgen ein umfassendes Geständnis ab. Der Jura-Student berichtete, dass er Jakob von Metzler entführt habe und wie die Tat abgelaufen sei. Dass er Geld brauchte und deshalb den Bankierssohn ausgesucht hatte. Auch dass er es war, der schließlich das millionenschwere Lösegeld in einem Waldstück abgeholt habe, gestand er. Nur eine Hoffnung der Fahnder erfüllte sich nicht. Statt den Ermittlern zu verraten, wo er Jakob versteckt hielt, konnte Gäfgen nur noch sagen, wo sie die Leiche des Entführten finden würden.

Aufgaben

1. Führen Sie eine Dilemmadiskussion nach dem vorgeschlagenen Ablaufmodell durch. Sie können auch Dilemmasituationen vom Anfang dieses Kapitels M 1 auswählen.
2. Ordnen Sie das Konzept der Diskussion von Dilemmas dem Stufenmodell von Kohlberg zu: Welches Niveau kann mit diesem Konzept erreicht werden?
3. Erörtern Sie mögliche Leistungen und Grenzen dieses Konzepts der Moralerziehung.

4.4 Demokratie-Lernen

4.4.1 Der „Just-Community"-Ansatz

Lawrence Kohlberg und seine Mitarbeiterinnen und Mitarbeiter entwickelten seit den Siebzigerjahren ihren Ansatz zur moralischen Erziehung weiter. Ihr „Just-Community"-Ansatz wurde zu einem der Impulse für die „Demokratiepädagogik", die Kohlbergs Ansätze aufgreift und über sie hinausgeht.

Im ersten Text informieren Fritz Oser und Wolfgang Althof über diese Entwicklungen.

M12 Die Entstehung des „Just-Community"-Ansatzes (Fritz Oser/Wolfgang Althof)

In den beginnenden Siebzigerjahren begann eine Gruppe von Lehrern um Lawrence Kohlberg, dessen Erziehungskonzept – Entwicklung als Ziel der Erziehung – in Unterrichtsversuchen mit intensiver Dilemmadiskussion umzusetzen. Die bloße Stimulierung einer höheren Stufe des moralischen Urteils wurde aber [...] bald als zu eng empfunden. Vor allem wenn dieser Prozess anhand irgendwelcher hypothetischer moralischer Dilemmata ablief, empfand man den Ansatz als zu kognitiv. Die Meinung, die Förderung moralischer Entwicklung müsse anhand „echter" Konflikte geschehen, die sich tatsächlich im Schulleben abspielen, wurde immer stärker. Zudem wurde der mangelnde Handlungsbezug als großes erzieherisches Problem empfunden.
Ende der Sechzigerjahre konnte Blatt, ein Schüler von Kohlberg, zeigen, dass es möglich ist, durch kontroverse Diskussionen moralischer Dilemmata ein höheres Niveau des moralischen Urteils zu erreichen. Diese Studie, welche 1969 in einem internen Bericht vorlag, aber erst 1975 publiziert wurde [...], hatte eine ganze Reihe von ähnlichen Schulinterventionen ausgelöst [...]. Die erstrebte Veränderung beschränkte sich hier noch auf bloße Zunahme moralreflexiver Kompetenz. Erst die im Zeitraum von 1969 bis 1973 gemachten Erfahrungen und vielfältige kritische Auseinandersetzungen führten Kohlberg in Richtung eines umfassenderen moralischen Erziehungskonzepts, das er in seiner Tragweite vielleicht nie ganz durchschaut hat und das er – als sein Schöpfer – mit dem Namen „Just Community" bezeichnete. [...]
Kohlberg war sich relativ früh bewusst, dass eine Einbindung moralischen Lernens in die konkrete Schulrealität einen positiven Effekt auf das soziale Verstehen haben würde. Solange nur über fiktive Konflikte gesprochen wird, ist noch nicht die ganze Person des Schülers angesprochen. Beim klassischen „Heinz-Dilemma" etwa muss er sich nicht unbedingt in die Perspektive des Apothekers hineinversetzen. Er kann das Problem einseitig, z. B. vom Standpunkt der krebskranken Frau aus, lösen und mit dieser Lösung sehr zufrieden sein. Im Falle aber eines konkreten Schulkonflikts (erwähnt sei etwa die immer wieder auftretende Stundenüberziehung durch einzelne Lehrer) müssen alle Beteiligten mit einbezogen werden. Der jeweils betroffene andere meldet seine Bedenken an. Er „stößt an". So gibt es keine Lösung ohne den diskursiven Einbezug der Betroffenen. Es gibt keinen Fortschritt ohne Rollenübernahme. [...]
Vom Jahre 1974 ab, seit der Gründung der „Cluster-School" in Cambridge [...] wurde es möglich, die ganze Breite einer möglichen demokratischen Lernumgebung mit universalistischer Ausrichtung zu entwerfen. Und Kohlberg kam durch seinen Ansatz zu einer Schulreform, die lange Jahre benötigte, um überhaupt erst verstanden zu werden, und die, wenn sie realisiert werden will, intensiver inhaltlicher, einstellungsmäßiger und struktureller Veränderungen bedarf.

Kohlbergs Mitarbeiterin Ann Higgins stellt hier das neue Konzept zur moralischen Erziehung am Beispiel der ersten praktischen Umsetzung an einer High School in der Nähe von Boston dar.

M13 Moralische Erziehung in der Gerechte-Gemeinschaft-Schule – Über praktische Erfahrungen in den USA (Ann Higgins)

Die Cluster-Schule

In der Cluster-Schule in Cambridge (Massachusetts) konnte der „Just-Community"-Ansatz erstmals auf eine Schulumgebung angewendet werden. Cluster wurde als Alternativschule innerhalb einer herkömmlichen, öffentlichen High School gegründet; die Schule leistete fünf Jahre lang bahnbrechende Arbeit für unseren Ansatz, bevor sie als hochrangiges Kursprogramm innerhalb der High School anerkannt wurde. Die Alternativschule begann ihren Betrieb mit 50 Erstsemestern und zehn höherklassigen Schülern sowie mit sechs Lehrern, die zum Teil hier, zum anderen Teil in der umgebenden High School unterrichteten. Es wurden drei Klassenräume zur Verfügung gestellt; die Schule „existierte" jeweils für drei Unterrichtsstunden am Tag, die Hälfte der täglichen Unterrichtszeit. Während der ersten drei Stunden besuchten die Schüler jeweils die regulären Fächer der High School, danach folgte ein doppelstündiger Kernkurs und ein Wahlkurs an der Cluster-Schule. Jeder Tag war auf diese Weise geteilt. Der zweistündige Kernkurs konzentrierte sich im ersten Semester auf zwei Themen: „Herrschaft, soziale Verantwortung und Werte" sowie: „Berufslaufbahnen in einer Gesellschaft im Wandel". Die Lehrer entwarfen in den folgenden Jahren jeweils besondere Kernkurse, die einen Schwerpunkt auf Demokratie und Gemeinschaft im Kontext einerseits der amerikanischen Geschichte und Institutionen, andererseits der englischsprachigen, speziell der amerikanischen Literatur legten. Die Doppelstunde wurde in der beschriebenen Form, mit den Kernkursen, während der ersten drei Wochentage durchgeführt. Donnerstags wurde sie für Treffen der Beratungsgruppen, freitags für die Gemeinschaftsversammlung genutzt, die ich beide später noch beschreiben werde. Während der letzten Unterrichtsstunde des Tages boten die Cluster-Lehrer Wahlfächer an, etwa zur Geschichte des Schwarzen Amerika oder über kreatives Schreiben. Die Cluster-Schule kann folglich als ein Lehrprogramm beschrieben werden, an dem Schüler und Lehrer während der Hälfte des Schultages teilnahmen. […]

Institutionelle Komponenten einer Gerechten Gemeinschaft

Die strukturellen Hauptkomponenten einer Gerechten Gemeinschaft, die zur Schaffung einer regelgeleiteten, partizipatorischen Demokratie notwendig sind, sind für uns Orientierung, Kerngruppe, Gemeinschaftsversammlung und Disziplin- oder Fairnesskomitee (vgl. Abb. 4.8). Ich werde diese Komponenten so beschreiben, wie sie in der Scarsdale Alternative School bestehen. Diese Alternativschule verfügt über eine achtjährige Praxis des Ansatzes der Gerechten Gemeinschaft.

Die Scarsdale Alternative School ist wirklich eine Schule und nicht nur ein innerschulisches Kursprogramm. Die anschließend beschriebenen Institutionen bestehen zwar in allen Schulen dieser Art; manche von ihnen können, wie Scarsdale, aber auch die gesamten Unterrichtsfächer bestreiten, die die Schüler besuchen müssen, während andere dies nicht können. Die Schüler der Cluster-Schule besuchten den Unterricht in den naturwissenschaftlichen Fächern, in Mathematik und Sprachen an der großen High School. Die 100 Schüler der Scarsdale Alternative School können ihren gesamten Unterricht von den acht Lehrern der Alternativschule erhalten; auf Wunsch steht es ihnen jedoch frei, weitere Kurse an der großen High School zu besuchen.

Die zweiwöchige Orientierung führt neue Schüler in die Idee der Schule ein, gibt ihnen Gelegenheit, die für die Beteiligung notwendigen Fertigkeiten zu üben: genaues Zuhören, wirksames Sprechen, kritische Erwägung und Lösung von Problemfragen. Dies ist auch eine Zeit, in der gegenseitiges Vertrauen aufgebaut wird – eine unentbehrliche Grundlage, die es den Schülern erlaubt, heikle Themen anzuschneiden, Auseinandersetzungen zu führen und schwierige Entscheidungen zu treffen.

Die Hauptaktivität während der Orientierungsphase besteht für Schüler und Lehrer darin, an Treffen teilzunehmen, in denen die Grundregeln der Schule begründet und neu festgelegt werden. Spezielle Treffen dienen der Diskussion und Entscheidung über eine Regel zum (gegen den) Konsum von Drogen und Alkohol. Sie sind vor allem gerichtet auf die dreitägige Gruppenreise, auf der die Schüler am Ende der Orientierungsperiode sozusagen in Klausur gehen. Die Offenheit, die in diesen Diskussionen herrscht, und die von älteren Schülern und von Lehrern öffentlich ausgedrückten hohen Erwartungen wirken auf neue Schüler häufig schockierend. In herkömmlichen Schulen besteht ja – im Gegensatz dazu – gewöhnlich ein unausgesprochenes Einvernehmen, solche Gefühle und Verhaltensweisen, die zu Konfrontationen führen könnten, schlicht nicht zu erwähnen.

Im „Just-Community"-Programm wird die Haltung ermutigt, kontroverse Anschauungen auszudrücken; dahinter steht das Ziel, neue und starke Normen aufzubauen, die von allen Mitgliedern der Gemeinschaft getragen werden.

Die dreitägige „Klausur" ist vor allem dazu gedacht, Vertrauen und Kooperationsbereitschaft aufzubauen; sie soll dem Aufbau einer starken, fürsorglichen Gemeinschaft dienen, die ein Gleichgewicht gegenüber den mit demokratischer Entscheidungsfindung verbundenen Spannungen und Konfrontationen bilden kann.

Abb. 4.7

Die wichtigste Institution ist die Gemeinschaftsversammlung (Community Meeting). Während des Schuljahres werden wöchentliche Gemeinschaftsversammlungen abgehalten, die jeweils ein bis zwei Stunden lang dauern. Alle Mitglieder sind aufgefordert, teilzunehmen. Gewöhnlich führen zwei Schüler den Vorsitz in der Versammlung, die von einem Lehrer assistiert werden. Eine kurze Zeitspanne am Anfang steht für Bekanntmachungen zur Verfügung, danach gibt einer der Versammlungsleiter die Tagesordnung bekannt. Diese ist das Ergebnis der Diskussionen und Entscheidungen eines speziellen Komitees, das vorher abgeklärt hat, welche Probleme anstehen, und sie in der Reihenfolge ihrer Bedeutung für die Gemeinschaft geordnet hat. Dieses Tagesordnungs-Komitee besteht aus sechs bis zehn Schülern und zwei oder drei Lehrern. In der Gemeinschaftsversammlung ist die Diskussion jedes Tagesordnungspunktes eine moralische Diskussion, was bedeutet, dass sie einen mehrfachen Zweck hat: das jeweilige Problem zu lösen, andererseits kognitive Konflikte und empathische Rollenübernahme hervorzurufen, mit dem Ziel einer Konsolidierung der Grundnormen der Gerechtigkeit und der Gemeinschaft. Wenn es beispielsweise einen Fall von Diebstahl gegeben hat, sollte ein fairer Beschluss gefasst werden; darüber hinaus könnte eine Regel gegen das Stehlen und für die Einrichtung von Sanktionen auftauchen. Durch diesen Prozess wird das Vertrauen unter den Mitgliedern gestärkt.

Einmal wöchentlich treffen sich die Schüler in kleineren „Beratungsgruppen" (Advisory Groups). Diese bestehen aus zehn bis 15 Schülern und einem Lehrer/Berater. Diese Kleingruppen sind ausdrücklich dazu da, eine informelle Atmosphäre zu schaffen, in der Probleme der Schule ebenso wie persönliche Angelegenheiten einzelner Schüler diskutiert werden können.

Die engen Beziehungen, die sich zwischen Lehrer und Schülern in der Beratungsgruppe entwickeln, stellen eine Basis dar, auf der die Schüler ein Verständnis der Probleme gewinnen und die Art und Weise sondieren können, wie sie ihre Gesichtspunkte und Vorschläge der Gesamtgruppe bei den Versammlungen vortragen sollten. In der Beratungsgruppe werden die stillen Schüler nicht eingeschüchtert, der Dialog wird erleichtert.

Da die Schule vom Typ der Gerechten Gemeinschaft ihre Regeln selbst aufstellt, muss sie auch für eine Struktur Sorge tragen, die es der Gemeinschaft ermöglicht, faire Konsequenzen für diejenigen festzulegen, die die Regeln brechen. Dies ist ein Hauptzweck des *Disziplin-* oder *Fairness-Komitees*. Wenn jemand die Regeln nicht einhält, sind die Fragen nach fairen Konsequenzen – auch Strafen – nicht nur theoretischer Art, sondern sie bringen Entscheidungen über reale Folgen für die eigenen Freunde und für andere Mitglieder der Gemeinschaft mit sich. Die meisten Jugendlichen akzeptieren nur sehr zögernd die Verantwortung, Regeln unter persönlichen Freunden und Klassenkameraden durchzusetzen, selbst wenn es sich um solche Regeln handelt, auf die sie selbst sich verpflichtet haben und von denen sie meinen, dass ihnen Geltung verschafft werden sollte.

Institution	Mitglieder	Aufgaben
Tagesordnungskomitee	10–12 Lehrer/innen und Schüler/innen	Zusammenstellung der Tagesordnung
Beratungsgruppen	1 Lehrer/Berater, 10–15 Schüler/innen	Schaffung einer informellen Atmosphäre a) zur Besprechung persönlicher Probleme, b) für Diskussion von jeweils 1–2 moralischen Themen
Eine dieser Gruppen	(wöchentlich wechselnd)	c) organisiert die Gemeinschaftsversammlung und wählt die beiden Versammlungsleiter
Gemeinschaftsversammlung	alle Schüler und Lehrer bzw. gewählte Repräsentanten	a) „moralische" Diskussion und b) „pragmatische" Diskussion der aufgeworfenen Themen
Disziplin- oder Fairness-Komitee	2 Lehrer und 6–8 Schüler (einer aus jeder Beratungsgruppe)	a) „moralische" Diskussionsgruppe, b) „pragmatische" Diskussion von Disziplinproblemen

Abb. 4.8: Institutionelle Komponenten einer Gerechte-Gemeinschaft-Schule

Unter diesen Umständen wären sie anfänglich einverstanden, ja sind sie sogar erpicht darauf, dass die Erwachsenen die angemessene Strafe verabreichen. Der Konflikt beginnt für viele Schüler, wenn sie von einer Regelverletzung wissen und die Wahl haben, diese zu ignorieren oder ihr nachzugehen. Die Existenz des Disziplin- oder Fairness-Komitees im Alltagsleben der Schule (es trifft sich allwöchentlich) entpersönlicht und entmystifiziert die Beziehung zwischen den Prozessen der Regelerstellung und der Regeldurchsetzung. Angemessene Sanktionen für ihre Kameraden zu diskutieren und zu beschließen, hilft den im Disziplin-Komitee vertretenen Schülern, eine Balance zwischen der Aufrechterhaltung der Loyalität gegenüber einem Freund und der Erfüllung der eigenen Verantwortlichkeit gegenüber der Gruppe zu verwirklichen.

In jeder „Just-Community"-Schule entwickeln sich die Rolle und die Pflichten des Disziplin- bzw. Fairness-Komitees mit der Zeit. Da das Komitee für die Schule oder das Programm handelt, wird es verständlich, dass die Individuen, aus denen es sich zusammensetzt, eine schulweite Verantwortung erfüllen. In diesem Sinne wird die Mitgliedschaft als eine Pflicht gesehen, nicht als etwas, zu dem man sich aus Interesse freiwillig meldet. Das bedeutet, dass die meisten Schüler und Lehrer eine gewisse Zeitspanne während des Schuljahres einen Dienst in diesem Komitee leisten. Da das Disziplin- oder Fairness-Komitee die Gemeinschaft repräsentiert, kann gegen die von ihm getroffenen Entscheidungen auch Berufung vor der gesamten Gemeinschaft eingelegt und eine Überprüfung und erneute Behandlung erzwungen werden. Die gravierendste Entscheidung, der Ausschluss eines Schülers oder einer Schülerin aus dem Programm, wird – nach einer Ausgangsentscheidung im Disziplin- oder Fairness-Komitee – immer der Gemeinschaftsversammlung vorgelegt.

Es war in allen „Just-Community"-Schulen so, dass die Pflichten dieser Komitees sich mit dem zweiten oder dritten Jahr des Bestehens der Schule ausweiteten und dann auch die Anhörung von Streitfällen zwischen Schulmitgliedern einschlössen. In solchen Fällen agiert das Komitee eher als Vermittlungsinstanz und als Gruppe wohlwollender Zuhörer, die den beteiligten Personen helfen, ihren Konflikt dadurch beizulegen, dass sie sich in den Blickwinkel des jeweils anderen versetzen und zu einem wirklichen Verständnis der anderen Position gelangen.

Die letzte institutionelle Komponente will ich nur kurz erwähnen. Die Anwendung von Kohlbergs Theorie der Moralentwicklung auf die Erziehung begann mit der Diskussion hypothetischer Moraldilemmas in der Schulklasse. Es wurden dann Curricula in Englisch, Sozialkunde, Geschichte und Biologie entwickelt, in denen einige der zentralen Ideen und Probleme in Form moralischer Dilemmas vorgestellt werden, und die die Technik der Moraldiskussion als Unterrichtsmethode nutzen. Jedes der hier beschriebenen Schulprogramme hat wenigstens einen Kurs – oft in Zusammenhang mit dem Englischunterricht – ins Leben gerufen, in dem das grundlegende Element darin besteht, moralische Dilemmas zu diskutieren, selbst zu schreiben und in literarischen Texten zu identifizieren.

In Anbetracht der Ziele und der Natur dieses Erziehungstyps ist die Rolle der Lehrerin entscheidend. Sie muss jemand sein, die eine gedankenreiche Diskussion erleichtert, und sie muss zugleich eine Advokatin der Gemeinschaft sein, ihres Wohlergehens und ihrer Regeln. (Abgesehen davon muss sie natürlich eine qualifizierte Fachlehrerin sein.) Lehrer müssen sich ihres eigenen Denkens und ihrer Meinungen über Werte und Fragen von „richtig" und „falsch" bewusst sein, und sie müssen fähig sein, sie in der Öffentlichkeit zu artikulieren, zu reflektieren und manchmal zu ändern – im Lichte der Probleme und Ziele der Gerechten Gemeinschaft zu einem bestimmten Zeitpunkt. [...]
Das Modell der demokratischen Alternativschule vom Typ der experimentellen Status. Wir sind jedoch überzeugt, dass die Partizipation an der Leitung und dem Leben der Schule eine für die Entwicklung der Schüler bedeutsame Erfahrung ist. Die Schule ist die eine sekundäre Institution in unserer Gesellschaft, die die Schüler aus erster Hand erleben. Wenn sie sich selbst als wirkungslos empfinden und es ihnen erlaubt ist, in der Schule nicht-verantwortlich zu sein, dann verringern sich – so meinen wir – die Chancen, dass sie als Erwachsene engagierte und verantwortungsvolle Bürger werden.

Aufgaben

1. Stellen Sie dar, wie die „Just-Community"-Schule funktioniert. Veranschaulichen Sie Ihre Darstellung durch Visualisierungen.
2. Arbeiten Sie heraus, welche Ziele die „Just-Community"-Schule hat und wie diese Ziele begründet werden.
3. Vergleichen Sie das Konzept der „Just-Community"-Schule mit dem Konzept der Dilemmadiskussion.
4. Ordnen Sie das Konzept der „Just-Community"-Schule dem Stufenmodell von Kohlberg zu: Welches Niveau kann mit diesem Konzept erreicht werden?
5. Nehmen Sie kritisch Stellung zu diesem Konzept der Moralerziehung.

M14 Moralische Entwicklung und demokratische Erziehung (Lawrence Kohlberg)

Nach unserer Ansicht sollte die Werteerziehung an den öffentlichen Schulen auf das begrenzt werden, was zu entwickeln die Schule das Recht und das Mandat hat: ein Bewusstsein der Gerechtigkeit, der in unserer Verfassungsordnung garantierten Rechte der Mitmenschen. Der (amerikanische) Grundrechtekatalog (Bill of Rights) verbietet das unterrichtliche Beibringen von religiösen Überzeugungen oder von spezifischen Wertsystemen; er verbietet aber nicht die Vermittlung von Bewusstheit der Rechte und Gerechtigkeitsprinzipien, die für die Verfassung selbst grundlegend sind.
Anerkennt man, dass Gerechtigkeit im Mittelpunkt der Moralerziehung steht und dass diese sich von Werterziehung oder affektiver Erziehung unterscheidet, dann ist es einleuchtend, dass moralische Erziehung und politische Bildung – bzw. staatsbürgerliche Erziehung – weitgehend dasselbe sind. Diese Gleichsetzung [...] ist grundlegend für unsere Behauptung, dass eine Berücksichtigung der Moralerziehung von zentralem Stellenwert für die Erziehungsziele des sozialkundlichen Unterrichts sei. Wir verwenden den Begriff „staatsbürgerliche Erziehung", um darauf zu verweisen, dass Sozialkunde mehr enthält als das Studium der Fakten und Konzepte aus Sozialwissenschaften, Geschichte und Staatsbürgerkunde. Sie ist Erziehung zu dem analytischen Verstehen, den Wertprinzipien und der Motivation, die der Bürger einer Demokratie notwendig braucht, wenn Demokratie ein wirkungsvoller Prozess sein soll. Sie ist politische Erziehung. Ob wir nun von staatsbürgerlicher oder von politischer Erziehung sprechen: Gemeint ist die Entwicklung fortgeschrittener Urteilsmuster hinsichtlich politischer und sozialer Entscheidungen und ihre Umsetzung in Handlungen. Wir haben mit Schülern und Studenten aus High Schools und Colleges Interviews über konkrete politische Situationen durchgeführt, u. a. zur Frage des zivilen Ungehorsams als Beitrag für den Frieden in Vietnam, zur Einkommensverteilung durch Besteuerung und darüber, ob eine freie Presse das Recht haben sollte, etwas zu veröffentlichen, was die nationale Ordnung stören könnte. Unser Ergebnis ist, dass das Urteilen über derartige politische Entscheidungen entsprechend den Moralstufen klassifiziert werden kann und dass die Stufe eines Individuums bei politischen Konflikten die gleiche ist wie bei nicht-politischen moralischen Dilemmata (Verletzung von Autorität zur Aufrechterhaltung von Vertrauen in der Familie, Stehlen eines Medikaments zur Rettung des Lebens der sterbenden Ehefrau). [...]
Ich habe die Entwicklung des moralischen Urteilens zuletzt als ein Ziel der staatsbürgerlichen Erziehung diskutiert. Diese Entwicklung ist in einer konstitutionellen Demokratie das natürliche Erziehungsziel. In den Vereinigten Staaten wird der Rahmen dieser Demokratie in den Formulierungen der Unabhängigkeitserklärung und der Verfassung ausgedrückt. Diese Dokumente brauchten Denken auf der Stufe 5 bei ihren Verfassern und erfordern Stufe-5-Denken für

ein aktives Verständnis. Unsere Unabhängigkeitserklärung sagt uns, dass alle Menschen gleich geschaffen sind, mit gleichen Rechten auf Leben, Freiheit und Streben nach Glück oder – wie wir vielleicht heute sagen würden – Chancengleichheit. Sie sagt uns, dass das Regierungssystem ein Sozialvertrag ist, der auf der Einwilligung der Regierung beruht, diese Rechte zu schützen. Die Erklärung ist Stufe 5, weil sie Konflikte zwischen zwei einander widersprechenden moralischen Systemen lösen musste, dem der britischen Monarchie und dem System der Regeln und Loyalität der amerikanischen Kolonisten. Nur durch eine Stufe-5-Berufung auf Menschenrechte konnte in diesem Konflikt eine universellere Perspektive eröffnet werden. Thomas Jefferson, der Verfasser der Unabhängigkeitserklärung und Begründer des öffentlichen Schulwesens in Amerika, hatte den Eindruck, dass öffentliche Erziehung für die Bürger einer freien und demokratischen Gesellschaft wesentlich war. Nur durch staatsbürgerliche und moralische Erziehung, so Jefferson, können wir eine demokratische Gesellschaft haben. Monarchische, diktatorische und autokratische Gesellschaften beruhen nicht auf Zustimmung der Regierten; eine demokratische Gesellschaft aber, so Jefferson, braucht diese Grundlage. Wenn Jefferson recht hatte und unsere Forschungsergebnisse richtig sind, dann muss ein Hauptziel der öffentlichen Bildung sowohl an den höheren Schulen wie an den Universitäten darin bestehen, die Fähigkeit zu Stufe-5-Urteilen zu erreichen. Das Ziel der staatsbürgerlichen Erziehung an den öffentlichen Schulen der USA muss wenigstens beginnendes Sozialvertragsdenken sein, mit dem man die Unabhängigkeitserklärung und die Verfassung in wohlinformierter Zustimmung unterschreiben könnte. [...]

Abb. 4.9: 4. Juli 1776: Die Delegierten der 13 britischen Kolonien in Nordamerika unterzeichnen die Unabhängigkeitserklärung

Erziehung durch Demokratie

Nachdem ich über die Entwicklung des moralischen Denkens als eines Teiles der öffentlichen staatsbürgerlichen Erziehung gesprochen habe, wende ich mich nun einem zweiten Thema zu, das ich von John Dewey übernommen habe. Wenn für Dewey, genauso wie für mich, Entwicklung das Ziel der Erziehung ist, dann ist Demokratie das Mittel der Erziehung. Dewey (1964) führt dies in seinem großen Buch „Demokratie und Erziehung" aus. Ich möchte an einer Binsenweisheit ansetzen, die jeder in der Erziehung akzeptiert, um die sich aber wenige Erzieher besonders scheren. Ich meine die Binsenweisheit, dass Schüler nur durch Erfahrungen, durch das Tun – in einem weiten Sinne des Wortes – wirklich etwas lernen, das über auswendig gelernte, und schnell wieder vergessene Fakten hinausgeht. Mit achtzehn Jahren wird der Jugendliche zum Bürger einer Demokratie, mit dem Recht zu wählen und der Pflicht, Waffendienst zu leisten.

Wo und wie soll der Achtzehnjährige gelernt haben, ein an der Demokratie aktiv teilnehmender Bürger zu sein? Zuhause nicht. Es ist wünschenswert, wenn in der Familie demokratische Grundsätze herrschen. Aber selbst wenn dem so ist, kann die Familie keinen demokratischen Bürger hervorbringen, denn sie ist nur eine kleine Gruppe – eine Primärgruppe, um die Berufssprache der Soziologen zu verwenden. Auch in der Kirche können Jugendliche nicht lernen, demokratische Bürger zu werden. Die Kirche dient wichtigen moralischen Funktionen, aber sie kann den Jugendlichen nicht in aktives Demokratie-Lernen verwickeln, und sie tut das auch nicht. Ganz bestimmt lehren das Fernsehen und die anderen Medien nicht Demokratie; sie tun es nicht, und sie könnten es nicht. Lernen mithilfe des Fernsehens ist passiv, nicht aktiv. Nur die Schule, vor allem die Sekundärschule – bei uns die High School –, kann Demokratie so lehren, dass der Jugendliche aktiv beteiligt ist. Anders als das Elternhaus ist die Schule eine sekundäre Institution, eine komplexe, regelgeleitete Institution. Im Unterschied zur Gesellschaft im breiten politischen Sinne ist sie jedoch kleiner, leichter zu lenken, und sie kann einen Geist der Gemeinschaft haben, der – wie wir sehen werden – in der Entwicklung einer allgemeinen Übereinstimmung in Bezug auf Fragen des öffentlichen Wohlergehens sehr wichtig ist.

Seit 1974 habe ich direkt in und mit demokratischen Schulen gearbeitet [...]. Diese Arbeit begann hauptsächlich mit Alternativschulen (die jeweils Teil von regulären, öffentlichen Schulen waren) in Cambridge, Brookline und Scarsdale, an kleinen Schulen mit 60 bis 100 Schülern. Wir gingen davon aus, dass Moralerziehung am besten in einem System partizipatorischer Demokratie vor sich geht: ein Mensch – eine Stimme, ob Schüler oder Lehrer. Der Vorrang, den wir der Demokratie einräumen, ist zum Teil philosophisch begründet. In einer demokratischen Schule treten die Lehrer durchaus für bestimmte Standpunkte ein; sie indoktrinieren oder verkündigen aber nicht Werte auf Grundlage ihrer Autorität als Lehrer. Ihre Auffassungen setzen sich nur dann durch, wenn sie – was üblicherweise der Fall ist – die Stimme der höheren Stufen und der Vernunft repräsentieren. Unsere Präferenz für Demokratie hat auch psychologische Hintergründe. Mit der Idee der sich im demokratischen Prozess ausdrückenden Fairness eng verbunden ist die Idee der Verantwortlichkeit. Um sich gerecht zu verhalten, müssen die Schüler nicht nur über Fairness nachdenken, sondern sie müssen verantwortliche Handlungsschritte in Richtung der Gerechtigkeit unternehmen. Die Verantwortung, dafür Regeln aufzustellen und ihnen Geltung zu verschaffen, bewirkt echte Verantwortlichkeit, die mehr ist als das Nachvollziehen der Blickwinkel von anderen – aber bereits dieser Rollenübernahmeprozess ist wesentlich für das Wachstum eines Sinns für Fairness.

Abb. 4.10

Wir nennen unseren Ansatz den Ansatz der „Gerechten Gemeinschaft“ (Just Community), weil er den Akzent nicht nur auf Demokratie und Fairness legt, sondern auch auf das Gefühl der Fürsorge füreinander und auf den Sinn dafür, Teil einer Gruppe zu sein, der stolz auf sich sein will – wir sprechen zusammenfassend von einem Gemeinschaftssinn.

Für einen Teil der heutigen Jugendlichen, die sogenannte narzistische Generation, besteht ein zentrales Anliegen in einem übermäßigen „Privatismus“, in Sorge um das eigene Wohl. Ein Schüler der High School in Scarsdale – einer Regelschule, die der öffentlichen Alternativschule, in der wir arbeiten, benachbart ist – drückte seine Unzufriedenheit mit diesem weitverbreiteten Privatismus in einem anonymen Brief an die Lokalzeitung aus. Er sagte unter anderem: „Das größte Problem von Scarsdale [der Scarsdale High School; d. Hrsg.] ist, dass niemand glücklich ist. Während man sich damit brüstet, eine großartige Vorbereitungsschule [für akademische Laufbahnen; d. Hrsg.] zu sein, haben sie eine höllische Atmosphäre erzeugt. […] Im letzten Jahr haben mehrere Schüler versucht, sich umzubringen, und wenigstens vier (von denen ich weiß) kamen wegen ihrer Probleme in die Psychiatrie. Die meisten dieser Probleme waren auf den unerträglichen Druck zurückzuführen. Dieser Druck ist in vielen Facetten der Schule klar ersichtlich. Es ist nicht zu glauben, was Leute für gute Noten alles tun. Offensichtlich gibt es in Scarsdale viel Betrug. Ich schätze, dass annähernd 95 Prozent der Schüler schwindeln werden, wann immer es für sie von Vorteil ist. Diese Gewohnheit ist etwas, was ihnen von der Schule beigebracht wird, von dem sie dort ganz und gar nicht abgebracht werden. […] Das Alkoholproblem an der Schule lässt das Drogenproblem wie ein Nichts erscheinen. Jeder – und ich meine jeder (mich eingeschlossen) – trinkt. […] Auch die soziale Struktur der Schule ist destruktiv. Alle in der Schule sind in Cliquen verteilt; der Maßstab ist meist die äußere Erscheinung, die sportlichen Fähigkeiten oder einfach eine einzelne Erfahrung in der Vergangenheit des Betreffenden. Ein Brief wie dieser könnte jemandes Ansehen ruinieren. Jeder in der Schule ist kalt gegenüber Leuten aus anderen Cliquen, und Beziehungen zu jemand aus einer anderen Clique kannst du vergessen. […] Hier sorgen sich Schüler um nichts außer sich selbst, und das gilt für fast jeden.“

Lassen Sie mich diesem Bild ein Treffen der Schulgemeinschaft der Scarsdale Alternative School entgegenstellen, dem ich kürzlich beiwohnte. Dort wurde die Frage behandelt, ob man Laurie, eine Schülerin der zehnten Klasse, die im ersten Jahr auf dieser Schule war, von ihr wieder verweisen solle oder nicht. Ein solcher Schulverweis hätte die Rückkehr auf die gewöhnliche High School bedeutet, wo Laurie sehr unglücklich gewesen war und sehr schwache Leistungen gezeigt hatte. Der Lehrkörper war in einer eigenen Konferenz einmütig zu dem Schluss gekommen, dass eine derartige Rückkehr für die Schulgemeinschaft und möglicherweise auch für Laurie selbst das Beste wäre. Bevor sie des drohenden Schulausschlusses gewahr wurde, hatte Laurie trotz häufiger Mahnungen regelmäßig den Unterricht versäumt; sie hatte sich auch dem Lehrkörper gegenüber häufig beleidigend geäußert – etwas, das es in dieser Schule praktisch nie gegeben hatte. Die Lehrer standen unter dem Eindruck, sie habe das notwendige Engagement gegenüber der Alternativschule nicht aufgebracht, zu dem wirkliche Mitarbeit gehört; sie hatten das Gefühl, Laurie stehle ihnen Zeit und Energie, die für andere Schüler zur Verfügung stehen sollten. Vor dem Gemeinschaftstreffen der Scarsdale Alternative School, das üblicherweise etwa zwei Stunden lang dauert, treffen sich Lehrkörper und Schüler zunächst für anderthalb Stunden in kleinen Kern- und Beratungsgruppen. Dann wurde Laurie um eine Stellungnahme gebeten. Jetzt kamen ihr die Tränen, sie sprach von dem Wunsch, noch eine Chance zu bekommen und auf der Schule zu bleiben. Es war, als wüchse in ihr ein erwachendes Stufe-3-Bewusstsein, was die Schule für sie sein könnte: ein Ort, an dem sich Leute umeinander kümmern. Unter den Schülern erhob sich Diskussion, es klänge ja gut, eine Gemeinschaft der Fürsorge zu sein, wer aber würde tatsächlich die Verantwortung auf sich nehmen? Eine Reihe von Schülern und Schülerinnen stellten sich unaufgefordert eben hierfür zur Verfügung. Die Alternativen, über die zu entscheiden war, wurden auf der Wandtafel skizziert: Verbleib auf der Schule; Verbleib auf Probe, auf der Grundlage eines besonderen Vertrags, der mit dem Lehrkörper ausgearbeitet werden müsste; Schulverweis mit der Möglichkeit, bei gutem Abschneiden in der Regelschule nach einem Jahr zurückzukehren. Laurie wurde gefragt, wofür sie selbst stimmen würde. Sie antwortete: „Auf Probe in der Schule bleiben.“

Es folgte eine ausgedehnte Debatte, in der sich andeutete, dass manche Lehrer ihre Meinung änderten. Nach zweieinhalb Stunden wurde eine Abstimmung beantragt. […] Von den 76 Stimmberechtigten stimmten mit Ausnahme von vieren alle dafür, dass Laurie auf der Schule verbleiben sollte. In den Tagen nach der Versammlung wurde ein Vertrag zwischen Laurie, ihrem Beratungslehrer und einer Unterstützungsgruppe von Schülern ausgearbeitet. Laurie trifft sich einmal in der Woche mit dieser Gruppe. Sie hat seitdem nicht nur regelmäßig am Unterricht teilgenommen, sondern auch ihre Arbeit hat sich verbessert, und ihre unhöfliche und beleidigende Sprechweise ist verschwunden. Außerhalb der Schulzeit trafen sich eine Reihe der Beobachter, die Lehrer und ich zu einer Auswertungssitzung. Ein als inoffizieller Gast anwesender Chef einer

Schulbehörde fragte mich: „Dr. Kohlberg, macht es Ihnen keine Sorgen, wenn Erwachsene, die ja nun ein bisschen älter sind, so viel Macht in die Hände von Schülern legen?" Die Lehrer antworteten für mich, in diesem speziellen Fall seien sie davon überzeugt worden, dass die Schüler eine fairere, gerechtere Entscheidung getroffen hatten als die, zu der sie selbst gelangt waren. Die Gerechtigkeit dieser Entscheidung beruhte jedoch nicht allein auf demokratischer Diskussion, sondern auf dem starken und hoch entwickelten Gemeinschaftssinn der Schüler.

An den meisten Schulen steht ein Lehrer oder schulpolitisch Verantwortlicher in vergleichbaren Situationen vor einer Wahl, bei der es nichts zu gewinnen gibt. Entscheidet er sich für die Bedürfnisse eines Problemkindes, schwächt er die Regeln und das Wohlergehen der größeren Gruppe. In Lauries Situation dagegen stärkte die für die Problemschülerin beste Wahl in Wirklichkeit den Gemeinschaftsgeist der Gruppe und ihren Sinn der Verantwortlichkeit für ihre Regeln, wie die der Anwesenheit und Partizipation. Vielleicht war es durchaus klug von den Lehrern, dass sie sich auf diese Lösung erst einließen, als sie sie wirklich von den Schülern ausgehen sahen. Lassen Sie mich zum Schluss betonen, dass die hier angesprochenen Fragen der Demokratie in Scarsdale wie an anderen „Just-Community"-Schulen ein fortdauernder Gegenstand der Uneinigkeit sind: die Balance zwischen dem Willen der Mehrheit – dem, was Rousseau den allgemeinen Willen genannt hat – und den Rechten der Minderheit. Dieses und andere Probleme werden von Judith, einer älteren Schülerin der Scarsdale Alternative School, auf eine Weise herausgearbeitet, die der Stufe 5 entspricht. Ich möchte Judith in einem längeren Interviewausschnitt zu Wort kommen lassen. „Die Schule ist in diesem Jahr eindeutig besser, sie befasst sich mehr mit den wirklichen Problemen, und sie ist ‚demokratischer'. Im letzten Jahr lagen noch eine Menge Entscheidungen in den Händen der Lehrer, und es bestand ein gewisser Zwiespalt. Jetzt existiert eher eine Atmosphäre, in der die Leute aufeinander reagieren, ein Gefühl des Zusammenhalts, und jeder kümmert sich darum, was mit uns allen geschieht."

Frage: „Nun, was ist so gut an dieser ganzen Demokratie?" „Sie bewirkt, dass du dich mit den Dingen beschäftigst. Leute beklagen sich oft über Regeln, die andere Leute machen; aber in dem Fall kannst du sie brechen und dir sagen: „Ich hab sie nicht gemeint" oder: „Sie waren ungerecht", wie auch immer. Das ist es, was dir an der normalen High School vermittelt wird, wenigstens bei mir ist es so angekommen. Da kommst du rein, und es ist ein Schweinestall, und niemanden kümmert es, und als ich dort war, hab ich mich auch nicht drum gekümmert, wohin man den Abfall tat. Da gab es einfach so eine blöde Regel, die nichts mit mir zu tun hatte. Jetzt geschehen große Veränderungen in meinem Denken. Ich weiß nicht, ob es gut ist oder schlecht, aber ich denke mehr nach über andere Leute, aber auch über meine Einstellung. Wie bei den Gemeinschaftsversammlungen – ich weiß, es gibt da große Unterschiede. Bevor ich darüber nachdachte, welches eine gute Form für die Versammlung ist, hab ich nicht bewusst selbstsüchtig geurteilt. Ich meinte einfach, jeder sollte nach dem stimmen, was er selbst wollte, und das würden wir dann kombinieren, und irgendwie kommt das Beste raus. Nun versuche ich zu unterscheiden: Was, glaube ich, ist das Beste für mich, und was ist das Beste für alle Schüler oder für die ganze Gemeinschaft, und gewöhnlich bemühe ich mich, zu denken, was das Beste für die Gemeinschaft wäre. Ich sehe das so, dass man auf die Interessen anderer Leute mehr achtet. Ich hätte früher nie daran gedacht, die Dinge so zu sehen, dass ich drauf achte, was mein Anteil an der ganzen Gruppe ist."

Frage: „Gibt es eine Grenze dafür, was die Gruppe von dir erwarten sollte?" „Ich glaube, wenn du tatsächlich in der Schule bist, wenn du dich tatsächlich auf etwas einlässt, dann gibst du bestimmte Rechte und Freiheiten auf, für die Chance dazuzugehören. Aber es gibt klare Grenzen. Auf keinen Fall sollte die Gemeinschaft alles entscheiden, viele Sachen sollten der individuellen Entscheidung überlassen bleiben. Ich denke nicht, dass Leute ihre Rechte aufgeben sollten; aber ein bestimmtes Maß an Verpflichtung gehört dazu, wenn man hier ist. Einige Entscheidungsrechte hast du dann in die Hände der Gruppe gelegt, nie aber alle."

In Judiths Äußerungen drückt sich ein Fortschreiten ihres Denkens in Richtung unserer fünften Stufe aus, in Richtung eines expliziten Durchdenkens der Sozialvertragsidee, des Schutzes individueller Rechte im Kontext bewusster Erwägung des öffentlichen Interesses. Was vielleicht von noch größerer Bedeutung ist: Sie fühlt sich als Mitglied einer moralischen Gemeinschaft. [...]

Aufgaben

1. Kohlberg schreibt zu Beginn: „Anerkennt man, dass Gerechtigkeit im Mittelpunkt der Moralerziehung steht und dass diese sich von Werterziehung oder affektiver Erziehung unterscheidet, dann ist es einleuchtend, dass moralische Erziehung und politische Bildung – bzw. staatsbürgerliche Erziehung – weitgehend dasselbe sind." Erklären Sie diesen Satz. Beachten Sie dabei auch Kohlbergs wenig später vorgetragene Äußerungen, wonach die Fähigkeit zu Stufe-5-Urteilen notwendiges Ziel für „staatsbürgerliche Erziehung" in den USA sein sollte.
2. Kohlberg fragt: „Wo und wie soll der Achtzehnjährige gelernt haben, ein an der Demokratie aktiv teilnehmender Bürger zu sein?" Geben Sie seine Antwort auf diese Frage wieder und erläutern Sie sie.
3. Arbeiten Sie die Grundsätze des „Just-Community"-Ansatzes heraus, indem Sie das von Kohlberg herangezogene Beispiel (Schulverweis an der Scarsdale High School) auswerten.
4. Analysieren Sie Judiths Äußerungen am Ende des Textes vor dem Hintergrund des Stufenmodells.
5. Ergänzen Sie Ihren Kenntnisstand zum „Just-Community"-Konzept.
6. Erörtern Sie Grenzen dieses Konzepts.

Kohlberg beruft sich auf John Dewey als einen der Begründer der Idee, Erziehung und Demokratie in eine enge Beziehung zu bringen. In seinem 1916 erschienenen Hauptwerk „Demokratie und Erziehung" hat Dewey diesen Ansatz ausgebaut. Sie kennen Deweys Lerntheorie bereits aus dem zweiten Kurs. Ihre Kenntnisse sind notwendig, um den folgenden Text zu verstehen.

M15 Der demokratische Gedanke in der Erziehung (John Dewey)

[…] Die Feststellung, dass Erziehung eine soziale Funktion ist, die die Leitung und Entwicklung der Unreifen durch ihre Teilnahme am Leben ihrer Gruppe sicherstellt, umschließt bereits die weitere, dass die Erziehung je nach der Art des Gruppenlebens in den verschiedenen Gemeinschaften verschieden ist. Im Besonderen ist wichtig, dass eine Gesellschaft, die nicht nur im Wandel begriffen ist, sondern diesen Wandel – zum Besseren – als ihren Lebenszweck betrachtet, andere Normen und Methoden der Erziehung haben muss als eine, die lediglich ihren unveränderten Fortbestand erstrebt. Um die bisher dargelegten allgemeinen Gedanken für unsere eigene Erziehungsarbeit verwertbar zu machen, müssen wir uns zunächst mit der Eigenart des gegenwärtigen Gesellschaftslebens näher beschäftigen.

1. Die Kompliziertheit der menschlichen Beziehungen
„Gesellschaft" ist ein Wort, das viele Dinge bezeichnet. Die Menschen treten in der verschiedensten Weise und zu den verschiedensten Zwecken miteinander in Beziehung. Jeder Einzelne gehört einer Vielheit verschiedener Gruppen an, in denen seine Genossen ganz verschieden sein können. Oft scheint es, als ob diese verschiedenen Gruppen weiter kein gemeinsames Merkmal hätten, als dass sie Formen des Zusammenlebens sind. Innerhalb jeder größeren Gesellschaftsorganisation gibt es kleinere Gruppen: nicht nur politische Teilgruppen, sondern industrielle, wissenschaftliche, religiöse Vereinigungen: die politischen Parteien mit auseinandergehenden Zielen, soziale Schichten, Cliquen, Banden, Verbände, Teilhaberschaften, durch Bande des Blutes eng verbundene Gruppen, usw. in endloser Mannigfaltigkeit. […]

Die Worte Gesellschaft und Gemeinschaft sind daher doppelsinnig. Sie drücken einmal ein Ideal, eine Norm aus, wollen aber das andere Mal lediglich etwas tatsächlich Vorhandenes beschreiben […]. Wenn wir […] die Tatsachen betrachten, die der Begriff beschreibt, […] so stoßen wir nicht auf eine Einheit, sondern auf eine Vielheit von Gesellschaften, guten und bösen. Verbrecherische Verschwörungen, geschäftliche Gruppen, die das Publikum ausrauben, während sie ihm zu dienen vorgeben, politische Verbände, die nur durch das Interesse an der Beute zusammengehalten werden, fallen darunter. Wenn gesagt wird, das seien keine „Gesellschaften", weil sie den idealen Anforderungen an solche nicht entsprechen, so lautet unsere Antwort zunächst, dass dann der Begriff der Gesellschaft so idealisiert wird, dass er zur Wirklichkeit keine Beziehung mehr hat, sodann, dass jede solche Gruppe etwas von den wertvollen Zügen der „Gesellschaft" hat – wie sehr sie auch im Gegensatz zu anderen Gruppen stehen mag –, die sie zusammenhalten. Auch unter den Dieben gibt es Ehrbegriffe, und eine Räuberbande hat mit Bezug auf ihre Mitglieder gemeinsame Interessen, wird durch brüderliche Gefühle unter ihnen zusammengehalten. Enge Cliquen zeichnen sich durch strenge Unterwerfung unter ihre eigenen Ordnungen aus. Eine Familie kann allen Außenstehenden gegenüber durch Neigung zu stärkster Absonderung, Misstrauen und Eifersucht gekennzeichnet und dennoch nach innen ein Muster freundlicher Gesinnung und gegenseitiger Hilfsbereitschaft sein. Jede Erziehung in einer Gruppe und durch eine Gruppe wirkt sozialisierend auf die Glieder der Gruppe; aber die besondere Eigenart und der Wert dieser Sozialisierung hängt von den Sitten und Zielen der Gruppe ab.

So ergibt sich abermals das Bedürfnis nach einem Wertmaßstabe für irgendeine gegebene Form sozialen Lebens. […] Die Aufgabe besteht vielmehr darin, aus den tatsächlich vorhandenen Formen des Gemeinschaftslebens die wünschenswerten Züge herauszuheben, von ihnen aus die unerwünschten zu kritisieren und auf Verbesserungen hinzuweisen. Nun finden wir in jeder wie auch immer gearteten sozialen Gruppe, selbst in einer Diebesbande, gewisse gemeinsame Interessen aller Glieder sowie einen gewissen Betrag von Wechselwirkung und Zusammenarbeit mit anderen Gruppen. Aus diesen beiden Zügen leiten wir unsere Normen ab.

Wie zahlreich und mannigfaltig sind die bewusst geteilten Interessen?

Wie voll und frei ist das Wechselspiel mit anderen sozialen Gruppen?

Wenden wir diese Betrachtungsweise z. B. auf eine Verbrechergruppe an, so finden wir, dass die Glieder nur durch sehr wenige Bande miteinander verknüpft sind, beinahe nur durch das gemeinsame Interesse am Ertrag der verbrecherischen Unternehmungen; außerdem sind die Bande von solcher Art, dass sie die Gruppe im Hinblick auf den Austausch der Lebenswerte von anderen Gruppen isolieren. Daher ist die Erziehung, die eine solche Gruppe gewährt, einseitig, parteiisch und verbogen. Betrachten wir dagegen die mustergültige Familie, so finden wir, dass alle Mitglieder an materiellen, geistigen, künstlerischen Interessen teilhaben, dass der Fortschritt jedes Mitgliedes für die Erfahrung aller übrigen wertvoll ist (es ist leicht, alle anderen an ihm teilhaben zu lassen), dass die Familie als Ganzes nicht isoliert sieht, sondern in engste Verbindung mit Arbeitsgruppen, Schulen, allen Kulturfaktoren sowohl wie mit anderen ihr ähnlichen Gruppen tritt, dass sie endlich eine angemessene Rolle in den politischen Gruppen spielt und umgekehrt von ihnen gestuft wird. Kurzum: Es gibt in ihr viele gemeinsame, von allen Gliedern geteilte Interessen, es gibt zahlreiche Punkte, in denen eine mannigfaltige und freie Berührung mit anderen Formen des Zusammenlebens erfolgt. […]

2. Das demokratische Ideal

Beide Elemente unseres Kriteriums verweisen uns auf die Demokratie. Das erste bedeutet nicht nur zahlreichere und mannigfaltigere gemeinsame Interessen, sondern auch größere Zuversicht darauf, dass das wechselseitige Interesse als Faktor in der Regelung sozialer Beziehungen anerkannt wird. Das zweite bedeutet nicht nur freiere Wechselwirkung zwischen verschiedenen sozialen Gruppen (die einst so streng getrennt wurden, wie es bewusster Absicht irgend erreichbar war), sondern auch dauernde Umgestaltung des sozialen Verhaltens, seine beständige Neuanpassung an die durch mannigfaltige Wechselwirkung entstehenden neuen Sachlagen. Und genau diese beiden Dinge sind es, die eine demokratisch aufgebaute Gesellschaft kennzeichnen.

Mit Bezug auf die Erziehung bemerken wir zunächst, dass eine Form des sozialen Lebens, bei der sich die verschiedenen Interessen wechselseitig durchdringen und Fortschritt oder Neuanpassung ein wichtiges Moment ist, ein stärkeres Interesse der (demokratischen) Gemeinschaft an planmäßiger Erziehung erzeugt als eine anders geartete, bei der weniger Grund für ein solches Interesse vorhanden ist. Dass sich die Demokratie der Erziehung in besonderem Maße hingibt, ist eine bekannte Tatsache. Die oberflächliche Erklärung dafür ist, dass eine auf dem allgemeinen Wahlrecht beruhende Regierung nicht erfolgreich sein kann, wenn diejenigen, die die Regierung wählen und ihr zu gehorchen haben, nicht erzogen sind. Da eine demokratische Regierung den Grundsatz der von außen her wirkenden Autorität zurückweist, muss sie sie durch freiwillige Bereitschaft zur Unterordnung aus Interesse ersehen; diese kann nur durch Erziehung geschaffen werden. Der letzte Grund liegt jedoch tiefer. Die Demokratie ist mehr als eine Regierungsform; sie ist in erster Linie eine Form des Zusammenlebens, der gemeinsamen und miteinander geteilten Erfahrung. Die Vermehrung der Individuen, die an einer bestimmten Angelegenheit so interessiert sind, dass jeder sein Handeln zu dem der anderen in Beziehung zu setzen und umgekehrt das Handeln der anderen für sein Tun in Rechnung zu stellen hat, und die Vergrößerung des Raumes, über den sie verteilt sind, bedeutet den Niederbruch jener Schranken zwischen Klassen, Rassen und nationalen Gebieten, die es den Menschen unmöglich machten, die volle Tragweite ihrer Handlungen zu erkennen. Diese zahlreicheren und mannigfaltigeren Berührungspunkte bedeuten eine größere Mannigfaltigkeit der Reize, auf die ein Individuum zu antworten hat, und setzen daher einen Preis auf die größere Mannigfaltigkeit seines Handelns. Sie bewirken eine Befreiung der Kräfte, die bei nur einseitigen Anregungen zum Handeln, wie sie in einer isolierten, viele Interessen ausschließenden Gruppe gegeben sind, unterdrückt oder nicht entwickelt werden.

Die Ausweitung des Gebietes gemeinsamer Interessen und die Entbindung einer größeren Mannigfaltigkeit persönlicher Fähigkeiten, die eine Demokratie kennzeichnen, sind natürlich nicht das Ergebnis von Überlegung und bewusster Bemühung. Sie wurden im Gegenteil veranlasst durch die Entwicklung neuer Formen der Industrie, des Handels, des Reisens, durch Völkerwanderungen und internationalen Gedankenaustausch, die aus der Herrschaft der Wissenschaft über die Naturkräfte erwuchsen. Nachdem jedoch eine stärkere Individualisierung einerseits, eine breitere Gemeinsamkeit der Interessen andererseits entstanden sind, ist es Sache wohlüberlegter Bemühungen, sie zu erhalten und auszudehnen. Eine Gesellschaft, für die eine Spaltung in getrennte Schichten verhängnisvoll werden würde, muss offenbar darauf bedacht sein, dass die geistigen Möglichkeiten allen gleichmäßig und leicht zugänglich bleiben. Eine in Klassen gegliederte Gesellschaft braucht nur der Erziehung ihrer herrschenden Elemente besondere Aufmerksamkeit zuzuwenden. Eine bewegliche Gesellschaft, die von zahllosen Kanälen durchzogen ist, durch die eine irgendwo innerhalb ihres Bereiches entstehende Veränderung überallhin wirkt, muss darauf halten, dass ihre Mitglieder zu persönlicher Initiative und Anpassungsfähigkeit erzogen werden. Sonst werden sie durch die Umgestaltung, in die sie verwickelt werden, überwältigt, weil sie ihre Bedeutung und ihre Beziehungen nicht verstehen. Das Ergebnis wäre eine allgemeine Verwirrung, in der sich einige wenige die Ergebnisse der blinden und von außen her geleiteten Betätigungen der anderen zunutze machen würden.

Abb. 4.11

Zusammenfassung

Da Erziehung ein sozialer Vorgang ist, und da es die verschiedensten Formen menschlicher Gemeinschaften gibt, setzt eine kritische und aufbauende Betrachtung der Erziehungsprobleme ein bestimmtes soziales Ideal voraus. Die beiden Gesichtspunkte, von denen aus der Wert einer bestimmten sozialen Lebensform beurteilt werden muss, sind einmal: das Ausmaß, in dem alle Glieder einer Gruppe an den Interessen derselben teilhaben, zum anderen: die Fülle und Freiheit des Zusammenwirkens dieser Gruppe mit anderen Gruppen.

Eine unerwünschte „Gesellschaft" mit anderen Worten ist eine solche, die durch Schranken, die sie innerhalb ihrer selbst und um sich herum aufrichtet, den freien Verkehr und den Austausch der Erfahrung hemmt. Eine Gesellschaft dagegen, die für die gleichmäßige Teilnahme aller ihrer Glieder an ihren Gütern und für immer erneute biegsame Anpassung ihrer Einrichtungen durch Wechselwirkung zwischen den verschiedenen Formen des Gemeinschaftslebens sorgt, ist insoweit demokratisch. Eine solche Gesellschaft braucht eine Form der Erziehung, die in den Einzelnen ein persönliches Interesse an sozialen Beziehungen und am Einfluss der Gruppen weckt und diejenigen geistigen Gewöhnungen schafft, die soziale Umgestaltungen sichern, ohne Unordnung herbeizuführen.

Aufgaben

1. Dewey beginnt mit der These, dass Erziehung immer im Kontext von Gesellschaft stattfindet. Er gibt zwei Kriterien vor, an denen der Wert einer sozialen Lebensform gemessen werden kann, und zwar „das Ausmaß, in dem alle Glieder einer Gruppe an den Interessen derselben teilhaben, zum anderen: die Fülle und Freiheit des Zusammenwirkens dieser Gruppe mit anderen Gruppen".

   Erläutern Sie diese Kriterien. Arbeiten Sie dabei heraus, inwiefern sich demokratische Gesellschaften von nicht-demokratischen unterscheiden.
2. Erläutern Sie, inwiefern Demokratie nach Dewey in besonderer Weise auf Erziehung bezogen ist.
3. Erklären Sie Deweys demokratiepädagogisches Konzept vor dem Hintergrund seiner Lerntheorie (die Sie aus dem zweiten Kurs kennen).
4. Setzen Sie sein Konzept in Beziehung zu Kohlbergs Position.

Die Ansätze von Kohlberg, Dewey und anderen wurden in der Bundesrepublik seit dem Jahr 2002 in einem BLK-Projekt weiterentwickelt. Die „Bund-Länder-Kommission für Bildungsplanung und Forschungsförderung" (BLK) existierte von 1970 bis 2007 als eine Kommission, in der die verschiedenen Fachministerien der Länder und des Bundes zur Förderung von Wissenschaft und Forschung zusammenarbeiteten. Die Leitfrage des Projekts „Demokratie lernen & leben" lautet: „Die Schule hat als einzige Institution die Chance, alle Kinder und Jugendlichen zu erreichen und für die Demokratie zu gewinnen. Wie können Schulen ihre Chance nutzen und welche Unterstützung brauchen sie dafür?"

4.4.2 Demokratie-Lernen in der Bundesrepublik Deutschland

In der Bundesrepublik Deutschland gibt es verstärkte Anstrengungen, die politische Bildung der Schülerinnen und Schüler im Sinne des „Demokratie-Lernens" mit dem Ziel des „mündigen Bürgers" zu fördern.

Dazu liefern die folgenden Texte Informationen, Konzepte und Problematisierungen.

M16 Mündige Bürger – Ziele der politischen Bildung (Sibylle Reinhardt)

Ein demokratisches System zeichnet sich vor anderen politischen Systemen durch die Gleichachtung und Gleichberechtigung seiner Bürger aus. Die Gesellschaft, verfasst als Staat, regelt politisch gemeinsame Angelegenheiten, über deren Regelungsbedarf ein Konsens (und sei es durch Mehrheiten) hergestellt wurde. Dabei haben alle Staatsangehörigen das formal gleiche Recht auf Teilhabe, das sich konkret im gleichen Wahlrecht materialisiert – egal, woher die Bürger stammen und wo sie sich zugehörig fühlen.
Dieser universale Wert der wechselseitigen Anerkennung des anderen als Bürger wird im Grundgesetz der Bundesrepublik Deutschland als „Würde des Menschen" (Artikel 1) formuliert und als „demokratischer" Staat strukturiert.
Das Prinzip der Gleichheit steht in Spannung zu gesellschaftlicher Ungleichheit und Differenz (nach Geschlecht, sozialer oder regionaler Herkunft, Lebenslauf, persönlicher Identität, Beruf und Familienstand u. a. m.). Ungleichheiten werden in der Gesellschaft als Vielfalt und Individualität positiv oder als Ungerechtigkeiten negativ bewertet.
Die Bewertung als ungerecht oder die Einstufung eines Zustandes als unzweckmäßig für den gesellschaftlichen Zusammenhang kann zur politischen Forderung nach Veränderung der Rahmenbedingungen für das Zusammenleben in dieser Gesellschaft führen.
Das gleiche Recht auf Teilhabe – unabhängig von der unterschiedlichen Nutzung dieses Rechtes – bindet die Bürger aneinander, weil sie voneinander abhängig sind. Deshalb ist „Demokratie-Lernen" ein Teil der Allgemeinbildung und nicht der privaten Beliebigkeit zu überlassen.
Das demokratische System ist keine natürliche und damit unabänderliche Tatsache, die gegen Verlust gefeit wäre, es bedarf der verständigen Mitwirkung seiner Bürger. Der Bildungsprozess ist sehr schwierig, denn Politik ist durch Komplexität, Problemhaltigkeit, Konflikt und Unsicherheit charakterisiert – im privaten Leben der partikularen Zugehörigkeiten (Familie, Freundschaften, Vereine, Gesellschaften) werden andere Lebensmaximen gesucht und gehandelt (Klarheit, eindeutige Loyalitäten, Gemeinschaft, Eigen- und Gruppeninteresse) […].
Die Vorstellung von und die Forderung nach Demokratie kann außer auf die staatliche Verfasstheit auch auf wirtschaftliche und gesellschaftliche Teilbereiche und auf private Lebenszusammenhänge gerichtet werden. Demokratisierung meint dann Mitwirkung und Mitbestimmung, deren Spielarten sehr unterschiedlich sein können und deren Rahmenbedingungen dem politischen Streit und der politischen Entscheidung unterliegen. Demokratie als Lebens-, Gesellschafts- und Herrschaftsform sind also nicht gleichzusetzen, vielmehr ist ihre Bestimmung selbst eine politische Frage […].
In den vergangenen Jahrzehnten ist als Ziel demokratisch-politischer Bildung häufig der mündige Bürger genannt worden, also ein Bürger, der, verantwortlich für sich und andere, sich informiert und selbstständig seine Stimme in die Auseinandersetzungen um die politische Regelung gemeinsamer Angelegenheiten einbringt. Dieser politisch

interessierte, informierte und engagierte Aktivbürger ist das Ideal politischer Bildung, er ist aber weder die Realität des politischen Geschehens noch darf er den Bürgern verpflichtend auferlegt werden. Es gehört zu ihren Rechten sich zu entscheiden, in welcher Bürgerrolle sie handeln wollen, wobei im Laufe der Zeit die Schwerpunkte sich ändern mögen. Interventionsfähige Bürger greifen je nach Situation aktiv in die Politik ein, partizipieren aber nicht dauerhaft. Reflektierte Zuschauer werden selten außerhalb von Wahlen und Abstimmungen aktiv, interessieren sich aber für Politik, durchschauen Zusammenhänge und bilden sich ein eigenes Urteil. Der aktive, der interventionsfähige und der reflektierte Bürger sind Varianten des politisch-demokratischen Bürgers, während der desinteressierte Bürger sich fernhält, seine Rechte in der Regel nicht wahrnimmt, womöglich Vorurteile gegen System und Personal hegt, Stimmungen unterliegt und deshalb für den Bestand der Demokratie riskant sein kann. Ist der Aktivbürger das ideale Ziel der politischen Bildung, das aber nicht aufgedrängt werden darf, so ist der Desinteressierte die schwierigste Herausforderung der politischen Bildung, die nicht vorschnell zu Resignation verleiten darf [...].

Aufgaben

1. Arbeiten Sie aus dem Text im Detail heraus, welche Merkmale „das demokratische System" besitzt.
2. Erläutern Sie diese Merkmale. Greifen Sie dazu auf Ihr politisches Vorwissen zurück, und ergänzen Sie es, wenn dies nötig sein sollte, durch weitere Recherchen.
3. Vergleichen Sie die Merkmale des politischen Systems der Demokratie mit den politischen Systemen in der Zeit der Herrschaft des Nationalsozialismus und der DDR.
4. Erläutern Sie, welche Vorstellungen vom „mündigen Bürger" als dem Ziel politischer Bildung und vom „desinteressierten Bürger" im Text entwickelt werden.
5. Stellen Sie Bezüge zwischen der Vorstellung vom mündigen Bürger und Ihnen bekannten Konzepten von Bildung und Mündigkeit her.
6. Erörtern Sie, welche Chancen und Grenzen bei der Realisierung das Konzept des mündigen Bürgers als Ziel der politischen Bildung hat. Beachten Sie dabei den Unterschied zwischen „Politik" und „sozialem Nahraum".

M17 Demokratie-Lernen als Aufgabe der Schule? (Anne Sliwka)

Das Leben in Europa verändert sich: Kulturell homogene Nationalstaaten gehören der Vergangenheit an, Gegenwart und Zukunft sind geprägt von Heterogenität europäischer Gesellschaften und einer Öffnung der Grenzen innerhalb Europas. Diese doppelte Diversität innerhalb und zwischen europäischen Kulturen ist ambivalent: Vielfalt, Unterschiedlichkeit und Unübersichtlichkeit können Gefühle der Ohnmacht und Überforderung erzeugen, in deren Folge sich Menschen, die auf eine pluralistische Lebenswelt nicht vorbereitet sind, zuweilen ausgrenzenden und menschenfeindlichen Weltbildern zuwenden. In der doppelten Diversität des Lebens in Europa liegen große Chancen, wenn die Bürger/innen Europas lernen, kulturelle Vielfalt und offene Grenzen als kreatives Potenzial zu begreifen, das ihr Leben bereichert. Die Frage nach einem produktiven Umgang mit Heterogenität und Offenheit ist die Frage nach der Demokratie. So ist eine funktionierende Demokratie wohl die einzige Herrschafts- und Lebensform, die die Heterogenität menschlicher Identitäten und die Vielfalt der Lebensmodelle als positiven Wert anerkennt und durch Dialog und gemeinsames Handeln über Identitätsgrenzen hinweg ein Gemeinwesen konstituiert, dessen Gestaltung Daueraufgabe aller Bürger/innen ist.

Allerdings, darin stimmen Erziehungswissenschaftler [...], pädagogische Psychologen [...] und Politikdidaktiker [...] überein, muss Demokratie gelernt werden. Es gibt heute einen breiten Konsens, dass Demokratie kein zivilisatorisches Niveau ist, das – einmal erreicht – für immer stabilisiert und gesichert wäre. Die Geschichte, angefangen in der antiken Demokratie, zeigt viele Gegenbeispiele: Kulturen, die von einem bereits erreichten demokratischen Entwicklungsniveau wieder in den Zustand der Diktatur und der Barbarei zurückgefallen sind. Besonders die deutsche Geschichte des 20. Jahrhunderts zeigt, dass eine Demokratie „ohne Demokraten" – also eine formale Staats- und Regierungsform ohne demokratische Haltungen und demokratisches Handeln der Bürger/innen – gegen totalitäre Versuchungen nicht geschützt ist.

Robert Dahl, einer der führenden Demokratietheoretiker der Gegenwart, erinnert in seinem Standardwerk „On Democracy" daran, dass die Geschichte der Demokratie wenig Anlass zu der Hoffnung biete, dass Demokratie sich kontinuierlich, quasi naturgesetzlich weiterentwickle. Die Zukunft der Demokratie hänge von den Menschen ab, die diese Zukunft gestalten, und die wüchsen in jeder Generation aufs Neue heran: „Die Entwicklungschancen der Demokratie hängen davon ab, was wir selbst tun. Auch wenn wir uns nicht auf gutmütige historische Kräfte verlassen können, die grundsätzlich zugunsten der Demokratie handeln, so sind wir doch auch nicht bloß Opfer blinder Kräfte, über die wir keine Kontrolle ausüben können. Ausgestattet mit einem angemessenen Verständnis, was für die Demokratie notwendig ist, und dem Willen, diesen Anforderungen gerecht zu werden, können wir die Demokratie nicht nur bewahren, sondern auch demokratische Ideale und Praktiken weiterentwickeln" (Dahl 1998, S. 251). [...]

Die Sicherung der Qualität der Demokratie in der Gegenwart und Weiterentwicklung für die Zukunft ist also ein normatives Projekt – und damit ein Bildungsvorhaben, das einer kontinuierlichen Investition und Pflege bedarf. In der Bundesrepublik Deutschland ist die Entwicklung der Demokratie als Bildungsziel in den Schulgesetzen aller Bundesländer festgeschrieben. Im Einzelnen fallen die Ausformulierungen unterschiedlich aus, wie Auszüge aus den jeweiligen ersten Paragrafen der Schulgesetze von Baden-Württemberg und Berlin zeigen. So heißt es in § 1 des Schulgesetzes von Berlin zum Erziehungs- und Bildungsauftrag der Schule:

> „Ziel [der Schule] muss die Heranbildung von Persönlichkeiten sein, welche fähig sind, der Ideologie des Nationalsozialismus und allen anderen zur Gewaltherrschaft strebenden politischen Lehren entschieden entgegenzutreten sowie das staatliche und gesellschaftliche Leben auf der Grundlage der Demokratie, des Friedens, der Freiheit, der Menschenwürde und der Gleichberechtigung der Geschlechter zu gestalten. Diese Persönlichkeiten müssen sich der Verantwortung gegenüber der Allgemeinheit bewusst sein, und ihre Haltung muss bestimmt werden von der Anerkennung der Gleichberechtigung aller Menschen, von der Achtung vor jeder ehrlichen Überzeugung und von der Anerkennung der Notwendigkeit einer fortschrittlichen Gestaltung der gesellschaftlichen Verhältnisse sowie einer friedlichen Verständigung der Völker."

Im ersten Paragrafen des baden-württembergischen Schulgesetzes heißt es:

> „(1) Der Auftrag der Schule bestimmt sich […] daraus, dass jeder junge Mensch ohne Rücksicht auf Herkunft oder wirtschaftliche Lage das Recht auf eine seiner Begabung entsprechende Erziehung und Ausbildung erhält und dass er zur Wahrnehmung von Verantwortung, Rechten und Pflichten in Staat und Gesellschaft sowie in der ihn umgebenden Gemeinschaft vorbereitet werden muss. (2) […] Über die Vermittlung von Wissen, Fähigkeiten und Fertigkeiten hinaus ist die Schule insbesondere gehalten, die Schüler/innen […] zur Anerkennung der Wert- und Ordnungsvorstellungen der freiheitlich-demokratischen Grundordnung zu erziehen, die im Einzelnen eine Auseinandersetzung mit ihnen nicht ausschließt, wobei jedoch die freiheitlich-demokratische Grundordnung, wie in Grundgesetz und Landesverfassung verankert, nicht infrage gestellt werden darf, auf die Wahrnehmung ihrer verfassungsmäßigen staatsbürgerlichen Rechte und Pflichten vorzubereiten und die dazu notwendige Urteils- und Entscheidungsfähigkeit zu vermitteln."

Trotz erkennbarer Unterschiede in der Formulierung, Begründung und Schwerpunktsetzung ist der Auftrag der Schule für die Entwicklung und Erhaltung der Demokratie in den Schulgesetzen der deutschen Bundesländer eindeutig festgeschrieben. […]

Aufgaben

1. Sliwka spricht von einer „doppelten Diversität innerhalb und zwischen europäischen Kulturen". Sie stellt die These auf: „Die Frage nach einem produktiven Umgang mit Heterogenität und Offenheit ist die Frage nach der Demokratie" (Zeile 15–17). Erläutern Sie ihre Position.
2. Erklären Sie, inwiefern nach Ansicht der Autorin Demokratie gelernt werden muss.
3. „Die Sicherung der Qualität der Demokratie in der Gegenwart und Weiterentwicklung für die Zukunft ist also ein normatives Projekt – und damit ein Bildungsvorhaben, das einer kontinuierlichen Investition und Pflege bedarf" (Zeile 57–60). Erläutern Sie diese Aussage der Autorin.
4. Erklären Sie, inwiefern in den Verfassungen und Schulgesetzen der Bundesrepublik Deutschland Demokratie als Bildungsziel gesetzt wird.
5. Recherchieren Sie, inwiefern dies in der Landesverfassung des Bundeslandes, in dem Sie leben, der Fall ist.
6. Vergleichen Sie die Vorgaben in den Verfassungen und Schulgesetzen der Bundesrepublik mit den entsprechenden Vorgaben in der Zeit des Nationalsozialismus und der DDR.

M18 Magdeburger Manifest zur Demokratiepädagogik

Am 26. Februar 2005 wurde im Rahmen der Halbzeitkonferenz des BLK-Programms „Demokratie lernen und leben" das „Magdeburger Manifest" zur Demokratiepädagogik verabschiedet. Das Manifest entfaltet in zehn Punkten, warum demokratiepädagogische Aktivitäten in Deutschland engagiert vorangebracht werden müssen. Der Text wurde von Wolfgang Edelstein (Berlin), Peter Fauser (Jena) und Gerhard de Haan (Berlin) formuliert.

1. Demokratie ist eine historische Errungenschaft. Sie ist kein Naturgesetz oder Zufall, sondern Ergebnis menschlichen Handelns und menschlicher Erziehung. Sie ist deshalb eine zentrale Aufgabe für Schule und Jugendbildung. Demokratie kann und muss gelernt werden – individuell und gesellschaftlich. Die Demokratie hat eine Schlüsselbedeutung für die Verwirklichung der Menschenrechte. Die Entwicklung und die ständige Erneuerung demokratischer Verhältnisse bildet deshalb eine bleibende Aufgabe und Herausforderung für Staat, Gesellschaft und Erziehung. Die Erfahrung des menschenverachtenden Regimes des Nationalsozialismus zeigt, wie rasch die Demokratie in Staat und Gesellschaft zerstört werden kann. Das aktive Erinnern an diesen Zivilisationsbruch ist deshalb notwendiger Bestandteil demokratischer Erziehung.

2. Angesichts der Geschichte, nicht weniger jedoch angesichts gegenwärtiger Entwicklungen und Gefährdungen durch Rechtsextremismus, Fremdenfeindlichkeit, Gewalt

und Antisemitismus, wird deutlich, dass die Demokratisierung von Staat und Verfassung allein nicht genügt, die Demokratie zu erhalten und mit Leben zu erfüllen. Dazu bedarf es vielmehr der Verankerung der Demokratie nicht nur als Verfassungsanspruch und Regierungsform, sondern als Gesellschaftsform und als Lebensform.

3. Demokratie als Gesellschaftsform bedeutet, diese als praktisch wirksamen Maßstab für die Entwicklung und Gestaltung zivilgesellschaftlicher Gemeinschaften, Verbände und Institutionen zu achten, zur Geltung zu bringen und öffentlich zu vertreten.

4. Demokratie als Lebensform bedeutet, ihre Prinzipien als Grundlage und Ziel für den menschlichen Umgang und das menschliche Handeln in die Praxis des gelebten Alltags hineinzutragen und in dieser Praxis immer wieder zu erneuern. Grundlage demokratischen Verhaltens sind die auf gegenseitiger Anerkennung beruhende Achtung und Solidarität zwischen Menschen unabhängig von Herkunft, Geschlecht, Alter, ethnischer Zugehörigkeit, Religion und gesellschaftlichem Status.

5. Politisch wie pädagogisch beruht der demokratische Weg auf dem entschiedenen und gemeinsam geteilten Willen, alle Betroffenen einzubeziehen (Inklusion und Partizipation), eine abwägende, am Prinzip der Gerechtigkeit orientierte Entscheidungspraxis zu ermöglichen (Deliberation), Mittel zweckdienlich und sparsam einzusetzen (Effizienz), Öffentlichkeit herzustellen (Transparenz) und eine kritische Prüfung des Handelns und der Institutionen nach Maßstäben von Recht und Moral zu sichern (Legitimität).

6. Demokratie lernen und Demokratie leben gehören zusammen: In demokratischen Verhältnissen aufzuwachsen und respektvollen Umgang als selbstverständlich zu erfahren, bildet eine wesentliche Grundlage für die Bildung belastbarer demokratischer Einstellungen und Verhaltensgewohnheiten. Darüber hinaus erfordert die Entwicklung demokratischer Handlungskompetenz Wissen über Prinzipien und Regeln, über Fakten und Modelle sowie über Institutionen und historische Zusammenhänge.

7. Demokratie lernen ist eine lebenslange Herausforderung; jede neue gesellschaftliche und politische Situation kann neue Fähigkeiten und demokratische Lösungswege verlangen. Ganz besonders stellt Demokratie lernen ein grundlegendes Ziel für Schule und Jugendbildung dar. Das ergibt sich zuerst aus deren Aufgabe, Lernen und Entwicklung aller Heranwachsenden zu fördern. In welchem Verhältnis Einbezug und Ausgrenzung, Förderung und Auslese, Anerkennung und Demütigung, Transparenz und Verantwortung in der Schule zueinander stehen, entscheidet darüber, welche Einstellung Jugendliche zur Demokratie entwickeln und wie sinnvoll, selbstverständlich und nützlich ihnen eigenes Engagement erscheint.

8. Demokratie wird erfahren durch Zugehörigkeit, Mitwirkung, Anerkennung und Verantwortung. Diese Erfahrung bildet eine Grundlage dafür, dass Alternativen zur Gewalt wahrgenommen und gewählt werden können und dass sich Vertrauen in die eigene Handlungsfähigkeit (Selbstwirksamkeit) und die Bereitschaft, sich für Aufgaben des Gemeinwesens einzusetzen, ausbilden können. Von dieser Erfahrung hängt die Fähigkeit ab, Zugehörigkeit zu anderen und Abgrenzung von anderen als demokratische Grundsituation zu verstehen und sie nicht mit blinder Gefolgschaft, mit der Abwertung anderer und mit Fremdenfeindlichkeit zu beantworten. Gewalt, Rechtsextremismus und Fremdenfeindlichkeit bei Jugendlichen sind auch die Folge fehlender Erfahrung der Zugehörigkeit, mangelnder Anerkennung und ungenügender Aufklärung.

9. Die Forderung, Demokratie lernen und Demokratie leben in der Schule miteinander zu verbinden, hat Konsequenzen für Ziele, Inhalte, Methoden und Umgangsformen in jedem Unterricht sowie für die Leistungsbewertung. Daraus folgt die Bedeutung des Projektlernens als einer grundlegend demokratisch angelegten pädagogischen Großform. Demokratie lernen und leben in der Schule impliziert die Forderung, Mitwirkung und Teilhabe in den verschiedenen Formen und auf den verschiedenen Ebenen des Schullebens und der schulischen Gremien zu erproben und zu erweitern und verlangt die Anerkennung und Wertschätzung von Aktivitäten und Leistungen, mit denen sich Schüler und Lehrer über die Schule hinaus an Aufgaben und Problemen des Gemeinwesens beteiligen.

10. Erziehung zur Demokratie und politische Bildung stellen für die Schule, besonders für Lehrerinnen und Lehrer, eine Aufgabe von zunehmender gesellschaftlicher Dringlichkeit dar. Alle staatlichen und zivilgesellschaftlichen Kräfte sind gefordert, pädagogische Anstrengungen auf diesem Feld zu unterstützen, mit ausreichenden Mitteln zu versehen und ihre öffentliche Wahrnehmung zu stärken.
Magdeburg, den 26. Februar 2005

Aufgaben

1. **Erschließen Sie jede der Thesen, indem Sie die dort benutzten Begriffe klären und die Argumente durch geeignete Beispiele erläutern und konkretisieren.**
2. **Arbeiten Sie die Bezüge zu Deweys und Kohlbergs Positionen heraus.**
3. **Geht dieser Ansatz der Demokratiepädagogik über die bislang erarbeiteten Konzepte der Moralpädagogik hinaus?**

Eine weitere Antwort auf die Frage: „Was ist Demokratiepädagogik?" finden Sie unter PP-Code 7ss4jr. Dort finden Sie auch einen weiteren Text mit Informationen dazu, wie demokratiepädagogische Anforderungen konkret umgesetzt werden.

M19 Was ist ein Klassenrat? (Birte Friedrichs)

Einblick in eine alltägliche Klassenratssitzung

Ein Rahmen wird geschaffen

Es ist Freitag, sechste Stunde. Mit dem Klingeln bin ich im Lehrerzimmer aufgebrochen. Als ich die Klassentür öffne, sehe ich: Meine Schülerinnen und Schüler waren bereits aktiv. Sie haben die Klasse umgeräumt, Gruppentische an den Rand geschoben und mit ihren Stühlen einen Kreis gebildet. Auf der einen Seite sitzen die Jungen, auf der anderen die Mädchen. Zwischen den Gruppen klafft auf einer Seite eine Lücke, Sicherheitsabstand. Auf der anderen Seite steht ein freier Stuhl. Irgendjemand hat an mich gedacht.

Der Klassenrat beginnt

Mein Eintreten irritiert die Kinder nicht weiter. Ich begebe mich leise auf meinen Platz. Einige Kinder sitzen abwartend auf ihrem Stuhl, andere unterhalten sich.
Lisa ist heute Vorsitzende. Sie leitet den Klassenrat. Ihre Nachbarin Anna, die Lisa heute als Assistentin zur Seite steht, schlägt den Klangstab und signalisiert damit, dass es an der Zeit ist, ruhig zu werden. Und tatsächlich werden die Gespräche eingestellt, die Blicke richten sich auf Lisa. Mit den Worten „Hiermit eröffne ich den Klassenrat" macht diese als Vorsitzende deutlich, dass nun der Klassenrat beginnt. In den Händen hält Lisa das Klassentagebuch, denn sie ist dabei, das Protokoll der vergangenen Woche zu verlesen. Lisa möchte wissen: Haben sich die Absprachen bewährt? Muss über irgendein Thema erneut gesprochen werden? Letzteres ist nicht der Fall. Timo hat ein gutes Protokoll geschrieben, und die im letzten Klassenrat gefundenen Lösungen haben sich bislang als tragfähig erwiesen. Deshalb geht Lisa zum nächsten Punkt über, der Vergabe von Ämtern. Nach einem im Klassenrat vereinbarten Prinzip werden bestimmte Ämter jede Woche am Beginn des Klassenrats neu verteilt – Austeildienst, Blumendienst, Stuhldienst, Kehrdienst, Klassenratsleitung, Protokollant/in. Jungen geben ihr Amt an Mädchen weiter, Mädchen an Jungen. Dabei achten sie darauf, Kinder auszuwählen, die das Amt bislang noch nicht innehatten. Wenn dennoch einmal Freundschaft vor Gerechtigkeit geht, dann gibt es meist jemanden, der protestiert und Gleichbehandlung einfordert.

Die Themen der Wandzeitung werden bearbeitet

Nun nimmt Lisa die Wandzeitung der zurückliegenden Woche zur Hand. Sie liest vor: „Ich lobe den Kehrdienst. Gezeichnet Sabrina. Unterschrieben haben Lara, Jens und Marcel." Lisa fragt Sabrina, ob sie noch etwas erklären wolle. Sabrina findet, dass mit ihrem Anschrieb bereits alles gesagt sei. Lennart und Timo, die seit einer Woche dafür zuständig sind, den Klassenraum am Ende des Schultages zu fegen, freuen sich sichtlich über das Lob. In der Vergangenheit gab es manches Mal Kritik an Kindern, die ihre Aufgabe als Kehrdienst nicht ernst genug nahmen.
Soll man ein Amt länger innehaben?
Lisa geht zum nächsten Punkt über: „Ich wünsche, dass Ämter immer für zwei Wochen vergeben werden. Gezeichnet Lennart." Sie liest die Namen einiger Kinder vor, die den Vorschlag unterstützen. Dann wird Lennart aufgefordert, seinen Wunsch zu erläutern.
Lennart argumentiert, dass immer wieder Kinder kritisiert worden seien, weil sie ihr Wochenamt nicht gut ausgeführt hätten. Wenn man nun für ein Amt grundsätzlich zwei Wochen lang verantwortlich sei, dann habe man eher die Chance zu lernen, wie man es gut mache. Einige Kinder melden sich, Lisa nimmt sie dran. Verschiedene Meinungen und Argumente kommen zur Sprache: Was ist mit Ämtern, die unbeliebt sind? Und warum nicht lieber gleich vier Wochen?
„Malte meldet sich mit zwei Händen!", ruft Tina rein. Das hatte Lisa nicht gesehen. Wer sich mit zwei Händen meldet, möchte etwas zur „Geschäftsordnung" sagen, deshalb muss er sofort drangenommen werden. Malte wendet sich an Lisa, sein Beitrag macht Sinn: „Ich finde, jetzt werden dauernd Sachen gesagt, die schon genannt wurden. Deshalb solltest du mal abstimmen lassen!" Lisa geht auf den Hinweis ein: „Wer ist für Lennarts Wunsch, dass man immer für zwei Wochen ein Amt hat?" Die Mehrheit unterstützt den Vorschlag. Lara, die heute Protokollantin ist, zählt die Stimmen und hält das Abstimmungsergebnis schriftlich fest. Später wird sie ins Protokoll schreiben: „Wunsch: Ämter für zwei Wochen vergeben. Gez. Lennart. Unterschrieben haben Malte, Jens, Florian. Lösung: Wir machen es. 15 dafür, 7 dagegen, 3 Enthaltungen." Daria stupst ihre Nachbarin Lisa an und weist auf die Uhr. Mit einem Blick

Abb. 4.12

auf die Zeit bemerkt Lisa: „Wir müssen uns jetzt etwas beeilen. Hier stehen nämlich noch zwei Sachen bei ‚Ich kritisiere' und wir haben nur noch zwanzig Minuten."
Dann zitiert sie den ersten Kritikpunkt, bittet diejenige, die den Punkt angeschrieben hat, darum, ihre Kritik zu erläutern, und erteilt dann dem Kritisierten das Wort, der nun seine Sichtweise darstellt. Anschließend haben die Mitschüler/innen die Möglichkeit, sich einzubringen. Lisa behält während des Gesprächs die Uhr im Blick und achtet darauf, dass am Ende jedes Konfliktgesprächs eine Lösung steht, die im Protokoll festgehalten wird. Welche Probleme sind heute Thema?

„Daria hat uns voll geschlagen."
„... dass Daria uns voll geschlagen hat. Gezeichnet Timon, unterschrieben haben Lennart und Florian." Im Verlauf des Gesprächs wird der Hintergrund deutlich: Um in den kleinen Pausen nicht allzu sehr in der Klasse oder auf dem Gang herumzutoben – beides ist laut Schulordnung verboten –, hat die Klasse sich sinnvolle kurze Spiele für diese fünf Minuten überlegt. Dazu gehört Galgenraten an der Tafel. In letzter Zeit wurde das Spiel häufig gestört, indem einige Jungen die Lösung einfach in den Raum riefen. Dies hatte Daria, die an der Tafel stand und ihren Begriff erraten ließ, so geärgert, dass sie den entsprechenden Jungen gegenüber handgreiflich geworden ist.
Während der Diskussion verschieben sich die Rollen, viele Mitschüler/innen entwickeln Verständnis für Darias Verhalten. Nicht mehr Daria, sondern die „Reinrufer" müssen sich nun der Kritik stellen. Darüber hinaus wird als Motiv der Jungen verständlich, dass sie sich beim Galgenraten langweilten – das Spiel werde schon seit zu langer Zeit gespielt. Welche Lösung finden die Kinder? Im Protokoll ist zu lesen: „Wir überlegen, dass man nicht mehr Galgenraten spielt und dass man, wenn man es spielt, dann ohne Reinrufen."

Aus Kritisierenden werden Kritisierte
Nächster Kritikpunkt: Lara kritisiert, „... dass Batuhan einen immer einschließt". Fünf Mädchen haben unterschrieben. Was ist passiert? Wieder zeigt sich, wie gut es ist, sich Zeit für das Klären von Konflikten zu nehmen. Zunächst bekommt Lara die Möglichkeit, ihr Anliegen zu erläutern. Zusammen mit ihrer Freundin wurde sie am vergangenen Dienstagmittag von Batuhan in der Klasse eingeschlossen – obwohl sie als Fegedienst noch bei der Arbeit waren. „O Mann, ihr trödelt auch immer so", beschwert sich Batuhan. „Und du darfst uns nicht einschließen!", halten die Mädchen lautstark dagegen. Plötzlich weint Batuhan. Er ist ein sehr gewissenhafter Junge. Als Inhaber des Schlüsseldienstes hat er gemeinsam mit Florian die Aufgabe, die Klassentür zu Beginn des Unterrichts auf- und am Ende wieder abzuschließen. Die beiden Jungen mussten dem Hausmeister versprechen, den Schlüssel nicht weiterzugeben.
Batuhans Erzählung ist ungeordnet, immer wieder kommen Tränen, nur langsam verstehen wir: Am Dienstag musste er nach Unterrichtsschluss nicht nur die Klassentür abschließen, sondern auch seinen dreijährigen Bruder vom Kindergarten abholen. Der Fegedienst hatte sich so viel Zeit gelassen, dass Batuhan zu spät zum Kindergarten kam – dieser war bereits verschlossen und der kleine Bruder wartete alleine vor der Tür. Das tat Batuhan furchtbar leid und zu Hause schimpften die Eltern.
Niemand ahnte, welchem inneren Druck Batuhan ausgesetzt war. Aus Ärger wird Mitgefühl. Alle sind sich einig, dass so etwas nicht noch einmal passieren sollte. Die Lösung, die gefunden wird, ist denkbar einfach: „Wenn Batuhan seinen Bruder abholen muss, macht Florian Schlüsseldienst."

Abschluss: Der Rahmen wird geschlossen
Die Probleme sind besprochen, die Stunde ist vorbei, und Lara setzt den offiziellen Schluss: „Hiermit beende ich den Klassenrat." Daraufhin springen die Kinder auf, nehmen ihren Stuhl in die Hand und stellen die Tische wieder an ihren Platz. Lisa gibt die Zettel der Wandzeitung an Lara weiter. Am Montag wird Lara das Klassentagebuch wieder mitbringen, ergänzt um ihr Protokoll der heutigen Sitzung. Florian hängt neue Zettel an die Wandzeitung.

Aufgaben

1. Arbeiten Sie aus dem Text heraus, nach welchen Grundsätzen der hier beschriebene Klassenrat funktioniert.
2. Setzen Sie das dabei erkennbar werdende Konzept in Beziehung zu den Thesen des Magdeburger Manifests und den Konzepten der Moralerziehung von Kohlberg und anderen.
3. Ordnen Sie das Fallbeispiel dem Stufenmodell von Kohlberg zu: Welches Niveau kann mit diesem Konzept erreicht werden?
4. Kann man den Klassenrat für Ihre Schule übernehmen? Von welchem Schuljahr an? Erörtern Sie Leistungen und Grenzen dieser Variante von Demokratiepädagogik.

Weitere Beispiele für Lernen durch gemeinnütziges Engagement finden Sie unter PP-Code e9y9n5.

Aufgaben

1. Erläutern Sie die unterschiedlichen Formen des Engagements.
2. Arbeiten Sie heraus, welche pädagogischen Ziele mit ihnen verfolgt werden.
3. Gibt es an Ihrer Schule solche Formen des sozialen Lernens bzw. des Service-Learnings? Gibt es an Ihrer Schule Streitschlichtungs- bzw. Mediations-Projekte? Informieren Sie sich und berichten Sie darüber.
4. Erörtern Sie Leistungen und Grenzen dieses Ansatzes für Demokratiepädagogik.

Der in Zürich lehrende Erziehungswissenschaftler Roland Reichenbach hat einige kritische Anfragen und Einwände gegen demokratiepädagogische Konzepte formuliert.

Abb. 4.13: Prof. Dr. Roland Reichenbach (Universität Zürich)

M 20 Partizipation unter Ungleichen (Roland Reichenbach)

Im Zentrum aller pädagogischen Reflexion steht die pädagogische Beziehung. Sie ist ein Verhältnis zwischen ungleichen und voneinander in unterschiedlicher Weise abhängigen Akteuren. Macht ist eines der wesentlichen Merkmale der pädagogischen Beziehung und es ist diese – heute oft verleugnete, abgelehnte oder verdrängte – Qualität, welche dem Diskurs über eine pädagogische Ethik bzw. der Frage nach einer speziellen pädagogischen Verantwortung überhaupt erst Sinn verleiht. Die erste Aufgabe einer pädagogischen Ethik kann deshalb darin gesehen werden, nach der Legitimität und Legitimation von Erziehung zu fragen, d. h. zwischen legitimer und illegitimer Macht, und spezifischer: zwischen ethisch vertretbarem und ethisch nicht vertretbarem Machtgebrauch zu unterscheiden. Wo aber die Tatsache der Macht – edel motiviert – ganz verteufelt wird, da hat es die pädagogische Urteilskraft schwer. [...] Partizipation im Feld der Pädagogik ist Partizipation nicht von Gleichen, sondern von Ungleichen. [...]
Es gehört zu den wenig aufrichtigen Seiten des pädagogischen Diskurses, Partizipation als Allheilmittel anzupreisen und aus Prinzip in den Himmel zu loben. Wer Erziehung und Unterricht als eine Pädagogik der Teilhabe konzipieren will [...], kann den Begriff der Partizipation nur dann einseitig positiv benützen, wenn er ihn in der Schwebe lässt, im Nimbus des fraglos Guten und Anzustrebenden. Doch sobald der Begriff konkretisiert werden soll, kommt seine Insuffizienz, die er seiner Hyperplastizität verdankt, zum Vorschein und man muss sich fragen, wozu er denn als pädagogischer Begriff überhaupt taugt, wenn er offenbar zu allem taugt. Es kommt zu einem begrifflichen Dilemma: Werden mit „Partizipation" nicht auch kollektive Entscheidungsprozesse impliziert, ist er sowieso zahnlos; wird aber Mitentscheidung gemeint, stößt der Begriff sofort auf seine Grenzen und man merkt, dass die Mit-Entscheidung in asymmetrischen Konstellationen etwas ganz anderes ist als in symmetrischen Konstellationen. Wer seinen Blick auf die Empirie eines so gestalteten „partizipativen Miteinanders" richtet, also auf Entscheidungsprozesse zwischen ungleichen Partnern, der wird nebst den positiven Seiten, die solche Interaktionen und Sozialformen ja immer „irgendwie" aufweisen, früher oder später, in schwächerer oder stärkerer Form mit drei Phänomen Bekanntschaft machen:

- Erstens muss immer wieder konstatiert werden, dass eine meist nicht gerade kleine Minderheit offensichtlich gar keinen Partizipationswunsch besitzt, sei es, weil die (befürchteten) Diskussionen und Kommunikationen als lästig und überflüssig empfunden werden, sei es, und das ist viel gewichtiger, weil über die „wichtigen" Dinge gar nicht entschieden werden kann.
- Zweitens macht sich in der einen oder anderen Form das „Eherne Gesetz der Oligarchie" (Robert Michels) bemerkbar, wonach die Abflachung von Hierarchien und das scheinbar offene Mitentscheiden nun durch informelle „Oligarchien" gesteuert wird, durch einzelne Gruppenmitglieder also, die offenbar mehr als andere zu sagen haben und somit mehr, aber informellen Einfluss besitzen. Erzwungene oder pädagogisch geförderte Partizipation führt also keineswegs immer zu vermehrter Egalität, sondern vielmehr häufig zu vermehrter Subtilität der alten und neuen Machtverhältnisse.
- Drittens ist ein großer Teil dessen, was zwischen Ungleichen unter dem Label „Partizipation" praktiziert wird, nichts anderes als Pseudo-Partizipation, welche durchaus nicht immer gewollt oder heimtückisch initiiert wird, sondern bloß ein Resultat der politischen korrekten Meinung darstellen mag, man müsse die wichtigen Dinge immer miteinander besprechen, und unterschlagen wird, dass das diskursive Ethos untergraben wird, wenn unterschlagen wird, dass die Entscheidungen eigentlich schon gefällt sind.

Aufgaben

1. Arbeiten Sie die Kritik heraus, die Reichenbach an Partizipationskonzepten übt.
2. Erläutern Sie in diesem Zusammenhang auch den Satz, „dass die Mit-Entscheidung in asymmetrischen Konstellationen etwas ganz anderes ist als in symmetrischen Konstellationen" (Zeile 34–37).
3. Setzen Sie Reichenbachs Kritik in Beziehung zu den Ihnen bekannten Konzepten und Fallbeispielen der Demokratiepädagogik.
4. Beurteilen Sie seine Kritik.

Welche Erkenntnisse liegen über die Wirksamkeit der Konzepte zum Demokratie-Lernen vor? Der folgende Text von Sibylle Reinhardt gibt einen Überblick.

M21 Empirische Würdigung der Demokratiepädagogik (Sibylle Reinhardt)

In den vergangenen Jahren haben eine Reihe empirischer Studien Daten für die Antwort auf die Frage, ob soziales Lernen im Nahraum auch politisches Lernen für das übergreifende demokratische System bedeute oder bewirke, bereitgestellt. Eine Meta-Analyse von 13 Studien […] führte die Ergebnisse zusammen: Soziales Lernen ist nicht und bewirkt nicht politisches Lernen. Offensichtlich sind dies unterschiedliche Dimensionen in unterschiedlichen Welten und Lernkontexten. Partizipation in gemeinschaftlichen Kontexten geht nicht einher mit Partizipation in gesamtgesellschaftlich-politischen Kontexten. Auch gehen pro-soziale Werte nicht einher mit dem Verständnis des demokratisch-politischen Systems als konflikthaftem Geschehen […].
Ihre qualitative Studie zum Politik-Verständnis von Studierenden […] brachte für Dagmar Richter 1996 ein Zwei-Welten-Modell zum Vorschein. In den Äußerungen der Befragten standen zwei Formen von „Politik" unverbunden nebeneinander, die Richter […] als privat bzw. öffentlich kennzeichnete […]. Beide Welten sind den Interviewten bekannt, aber sie verbinden die private Welt nicht mit der politischen, „der Sprung vom Besonderen zum Allgemeinen gelingt nur selten" (70). Probleme ihres Lebens (z. B. Müll, Verkehr) werden individuell und punktuell angegangen, nicht aber mithilfe von parlamentarischen Schritten.
In vergleichbarer Weise zeigte sich ein privates Demokratie-Verständnis in den Metaphern für „Demokratie", die von den am BLK-Programm beteiligten Lehrerinnen und Lehrern gewählt wurden […]. Demokratie wird „stärker auf gemeinschaftliche Werte als auf gesellschaftliche Rechte bezogen". Muster der Familie und anderer Gemeinschaften des Nahraums geben die Orientierung. In dieselbe Richtung deutet das (immer wiederkehrende) Ergebnis der Shell-Studie […], dass Engagement für gesellschaftliche Angelegenheiten und andere Menschen für Jugendliche wichtig ist, nicht aber die Teilnahme in Organisationen und Institutionen […].

Aufgaben

1. Erläutern Sie die hier referierten Ergebnisse empirischer Forschung, wonach bei Jugendlichen ein politisches „Zwei-Welten-Modell" vorherrscht.
2. Erörtern Sie, welche Folgerungen daraus im Hinblick auf die Ziele und Verfahren der politischen Erziehung bzw. des Demokratie-Lernens zu ziehen sind.

In nicht-demokratischen Systemen wird indoktrinativ und manipulativ vorgegangen. Kann man im Umkehrschluss folgern, dass solche indoktrinativen und manipulativen Strategien in einem demokratischen Bildungssystem wie der Bundesrepublik Deutschland nicht vorkommen?

Der Autor des nächsten Textes führt aus, dass das so einfach nicht funktioniert.

M22 Überwältigungsverbot (Tilman Grammes)

Der Vorwurf subtiler Manipulation durch Unausgewogenheit bzw. Parteilichkeit gilt als die schwerste Verletzung der impliziten Ethik des Fachlehrers. […] Jeder Bildungsprozess benötigt nicht-kontroverse, dogmatische Phasen, in denen die Lernenden sich ganz in ein Denkschema versetzen („eintauchen"). Bildungsprozesse vertragen auch dogmatische Phasen, wenn diese später durch Reflexion wieder gebrochen werden. Aber wird in der Unterrichtspraxis heute noch ernsthaft überwältigt? Gibt es den Lehrenden, der eindeutig Parteipolitik betreibt oder seine Schüler zur Teilnahme an einer Demonstration zwingt bzw. diese unter Androhung von Sanktionen verbietet – ohne dass Anfragen der Schulleitung oder von Eltern kommen?

Variante A: Überwältigen durch Appell und Heroisierung
In der jüngsten deutschen Vergangenheit sind Extrembeispiele im Staatsbürgerkunde- und Geschichtsunterricht der DDR dokumentiert. Es ist wichtig, diese Beispiele in Erinnerung zu behalten, schon um den Abstand zu einer demokratischen Bildungskonzeption zu vermessen. […] Solche Überwältigung durch einen moralischen Appell […] ist heute selten. […]Häufiger sind die folgenden sublimen Formen der Überwältigung.

Variante B: Vereinnahmen durch Verbünden
Gerade die argumentationshomogene Lerngruppe kann ein vorschnelles inhaltliches Einverständnis durch eine Bündnispartnerschaft von Lehrendem und Schülern nahelegen; solches Wohlmeinen ist oft gekoppelt mit moralisierender Wirklichkeitsanalyse und ungebrochener Übernahme medialer Formen der „political correctness". Es wird überwältigt, weil die Sache von vornherein als bewältigt gilt. Unangenehme Informationen werden tabuisiert. Vor allem Berufsanfänger neigen dazu, solange sie den Lernerfolg noch ausschließlich an einer guten Lehrer-Schüler-Beziehung festmachen (müssen) und weniger an der Auseinandersetzung des Lernenden mit dem Gegenstand. In einer Stunde (8. Kl. POS Berlin 1990 in der „Wende") zum Thema Demokratie/Schwierigkeiten mit der Toleranz werden diese Schwierigkeiten suggestiv weggeredet:

> „*Lw**: Wenn einer jetzt – unabhängig von der Diskussion, aber zum Beispiel Homosexuelle wirklich ablehnt, weil er zu wenig darüber weiß, das sehr unnormal empfindet – gibt's niemanden in der Klasse? – Na ja, fand' ich gut. Dann haben wir ja – zwar nicht alle, aber der größte Teil – uns zu dem Problem verständigt. Wir werden die

nächsten Stunden natürlich viel gezielter, mit mehr Inhalten, auf das Problem eingehen ... Wenn man jetzt also tolerant sein will, und wir haben nicht nur den Anspruch, wie gesagt, tolerant zu sein, sondern wir müssen auch, also wir sehen jetzt, welche Schwierigkeiten uns das insgesamt bereitet ..." [21]

Zuvor hatte die Schülerin Rebecca gerade Schwierigkeiten im Umgang mit Homosexuellen vorsichtig verbalisiert.

Variante C: Überhören von Einwänden

[...] Unterrichtsprotokolle zeigen immer wieder Schülerfragen, die einen fruchtbaren Moment darstellen könnten, vom Pädagogen aber nicht wahrgenommen, überhört und als Unterrichtsstörung sanft ausgeblendet werden. In einer Stunde zum Thema Entwicklungspolitik (9. Kl. Realschule Frankfurt/M. 1979) thematisieren die Schüler Ricki und Joachim indirekt die entwicklungspolitische Kontroverse zwischen Dependenz- und Modernisierungstheorie, indem sie die eindimensionale Kategorisierung von Brasilien als Entwicklungsland hinterfragen:

„*Lw:* Ja, als welches Land würdet ihr Brasilien bezeichnen aufgrund dieser Information, die ihr jetzt so habt?
Ricki: Kaffeeland! (Gelächter in der Klasse)
Lw: Na, [...]Unterschied, - dieser krasse Unterschied den du genannt hast, Ricki.
Ricki: Ahm! - Ich weiß nicht, wie man's ausdrücken kann.
Lw: Es gibt Industrienationen und? -
Ricki: Entwicklungsländer.
Lw: Aha! Und wie ist das mit Brasilien? Ja!
Joachim: Ich würd' sagen, man kann es nicht direkt als Indu-, Indus-, auf gar keinen Fall als großes Industrieland bezeichnen, - jedoch auch wiederum nicht als, - äh, - als totales Entwicklungsland, - denn schließlich, - einen kleinen Export hat ja Brasilien, zum Beispiel jetzt Kaffee.
Lw: Hmm? - Ja, - aber trotzdem wird -
Joachim: (parallel) und einige Rohstoffe.
Lw: (weiter): Laut, laut dieser Einstufung in Entwicklungsländer gehört Brasilien dazu. - Ja? Also, - wie würdet ihr die Frage formulieren? - Überbegriff? - Na?" [22]

Der Terminus „Entwicklungsländer" wird von dem Schüler Ricki ironisch mit dem Wort „Kaffeeland" umgangen. „Diese erstaunliche Evokation wird von der Lehrerin nicht mäeutisch aufgenommen, sondern konventionalistisch unter Verweis auf ein politisches Grundsatzpapier behandelt, in dem eben so definiert werde" (Koring, S. 319). Es handelt sich um eine De-Thematisierung, eine Form des Diskursausschlusses durch die Steuerungspolitik der „nur moderierenden" Lehrerin. [...]

Variante D: Überreden durch Harmonisieren

[...] Eine Unterrichtsstunde (9. Kl. Gymnasium Hamburg, ca. 1981) verhandelt den Fall eines Mofakaufs eines 16-Jährigen. Einzige - juristisch natürlich korrekte - Falllösung ist, der Jugendliche müsse das Mofa zurückgeben, wenn die Eltern nicht einverstanden sind (obwohl überhaupt nichts passiert ist). Eine denkbare pädagogische Konfliktlösung wird nicht thematisiert. Die Stunde endet mit folgender rechtsphilosophischen Verallgemeinerung (Transfer):

Sm:* ... ohne Verträge geht es überhaupt nicht, ob die nun gesetzlich festgehalten sind oder ob die nun eben so ein ungeschriebenes Gesetz sind (L: Sehr wahr!)... und irgendwann dann hat sich mal irgend jemand nicht daran gehalten, an dieses ungeschriebene Gesetz und da hat man dieses Gesetz aufgeschrieben.
Lm:* Ein sehr guter Gedanke. Was ist denn da passiert, als sich der Erste nicht an den Vertrag gehalten hat? ...
Sm: Mord und Totschlag.
Lm: Ja! Wer setzt sich nämlich durch, wenn keine Verträge Gültigkeit haben?
Sm: Der Stärkere.
Lm: Ja. (mehrere Schüler lachen wie erleichtert) Wir hätten also hier das Gesetz der Wildnis oder das Gesetz der Straße, wie man das heute so nennt: Der Stärkere, der Stärkere setzt sich durch. Das ist die Situation ohne Verträge! Ja, ich glaube, das ist einigermaßen klar geworden, welche Funktion das Ganze für euch hat, und ich hoffe, es ist uns auch klar geworden, dass die juristische Betrachtungsweise noch etwas feinsinniger ist als die normale Vorstellungsweise - worin der Sinn dieser Regelung besteht. Dann habt ihr euch mal eine etwas längere Pause verdient.
S:* (alle) Ja!!!

Die Entdeckung einer positiven Rechtssetzung wirkt auf Jugendliche einerseits befreiend, weil die Direktheit von personalen Abhängigkeitsverhältnissen zugunsten abstrakter Regeln und Normen gebrochen wird. Die Lernenden können aufatmen, auch dafür steht das „überwältigende" „Ja!". Für den konkreten Fall implizieren die Gesetze der Zivilisation aber auch eine Ent-Täuschung. Gesetze sollen die Schwachen gegen das Recht des Stärkeren schützen. Tatsächlich schützen sie aber oft die Stärkeren gegen die Schwachen, wenn bereits (soziale) Ungleichheit vorliegt! Wird dies in einer Folgestunde nicht reflektiert, handelt es sich um affirmative Paragrafenkunde statt um kritische politische Bildung! [...]

** Lm = Lehrer (männlich), Lw = Lehrerin (weiblich), S = Schüler, Sm = Schüler (männlich)*

Aufgaben

1. Arbeiten Sie die „sublimen" Formen der Indoktrination heraus und erläutern Sie sie mithilfe von Fallbeispielen.
2. Erörtern Sie, inwiefern solche Formen der Indoktrination in Ihrer eigenen politischen Bildung vorkommen bzw. vorgekommen sind. Wenn ja: Welche Möglichkeiten haben Sie, dagegen vorzugehen?

Anregungen zur Weiterarbeit

1. Stellen Sie Ihre in den Kapiteln 1, 2, 3 und 4 neu erworbenen Kenntnisse zusammen.
   Sie können sich dabei an der in Kapitel 1 vorgeschlagenen Systematik orientieren, nach der zwischen den Zielen politischer Erziehung, ihren Methoden bzw. Verfahren, den tatsächlich erreichten Wirkungen und Problemen sowie den politischen und sozio-kulturellen Kontexten unterschieden wird.
2. Überprüfen und diskutieren Sie Ihre Urteile.
3. Setzen Sie die Ansätze der politischen Erziehung als Indoktrination und Manipulation sowie der Moralerziehung und Demokratiepädagogik in Beziehung zu Ihnen bekannten Erziehungs- und Bildungstheorien.
4. Inwiefern sind Ihre Sichtweisen auf pädagogisches Denken und Handeln erweitert oder verändert worden?
5. Welchen Nutzen kann Ihnen das neu erworbene Wissen und Können bringen? In welchen schulischen und außerschulischen Zusammenhängen können Sie es anwenden?

Kompetenzcheck

Hier finden Sie eine Übersicht über die Kompetenzen, die Sie vor allem in den Kapiteln 1, 2, 3 und 4 erwerben konnten. Versuchen Sie, selbst einzuschätzen, wie gut Sie sie beherrschen.

Sachkompetenz

Ich …	… sicher	… noch nicht sicher genug	Hier kann ich nachschlagen:
… beschreibe die zentralen Aspekte von Kohlbergs Modell moralischer Entwicklung und erläutere es aus pädagogischer Perspektive.			
… erkläre die Bedeutung von Werten und Normen für Erziehung und Bildung am Beispiel der Erziehung im Nationalsozialismus.			
… ordne Erziehungsziele dem historischen, politischen und kulturellen Kontext der Herrschaft des Nationalsozialismus zu.			
… erläutere Prinzipien der Erziehung im Nationalsozialismus und deren Auswirkungen.			
… erkläre die Bedeutung von Werten und Normen für Erziehung und Bildung am Beispiel der Erziehung in der DDR.			
… ordne Erziehungsziele dem historischen, politischen und kulturellen Kontext der DDR zu.			
… beschreibe Erziehungsziele im Bereich der schulischen politischen Bildung in der DDR.			
… erkläre die Bedeutung von Werten und Normen für Erziehung und Bildung am Beispiel des Demokratie-Lernens in der Bundesrepublik Deutschland.			
… ordne Erziehungsziele dem historischen, politischen und kulturellen Kontext der Bundesrepublik Deutschland zu.			
… beschreibe die Werte und Normen, die der schulischen Erziehung in der Bundesrepublik Deutschland zugrunde liegen.			
… beschreibe Erziehungsziele im Bereich der schulischen politischen Bildung in der Bundesrepublik Deutschland.			
… beschreibe Schule als Ort des Demokratie-Lernens.			
… beschreibe den Wandel in den Anforderungen an die Schule als Ort der politischen Bildung.			
… beschreibe Möglichkeiten und Grenzen persönlicher Lebensgestaltung in unterschiedlichen politischen Systemen.			

Ich …	… sicher	… noch nicht sicher genug	Hier kann ich nachschlagen:
… erläutere den Zusammenhang von Identität und Bildung in unterschiedlichen politischen und gesellschaftlichen Kontexten.			
… erläutere die Interdependenz von Emanzipation und Mündigkeit einerseits und den politischen und gesellschaftlichen Ordnungen andererseits.			
… erläutere den wechselseitigen Bezug von Mündigkeit und sozialer Verantwortlichkeit.			
… erkläre, inwiefern sich mein Verständnis der pädagogischen Perspektive durch die Auseinandersetzung mit der politischen Erziehung in unterschiedlichen gesellschaftlichen und politischen Kontexten erweitert hat.			
… erkläre, inwiefern sich mein Verständnis der pädagogischen Grundbegriffe „Erziehung" und „Bildung" durch die Auseinandersetzung mit der politischen Erziehung in unterschiedlichen gesellschaftlichen und politischen Kontexten erweitert hat.			

Urteilskompetenz

Ich …	… sicher	… noch nicht sicher genug	Hier kann ich nachschlagen:
… beurteile praktische altersspezifische Maßnahmen zur Förderung von politischer Bildung.			
… erörtere die normative Bedingtheit von Erziehungs- und Bildungsprozessen im Hinblick auf die politische Erziehung in der Zeit des Nationalsozialismus, der DDR und der Bundesrepublik Deutschland und die daraus resultierenden Herausforderungen.			
… erörtere das Verhältnis von Pädagogik und Politik im Hinblick auf die Zeit des Nationalsozialismus, die DDR und die Bundesrepublik Deutschland.			
… bewerte das Verhältnis von Erziehung, Sozialisation und Identitätsbildung im Nationalsozialismus.			
… bewerte das Verhältnis von Erziehung, Sozialisation und Identitätsbildung in der DDR.			
… bewerte das Verhältnis von Erziehung, Sozialisation und Identitätsbildung in der Bundesrepublik.			
… beurteile Möglichkeiten und Grenzen der Wahrnehmung eigener Interessen bei der persönlichen Lebensgestaltung im Spannungsfeld von persönlicher Entfaltung und sozialer Verantwortlichkeit.			
… erörtere, inwiefern sich mein Verständnis der pädagogischen Perspektive und der pädagogischen Grundbegriffe „Erziehung" und „Bildung" durch die Auseinandersetzung mit der politischen Erziehung in unterschiedlichen gesellschaftlichen und politischen Kontexten erweitert hat.			

Methodenkompetenz

Ich …	… sicher	… noch nicht sicher genug	Hier kann ich nachschlagen:
… beschreibe komplexe Situationen aus pädagogischer Perspektive unter Verwendung der Fachsprache.			
… ermittle pädagogisch relevante Informationen aus Fachliteratur, aus fachlichen Darstellungen in Nachschlagewerken oder im Internet.			
… ermittle aus pädagogischen Texten Positionen zur politischen Erziehung.			
… ermittle aus pädagogisch relevanten Texten zur politischen Erziehung explizit oder implizit verfolgte Interessen und Zielsetzungen.			
… analysiere Texte mithilfe hermeneutischer Methoden der Erkenntnisgewinnung.			
… werte mit empirischen Methoden gewonnenes Datenmaterial aus.			
… ermittle die Entstehung erziehungswissenschaftlicher Konzepte zur politischen Erziehung.			
… analysiere die erziehungswissenschaftliche Bedeutung von Erkenntnissen aus der Politik-, Sozial- und Geschichtswissenschaft.			
… stelle Arbeitsergebnisse in geeigneter Präsentationstechnik dar.			
… wende Verfahren der Selbstevaluation/-reflexion im Hinblick auf meine eigene pädagogische Erkenntnisgewinnung und Urteilsfindung an.			

Handlungskompetenz

Ich …	… sicher	… noch nicht sicher genug	Hier kann ich nachschlagen:
… entwickle und erprobe Handlungsoptionen zur politischen Erziehung auf der Grundlage verschiedener Theorien und Konzepte.			
… vertrete pädagogische Handlungsoptionen argumentativ.			

5. (An-)Forderungen an ein modernes Schul- und Bildungswesen

Erzieherische Allmachtsfantasien wie Ohnmachtsgefühle scheinen sich noch einmal zu potenzieren, wird das pädagogische Gespräch auf die Schule gelenkt. Seit der Moderne sitzen hier Generation um Generation, auf die sich jeweils die gesellschaftlichen Erwartungen und Hoffnungen konzentrieren, an denen die Älteren mitunter aber auch zu verzweifeln scheinen. Der Hochschulprofessor für Allgemeine Pädagogik Andreas Gruschka macht sogar innerhalb erziehungswissenschaftlicher(!) Einführungen über Schule diese beiden Pole aus, den Verriss der heutigen Schule und den Glauben an eine zukünftige, bessere Schule:

„Eingeführt wird der Leser in die Schule nicht etwa durch den Aufweis ihrer positiv bewerteten Leistungen, durch die Darstellung der sie organisierenden Strukturen, sondern mit dem Grundtenor, dass die normale Schule pragmatisch und auch systematisch an der ihr gestellten Aufgabe scheitere. Selten verbergen die Autoren ihre normative Überzeugung. Ihr jeweiliges Bild von der richtigen Schule wird zumindest mittelbar zur Grundlage ihrer Erörterungen. Die Erwartungen an Schule und die Beobachtung ihrer Arbeitsweise klaffen weit auseinander."

Um nicht selbst einem vorschnellen Urteil über Schule zu verfallen, erscheint es hilfreich, sich mit der Geschichte der Schule und den Gründen ihrer Entstehung und Verbreitung vertraut zu machen, theoretische Erklärungen der Schule zu reflektieren und sich erst dann mit den aktuellen Diskussionen über das deutsche Schul- und Bildungswesen auseinanderzusetzen, die allesamt durch die Ergebnisse der internationalen Schulleistungs- bzw. Schülerleistungsvergleiche ausgelöst zu sein scheinen. Am Beispiel der offiziell als Folge des schlechten deutschen Abschneidens bei Studien wie PISA vereinbarten Bildungsstandards und der eingeführten je landes- und demnächst im Ansatz gar bundesweiten zentralen Vergleichs- und Abschlussarbeiten soll zum Nachdenken über diese aktuellen Tendenzen und ihrer Beziehung zu den traditionellen pädagogischen Vorstellungen über Schule, Unterricht und Bildung angeregt werden.

5.1 Schule gestern, heute und morgen

Aufgaben

Sie können die folgenden Aufgaben arbeitsteilig auf die jeweiligen Bilder von Schule beziehen:

1. Beschreiben Sie das (jeweilige) Bild von Schule (M 1 bis M 3).
2. Wie beurteilt der Künstler/Fotograf Ihrer Meinung nach die Vergangenheit, Gegenwart oder Zukunft der Schule? Begründen Sie Ihre Aussage mithilfe des Bildes.
3. Bewerten Sie die von Ihnen behaupteten Aussagen des Künstlers/Fotografen.

Diskutieren Sie im Kurs zu Beginn der Unterrichtsreihe, was an Schule heute besser oder schlechter ist als „früher" und wie Ihrer Meinung nach Schule zukünftig besser zu gestalten wäre als heute.

M1 Schule im 17. Jahrhundert (Jan Steen)

Abb. 5.1: Jan Steen: A school for boys and girls, Edinburgh, National Galleries of Scotland, ca. 1670

M2 Schule 1971 (Peter Tillberg)

Abb. 5.2: Peter Tillberg: Wirst du wohl mal Nutzen bringen, Kleiner, 1971/72

M3 Schule der Zukunft?

Abb. 5.3: Wenn-das-MacBook-die-Schulbuecher-ersetzt

M4 Entfaltungsmöglichkeiten in der ständischen Gesellschaft (Hans-Georg Herrlitz/Wulf Hopf/Hartmut Titze)

In der vorindustriellen Gesellschaft waren die Entfaltungsmöglichkeiten des Einzelnen in der Regel auf den Lebenskreis beschränkt, in den er zufällig hineingeboren wurde. Die gegeneinander relativ abgeschlossenen Welten der verschiedenen Geburtsstände (die Herrschaftswelt des Adels, die städtische Welt des ehrbaren Bürgers, der bäuerliche Lebenskreis) waren durch ihr spezifisches Recht normiert, dessen Struktur sich als Statusrecht typisieren lässt. Die einzelne Person besaß Rechtsfähigkeit nur nach ihrer Gruppenzugehörigkeit, die auf einem Akt sozialer Zuschreibung beruhte. Das dabei vollzogene Initiationsritual sollte dem Neuaufgenommenen durch das feierliche Zeremoniell bewusst machen, dass er von nun an voll und ganz den Normen seiner Gruppe unterworfen war, und gegenüber den Außenstehenden den Ranganspruch der Gruppe in der hierarchischen Sozialordnung verdeutlichen. Das spezifische Statusrecht wies dem Einzelnen seinen Platz in der durch die christliche Glaubenslehre sanktionierten und legitimierten „gottgewollten" Ordnung zu. In ihren Strukturen war diese hierarchische Ordnung der unmittelbaren Herrschaftswelt des „Hauses" nachgebildet: Der absolute Herrscher, der seine Autorität vom himmlischen Gottvater ableitete, verstand sich ebenso als Landesvater, wie sich der Hausherr in der spezifischen Standeswelt als Hausvater verstand, der gegenüber seinen Untergebenen selbstverständlichen Gehorsam forderte und Schutz- und Fürsorgepflichten wahrnahm. Das statusrechtliche System erstreckte sich in seiner sozial differenzierenden Wirksamkeit auf alle Lebensbereiche. Dabei glich die soziale Herkunft (Geburt) einem Kristallisationskern, um den herum sich nach Art und Umfang die spezifischen Anspruchslagen und Teilhabechancen der Stände lagerten. Die abgestuften Privilegien und Rechtsminderungen bezogen sich auf die Bildungsmöglichkeiten, den Zugang zu bestimmten Berufsgruppen, den Zuschnitt der allgemeinen Lebensführung (durch Kontrolle der „Nahrung", Kleider- und Hochzeitsordnungen usw.) und vor allem die Teilhabe an der politischen Willensbildung (völliger Ausschluss oder abgestufte politische Mitwirkungsrechte). Bei der Aufnahme in ein zünftiges Handwerk beispielsweise musste der Lehrling in einer „Ahnenprobe" seine „standesgemäße" Herkunft nachweisen. Wer die Forderungen nach ehelicher und christlicher Geburt nicht erfüllte (wodurch die Juden als Gruppe insgesamt ausgeschlossen waren), wurde ebenso zurückgewiesen wie die Kinder aus bestimmten Gewerben, die sozial verachtet waren und als „unehrlich" galten. Wer als Meister eine der Zunft „unwürdige" Frau wählte, dem drohte Ausschluss aus der Genossenschaft und Verlust des Amtes. Anfertigung und Verkauf schlechter Ware, Fälschungen und Betrug wurden in genossenschaftlicher Selbstkontrolle mit Geld- und Körperstrafen geahndet usw.

Die pädagogische Struktur der geburtsständisch differenzierten Erziehungsfelder war bestimmt durch die Institution des „ganzen Hauses". [...] Für den Heranwachsenden fielen Lebens-, Erlebnis-, in der Regel auch Arbeits- und Erziehungswelt zusammen, woraus sich die für uns heute kaum vorstellbare pädagogische Wirksamkeit der funktionalen Erziehung in der geschlossenen Ständegesellschaft erklärt. Die einfachen Rollenstrukturen der Erwachsenenwelt waren den Kindern anschaulich und konkret gegenwärtig; die Identifizierungen waren in der Regel problemlos, weil erstens die Vorbilder in ihrer gesamten Lebensweise sinnlich manifest erfahren wurden und zweitens Konflikte wegen der Geschlossenheit der ständischen Welt kaum auftreten konnten. Die Statusvererbung war das dominierende Muster der Generationenfolge, die Sozialstruktur entsprechend relativ stabil.

Die spezifische Leistung des ständegesellschaftlichen Statusrechts bestand darin, dass es die einzelne Person sozial entlastete, indem es sie voll in der durch die Herkunft weitgehend festgelegten Gruppe aufgehen ließ, freilich um den Preis starker persönlicher Entfaltungseinschränkungen. Wir können im strengen Sinne noch gar nicht vom Individuum als Träger sozialer Rechte und Pflichten sprechen, sondern nur vom gruppengebundenen Selbst. Der relativ geringe Grad der Arbeitsteilung und Rollendifferenzierung hatte die einzelne Person noch nicht als autonom agierenden Rollenträger freigesetzt, der im Schnittpunkt sozialer Verpflichtungen immer nur auf versachlichte, spezifischen Zwecken dienende soziale Erwartungen reagiert. Der durch Statusrecht normierte soziale Austausch war vielmehr in ein sittliches Verhältnis eingebunden, das die gesamte Person integrierte. Der Vasall war dem Herrn, der Lehrling dem Meister mit der Gesamtperson in einem Herrschafts- und Schutzverhältnis unterworfen.

M5 Erziehung/Bildung des Landvolks im Mittelalter (Herwig Blankertz)

Die überwältigende Mehrheit der Kinder erhielt im Mittelalter weder eine lateinisch-literarische, noch eine ritterliche, noch eine handwerkliche oder kaufmännische Bildung. Denn die gesellschaftlich-beruflichen Funktionen der ländlich-bäuerlichen Bevölkerung, die in den seit alters überlieferten Formen der Landbestellung bestanden, wurden reflexionslos erlernt durch Hineinwachsen und Mittun; planmäßige Erziehung und Ausbildung gab es nicht einmal in Ansätzen. Analphabetentum, intellektuelle Rückständigkeit, soziale Missachtung und Ausschluss vom öffentlichen Leben waren weit verbreitet und wurden kaum als Missstand empfunden. Dem entsprach auch die religiöse Erziehung. Sie beschränkte sich darauf, durch Liturgie und Brauchtum die christlichen Glaubenswahrheiten sinnfällig vor aller Augen zu stellen, in der Regel ohne geistige Aneignung, auf nur emotionale Zustimmung beschränkt.

Abb. 5.4

Anregungen zur Weiterarbeit

1. Beschäftigen Sie sich arbeitsteilig mit der schulischen Bildung in Griechenland und in Rom sowie in den kirchlichen, ritterlichen und handwerklichen oder kaufmännischen Schulen des Mittelalters.
2. Arbeiten Sie mit den Materialien M 4 und M 5 Gründe heraus, warum es für die Landbevölkerung im Mittelalter keine Schulen gab.
3. Bei Blankertz M 5 heißt es, dass die „überwältigende Mehrheit der Kinder" im Mittelalter keine Schule besucht habe, weil sie die Tätigkeiten insbesondere auf dem Land durch Nachahmung und Mitmachen erlernt hat.
Finden Sie heraus, wie sich in den vergangenen Jahrhunderten der Anteil der Landbevölkerung verändert hat („Urbanisierung").
Vergleichen Sie diese Zahlen mit dem heutigen Anteil der Landbevölkerung in verschiedenen Ländern der Welt und stellen Sie Vermutungen an, wie es um die Schulbildung in diesen Ländern bestellt ist.
4. Überlegen Sie auch mithilfe von Beispielen, wieso heute ein „reflexionsloses" Aufwachsen „durch Hineinwachsen und Mittun" (Blankertz, M 5) nicht mehr möglich erscheint.
5. Im Online-Material (7y66n3) finden Sie das Generaledikt des Königs von Preußen aus dem Jahr 1717 und dessen kurze Deutung durch den Historiker Peter Lundgreen. Arbeiten Sie anhand dieser Quelle einige Merkmale heraus, wie historische Erziehungswissenschaft arbeitet.
6. Nach der NS-Diktatur haben die Sowjetunion in Ostdeutschland ein Einheitsschulsystem durchgesetzt und die West-Alliierten für eine Überwindung des dreigliedrigen deutschen Bildungswesens von Gymnasium, Realschule und Hauptschule plädiert. Betrachten Sie im Online-Material (mq58ke) die heutige Struktur des Bildungswesens in der Bundesrepublik Deutschland und recherchieren Sie Gründe für die Einführung/den Erhalt des dreigliedrigen Bildungssystems und Gründe wider den Fortbestand des dreigliedrigen Bildungssystems (von den Alliierten bis heute).

M6 Zur Geschichte des Lehrberufes (Siegfried Uhl)

Der Aufstieg der Lehrerschaft

Der Berufsstand der Lehrkräfte ist aus bescheidenen Anfängen hervorgegangen und in kaum mehr als 250 Jahren zu einer Personengruppe von beträchtlicher Größe geworden. Heute gibt es an den allgemeinbildenden und an den beruflichen Schulen in Deutschland mehr als 700.000 Lehrerinnen und Lehrer. Mit der zahlenmäßigen Ausweitung ging ein zwar langwieriger, aber am Ende erfolgreicher materieller und gesellschaftlicher Aufstieg einher.
Noch bis weit ins 19. Jahrhundert galten die Schulmeister an den Volksschulen als „unwürdiger" Stand, dessen Angehörige wegen der unzureichenden Ausbildung und der kargen Besoldung als geistig großenteils unbedarfte Hungerleider betrachtet wurden. Davon kann schon längst keine Rede mehr sein. Der Lehrerstand wird heute von den meisten Fachleuten als Profession aufgefasst, die nach Ausbildung und Besoldung wie nach der Bedeutung ihrer Tätigkeit nicht hinter den „klassischen Professionen" der Ärzte und Juristen zurücksteht. [...]

Der höhere Lehrerstand

Die Lehrer an den höheren Schulen waren bis ins 19. Jahrhundert hinein häufig junge Geistliche und andere Universitätsabsolventen, die mit der Anstellung an einem Gymnasium die Wartezeit auf eine Pfarrstelle oder sonst eine gehobene berufliche Stellung überbrückten. Erst mit dem Examen pro facultate docendi (der „Prüfung für das Lehramt an höheren Schulen") und der dazugehörigen Prüfungsordnung vom 12. Juli 1810 wurde in Preußen (und etwas früher oder etwas später auch in den übrigen deutschen Staaten) ein eigener Universitätsabschluss für die künftigen Lehrer an den höheren Schulen geschaffen. „Durch diese eingreifende Neuerung wurde der höhere Lehrstand als solcher [...] überhaupt erst begründet und von dem der Theologen gesondert." Ein „neuer akademischer Beruf" war entstanden: „der des Philologen, des wissenschaftlich ausgebildeten Gymnasiallehrers", der diese Tätigkeit im Regelfall auf Dauer ausübt und an einer Universität in einem eigenen Studiengang auf sie vorbereitet worden ist.

Die Philologen als Gelehrte

Bis weit in das Kaiserreich hinein verstanden sich die Lehrer an den höheren Schulen in erster Linie als Gelehrte, die neben ihrer Unterrichtsverpflichtung auch wissenschaftlich arbeiteten. Das wurde von den vorgesetzten Behörden nicht nur stillschweigend geduldet, sondern ausdrücklich als Dienstaufgabe festgelegt. Das Königliche Ministerium der Geistlichen, Unterrichts- und Medizinal-Angelegenheiten verfügte im August 1824 im Circularreskript, die Gymnasial-Prüfungsprogramme betreffend, dass alle höheren Schulen in Preußen jährlich einen Rechenschaftsbericht – „Schulprogramm" genannt – vorzulegen und ihm mindestens eine gelehrte Abhandlung aus der Feder eines dort tätigen Lehrers beizugeben hatten: bis 1875 als Pflichtbestandteil, danach als Erfüllung einer „Ehrenpflicht" aus freien Stücken. [...]

Das Schattendasein der „Berufswissenschaften"

Allerdings: [...] Die Philologen waren zwar fachwissenschaftlich erstklassig ausgebildet und hatten häufig schon als Dissertanten eigenständige Beiträge zur Forschung geleistet, aber sie sind an der Universität kaum oder gar nicht auf die Unterrichtstätigkeit vorbereitet worden. Im 19. und bis weit ins 20. Jahrhundert hinein fristeten – wenn überhaupt vorhanden – die Pädagogik, die Fachdidaktiken, die Psychologie und die anderen „Berufswissenschaften" der Lehrkräfte ein Schattendasein an den Hochschulen. Viele Hochschullehrer aus den anderen Fächern hielten sie für schlichtweg überflüssig. [...] Denn wer ein Wissensgebiet voll und ganz durchdrungen habe, der verstehe es auch zu unterrichten. Allerdings scheint sich diese zuversichtliche Erwartung nicht in jedem Fall bestätigt zu haben. So berichtet der Philosoph und Psychologe Wilhelm Wundt (1832–1920) in seinen Lebenserinnerungen, dass seine immer noch häufig „aus der Theologie zum Gymnasium übergegangenen Lehrer [am Heidelberger Gymnasium] sich nicht durch besondere pädagogische Talente, sondern eher durch die Abwesenheit solcher auszeichneten".

Die Volksschullehrer

Anders als die Gymnasiallehrer, die seit jeher die Universität besucht haben, sind die Lehrer im niederen Schulwesen bis an die Schwelle zum 19. Jahrhundert (wenn überhaupt) zunftmäßig und nach dem Muster der Meisterlehre ausgebildet worden. Ein schon im Dienst stehender Lehrer nahm sie oft von der Schulbank weg unter seine Fittiche, setzte sie als Helfer im Klassenzimmer ein und brachte ihnen nach und nach bei, was man als Lehrer wissen und können musste. Die Lehrzeit bei einem erfahrenen Schulmeister war jedoch keineswegs unabdingbar. Um eine Stelle im niederen Schulwesen konnte sich jeder bewerben, der sich das Schulehalten zutraute. Das waren von Fall zu Fall auch Personen mit zweifelhaften Vorkenntnissen. So stellten sich im Jahr 1729 fünf Bewerber der Auswahlkommission, die in einer Landgemeinde in Preußen die Lehrerstelle wiederzubesetzen hatte (sie war wegen des „tötlichen Ablebens des bisherigen Schulmeisters" frei geworden): ein Schuster, ein Weber, ein Schneider, ein Kesselflicker und ein kriegsversehrter Unteroffizier des Grumbkowschen Regiments.

Am Ende hat der Weber die Stelle bekommen, obwohl er schon „die Fünfzig hinter sich" hatte und seine Leistungen vor der Kommission nicht allzu überzeugend waren: Er „... hat gesungen: a) ‚O Mensch, bewein', b) ‚Zeuch ein zu Deinen Toren', c) ‚Wer nur den lieben Gott lässt walten'. Melodie ging in viele andere Lieder, Stimme sollte stärker sein, quiekte mehrmalen, so nicht sein muss. Gelesen Josua 19, 1–7 mit zehn Lesefehlern, buchstabierte Jos. 18, 23–26 ohne Fehler, dreierlei Handschriften gelesen, schwach und mit Stocken, drei Fragen aus dem Verstant, hierin gab er Satisfaktion. Diktando drei Zeilen geschrieben, fünf Fehler. Des Rechnens auch nicht kundig". Dennoch kam die Kommission einstimmig zu der Einschätzung, er sei im Vergleich mit seinen Mitbewerbern noch „... der capabelste [fähigste], wogegen den anderen, namentlich dem Kesselflicker, nicht zu trauen [sei], sintemalen [weil] er viel durch die Lande streiche, dagegen der einbeinige Kriegsknecht die Fuchtel gegen die armen Kindlein zu stark zu gebrauchen in Verdacht zu nehmen sei, was denen mitleidigen Müttern derselben doch sehr ins Herz stechen und wehe tun könnte, auch sei zwischen rohen Soldaten und solchen Würmlein ein Unterschied zu setzen".

Die seminaristische Lehrerausbildung

Um dem „sprichwörtlichen" „Schulelend" im 18. und frühen 19. Jahrhundert abzuhelfen, wurden in den Staaten des aufgeklärten Absolutismus Präparandenanstalten und Seminare für die künftigen Lehrkräfte im niederen Schulwesen eingerichtet. [...]

Die seminaristische Lehrerausbildung war noch über Jahrzehnte hinweg nach Umfang und Inhalt und von Land zu Land höchst unterschiedlich. (In Österreich genügte bis 1871 ein drei- bzw. sechsmonatiger „Präparandencurs" an einer Haupt- oder „Normal-" [Ausbildungs-] Schule, um „Trivial"- bzw. Hauptschullehrer zu werden.) Im Lauf der Zeit setzte sich jedoch fast überall eine Lehrgangsdauer von zwei bis drei Jahren durch (wie in Bayern und Preußen), bzw. von fünf bis sechs Jahren in den Staaten (beispielsweise im Königreich Sachsen), wo die Präparandenanstalten (in Sachsen „Pro-Seminare" genannt) gleichsam als Unterstufe in die Lehrerseminare eingegliedert wurden. Die Lehrgegenstände waren ganz auf die spätere Berufstätigkeit abgestimmt. Im Mittelpunkt standen Deutsch, Mathematik, die Religionslehre, die (vornehmlich vaterländische) Geschichte, die naturkundlichen Fächer, Turnen, Zeichnen und Musik (nach Möglichkeit einschließlich des Geigen- oder Klavierspiels). Von den berufskundlichen Fächern wurde vor allem die Pädagogik gelehrt, verbunden mit „einer gründlichen Einarbeitung in die Schulpraxis": Mit den Seminaren waren „Übungsschulen" verbunden, an denen die Seminaristen hospitierten, „Lehrproben" gaben und im letzten Ausbildungsjahr selbstständig einige Stunden unterrichteten.

Die Ausbildung an den Seminaren des 19. Jahrhunderts steht bis heute in eher schlechtem Ruf, und das wenigstens zum Teil zu Recht. Der fachwissenschaftliche Teil reichte [...] nur unwesentlich über den Stoff hinaus, der an den Volksschulen zu behandeln war. Die Ausbildungsrichtlinien waren vom Ideal der „Einheit von Thron und Altar" durchzogen und stellten mehr ab auf die religiös-weltanschauliche Gesinnungsbildung als auf die Ermutigung zum selbstständigen Denken.

Aufgaben

1. Fassen Sie die Entwicklungsschritte des Lehrerberufs bis zur seminaristischen Lehrerausbildung zusammen, indem Sie, soweit möglich, die Voraussetzungen und die Ausbildung oder Hochschulbildung für die Ausübung der Lehrtätigkeit a) an Volksschulen und b) an Gymnasien benennen.
2. Recherchieren Sie in arbeitsteiligen Gruppen, welche schulischen Voraussetzungen heutige Lehrerinnen und Lehrer benötigen und wie die Ausbildung heute strukturiert ist, indem Sie etwa
   - Referendare zur heutigen Gymnasiallehrerausbildung befragen,
   - Lehrer Ihrer Schule nach der Gymnasiallehrerausbildung vor zwanzig oder dreißig Jahren befragen,
   - in Studienseminaren, an entsprechenden Schulen oder an benachbarten Universitäten (auch im Internet) nach dem Ausbildungsweg a) für das Grundschul- und b) für das Hauptschullehramt fragen.
3. Erarbeiten Sie anhand der beiden folgenden Texte von Herzmann/König und von Terhart, inwiefern heute vom Lehrerberuf als Profession die Rede sein kann.
4. Nehmen Sie anhand der klassischen Professionalisierungsmerkmale zur Professionalisierung des Lehrerberufs Stellung.
5. Berücksichtigen Sie dabei die geschilderte Entwicklung des Lehrberufs in M 6, die von Ihnen recherchierte heutige Ausbildung der Lehrerinnen und Lehrer und beispielsweise die Diskussion in den USA (vgl. M 7) sowie die unterschiedlichen Standpunkte zur Professionalisierung der Erzieherausbildung (Heft 3) und der Erwachsenenbildner (Heft 4).

M7 Der klassische professionstheoretische Ansatz (Petra Herzmann/ Johannes König)

Die klassische Professionstheorie wird von der Frage geleitet, wodurch sich Professionen gegenüber anderen Formen beruflichen Handelns auszeichnen. Zur Explikation dieser Frage werden dann verschiedene Merkmale genannt […]:

- eine wissenschaftliche Ausbildung,
- eine ethische Fundierung des beruflichen Handelns, die auf das Gemeinwohl ausgerichtet ist,
- eine hohe Autonomie der Berufsausübung (z. B. in einer Tätigkeit als Freiberufler),
- das Vorhandensein von Berufsverbänden,
- ein hohes Ansehen des Berufs und
- eine Tätigkeit der Professionen im tertiären Sektor (dem Dienstleistungssektor).

Träger von Professionen verfügen demnach über wissenschaftliches Wissen, das in der Regel über den Weg einer universitären Ausbildung erworben wird, durch berufliche Weiterbildung dann erweitert und aktualisiert wird, wobei die Tätigkeit es erfordert, dieses systematische Wissen auf berufliche Probleme zu beziehen. Im Lehrerberuf ist damit zum Beispiel gemeint, beim Fällen einer folgenreichen Entscheidung (z. B. die Befürwortung der Klassenwiederholung eines Schülers) den aktuellen Stand der Forschung zu kennen (z. B. dass in Deutschland wie auch international keine empirischen Belege für Leistungsverbesserung durch das Sitzenbleiben existieren) und zu reflektieren (z. B. welcher sonstige Grund für die Entscheidung spricht, etwa der Wunsch eines Lehrers, durch die Klassenwiederholung eines Schülers ein höheres Maß an Leistungshomogenität in seiner Schulklasse herzustellen).

Ferner verkörpern Professionen einen Berufsethos, d. h., die berufliche Tätigkeit der Professionsinhaber weist einen Bezug zu Werten auf, die für das gesellschaftliche Zusammenleben von Nutzen sind. So ist z. B. die Tätigkeit des Arztes generell an der Gesundheit des Menschen ausgerichtet und damit dem Gemeinwohl zuträglich. Die Tätigkeit der Lehrperson ist generell an den Bildungs- und Erziehungsauftrag der Schule gebunden, der seinerseits in der Funktion steht, das soziale, kulturelle, wirtschaftliche und politische Fortbestehen einer Gesellschaft zu sichern (Fend 2008).

Die Autonomie der Professionsangehörigen besteht zum einen in einer Abgrenzung gegenüber Außenstehenden (Laien, dem Staat oder anderen Organisationen) […], die Inhabern der Profession generell ein bestimmtes Maß an Unabhängigkeit in ihrem beruflichen Handeln ermöglicht. Hierzu gehört auch die Möglichkeit, umfassende Ansprüche oder Erwartungen, die von außen an die Professionsträger herangetragen werden, zurückweisen zu können […]. Zum anderen bezieht sich die Autonomie auf Strategien der Kontrolle und Steuerung durch die Berufsinhaber selbst (als Berufsgruppe oder Berufsverband organisiert), und zwar hinsichtlich der Ausübung des Berufs, der Bedingungen ihrer Ausbildung und des Zugangs zur Profession […]. So sprechen sich Lehrerverbände in der Regel für das Festhalten einer an Hochschule bzw. Universität stattfindenden Lehrerausbildung und z. B. gegen ein einfaches „Training on the Job“ aus (wie es z. T. in den USA diskutiert wird).

Über diese drei zentralen Merkmale – Wissen, Berufsethos und Autonomie – hinaus sind weitere Merkmale wie hohes gesellschaftliches Ansehen, Gewährung von Privilegien sowie rechtlicher Schutz durch Berufsgenossenschaften, etwa Lehrerverbände, von Bedeutung.

5.2 Wozu ist die Schule da?

Die historischen und vergleichenden Hinweise im vorherigen Abschnitt verweisen darauf, dass es die Schule nicht zu jeder Zeit und in jeder Gesellschaft gegeben hat. Damit ist das Fragen nach einer Begründung der Institution Schule immer auch eine Frage nach den gesellschaftlich-historischen Bedingungen, unter denen Schule für notwendig – oder als überflüssig – erachtet wird. Als notwendig wird sie sich erweisen, wenn sie Aufgaben bzw. Funktionen für die Gesellschaft oder die Individuen (Schülerinnen und Schüler) erfüllt, die ohne sie nicht, nur unzureichend oder nur teilweise erfüllt werden können.

M8 Funktionen der Schule aus strukturfunktionaler Sicht (Helmut Fend)

Im Rahmen unserer Forschungsarbeiten hat sich eine Konzeption von Schulsystemen herauskristallisiert, die sich in folgender Definition niedergeschlagen hat: *Unter Schulsystemen sollen Institutionen der gesellschaftlich kontrollierten und veranstalteten Sozialisation* verstanden werden. Die Grundzüge einer sozialwissenschaftlich orientierten Theorie von Schulsystemen lassen sich durch eine Entfaltung dieser Definition illustrieren, die drei Bestimmungsstücke enthält: (1) Schulsysteme sind Institutionen, (2) sie sind absichtliche und kontrollierte Veranstaltungen und (3) in ihnen geschieht Sozialisation.

(1) Schulsysteme sind Institutionen

In der soziologischen Theorie herrscht Einigkeit darüber, dass Institutionen gesellschaftliche Gebilde sind, die zur Lösung grundlegender Probleme gesellschaftlichen Lebens dienen, etwa zur Herstellung lebensnotwendiger Güter (wirtschaftliche Institutionen), zur Regulierung der sexuellen Bedürfnisse und der biologischen Reproduktion (Ehe und Familie), zur Konfliktbewältigung (rechtliche und politische Institutionen) usw. Auch Schulsysteme können als solche umfassenden *Problemlösungskonzeptionen* aufgefasst werden. Die Notwendigkeit und Möglichkeit von Erziehung ergibt sich im Humanbereich einerseits aus den anthropologischen Voraussetzungen der Instinktarmut, Weltoffenheit, Plastizität, Lernfähigkeit des Menschen und andererseits aus den Voraussetzungen der Aufrechterhaltung menschlichen sozialen Lebens. [...] In diesem Spannungsfeld von menschlicher „Unfertigkeit" und den komplexen Notwendigkeiten sozialen Lebens und der menschlichen Arterhaltung insgesamt wird die Funktion von Erziehung deutlich sichtbar. Bildungssysteme bilden den hoch institutionalisierten und organisierten Ausschnitt der gesamten Erziehungsbemühungen der erwachsenen Generation.

Auf diesem Hintergrund stellt sich die Eingangsfrage, welche spezifischen Problemlösungsbeiträge ein Bildungssystem in einer hochkomplexen Gesellschaft leistet, was es als Institution zum gesellschaftlichen Ganzen beiträgt. Diese Themenstellung gliedert sich in zwei Fragekomplexe:

- Welche gesellschaftlichen Probleme werden durch Bildungsinstitutionen gelöst?

Es wird sich zeigen, dass dies vor allem *Reproduktionsprobleme* sind, d.h. Probleme der Wiederherstellung eines gesellschaftlich erwünschten Zustandes bei biologischem Austausch der Träger gesellschaftlichen Handelns. Jede Generation muss z.B. wieder Lesen und Schreiben lernen, wenn die Gesellschaft nicht in einen primitiveren Zustand zurückfallen will. Eine bestimmte Technologie kann nur erhalten werden, wenn wir auch in Zukunft Techniker und Ingenieure haben, die z.B. Fernsehapparate, Autos und Computer konstruieren und reparieren können.

- Welche Folgeprobleme stellen sich, wenn man Institutionen einrichtet?

Wenn es noch nicht genügt, ein Problem zu sehen, um auch schon dessen Lösung zu wissen, dann stellt sich die Frage, wie man Institutionen konstruieren muss, damit sie in der Lage sind, unabhängig von den jeweiligen Eigenheiten einzelner Menschen und über große Zeiträume hinweg ihre Aufgabe zu erfüllen. Da wir auch nicht davon ausgehen dürfen, dass Institutionen wie Naturereignisse entstehen und vergehen [...], da wir vielmehr die Vorstellung pflegen müssen, dass Institutionen historisch entstandene menschliche Schöpfungen sind, die durch Menschen auch verändert werden können, stellt sich die Frage nach der *Konstruktionslogik von Institutionen*. Die oberflächliche Antwort auf diese Frage besteht darin, dass auf die Äußerlichkeiten von Institutionen verwiesen wird, z.B. auf die materiellen Grundlagen wie Räumlichkeiten, Ausstattung und Geldmittel und auf das Personal, das eigens für die Erreichung der Ziele von Schulen freigestellt, bezahlt und ausgebildet wird. Tiefer geht bereits der Verweis auf die Routinisierung von Problemlösungen und damit die Professionalisierung von Problemlösungen, die über Institutionen erreicht wird, etwa die Routinisierung von Tätigkeiten des Lehrens und Lernens.

Wir werden in dieser Arbeit die Auffassung vertreten, dass „Institution building" in Prozessen der Normierung im

Abb. 5.5: Modern Times

Sinne der Schaffung gesetzlicher Grundlagen in der Rekrutierung und Schulung von Personal und im Aufbau von Durchführungstechniken besteht. So wird der Beginn der allgemeinen Volksbildung häufig mit dem General-Landschul-Reglement von 1763 markiert, in dem die allgemeine Schulpflicht verfügt wird, auch wenn deren faktische Verwirklichung ca. 100 Jahre gedauert hat. Als zentrales Datum für die Gründung eines Gymnasial-Lehrerstandes gilt die Einführung von Prüfungen [...] als Voraussetzungen für den Unterricht an höheren Schulen im Jahre 1810. *Insitutionengeschichte ist in diesem Sinne eine Geschichte der Gesetzgebung als eines Prozesses der zunehmenden Normierung faktischer sozialer Prozesse.* [...]

„Institution building" bedeutet auch immer, dass Personen freigestellt und geschult werden, um die neu normierten Aufgaben durchzuführen. Diese können wiederum nicht tätig werden, wenn nicht Techniken und Hilfsmittel entwickelt werden, um die Aufgaben zu erfüllen. In der Schule geht es um Techniken des Lehrens; Schulgründungen und Schulentwicklungen gehen deshalb immer mit Bemühungen einher, über pädagogische Theorien zu begründen, wie am besten welcher „Stoff" gelehrt und an Schüler vermittelt wird.

(2) Schulsysteme sind Orte der gesellschaftlich kontrollierten und veranstalteten Sozialisation

Wenn wir Bildungssysteme als Normierungen und Regulierungen faktischer bzw. veranstaltender Erziehungsprozesse auffassen, dann formulieren wir implizit einige Problemstellungen. [...] Durch die gesellschaftliche Normierung von Erziehungsprozessen in Bildungsinstitutionen wird ein Verhältnis von veranstalteter und nicht veranstalteter Erziehung erzeugt. Es muss nämlich davon ausgegangen werden, dass durch gesellschaftliche Normierungen nicht alle Erziehungsprozesse erfasst und nicht alle Erfahrungs- und Lernmöglichkeiten der Schüler kontrolliert werden. Damit stellt sich einer Theorie der Schule die Aufgabe, das Verhältnis von veranstalteten Erziehungsprozessen und nicht veranstalteten Lernprozessen systematisch zu analysieren. Dieses Verhältnis ist der Pädagogik immer unter den Begriffen „intentionale" und „funktionale Erziehung" bekannt gewesen. Die funktionale Erziehung war dabei aber immer nur eine unspezifizierte Restkategorie aus der Abgrenzung von planvollen und absichtlichen Erziehungsmaßnahmen; erst im Rahmen einer Sozialisationstheorie wird sie zu einem differenziert bearbeitbaren Problemfeld.

Das Problem veranstalteter und nicht veranstalteter Erziehung darf jedoch nicht auf die bloße Betrachtung des Verhältnisses von schulischer zu außerschulischer Erziehung verkürzt werden. Wir werden uns vielmehr in erster Linie darum zu kümmern haben, welche ungeplanten Lernprozesse in der Schule selber als Folgewirkungen der Institutionalisierungsform von Lernprozessen ablaufen, welche Dynamik also von der Interaktion des formellen und des „heimlichen" Curriculums ausgeht und welche Wirkungen das eine Curriculum bei gleichzeitigem Einfluss des anderen hat.

Abb. 5.6

Die letztendlich zu beantwortenden Fragen bei diesen Gegenüberstellungen unterschiedlicher Erziehungseinflüsse konzentrieren sich auf das *relative Beeinflussungspotenzial der Schule* (der in Schulen explizit veranstalteten Bemühungen) im Verhältnis zu allen anderen (außerschulischen) Erziehungsprozessen und enden in Überlegungen zu den *Grenzen absichtlicher Erziehung* überhaupt. [...]

(3) Schulsysteme als Sozialisationsinstanzen

Das dritte und gleichzeitig zentrale Bestimmungsstück unserer Konzeption von Schule charakterisiert diese als Sozialisationsinstanz. Die konkrete inhaltliche Fassung des Begriffes von Bildungsinstitutionen ist somit – wie bei den Begriffen der Institution und der Veranstaltung – abhängig von der zugrunde liegenden Sozialisationskonzeption. [...] Die Thematik der Sozialisationsforschung wird nur verständlich, wenn man zwei Sachverhalte gleichzeitig berücksichtigt: einmal die Bedingungen der Reproduktion von Gesellschaften über mehrere – biologisch ausgetauschte – Generationen und zum anderen die Bedingungen der Herstellung der Handlungsfähigkeit des Individuums, die Bedingungen der Konstitution der Persönlichkeit. *Mit Sozialisation wird dann jener Prozess bezeichnet, durch den gleichzeitig die Persönlichkeit von Heranwachsenden konstituiert und gesellschaftliche Verhältnisse reproduziert werden.*

Schulsysteme greifen in diesen Prozess ein, indem sie jene Merkmale in Heranwachsenden erzeugen (Qualifikationen und Orientierungen), ohne die das Individuum nicht handlungsfähig und die Gesellschaft in der bestehenden oder in veränderter Form nicht überlebensfähig wäre. Schulsysteme sind somit subsidiäre [unterstützende; M.W.] Einrichtungen; sie entstehen überall dort, wo die bloße Teilnahme am sozialen Leben der Familie und der Sippe nicht mehr genügt, um all das zu lernen, was zur jeweiligen historischen Reproduktion der Gesellschaft erforderlich ist.

Wie man sich die gleichzeitige sozio-kulturelle Reproduktion und die Konstitution der Persönlichkeit vorstellen soll, mag vorerst ein Beispiel erhellen. Religionen sind in ihren sozialen Organisationsformen und kulturellen Produkten zentrale Bestandteile vieler Gesellschaften. Jede Generation muss sich aber die jeweiligen Vorstellungen, Verhaltensweisen, Normen und Werte neu aneignen, sie muss sie gewissermaßen resubjektivieren [...], um eine religiöse Lebensform zu gewinnen. Ist diese Resubjektivierung gelungen, folgt die Person z. B. einem religiös motivierten und strukturierten Tageslauf und Jahreskreis, dann lebt dadurch die Religion in der neuen Generation fort: Das soziale und kulturelle System „Religion und Kirche" hat sich reproduziert.

Reproduktion heißt jedoch faktisch nicht – noch soll dies hier normativ verstärkt werden –, dass eine bloße Wiederholung der Gedanken der Väter bei ihren Söhnen erfolgt. Dies ist in der traditionalen Gesellschaft die Regel, während für moderne Gesellschaften das Moment der dabei stattfindenden Veränderung konstitutiv ist, auch wenn faktisch – gemessen am Gesamtbestand einer Kultur – wohl meist mehr erhalten, als verändert wird.

Man könnte Schulsysteme in dieser Perspektive als Instanzen bezeichnen, in denen eine systematische Resubjektivierung kultureller Objektivationen erfolgt. Denn kulturelle Fertigkeiten bleiben tot, wenn sie nicht angeeignet werden, Wissensbestände gehen verloren, wenn sie nicht von der heranwachsenden Generation übernommen werden und soziale Systeme verfallen, wenn die Autoritätsvorstellungen, auf denen sie beruhen, nicht mehr akzeptiert werden. Dass in diesem Prozess Individuen erst ihren jeweiligen kultur- und gesellschaftsspezifischen Habitus erwerben und die Gesellschaft ihre generationelle Erneuerung und Festigung erlebt – dies verweist auf die Doppelfunktion des Sozialisationsprozesses.

Gemäß dieser Doppelfunktion lassen sich schulische Sozialisationsprozesse in zwei Perspektiven darstellen: einmal mit dem Blick auf die Reproduktion der Gesellschaft gerichtet und zum anderen mit der Konzentration auf das Werden der Persönlichkeit. Da es sich um zwei Seiten desselben Prozesses handelt, ist die Trennung nur eine analytische auf zwei Ebenen. Im ersten Fall bildet die Gesellschaft die Analyseeinheit, im zweiten Fall sind dies Personen. Im ersten Fall müssen wir historisch und gesellschaftsvergleichend vorgehen, im zweiten müssen wir die Biografien verschiedener Personengruppen verfolgen. [...]

Die formulierten Ziele von Schulen sind auch meist explizit auf wünschenswerte Eigenschaften der heranwachsenden Generation ausgerichtet. Mit expliziten Zielen sich zu begnügen, würde aber unweigerlich zu Beschränktheit führen. Eine Generation weiß nicht immer deutlich, was sie mit ihrem Schulsystem tut, sie ist sich nicht aller Implikationen ihrer Ziele und aller Folgen ihrer Praxis bewusst. Dies zu erfahren, ist eine dauernde Aufgabe der Selbstreflexion, die sich jeder Generation neu stellt. Die Besonderheit der eigenen Epoche wird uns bewusst, wenn wir Inhalte und Praktiken anderer Epochen und anderer Kulturen studieren. Auf dieser Folie können wir unsere ei-

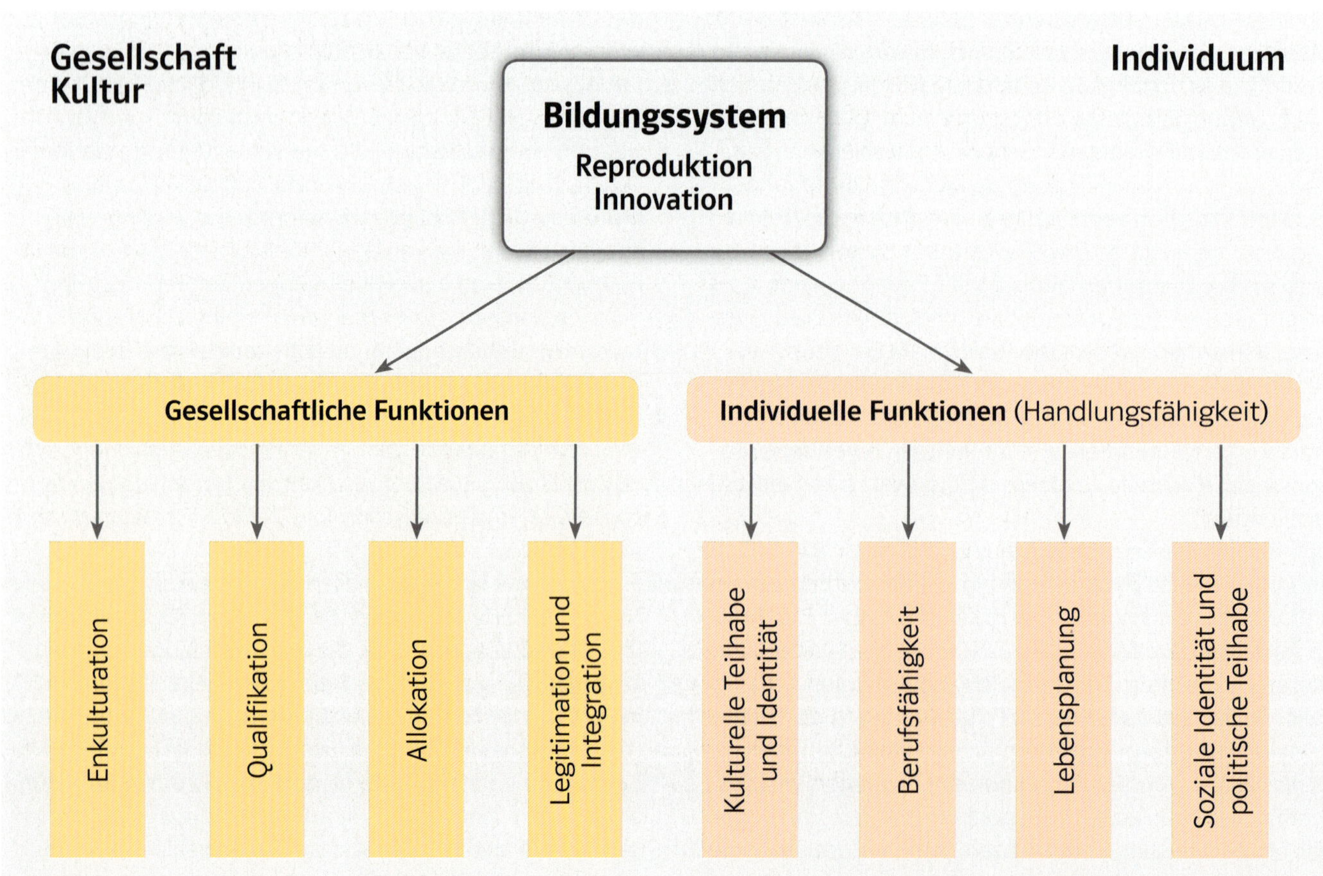

Abb. 5.7

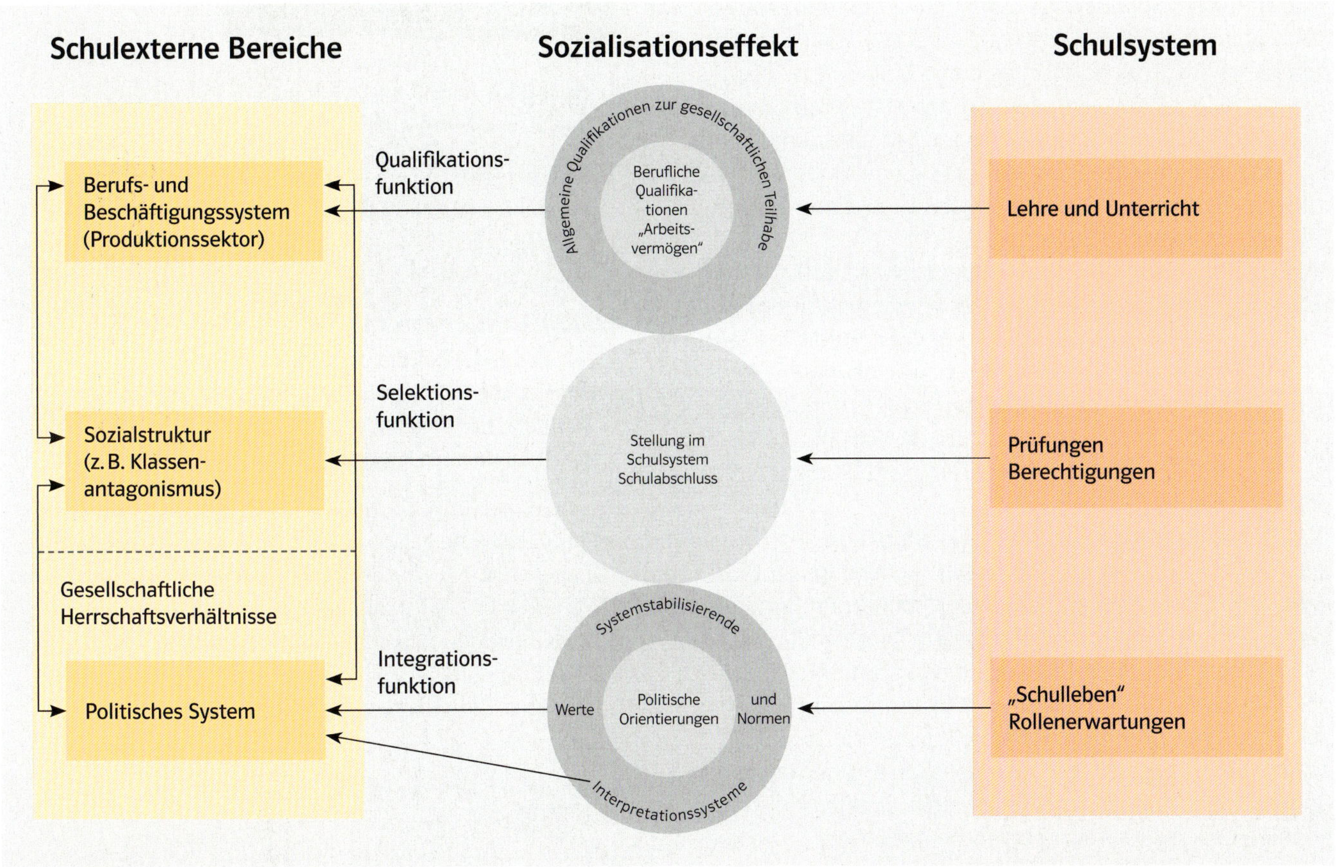

Abb. 5.8: Theorie der Schule

genen kulturellen Selbstverständlichkeiten durchschauen und unsere eigenen kulturellen Grundvorstellungen und Grundwertungen erkennen.
Auf zwei Dinge müssen wir also achten, wenn wir die Auswirkungen von Schulsystemen auf die Biografie der heranwachsenden Generation untersuchen wollen:

- auf die explizit formulierten und veranstalteten Prozesse der Aneignung der Kultur,
- auf die nicht formulierten Implikationen dieser Zielvorstellungen und der Institutionalisierungsformen von Erziehung.

[…] Im Bezug auf die umfassende Problematik des Verhältnisses von Bildungssystem und Gesellschaft, insbesondere was die Funktion des Schulsystems angeht, lässt sich der Theoriestand zurzeit wie folgt charakterisieren:
1. Im Schulsystem ist die *Reproduktion kultureller Systeme*, die oft als Wissen und Fertigkeiten charakterisiert werden, institutionalisiert. Dabei geht es von der Beherrschung grundlegender Symbolsysteme wie Sprache und Schrift bis zum Erwerb spezifischer Berufsqualifikationen. Welche Bedeutung der Institutionalisierung dabei zukommt, zeigt sich im Fach Latein. Die Beherrschung dieser Sprache wäre längst ausgestorben, wenn sie nicht in jeder Generation erneut in der Schule gelehrt würde. Das, was wir als Lehre kennen, bildet das institutionalisierte Arrangement zur Erfüllung dieser Reproduktionsfunktion.
Diese Reproduktionsfunktion soll im weiteren Verlauf als Funktion der *Qualifizierung* bezeichnet werden. Unter Qualifizierung soll die Vermittlung von Fertigkeiten und Kenntnissen verstanden werden, die zur Ausübung „konkreter“ Arbeit und zur Teilhabe am gesellschaftlichen Leben erforderlich sind.
2. *Die zweite Reproduktion bezieht sich direkt auf die Sozialstruktur einer Gesellschaft.* Unter Sozialstruktur wird das System von Positionsverteilungen einer Gesellschaft verstanden, das sich z. B. im Anschluss an die berufliche Tätigkeit ergibt. Danach reproduziert das Schulsystem von Generation zu Generation die bestehenden sozialen Positionsverteilungen und die personellen Besetzungen der jeweiligen Positionen (Selektionsfunktion).
3. Schulsysteme sind Instrumente der gesellschaftlichen Integration. In ihnen ist die Reproduktion von solchen Normen, Werten und Interpretationsmustern institutionalisiert, die zur Sicherung der Herrschaftsverhältnisse dienen.
Hier liegt die zentrale politische Funktion des schulischen Sozialisationsprozesses, die uns in dieser Arbeit in besonderem Maße beschäftigen wird (Legitimationsfunktion).

Zur besseren Orientierung dient die Abbildung [vgl. Abb. 5.8], in der die drei Reproduktionsfunktionen des Schulsystems zusammengefasst sind. Funktionen erscheinen damit als solche Beiträge zu einem definierten sozialen System, die zu dessen „Handlungsfähigkeit“ notwendig sind. Funktionen erscheinen den Beteiligten in der Vorausschau als Aufgaben und Ziele und in der Rückschau als Effekte.
In der Abbildung sind auf der linken Seite die schulexternen Bereiche erwähnt, in denen Systemprobleme auftreten können, zu deren Lösung das Schulsystem einen

Beitrag leistet. So kann im Produktionssektor das Problem der Qualifikation der Arbeitskraft auftreten, das nur mehr durch eine Institutionalisierung der Ausbildung zu lösen ist. Lehre und Unterricht sind der Lösung dieses Problems direkt zugeordnet. Die entsprechenden Sozialisationseffekte sind das „Arbeitsvermögen" im engen Sinne (innerer Kreis!) und die allgemeinen Qualifikationen zur gesellschaftlichen Teilhabe im weiteren Sinne.

Die Systemprobleme im Bereich der gesellschaftlichen Sozialstruktur ergeben sich aus dem Zwang, Positionsinhaber zu rekrutieren und die Verteilung hoher und niedriger sozialer Positionen zu sichern. Solche Verteilungen werden im Schulsystem über Prüfungen und Berechtigungen vorgenommen. In der Diskussion um die Gleichheit der Bildungschancen wird diese Funktion des Bildungssystems problematisiert.

Die Charakterisierung der Integrationsfunktion des Schulsystems ist dort relativ einfach, wo eine Beziehung zwischen den Systemproblemen des politischen Bereichs der Gesellschaft und dem Schulsystem hergestellt wird. Das zentrale Systemproblem des politischen Bereichs, zu dessen Lösung das Schulsystem beiträgt, besteht in der Vermittlung der Legitimität der politischen Herrschaftsstrukturen. Die entsprechenden politischen Orientierungen (innerer Kreis!) werden im Schulsystem direkt vermittelt, etwa im Geschichtsunterricht, im Deutsch- oder Sozialkundeunterricht. Wird der Begriff des „politischen Systems" so weit gefasst, dass darunter auch die zentralen Abhängigkeits- und Herrschaftsverhältnisse fallen, die nicht rechtlich-normativ verankert sind, dann fällt unter die Integrationsfunktion des Schulsystems auch die Legitimation allgemeiner sozialer Verhältnisse, die über schwer fassbare Faktoren des Schullebens, über Rollenerwartungen, Autoritätsverhältnisse und schulstrukturelle Faktoren geleistet wird. Aus diesem Grunde geht der auf die Integrationsfunktion gerichtete Pfeil in der Abbildung vom gesamten Bereich des Schulsystems aus.

Charakterisiert man Schulsysteme im Lichte dieser gesellschaftlichen Funktionen, die sie erfüllen oder erfüllen sollen, dann erhalten Schulsysteme eine ganz andere Bedeutung als die rein formale, nämlich Anstalten zur systematischen Organisation von Lernprozessen zu sein. Ihre wirtschaftliche, soziale und politische Relevanz wird deutlich, die im Zuge der Schulkritik und Schulanalyse der letzten Jahre immer mehr ans Licht getreten ist.

Aufgaben

1. Fassen Sie, auch unter Zuhilfenahme der Abbildungen, die Abschnitte 1 bis 3 zusammen.
2. Recherchieren Sie die Geschichte der Durchsetzung der allgemeinen Schulpflicht und vergleichen Sie Fends Ausführungen zur Institutionalisierung der Schule am Ende des ersten Abschnitts mit den Materialien M 4 bis M 6.
3. Erläutern Sie, mit welcher Perspektive die Schule – als pädagogische Institution – auf das Wechselspiel von Individuum und Gesellschaft, von innerer und äußerer Realität (Hurrelmann), von personaler und sozialer Identität (Krappmann) „reagiert".

Der Soziologe Helmut Fend beschreibt die Schule mit ihren institutionalisierten Funktionen für die Gesellschaft. Der Pädagoge Andreas Gruschka stimmt dieser **Beschreibung** im Wesentlichen zu, weist aber auf Widersprüche hin zwischen den beschriebenen Funktionen der Schule einerseits und andererseits zwischen den beschriebenen Funktionen und tradierten pädagogischen **Normen und Werten**, die Schule erfüllen soll.

4. Skizzieren Sie Gruschkas Kritik an der gängigen Schulkritik M 9.
5. Arbeiten Sie die Gründe heraus, die den Autor von der Notwendigkeit der Institution Schule sprechen lassen.
6. Erörtern Sie die vom Autor behaupteten Widersprüche des Bildungssystems in M 10 und M 11 – auch auf der Grundlage ihrer eigenen Erfahrungen in der Schule.
7. Nehmen Sie zu Gruschkas Analyse Stellung.

M9 Schulpädagogik als Schulkritik (Andreas Gruschka)

Inspiziert man die einschlägige Literatur und die jüngeren Diskussionen über die Schule, so fällt auf, dass beide sich in der Regel [...] kritisch zu ihrem Gegenstandsfeld verhalten. Eingeführt wird der Leser in die Schule nicht etwa durch den Aufweis ihrer positiv bewerteten Leistungen, durch die Darstellung der sie organisierenden Strukturen, sondern mit dem Grundtenor, dass die normale Schule pragmatisch und auch systematisch an der ihr gestellten Aufgabe scheitere. Selten verbergen die Autoren ihre normative Überzeugung. Ihr jeweiliges Bild von der richtigen Schule wird zumindest mittelbar zur Grundlage ihrer Erörterungen. Die Erwartungen an Schule und die Beobachtung ihrer Arbeitsweise klaffen weit auseinander.

Dazu einige Beispiele: Der Sympathisant der Gesamtschule lobt deren Idee und ihr praktisches Potenzial, und er kritisiert das gegliederte Schulsystem als pädagogisch überholt und strukturell nicht in der Lage, die pädagogischen Möglichkeiten der Einheitsschule zu erreichen. [...] Umgekehrt wird der Apologet des Gymnasiums diesem allein höhere Bildung zuschreiben und dem konkurrierenden Sys-

tem grundsätzlich abstreiten, es könne an die Leistungsfähigkeit des Gymnasiums heranreichen. […] Beide Wertungen, wechselseitig sich ausschließend, werden nicht empirisch belegt, zustimmende Verbreitung finden sie als Echo eines bildungspolitischen Glaubensbekenntnisses. Der reformpädagogisch engagierte Schulbeobachter wendet sich gegen die „verwaltete Schule" (H. Becker). Im dreigliedrigen System wie in der Einheitsschule sieht er eine starre Organisationsform, die nur durch deren Auflösung sich pädagogisieren ließe. Die Kritik richtet sich gegen das verkopfte, in 45-Minuten-Takten portionierte, frontal durchgeführte, den vorgefertigten Stoffen folgende Lernen, damit gegen die Strukturmerkmale der Normalschule. Diese sei deswegen zu einem Ort umzugestalten, der die Einheit von Kopf, Herz und Hand durch die Auflösung der üblichen Unterrichtsriten verwirkliche. […] Die Schulkonzeption dieser Provenienz verbreitet hartnäckige Kritik an der Schule, solange die Auflösung der überkommenen Lehranstalt noch nicht vollzogen ist. Zugleich wird das Gegenbild, die pädagogische Reformidee, insbesondere das jeweilige reformerische Proprium dargestellt, als gäbe es eine Einheit von Absicht und Wirkung. Die Reformschule soll nicht, sie tut bereits all das, was sie erreichen will, daher der nüchterne Indikativ in den Texten. Auf diese Weise orientieren und desorientieren Schulpädagogen ihre Leser: Die eigene Idee der Schule wird als postulierte Realität gegen das behauptete Versagen des abgelehnten Modells gerichtet. Mit der Idealisierung des eigenen Konzepts und der Verdammung der Konkurrenz wird so manches der einschlägigen Literatur zu verkappter Rhetorik.
Vor Reformeifer wird häufig vergessen, was Schule strukturell bedeutet, negativ aber auch positiv: Zu den genuinen zivilisatorischen Errungenschaften gehören etwa die Befreiung der Kinder und Jugendlichen von der Arbeit, die in einem Schonraum über Jahre gewährte mußevolle Konfrontation der Kinder mit der Vielfalt der Welt als Bildungsstoff, die kognitive Fundierung ihrer Lehrweise, die Ablösung des ständischen Prinzips der Reproduktion durch die meritokratische Struktur (Herrschaft durch Leistung) des Berechtigungswesens im öffentlichen Schulwesen. Zu diesen Aspekten haben viele Reformpädagogen ein gebrochenes Verhältnis: Sie leben von ihnen und bekämpfen sie. […]
Alle bislang genannten Figuren der Kritik an der Schule lassen sich als Unterstellungen dessen charakterisieren, was Schule bewirkt und was sie zugleich sein sollte. Davon ausgenommen werden können vielleicht allein zwei bislang nicht genannte Positionen: die der radikalen antipädagogischen Schulkritik und die der funktionalistischen Betrachtungsweise der Schule. Erstere postuliert, dass es das Beste für die Schüler wäre, wenn es keine Schule mehr gäbe. Der antipädagogischen Schulkritik geht es deswegen nicht um die ersatzlose Abschaffung der Zwangsinstitution, sondern um deren Aufhebung in wahrer antipädagogischer Praxis einer völlig neuen und freien Organisation des Intergenerationenverhältnisses: Statt um Erziehung und Bildung geht es um „Freundschaft mit Kindern", um deren Begleitung bei ihrer Aneignung der Welt. Diese Position kümmert sich nicht um die funktionale Notwendigkeit der Schule, sie tut so, als ob unsere Gesellschaft ohne Schule auskommen könnte, und es allein in der Entscheidung der Betroffenen läge, das System aufzuheben. Die nicht-normativistische Gegenposition dazu vertritt der Strukturfunktionalismus. Er versucht, jenseits der pädagogisch-politischen Gestaltungsfantasien und Wirkungsunterstellungen zu klären, inwiefern in der Reproduktionswirkung die Ursache für das ganze Unternehmen und seine Langlebigkeit liege. Schule werde von der Gesellschaft ins Werk gesetzt, weil unabhängig von allen Meinungsstreitigkeiten feststehe, dass sie wie keine andere, heute visierbare kulturelle Institution der nachwachsenden Generation die Integration in die bestehende Gesellschaft ermögliche. Funktionserfüllung gilt also als strukturelle Leistung. Postuliert ist damit nicht unbedingt eine historisch sich unverändert durchsetzende reibungslose Integration. Diese Differenz hat die linke Kritik am funktionalistischen Modell oft missachtet und es vielleicht deswegen vorschnell wegen seiner Beliebigkeit und Affirmation der Verhältnisse gescholten. Voreilig will mir das erscheinen, insofern der Neutralismus der „Beobachterperspektive" den Funktionalismus weitgehend davor schützte, umstandslos normativ Erwartetes und Wahrgenommenes mit dem Faktischen zu vermengen. Mit Blick auf die Funktion, die sich „hinter dem Rücken der Subjekte" durchsetzt, lässt sich eine vergleichsweise unbelastete Kritik an der Schule in bürgerlicher Gesellschaft ableiten. Diese soll in ihren Grundsätzen entfaltet werden.

M 10 Das Verhältnis der Funktionen von Schule als Ausgangspunkt einer Kritik an der Schule (Andreas Gruschka)

In der Fassung, die Fend der von Parsons und Dreeben formulierten Theorie gegeben hat, besitzt das Schulsystem drei Funktionen, vor allen anderen Aufgaben, die man ihr noch zuschreiben kann (s. u.): Selektion, Qualifikation und Legitimation.
Schule ist eine Institution, mit der der Nachwuchs in eindringlicher Form erstmals Gesellschaft als soziales Regelsystem, als künstliche, von außen kommende Organisationsform kennenlernt: […] Die je besonderen Kinder werden als gleiche und gleichwertige zu Schülern verallgemeinert, indem sie die Erfahrung der Schule im Klassenraum machen. Die Gesellschaft im Kleinen wird zum Exerzierfeld der Gesellschaft im Großen. Nun geht es aber in der Schule letztlich nicht wirklich darum, dass alle Kinder gleich werden, sondern nur darum, dass sie die Erfahrung formaler Gleichbehandlung machen. Niemand darf in der Klasse wegen seiner Hautfarbe, seines Geschlechts, seiner Religion etc. vom Lehrer bewusst benachteiligt werden. Der Bewertungsmaßstab der Lehrer für die Schüler liegt weder in dessen subjektiver Vorliebe noch in der ganzen Person des Schülers, sondern muss eingeschränkt werden auf das, was man die Schulleistung nennen kann. Diese wird organisiert durch die Riten des Unterrichts, durch dessen An-

forderungen determiniert, und doch wird sie behandelt, als wäre sie vor allem von den Schülern abhängig. Dafür wird nach Parsons die Inszenierung von Selbstverantwortung als „generalisierte Erwartung" an den Schüler erforderlich. Die Schulklasse wird somit zum Ort, an dem eine kleine Gesellschaft formal Gleicher versammelt wird, um sich an gemeinsamen Anforderungen zu entwickeln; konkret: um sich an ihnen auszudifferenzieren. […] Inhaltliche Differenzierung bedeutet, dass die Kinder Qualifikationen zu erwerben haben, von denen die Gesellschaft annimmt, dass sie wichtig werden für ihre Integration. Ein Teil dieser Qualifikationen soll für alle Heranwachsenden gelten, ein anderer Teil soll helfen, sie unterscheiden zu können. Das hängt mit dem einfachen Umstand zusammen, dass das Schulsystem in der bürgerlichen Gesellschaft wie selbstverständlich auf die arbeitsteilige Hierarchie vorbereiten soll. Die vom Schulsystem künstlich zutage geförderten Differenzen der Lernenden sollen gleichwohl allein als solche der Subjekte erscheinen. Der Schule geht es um deren Selektion.

Die Qualifikationsfunktion in Verbindung mit der Selektionsfunktion wird vor diesem Hintergrund zum primären Merkmal der öffentlichen Schule. Ihr kann sich keiner entziehen. In einer Gesellschaft, die durch das Berechtigungswesen wesentlich bestimmt wird, entscheidet die Schule über die Lebensschicksale mit. […]

Ein Schulsystem, das wie das unsrige die Heranwachsenden gemeinmacht, um sie im gleichen Prozess zu unterscheiden, das allen gleiche Teilhabe an der Kultur zu verschaffen verspricht und doch die Selektion betreibt, ist ein, widersprüchliches, ein politisch fragiles Instrument. Man tritt ein, ggf. mit der Hoffnung auf eine privilegierende Berechtigung, und muss sich dafür dem Zwang der Selektion stellen. Die Gleichheitsforderung des Systems wird durch den Privilegiencharakter der Bildung, der mit ihr verknüpften Berechtigungen zurückgenommen. Die Schule muss deshalb im Sinne ihrer Funktionssicherung die (un-)mittelbare Erfahrung persönlicher Übervorteilung bzw. Benachteiligung verhindern.

Damit das System nicht zu Protest geht, ist in es der Modus der kontinuierlichen Reform als der der Bearbeitung des Widerspruchs eingebaut: Er bezieht sich sowohl auf die Veränderung der Formen des Unterrichts, mit der zugleich Verfahrenssicherheit (Verrechtlichung der Gleichbehandlung) als auch pädagogische Zuwendung (Individualisierung als Pädagogik vom Kinde aus) gesteigert werden sollen. Mit der Hoffnung auf Reform erscheint das System nicht mehr als irreparabel ungerecht, sondern als verbesserungsfähig. Privilegien werden auf diese Weise weiter gestreut, nicht aber abgeschafft. Entscheidend für die Legitimität des Systems ist wohl, dass das Arrangement der Schule so eindringlich gestaltet wird, dass die Betroffenen die Ergebnisse sich mit der Zeit weitestgehend selbst zuschreiben. Die Produktion von Autonomie im Parsons'schen Sinne wird so zur Einsicht in die scheinbare Notwendigkeit. Legitimationsfunktion heißt somit: Das Schulsystem hat nicht nur die Qualifikation und die Selektion zu bewirken, sondern diesen Prozess zugleich zu rechtfertigen. […]

Um die Struktur und den Inhalt der Schule gibt es auch jenseits des Blicks auf die Funktionserfüllung erbitterten politischen Streit: Die einen wollen eine Schule, die das Bedürfnis nach Arbeitsteilung möglichst früh in Form eines vielfach hierarchisch gegliederten Systems zum Ausdruck bringt. Die anderen wollen das Gegenteil, die Verlagerung der Differenzierung und Selektion auf einen möglichst

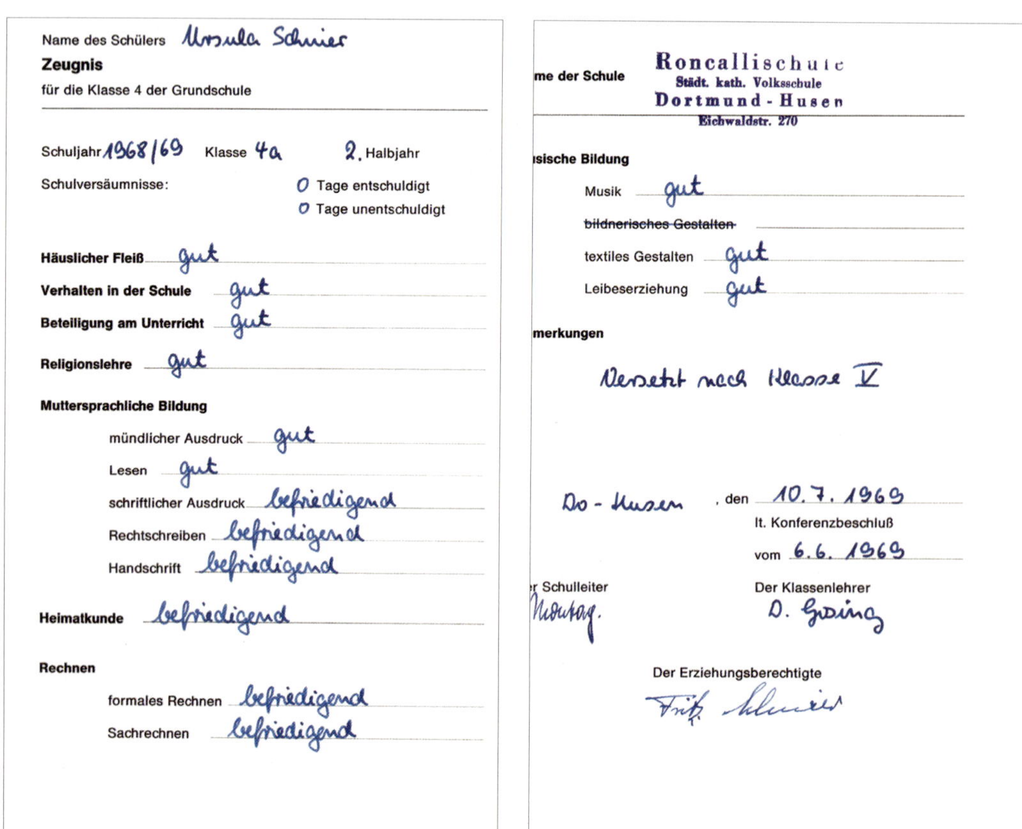
Name des Schülers Ursula Schnier
Zeugnis
für die Klasse 4 der Grundschule

Schuljahr 1968/69 Klasse 4a 2. Halbjahr
Schulversäumnisse: 0 Tage entschuldigt
0 Tage unentschuldigt

Häuslicher Fleiß gut
Verhalten in der Schule gut
Beteiligung am Unterricht gut
Religionslehre gut

Muttersprachliche Bildung
mündlicher Ausdruck gut
Lesen gut
schriftlicher Ausdruck befriedigend
Rechtschreiben befriedigend
Handschrift befriedigend

Heimatkunde befriedigend

Rechnen
formales Rechnen befriedigend
Sachrechnen befriedigend

me der Schule Roncallischule Städt. kath. Volksschule Dortmund-Husen Eichwaldstr. 270

isische Bildung
Musik gut
~~bildnerisches Gestalten~~
textiles Gestalten gut
Leibeserziehung gut

merkungen
Versetzt nach Klasse V

Do-Husen, den 10.7.1969
lt. Konferenzbeschluß
vom 6.6.1969

r Schulleiter [illegible]
Der Klassenlehrer [illegible]

Der Erziehungsberechtigte
Fritz Schnier

Abb. 5.9: Zeugnis aus dem Jahr 1969

Abb. 5.10: Pädagogen-Blues

späten Zeitpunkt. Der pädagogische Ort des Kampfes ist die Vorstellung von allgemeiner Bildung im Sinne der Bestimmung des Ausmaßes an gemeinsamem Wissen für alle. Beide Linien stehen nicht wirklich im Widerspruch zur Funktion des Systems. Es ist eine offene Frage, welches das modernere, das flexiblere, integrationsfähigere Modell ist. Gegen die in öffentlichen Debatten gepflegte politische Sortierung der Optionen in Konservative und Reformer, Rechte oder Linke, lässt sich sagen: Das gegliederte System widerspricht dem Herrschaftsinteresse stärker als das Einheitsschulsystem, provoziert es doch den Widerstand gegen den Privilegiencharakter der Bildung ungleich leichter als eines, in dem Chancengleichheit bereits gelten soll. Gegen die Hoffnung auf das sozial gerechte Einheitsschulsystem (mit Stufenschulen von der Grundschule zur Gesamtschule bis zur Kollegschule) lässt sich einwenden, dass es dank seiner rein meritokratischen Form hermetisch das Bedürfnis nach Selektion bedient und damit stärker rechtfertigt, als es je mit dem gegliederten System geschehen könnte. […]

Der kritische Gebrauch der funktionalistischen Lesart des Schulsystems erlaubt uns einen Einblick in die Wirkungsweise der Schule. Er mündet in die Einsicht in die ungeheure Sozialisationskraft der Schule zur Sicherung der Reproduktion der Gesellschaft und des Stillstellens der dabei virulenten Widersprüche. Will man diese besser verstehen, ist ein genauerer Blick auf die Legitimationsfunktion hilfreich: Parsons/Dreeben hatten die Riten des Schulehaltens wesentlich mit der Herstellung von Legitimation erklärt. Aber ihr Zugriff reicht nicht aus, denn er behandelt die Schule letztlich wie jedes andere System. Er liefert noch nicht das Verständnis für die Spezifik der Regeln des Schulehaltens. Diese selbst sind genuin pädagogisch geformt, stellen das Ergebnis der übergreifenden Normierungen des Systems dar.

M11 Das Verhältnis von Funktionen und Normen als Ausgangspunkt einer Kritik an der Schule (Andreas Gruschka)

In der Schule geht es pädagogisch um die Transposition der Normen der bürgerlichen Ordnung: Gleichheit, Freiheit, Brüderlichkeit, konkret geht es um vier pädagogische Normen:

- Allgemeinbildung
- Gerechtigkeit
- Mündigkeit
- Solidarität

Das Konzept Allgemeinbildung hat erst mit der vollen Durchsetzung der bürgerlichen Gesellschaft Geltung und einen ambivalenten Status erhalten. Dieser resultiert aus dem Umschlag eines comenianisch-utopischen in ein unterbotenes Konzept bürgerlicher Herrschaftsgesellschaften. In diesen lässt sich ein öffentliches Schulwesen nur noch begründen, wenn es die Gleichheit der Menschen und ihre gemeinsame gesellschaftliche Verbundenheit zum Ausdruck bringt: Nicht nur im qualifikatorischen Sinne soll es mit der Allgemeinbildung um eine allseitige Bildung gehen, wichtiger noch ist die soziale Allgemeinheit der Bildung. Die Teilhabe an der Gesellschaft wird durch allgemeine Bildung mit herbeigeführt und inhaltlich ausgelegt. Der politische Kampf um die Erweiterung der niederen volkstümlichen Bildung ist nur verständlich mit Rückgriff auf das demokratische Versprechen der bürgerlichen Gesellschaft, nach dem der Nachwuchs vor Eintritt in die Reproduktion ungehindert an den Bildungschancen partizipiert. Wenn nicht mehr der Adel des Blutes, sondern das individuelle Verdienst für den gesellschaftlichen Status zählen soll, dann müssen im Prinzip alle die Chance bekommen, das dafür erforderliche Wissen zu erwerben.

Die drei benannten Funktionen des Systems konkretisieren sich mithin zunächst in der Auslegung der Allgemeinbildung. Dabei wird deutlich, dass die Qualifikation mittels

Abb. 5.11

Allgemeinbildung überformt wird durch die Selektionsfunktion der Schule. Die soziale Dimension der Allgemeinbildung kann mit der vierten oder der sechsten Klasse als erfüllt gelten, sie kann aber auch noch in die Oberstufe hineinverfolgt werden. Das muss freilich weder schulorganisatorisch dazu führen, dass die Absolventen des Systems am Ende wirklich alle können, was sie gelernt haben sollen, noch sollen sich daraus real gleiche Berechtigungen für den Eintritt in das Erwerbsleben ableiten. Paradox soll es stattdessen um eine allgemeine Bildung gehen, die die Unterschiede in den Schullaufbahnen, im Wissen und den darauf aufbauenden Ansprüchen zu rechtfertigen erlaubt.
Es gehört zu den paradoxen Leistungen der öffentlichen Schule, dass sie Selektion bevorzugt mit den Inhalten betreibt, die als solche zum Kern der Allgemeinbildung zählen: mit der Muttersprache, einer Fremdsprache, der Mathematik.
Indem dieser Widerspruch seine potenzielle Virulenz verliert, eben weil doch die einen das leisten, an dem andere auch dank der Organisation des Unterrichts scheitern, kann mit dem Begriff der Allgemeinbildung auch innerhalb der pädagogischen Diskussion unterschieden werden: etwa in höhere und volkstümliche Allgemeinbildung, ohne dass noch eine Contradictio in adjecto wahrgenommen würde. [...]
Um inhaltliche Debatten über den Widerspruch in der pragmatischen Nutzung des Bildungsbegriffs zu vermeiden, wird versucht, die identischen Inhalte an das anzupassen, was man unterschiedliche Bildsamkeit zu nennen pflegt. Es geht dann um praktische Allgemeinbildung und eine solche des Kopfes. Auch mit dieser Unterscheidung wird die gesellschaftlich ökonomisch dekretierte Differenzierung versteckt.
Ebenfalls aus der Gleichheitsforderung abgeleitet wird die pädagogische Norm der Gerechtigkeit. In dieser wird der Widerspruch der schulisch zu formierenden Individualität der Person deutlich. Wie kann es in der Schule eine je besondere Individualität des Heranwachsenden geben, wenn es doch vor allem um deren Verallgemeinerung geht? Eine Institution, die Selektion betreibt, muss verfahrensmäßig eindeutig, d. h. juridisch die Betroffenen gleichbehandelnd vorgehen. Alle Teilnehmer am Wettbewerb erwarten, dass sie mit einem für alle gleichen Maßstab bewertet werden. Aber Schule ist eine Institution, die zugleich auf die Unterschiede der Kinder einzugehen hat. Sie sind nicht verallgemeinert, wenn sie in die Institution eintreten: Die Kinder bringen für das dominante Lernmuster der Schule mehr oder weniger förderliche oder hinderliche Vorerfahrungen mit, sie lernen auf unterschiedlichen Wegen, und das bedeutet auch, dass ihnen das Lernen leicht- oder schwerfallen kann. Die Entwicklung der pädagogischen Wahrnehmungsmuster hat in unserer Gesellschaft einen Stand erreicht, nach dem man die Kinder nicht mehr als identisch Lernende begreifen darf, sondern sich auf ihre Besonderheiten einzustellen hat. Lehrer behandeln sie gegen diese Einsicht in der Regel dennoch wie „Trivialmaschinen" (Luhmann).
Eine Schule, die auf den qualitativen Unterschieden der Kinder aufbauen würde, um diesen alles allseitig zu vermitteln, wäre eine weitestgehend individualisierende Anstalt. Kinder bekämen je nach ihrer Ausgangssituation Zeit, soziale Zuwendung und fachliche Impulse, um am Ende zu beherrschen, was alle können sollen. Trotz der Reformen, die eine stärkere Differenzierung der Lernwege möglich machten, ist Schule nicht nur noch weit davon entfernt, die Kinder dort abzuholen, wo sie sich befinden, sondern im Gegenteil so aufgebaut, dass Unterschiede in der Leistungsfähigkeit der Kinder früh hervortreten.
Die pädagogische Norm, nach der jeder Schüler erst dadurch Gerechtigkeit erfährt, dass er seinen individuellen Bedingungen entsprechend behandelt wird, steht also im Gegensatz zur funktional verordneten Gleichheit der Leistungsanforderungen. Die Konfrontation aller mit einer Aufgabe wird dabei so als Ziel behandelt, als stünden dazu eindeutig und neutral die gewählten Mittel. Genau das aber ist in der Schule nicht der Fall. Die gewählten Riten des Unterrichtens und Bewertens produzieren einen Modus der Gleichbehandlung, der letztlich die individuelle Zuwendung zu den Kindern ausschließt.
Wieder liegt die Leistung der Schule wesentlich darin begründet, zwischen beiden Modi so zu vermitteln, dass das Unterbieten der pädagogischen Förderung nicht zu Protest geht. Es ist bedrückend zu beobachten, wie die Kinder schon nach wenig Schulerfahrung ihre höchste Aufmerksamkeit darauf richten, im Konkurrenzkampf die gleiche Chance zu bekommen. Äußerst sensibel reagieren sie darauf, wenn in ihren Augen Mitschüler bevorzugt werden. [...]
Warum das so ist, macht die Bedeutung der dritten pädagogischen Norm, der der Mündigkeit, verständlich. In der funktionalen Perspektive war sie verstanden worden als das Prinzip der Selbsttätigkeit und Eigenverantwortung der Lernenden. Diese funktionale Dimensionierung wird durch die pädagogische Norm zunächst deutlich gesteigert. Mündigkeit wird ja gerade gegen die blinde Befolgung funktionaler Zurichtung gerichtet. Dass Schule ein Ort außerhalb der Spielregeln und der Gesetze der realen Gesellschaft sein will, ist selbst Ausdruck ihrer Tendenz, sich als eine Anstalt zur Vermittlung von emphatisch verstandener Mündigkeit zu setzen. Die Distanz zu den Handlungs- und Rechtfertigungszwängen der Praxis außerhalb ihrer Mauern soll die Freiheit der Reflexion in ihrem Inneren sichern, die Voraussetzung sowohl für Bildung als auch damit für Mündigkeit. Am Ende soll der Schüler durch die Schulung der Mittel zur Aneignung von Welt zu Urteil und Kritik freigesetzt und damit mündig werden.
Die Übernahme der Verantwortung in der Gesellschaft vollzieht sich dann als Akt der Mündigkeit. Dass darauf auch die Erziehung und Bildung notwendig hinauslaufe, hat Herwig Blankertz bündig als Eigenstruktur der Erziehung gedeutet.
[...] Dass der Nachwuchs irgendwann selbstständig und selbsttätig die Aufgaben von der Erwachsenengeneration zu übernehmen habe, sagt freilich noch nichts darüber aus, wie mündig in einem substanziellen Sinn er dabei sein darf, kann und will. [...] In der Schule, im Wesentlichen auch in der reformierten, kann es mit der pädagogisch gepredigten Mündigkeit nur so gut bestellt sein, wie die

Abb. 5.12

Institution die Beteiligten, Lehrer wie Schüler, zu einem solchen Verhalten auffordert. Selbsttätig soll jeder möglichst schnell werden, dabei Verantwortung für das eigene Lernen übernehmen, aber das alles in der Regel nach Maßgabe vorher festgelegter Zielgrößen. Weder über den Lernstoff noch über die Lernwege, das Tempo, die soziale Organisationsform der Leistungserbringung etc. kann wirklich entschieden werden. Ja nicht einmal soviel Mündigkeit wird zugebilligt, dass der Schüler wählen kann, bei wem er lernen will. Mit äußerstem Misstrauen, oft mit Unverständnis reagieren die Lehrenden auf die in ihren Augen merkwürdigen Ausdrucksformen des Mündigkeitsbegehrens der Kinder und Jugendlichen, etwa ihren eigenwilligen Lebensstilen. Die rhetorisch gewollte, faktisch aber eng begrenzte Mündigkeit dient der Funktionserfüllung der Schule. Eines der Qualifikationsmomente der Schule besteht gerade im Erwerb der Spielregeln lizensierter, d. h. unmündiger Mündigkeit. […]

Als letzte pädagogische Norm ist die der Solidarität zu erläutern. Schule hat die Setzung bürgerlicher Subjektivität durch die Lernenden vorzubereiten. Hierzu muss sie eine Institution des freien Wettbewerbs sein, der Konkurrenz der je Vereinzelten. Mündigkeit prägt sich aus im Recht der Besseren gegenüber den Schwächeren. Genauso wie die bürgerlichen Denker Angst vor ihrem eigenen Programm bekamen, was am Ende die erfolgreich Individuierten mit den anderen, weniger erfolgreichen tun würden und sie deshalb Brüderlichkeit als Kompensationshaltung forderten und später dann den Sozialstaat als organisiertes Bindemittel kreierten, prägt sich auch dem Schulsystem das schlechte Gewissen über die Folgen des Betriebs auf. Im gleichen Moment, in dem also die Kinder durch die Schule vereinzelt werden, soll dieser Prozess moralisch zurückgenommen werden durch den Appell an das, was Adam Smith als „moral sentiment" beruhigte. Mit viel rituellem Aufwand setzt der Lehrer die positive Besetzung der Solidaritätsnorm ins Werk: nach außen durch die Verbreitung kognitiv einsichtiger Solidarität mit anonymen oder auch personalisierten Fremden und nach innen durch die Riten der Einbeziehung der Schwächeren in die Gemeinschaft. Freilich bleibt beides Caritas. Solidarität erscheint als etwas fallweise Gewährtes, sie darf den schulischen Betrieb nicht prägen. Schon die Vorstellung, dass die Stärkeren selbstverständlich den Schwächeren bei der Lösung ihrer Aufgaben helfen, wirkt schulfremd, erst recht wenn man sich das in der Situation einer Klassenarbeit vorstellt. Schule ahndet das bekanntlich als Mogeln.

Der Glaube an solidarische Wiedergutmachung lebt in der Schule davon, sie sei erzieherisch auch gegen die Riten der Schule zu bewirken. Solidarität erscheint in dem Maße als einsichtsvolles moralisch bestimmtes Wollen, wie von einem anthropologisch gesicherten „moral sentiment" ausgegangen wird. Der Einzelne wird verantwortlich gemacht für den Wettbewerb wie für die ausgleichende Gerechtigkeit mit dem Schwachen. Es handelt sich also um die andere Seite illusionärer Individuierung. Mit ihr geht es um nicht mehr als um die Herstellung von systemischen Bedingungen, die die je individuelle Bereitschaft zur Hilfe gegenüber dem Schwachen nicht mehr notwendig machten.

Weiterführende Aufgaben

Sie haben in diesem schultheoretischen Abschnitt die strukturfunktionale Position von Helmut Fend kennengelernt, der die gesellschaftliche Funktion von Schule beschreibt. Darüber hinaus haben Sie sich mit Gruschkas Kritik an der Schule auseinandergesetzt, der gegenüber einfachen Reformvorschlägen auf grundsätzliche Widersprüche des Schulehaltens aufmerksam macht.

Online unter PP-Code hr3ru7 finden Sie einen leicht verständlichen Text von Hartmut von Hentig, der für seinen kleinen Neffen erklärt, wozu die Schule da ist. Diese Funktionsbestimmung ist geprägt von seinen reformpädagogischen Vorstellungen, die er in der Bielefelder Laborschule verwirklicht hat.

Setzen Sie sich mit den Vorstellungen von Hentigs auf der Grundlage Ihrer bisherigen Erkenntnisse über die Geschichte und Theorie der Schule auseinander.

5.3 Schule „nach PISA" im öffentlichen Fokus

Die Veröffentlichung der dritten internationalen Mathematik- und Naturwissenschaftsstudie TIMSS (Third International Mathematics and Science Study) der IEA (International Association for the Evaluation of Educational Achievement) hat in den Jahren 1996 und 1997 einige Aufmerksamkeit in der fachlich interessierten Öffentlichkeit erregt.

Die Ergebnisse der von der OECD im Jahr 2000 erstmals durchgeführten Schulleistungsuntersuchung bzw. Schülerleistungsuntersuchung PISA (Programme for International Student Assessment) hat in Deutschland hingegen nahezu die gesamte Öffentlichkeit erreicht. Die Vorstellung der Ergebnisse vor der KMK (Ständige Konferenz der Kultusminister der Länder in der Bundesrepublik Deutschland, kurz: Kultusministerkonferenz) und der BLK (Bund-Länder-Kommission für Bildungsplanung und Forschungsförderung) im Dezember 2001 wurde live im Fernsehen übertragen und erzeugte nicht nur in den darauffolgenden Tagen und Wochen ein ungeheures Echo in den Tagesmedien. Kaum ein Reformvorschlag zur Schule kommt seither ohne den Bezug auf die PISA-Studie aus.

Abb. 5.13

Lesen ja, aber nicht verstehen
Die Tageszeitung, Nr. 6616, 03.12.2001, S. 4

Deutsche Schüler blamieren sich mal wieder im internationalen Vergleich. Studie zeigt Bundesrepublik nur bei der „sozialen Auslese" an der Spitze
Frankfurter Rundschau, Nr. 281, 03.12.2001, S. 1

„Wir sortieren Schüler zu früh"
Der Tagesspiegel, Nr. 17609, 12.12.2001, S. 27

Wir müssen nachsitzen
Der Tagesspiegel, Nr. 17606, 02.12.2001, S. 2

Sitzen geblieben.
Wieder schockt eine Studie die deutschen Schulpolitiker
Die Zeit, Nr. 49, 29.11.2001, S. 1

Bestürzung über Leistungen deutscher Schüler
Die Welt, Nr. 284, 05.12.2001, S. 4

Trödeln im Spielparadies
Süddeutsche Zeitung, Nr. 280, 05.12.2001, S. 4

Lesen und Rechnen mangelhaft
Süddeutsche Zeitung, Nr. 278, 03.12.2001, S. 2

Deutsche Schüler schneiden im internationalen Vergleich schlecht ab
Berliner Zeitung, Nr. 282, 03.12.2001, S. 5

Mangelhaft
Bayernkurier 49, 06.12.2001, S. 5

Die Quittung für unser veraltetes Bildungssystem
Der Tagesspiegel, Nr. 17606, 02.12.2001, S. 2

Viele Schüler in Deutschland auf unterstem Niveau
Frankfurter Allgemeine Zeitung, Nr. 282, 04.12.2001, S. 4

Kaum Bildung und noch weniger Geld
Die Tageszeitung, Nr. 6618, 05.12.2001, S. 14

Schulstudie: Ausländerkinder drücken deutsche Platzierung
Die Welt, Nr. 282, 03.12.2001, S. 2

Abb. 5.14

Methode

Theorie und Empirie

„Unsre Natur bringt es mit sich, dass die Anschauung niemals anders als sinnlich sein kann, d.h. nur die Art enthält, wie wir von Gegenständen affiziert werden. Dagegen ist das Vermögen, den Gegenstand sinnlicher Anschauung zu denken, der Verstand. Keine dieser Eigenschaften ist der anderen vorzuziehen. Ohne Sinnlichkeit würde uns kein Gegenstand gegeben, und ohne Verstand keiner gedacht werden. Gedanken ohne Inhalte sind leer, Anschauungen ohne Begriffe sind blind“ (Immanuel Kant).

Diese erkenntnistheoretische Begriffsklärung Kants spiegelt sich in der Erziehungswissenschaft wider in der unterschiedlichen Deutung der Pädagogik als Geistes- oder als Sozialwissenschaft,

- in der Frage von Hermeneutik (vgl. Pädagogische Bildinterpretation und Pädagogische Textinterpretation als fachwissenschaftliche Methode in Heft 4 der Perspektive Pädagogik) oder Empirie (vgl. [pädagogisches] Experiment in Heft 3 der Perspektive Pädagogik) als wissenschaftsmethodische Grundausrichtung zur Erkenntnisgewinnung und
- innerhalb der Empirie zwischen qualitativer Sozialforschung (vgl. wiederum Heft 3 der Perspektive Pädagogik) und quantitativer oder empirisch-analytischer Sozialforschung, zu der neben dem Experiment (s.o.) als ursprünglich naturwissenschaftlicher Vorgehensweise zur Aufdeckung von Kausalzusammenhängen wesentlich die Befragung (s.u.) zählt.

Dabei scheint Kants Aussage weder in Diskussionen zur Triangulation von sowohl quantitativen als auch qualitativen Erkenntnismethoden innerhalb einzelner Forschungsprojekte noch mit dem Hinweis einerseits auf die (auch hermeneutische) Begriffsbestimmung bei der Hypothesengewinnung oder die Ergebnisinterpretation in empirisch-analytischen Forschungsprojekten oder andererseits auf die prinzipiell auch auf die tatsächliche Erziehung gerichtete Hermeneutik der geisteswissenschaftlichen Pädagogik hinreichend erfasst zu werden: „Keine dieser Eigenschaften“, weder die theoretische Begriffsbestimmung noch die reale Erfahrung, „ist der anderen vorzuziehen“, heißt es bei Kant.

M12 Anliegen und Merkmale von PISA (Cordula Artelt u.a.)

PISA steht für „Programme for International Student Assessment“ – ein Programm zur zyklischen Erfassung basaler Kompetenzen der nachwachsenden Generation, das von der Organisation für wirtschaftliche Zusammenarbeit und Entwicklung (OECD) durchgeführt und von allen Mitgliedsstaaten gemeinschaftlich getragen und verantwortet wird. PISA ist Teil des Indikatorenprogramms der OECD, dessen Ziel es ist, den OECD-Mitgliedsstaaten vergleichende Daten über die Ressourcenausstattung, individuelle Nutzung sowie Funktions- und Leistungsfähigkeit ihrer Bildungssysteme zur Verfügung zu stellen. […] Die Bundesrepublik Deutschland beteiligt sich an diesem Programm gemäß einer Vereinbarung zwischen dem Bundesministerium für Bildung und Forschung und der Ständigen Konferenz der Kultusminister der Länder.

Primäre Aufgabe des Programms ist es, den Regierungen der teilnehmenden Staaten auf periodischer Grundlage Prozess- und Ertragsindikatoren zur Verfügung zu stellen, die für politisch-administrative Entscheidungen zur Verbesserung der nationalen Bildungssysteme brauchbar sind. Dabei ist der Begriff der politisch-administrativen Entscheidung weit gefasst. Er bezieht alle Ebenen des Bildungssystems ein, auch die Entwicklung der Einzelschule sowie alle Unterstützungssysteme von der Lehrerausbildung bis zur Schulberatung.

Die Indikatoren beziehen sich auf die Bereiche Lesekompetenz (*Reading Literacy*), mathematische Grundbildung (*Mathematical Literacy*), naturwissenschaftliche Grundbildung (*Scientific Literacy*) und fächerübergreifende Kompetenzen (*Cross-Curricular Competencies*). Zu den fächerübergreifenden Kompetenzen gehören im ersten Zyklus – wenn man einmal vom Leseverständnis als fächerübergreifender Basiskompetenz absieht – Merkmale selbst regulierten Lernens und Vertrautheit mit Computern.

Zielpopulation sind 15-jährige Schülerinnen und Schüler – also eine Altersgruppe, die in fast allen OECD-Mitgliedsstaaten noch der Vollzeitschulpflicht unterliegt oder aber faktisch eine Vollzeitschule besucht. […]

Teilnehmer sind 32 Staaten, davon 28 Mitgliedsstaaten der OECD. In jedem Land werden zwischen 4.500 und 10.000 Schülerinnen und Schüler getestet.

Inhalt

- PISA erfasst drei Bereiche: Lesekompetenz (Reading Literacy), mathematische Grundbildung (Mathematical Literacy) und naturwissenschaftliche Grundbildung (Scientific Literacy).
- Die Definition der Bereiche deckt nicht nur die Beherrschung des im Curriculum vorgesehenen Lehrstoffs ab, sondern auch wichtige Kenntnisse und Fähigkeiten, die man im Erwachsenenleben benötigt. Die Untersuchung von fächerübergreifenden Kompetenzen ist integraler Bestandteil von PISA.
- Das Hauptaugenmerk liegt auf der Beherrschung von Prozessen, dem Verständnis von Konzepten sowie auf der Fähigkeit, innerhalb eines Bereichs mit unterschiedlichen Situationen umzugehen.

Methoden

- Die Tests bestehen aus einer Mischung von Multiple-Choice-Aufgaben und Fragen, für die die Schülerinnen und Schüler eigene Antworten ausarbeiten müssen. Die Items sind in Gruppen zusammengefasst, die sich jeweils auf eine Beschreibung einer realitätsnahen Situation beziehen.
- Insgesamt werden Items für eine Gesamttestdauer von sieben Stunden eingesetzt. Davon bearbeiten die Schülerinnen und Schüler jeweils unterschiedliche Kombinationen in einer zweistündigen Testsitzung.
- Die Schülerinnen und Schüler beantworten außerdem einen Schülerfragebogen mit Hintergrundfragen über sie selbst, und die Schulleiter werden gebeten, Fragen über ihre Schule zu beantworten. Die Bearbeitung des Schülerfragebogens nimmt 20 bis 30 Minuten, die des Schulfragebogens etwa 30 Minuten in Anspruch.

Erhebungszyklus

- Die erste Erhebung fand im Jahr 2000 statt. Danach erfolgen die Erhebungen in einem Dreijahreszyklus.
- In jedem Zyklus wird ein „Hauptbereich" gründlicher und differenzierter getestet, dem dann zwei Drittel der Testzeit zugeteilt werden; in den beiden anderen Bereichen werden jeweils globale Leistungsprofile erfasst. Die Hauptbereiche sind: Lesekompetenz im Jahr 2000, mathematische Grundbildung im Jahr 2003 und naturwissenschaftliche Grundbildung im Jahr 2006.

Ergebnisse

- Ein Profil der Kenntnisse und Fähigkeiten von Schülerinnen und Schülern gegen Ende der Pflichtschulzeit.
- Kontextbezogene Indikatoren, mit denen ein Zusammenhang zwischen den Ergebnissen und Merkmalen von Jugendlichen und Schulen hergestellt wird.
- Trendindikatoren, die zeigen, wie sich die Ergebnisse im Zeitverlauf ändern.

Offenheit für nationale Optionen

- Zusätzlich zu den 15-Jährigen kann auch eine Jahrgangsstufe untersucht werden (in Deutschland wurde die 9. Jahrgangsstufe gewählt).
- Das Programm kann durch nationale Komponenten erweitert werden.

Methode

Phasen des Forschungsprozesses

Pfeiffer, Püttmann u. Pauli definieren 2005 fünf Hauptphasen des empirisch-analytischen Forschungsprozesses:

- Definitionsphase,
- Theoretische Phase,
- Durchführungsphase,
- Auswertungsphase,
- Disseminationsphase [...].

Diese Phasen differenzieren sie mit einer **Checkliste für die Entwicklung/Evaluation eines Forschungsprojekts** aus:

Problem

- Sind das Problem und seine Bestandteile klar definiert?
- Wurde die Relevanz des Problems herausgearbeitet?
- Sind die Forschungsziele klar bestimmt?

Theoretischer Hintergrund

- Sind die relevanten vorliegenden Kenntnisse (Literatur) berücksichtigt?
- Hat die Studie eine ausgewiesene theoretische Basis?
- Wurden spezifische Hypothesen formuliert?

Sample

- Wer sind die Merkmalsträger/Untersuchungseinheiten? Soll eine Stichprobe gezogen werden oder liegt eine *case study* vor?
- Sind Umfang und Charakteristika der Grundgesamtheit beschrieben?
- Ist die Auswahlmethode für die Stichprobe klar beschrieben?
- Sind Umfang und Hauptmerkmale der Stichprobe beschrieben?

Operationalisierung und Instrumente

- Sind die zu untersuchenden Variablen klar angegeben?
- Sind die relevanten Begriffe direkt beobachtbar?
- Sind die nicht direkt beobachtbaren Begriffe operationalisiert?
- Sind die Instrumente angemessenen zur Erfassung der Variablen?
- Wie steht es um die Reliabilität und Validität der Instrumente?

Forschungsdesign

- Ist das gewählte Untersuchungsdesign der Fragestellung angemessen?
- Sind die Vorgehensweisen bei der Durchführung detailliert beschrieben?
- Wurden mögliche Störvariablen berücksichtigt?

Datenerhebung

- Wurde ein Pretest durchgeführt?
- Wie wurde Kontakt mit den Untersuchungssubjekten hergestellt?
- Sind die Daten plangemäß eingegangen oder gab es Ausfälle?

Resultate
- Wurde das Material angemessen aufbereitet?
- Wurden die Resultate klar dargestellt?
- Wurden angemessene statistische Maße berechnet und präsentiert?
- Wurden angemessene Signifikanztests durchgeführt?
- Erfolgte eine Zuordnung der statistischen Ergebnisse zu den Hypothesen?

Diskussion und Schlussfolgerungen
- Wurden die Resultate im Hinblick auf die Hypothesen diskutiert?
- Wurden die theoretischen und praktischen Folgen der Ergebnisse diskutiert?
- Wurden Anregungen für zukünftige Forschungen vorgetragen?

Anregungen zur Weiterarbeit

1. Notieren Sie Fragen an die PISA-Untersuchung, die sich Ihnen nach Durchsicht von Material **M 12** stellen.
2. Erläutern Sie, was Heinrich Roth 1962 mit der „realistischen Wendung" in der Erziehungswissenschaft gemeint hat, indem Sie die Grundzüge der vor allem hermeneutisch-textanalytisch arbeitenden geisteswissenschaftlichen Pädagogik und empirisch-analytischen Erziehungswissenschaft recherchieren.

Methode

Erziehungswissenschaft und pädagogische Alltagstheorie

Aus der Checkliste für die Planung eines qualitativ hochwertigen Forschungsvorhabens bzw. die Überprüfung der Qualität eines vorliegenden Forschungsprojekts lässt sich ein gängiges Erkennungsmerkmal wissenschaftlichen Wissens, wissenschaftlicher Theorie ausmachen: Im Gegensatz zu alltagstheoretischem Wissen gelten wissenschaftliche Theorien als systematisch gewonnen, wird wissenschaftliches Wissen vom bloßen (alltagstheoretischen) Meinen unterschieden.

Doch so klar, wie diese Unterscheidung auf den ersten Blick zu sein scheint, ist sie nicht, wie die Erziehungswissenschaftler Helmwart Hierdeis und Theo Hug in ihrem Buch „Pädagogische Alltagstheorien und erziehungswissenschaftliche Theorien" (1992, S. 8) anmerken:

„Wir […] erarbeiten einige Merkmale für die Abgrenzung von ‚Alltag' und ‚Wissenschaft' sowie von pädagogischen Alltagstheorien und erziehungswissenschaftlichen Theorien. Dabei werden wir zu der Erkenntnis kommen, dass es immer wieder um ein ‚mehr oder weniger' bzw. ein ‚sowohl als auch' und nicht um ein ‚entweder – oder' geht."

Das einleitende Zitat Kants ist eingebettet in die grundsätzliche erkenntnistheoretische Frage „Was kann ich wissen?" – Und diese Frage zielt nicht allein auf die Grenzen unseres subjektiven Alltagswissens, sondern auch auf die (Bedingungen der) Möglichkeit objektiven Wissens:

Konstruktivisten (vgl. Perspektive Pädagogik, Heft 2, Kapitel 4.2 und Perspektive Pädagogik, Heft 4, Kapitel 4, M5), vertreten heute die Ansicht, dass jeder Mensch und damit auch jeder Wissenschaftler sich – in Auseinandersetzung mit der Welt und in Interaktion mit seiner sozialen Umwelt – seine eigene Wirklichkeit konstruiert. Die Frage nach der Wahrheit selbst wissenschaftlichen Wissens stellt sich dem radikalen Konstruktivisten dann gar nicht mehr, „Wahrheit ist die Erfindung eines Lügners", wie es im gleichnamigen Buch der Autoren Heinz von Foerster und Bernhard Pörksen heißt.

Eine an Mündigkeit orientierte (kritische) Erziehungswissenschaft hält hingegen an der Möglichkeit von Aufklärung durch wissenschaftlichen Erkenntniszuwachs fest, sieht die Pädagogik als Handlungswissenschaft aber zugleich vor das Problem gestellt, dass wissenschaftliche Erkenntnisse in pädagogisches Alltagshandeln einfließen sollen, nicht aber als wissenschaftliche Technologie am Menschen nur noch „anzuwenden" sind.

Dennoch reicht die Zielsetzung der Erziehungswissenschaft von der Aufklärung der Handlungsbedingungen etwa von Erziehung und Unterricht bis zur forschenden Veränderung dieser Praxis in der so bezeichneten Handlungsforschung (action research). Bei dieser zielt die Forschung direkt auf die Verbesserung der Praxis. Damit ist wiederum die Frage nach der Objektivität und der Normativität von Wissenschaft gestellt: Geht es in der Wissenschaft um eine objektive Wahrheitssuche oder verfolgt Wissenschaft (immer schon) normative Ziele?

Vertreter der empirisch-analytischen Sozialforschung, wie sie in der aktuellen Bildungsforschung vorherrschen, begreifen sich nicht als Handlungsforscher, sie wollen die Bedingungen von (guter) Erziehung und Bildung objektiv, reliabel oder zuverlässig und valide oder gültig – die Ergebnisse sollen also das aussagen, was sie vorgeben auszusagen – bestimmen.

Anregungen zur Weiterarbeit

1. Prüfen Sie im Rahmen der vorliegenden Unterrichtsreihe, ob die PISA-Untersuchung und deren Folgen Schulleistungen nur objektiv beschreiben oder auch normativ festlegen.
2. Setzen Sie sich jedoch zunächst mit der PISA-Untersuchung selbst auseinander, indem Sie die folgenden PISA-Aufgaben aus dem Jahr 2000 (M 13 bis M 15) lösen. Online unter PP-Code dz268d finden Sie eine weitere Leseaufgabe aus dem Jahr 2009.

M13 Erste Beispielaufgabe zur Lesekompetenz (OECD)

Der Bibliotheksverbund Mehrstadt gibt neuen Bibliotheksbenutzern ein Lesezeichen mit, auf dem seine Öffnungszeiten stehen. Beziehe dich zur Beantwortung der nachfolgenden Fragen auf das Lesezeichen.

[Aufgabe 1:]
Um wie viel Uhr schließt mittwochs die Falkenberg-Bücherei?

[Aufgabe 2:]
Welche Bücherei ist freitagabends um 18.00 Uhr noch geöffnet?

A Carl-Fischer-Bücherei
B Christensen-Bücherei
C Falkenberg-Bücherei
D Grundner-Bücherei
E Braunbach-Bücherei

Bibliotheksverbund **Mehrstadt**

Öffnungszeiten

Gültig ab 1. Februar 1998

	Braunbach-Bücherei	Carl-Fischer-Bücherei	Christensen-Bücherei	Falkenberg-Bücherei	Grundner-Bücherei
Sonntag	13.00–17.00	geschlossen	14.00–17.00	geschlossen	14.00–17.00
Montag	11.00–20.00	11.00–17.30	13.00–20.00	11.00–17.30	10.00–17.30
Dienstag	11.00–20.00	11.00–20.00	11.00–20.00	11.00–20.00	10.00–20.00
Mittwoch	11.00–20.00	11.00–17.00	10.00–20.00	11.00–17.00	10.00–20.00
Donnerstag	11.00–20.00	11.00–17.30	10.00–20.00	11.00–17.30	10.00–20.00
Freitag	11.00–17.00	11.00–17.00	10.00–20.00	11.00–17.00	10.00–17.30
Samstag	10.00–13.00	10.00–13.00	9.00–13.00	10.00–13.00	9.00–13.00

Abb. 5.15

M14 Beispielaufgabe zur mathematischen Kompetenz (OECD)

Du wirst beauftragt, einen neuen Satz von Münzen zu entwerfen. Alle Münzen sollen rund und silberfarbig sein, aber verschiedene Durchmesser haben.
Forscher haben herausgefunden, dass ein idealer Satz von Münzen folgende Anforderungen erfüllt:

- Der Durchmesser der Münzen sollte nicht kleiner als 15 mm und nicht größer als 45 mm sein.
- Ausgehend von einer Münze muss der Durchmesser der nächsten Münze mindestens 30 % größer sein.
- Die Prägemaschine kann nur Münzen herstellen, deren Durchmesser in Millimeter ganzzahlig ist (z. B. 17 mm sind zulässig, 17,3 mm nicht).

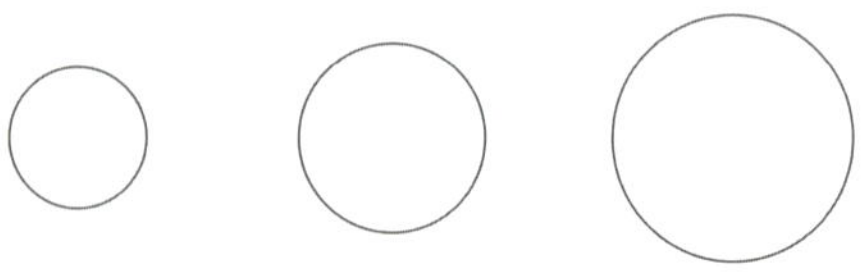

Abb. 5.16

[Aufgabe 3:]
Entwirf einen Satz von Münzen, der die oben genannten Anforderungen erfüllt. Beginne mit einer 15-Millimeter-Münze. Dein Satz sollte so viele Münzen wie möglich enthalten.

M15 Beispielaufgabe zur naturwissenschaftlichen Kompetenz (OECD)

Ein Bus fährt eine gerade Straße entlang. Vor dem Busfahrer Rolf steht auf dem Armaturenbrett ein Becher mit Wasser:

Plötzlich muss Rolf stark auf die Bremse treten.

[Aufgabe 4:]
Was geschieht voraussichtlich mit dem Wasser im Glas, gleich nachdem Rolf auf die Bremse getreten ist?

A Das Wasser bleibt horizontal.
B Das Wasser schwappt über Seite 1.
C Das Wasser schwappt über Seite 2.
D Das Wasser schwappt über, aber man kann nicht sagen, ob es über Seite 1 oder Seite 2 schwappt.

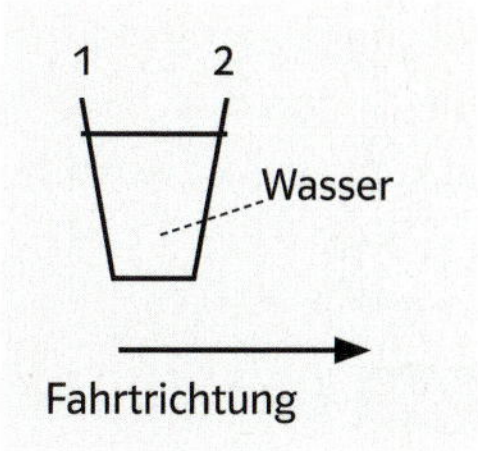

Abb. 5.17

Methode

Befragung

Die in den Sozialwissenschaften dominante Methode ist die Befragung. Sie entstammt dem Alltagsgespräch und ist eine künstliche Sonderform sozialer Kommunikation. [...] „Kern der Idee von einer Methode der Befragung ist die Vorstellung, dass die Antworten auf eine geregelte Abfolge von Fragen Aufschluss über eine Realität geben können, die sich von den physischen Vorgängen des Fragens und Antwortens, von der sozialen Situation des Fragenden und Antwortenden und von dem sprachlichen Inhalt der Frage und Antwort ablösen und in allgemeinen Regeln fixieren lässt." [...]

„Die Befragung ist ein planmäßiges Verfahren mit wissenschaftlicher Zielsetzung, bei dem die Versuchsperson durch eine Reihe gezielter Fragen oder mitgeteilter Stimuli zu verbalen Informationen veranlasst werden soll." [...]

Diese Definition schließt ein breites Spektrum von Verfahren und Techniken ein, die sich insbesondere unterscheiden lassen nach:

- Art der Kommunikation (mündlich - schriftlich)
- Gestaltung der Messsituation (strukturiert - offen)
- Beziehung zum Befragten (hart - neutral - weich)

Durch die Kombination der Kategorien dieser Dimensionen ergeben sich unterschiedliche typische Verfahren der Befragung (face-to-face Interview, telefonisches Interview, schriftliche Befragung mit standardisiertem Fragebogen, Gruppendiskussion, narratives Interview etc). Je weniger strukturiert eine Befragungssituation ist, desto mehr stehen dem Befragten Möglichkeiten [...] offen, um seine eigenen Relevanzsysteme zu artikulieren und nicht nur auf vorgegebene Fragen in vorgegebenen Kategorien zu reagieren. Je geringer die Strukturiertheit einer Befragungssituation, desto eher dient sie dem Erfassen qualitativer Aspekte. Je stärker die Strukturierung ist, desto eher können quantitative Aspekte erfasst werden. [...]

Ob und inwieweit durch Befragung gültige Daten gewonnen werden können, ist angesichts des erwähnten kommunikativen Charakters des Messvorgangs kontrovers. Unbestritten ist, dass es sich bei der Befragung um einen sozialen Prozess handelt, in dessen Verlauf Einflüsse wirksam werden (→ Reaktivität), die zu einer Verzerrung des Antwortverhaltens führen können (Abweichung vom ‚wahren Wert'). Das Ausmaß dieser verzerrenden Effekte hängt ab vom Stimulus (Frageinhalt), von sozialen Normen und den persönlichen Bedürfnissen und Motiven des Befragten. Als wichtigste Quellen von Verzerrungen sind zu nennen [...]:

- Soziale Erwünschtheit
- Anwesenheit Dritter
- Frageformulierungen
- Interviewermerkmale
- Situationale Effekte

In der Praxis wird versucht, durch eine Art Kunstlehre des Interviews diese Faktoren mehr oder weniger unter Kontrolle zu bringen. Hierzu werden in den einschlägigen Lehrbüchern eine Reihe von Regeln für:

- die Formulierung der Frage
- den Fragebogenaufbau
- das Interviewerverhalten

formuliert, deren Beachtung dazu beitragen soll, Verzerrungen und Fehler zu vermeiden, zu verringern oder zumindest zu diagnostizieren.

Soll es sich dabei um mehr als um eine bloße Sammlung von Tipps handeln, so bedarf es einer allgemeinen Theorie der Befragung, welche „für die auftretenden Prozesse und Effekte ein Erklärungsargument vorlegt" [...], d.h. letztlich eine Fehlertheorie. Eine solche aber existiert erst in Ansätzen [...].

Trotz dieser Limitierungen bleibt die Befragungsmethode für die Gewinnung von sozioökonomischen Daten, die Erforschung von kollektiven Einstellungen, psychischen Befindlichkeiten und Interpretationen nach wie vor unverzichtbar und wird mit der Verbreitung neuer Technologien (E-Mail, Internet) noch an Bedeutung zunehmen.

Für das Verständnis der Beispielaufgaben aus den PISA-Fragebögen bedarf es einiger Informationen zu ihrer Konzeption. Sie finden hier zunächst Hinweise zu dem den Aufgaben zugrunde liegenden Kompetenzmodell (M 16). Die Stufen Ib und VI stellen Ausdifferenzierungen des Kompetenzmodells aus dem Jahr 2000 dar, das die fünf Stufen I(a) bis V umfasste.

M 16 Die charakteristischen Anforderungen der sieben Kompetenzstufen (Ib–VI) der Lesekompetenz (Johannes Naumann u. a.)

Kompetenzstufe	Wozu die Schülerinnen und Schüler auf der jeweiligen Kompetenzstufe im Allgemeinen in der Lage sind
VI	Jugendliche auf dieser Stufe können Schlussfolgerungen, Vergleiche und Gegenüberstellungen detailgenau und präzise anstellen. Dabei entwickeln sie ein volles und detailliertes Verständnis eines oder mehrerer Texte und verbinden dabei unter Umständen gedanklich Informationen aus mehreren Texten miteinander. Hierbei kann auch die Auseinandersetzung mit ungewohnten Ideen gefordert sein, genauso wie der kompetente Umgang mit konkurrierenden Informationen und abstrakten Interpretationskategorien sowie hohe Präzision im Umgang mit zum Teil unauffälligen Textdetails.
V	Jugendliche auf dieser Stufe können sowohl mehrere tief eingebettete Informationen finden, ordnen und herausfinden, welche davon jeweils relevant sind, als auch ausgehend von Fachwissen eine kritische Beurteilung oder Hypothese anstellen. Die Aufgaben dieser Stufe setzen in der Regel ein volles und detailliertes Verständnis von Texten voraus, deren Inhalt oder Form ungewohnt ist. Zudem muss mit Konzepten umgegangen werden können, die im Gegensatz zum Erwarteten stehen.
IV	Aufgaben dieser Kompetenzstufe erfordern vom Leser/von der Leserin, linguistischen oder thematischen Verknüpfungen in einem Text über mehrere Abschnitte zu folgen, oftmals ohne Verfügbarkeit eindeutiger Kennzeichen im Text, um eingebettete Informationen zu finden, zu interpretieren und zu bewerten oder um psychologische oder philosophische Bedeutungen zu erschließen. Insgesamt muss ein genaues Verständnis langer oder komplexer Texte, deren Inhalt oder Form ungewohnt sein kann, unter Beweis gestellt werden.
III	Aufgaben dieser Kompetenzstufe erfordern vom Leser/von der Leserin, vorhandenes Wissen über die Organisation und den Aufbau von Texten zu nutzen, implizite oder explizite logische Relationen (z. B. Ursache-Wirkungs-Beziehungen) über mehrere Sätze oder Textabschnitte zu erkennen, mit dem Ziel, Informationen im Text zu lokalisieren, zu interpretieren und zu bewerten. Einige Aufgaben verlangen vom Leser/von der Leserin, einen Zusammenhang zu begreifen oder die Bedeutung eines Wortes oder Satzes zu analysieren. Häufig sind die benötigten Informationen dabei nicht leicht sichtbar oder Passagen des Textes laufen eigenen Erwartungen zuwider.
II	Jugendliche auf dieser Stufe können innerhalb eines Textabschnitts logischen und linguistischen Verknüpfungen folgen, mit dem Ziel, Informationen im Text zu lokalisieren oder zu interpretieren; im Text oder über Textabschnitte verteilte Informationen aufeinander beziehen, um die Absicht des Autors zu erschließen. Bei Aufgaben dieser Stufe müssen unter Umständen auf der Grundlage eines einzigen Textbestandteils Vergleiche und Gegenüberstellungen vorgenommen werden oder es müssen, ausgehend von eigenen Erfahrungen oder Standpunkten, Vergleiche angestellt oder Zusammenhänge zwischen dem Text und nicht im Text enthaltenen Informationen erkannt werden.
Ia	Aufgaben dieser Kompetenzstufe erfordern vom Leser/von der Leserin, in einem Text zu einem vertrauten Thema eine oder mehrere unabhängige, explizit ausgedrückte Informationen zu lokalisieren, das Hauptthema oder die Absicht des Autors zu erkennen oder einen einfachen Zusammenhang zwischen den im Text enthaltenen Informationen und allgemeinem Alltagswissen herzustellen. Die erforderlichen Informationen sind in der Regel leicht sichtbar, und es sind nur wenige beziehungsweise keine konkurrierenden Informationen vorhanden. Der Leser wird explizit auf die entscheidenden Elemente in der Aufgabe und im Text hingewiesen.
Ib	Jugendliche auf dieser Stufe können in einem kurzen, syntaktisch einfachen Text aus einem gewohnten Kontext, dessen Form vertraut ist (z. B. in einer einfachen Liste oder Erzählung), eine einzige, explizit ausgedrückte Information lokalisieren, die leicht sichtbar ist. Der Text enthält in der Regel Hilfestellungen für den Leser, wie Wiederholungen, Bilder oder bekannte Symbole. Es gibt kaum konkurrierende Informationen. Bei anderen Aufgaben müssen einfache Zusammenhänge zwischen benachbarten Informationsteilen hergestellt werden.

Abb. 5.18: PISA-Alarm!

M17 Die Rahmenkonzeption von PISA (Deutsches PISA-Konsortium)

Wissen und Fähigkeiten werden im Rahmen von PISA nicht in erster Linie im Sinne eines gemeinsamen Nenners der Curricula aller Teilnehmerländer definiert, sondern im Hinblick auf Fähigkeiten, die als wesentlich für das künftige Leben gelten. Dies ist das eigentlich grundlegende und zugleich anspruchsvollste innovative Merkmal von OECD/PISA. Eine allzu strikte Trennung der „schulischen" Fähigkeiten von den Fähigkeiten „für das Leben" wäre willkürlich, denn Schulen hatten schon immer das Ziel, Jugendliche auf das Leben vorzubereiten. Aber dennoch ist die Unterscheidung wichtig. Schulische Curricula bestehen traditionell aus Modulen von Informationen und Techniken, die vermittelt werden sollen. Dabei geht es weniger um die Fähigkeiten, die in jedem Fach und Bereich zur späteren Anwendung im Erwachsenenleben entwickelt werden müssen, und noch weniger um die fächerübergreifend entwickelten, allgemeinen Fähigkeiten des Problemlösens und der Anwendung von eigenen Ideen und Einsichten in konkreten Situationen, denen man im Leben begegnet. OECD/PISA schließt das im Curriculum vorgesehene Wissen und Verständnis nicht aus, testet es aber in erster Linie im Hinblick darauf, inwieweit allgemeinere Konzepte und Fähigkeiten erworben wurden, die für die Anwendung dieses Wissens benötigt werden. Darüber hinaus beschränkt sich PISA auch nicht auf den kleinsten gemeinsamen Nenner des in den Schulen aller Teilnehmerländer vorgesehenen Lehrstoffs.

Abb. 5.19

Diese Ausrichtung der Tests auf die Beherrschung von Prozessen und umfassenden Konzepten ist insbesondere für das Interesse der Länder an einer Entwicklung ihres Humankapitals von Bedeutung. Dieses wird von der OECD wie folgt definiert:
„Wissen, Fähigkeiten, Kompetenzen und sonstige Eigenschaften von Individuen, die für das persönliche, soziale und wirtschaftliche Wohlergehen relevant sind."
Schätzungen des Bestands an Humankapital bzw. des Kompetenzbestands konnten bisher bestenfalls mittelbar, aus Größen wie beispielsweise dem Niveau von Bildungsabschlüssen, abgeleitet werden. Die Unzulänglichkeit dieser Art von Maßen wird besonders deutlich, wenn sich das Interesse am Humankapital auch auf solche Eigenschaften erstreckt, die eine vollständige soziale und demokratische Teilnahme am gesellschaftlichen Leben ermöglichen und Menschen zu lebenslangem Lernen befähigen.
Mit der direkten Messung von Wissen und Fähigkeiten zum Ende der Pflichtschulzeit untersucht OECD/PISA, inwieweit Jugendliche auf das Leben als Erwachsene vorbereitet werden und in gewissem Maße auch, wie leistungsfähig die Bildungssysteme sind. Leistung soll dabei in Bezug auf grundlegende (und von der Gesellschaft definierte) Ziele und nicht in Bezug auf das Lehren und Lernen eines bestimmten Stoffs gemessen werden. Wenn man will, dass sich Schulen und Bildungssysteme den modernen Herausforderungen widmen, sind solche authentischen Leistungsmaße notwendig.

Was in den Bereichen gemessen wird [Beispielbereich: Lesekompetenz]

Definition

Geschriebene Texte zu verstehen, zu nutzen und über sie zu reflektieren, um eigene Ziele zu erreichen, das eigene Wissen und Potenzial weiterzuentwickeln und am gesellschaftlichen Leben teilzunehmen.

Komponenten/Dimensionen des Bereichs

- Verschiedene Arten von Texten lesen: kontinuierliche Texte, klassifiziert nach Typen (z. B. Beschreibung, Erzählung), und Dokumente, klassifiziert nach Struktur.
- Verschiedene Arten von Leseaufgaben ausführen, etwa bestimmte Informationen heraussuchen, eine Interpretation entwickeln oder über den Inhalt oder die Form eines Textes reflektieren.
- Texte lesen, die für verschiedene Situationen geschrieben wurden, z. B. für persönliche Interessen oder um Arbeitsanforderungen zu genügen.

Anregungen zur Weiterarbeit

1. Fassen Sie die am Beispiel der Lesekompetenz die wesentlichen Komponenten des PISA-Konzepts zusammen.
2. Erläutern Sie die Aufgabenbeispiele in M 13 bis M 15 auf dem Hintergrund der PISA-Konzeption.
3. Diskutieren Sie, inwiefern die vorliegende Unterrichtsreihe über die PISA-Studie und deren Folgen auf die in PISA anvisierten „allgemeinere[n] Konzepte und Fähigkeiten" abzielt oder andere Zwecke verfolgt.
4. Im Jahr 2004 hat die Sprachkritische Aktion den Begriff „Humankapital" zum Unwort des Jahres erklärt: „Die Bezeichnung degradiere nicht nur Arbeitskräfte in Betrieben, sondern mache den Menschen allgemein zu einer nur noch ökonomisch interessanten Größe, erklärte die Jury. So werde die primär ökonomische Bewertung aller Lebensbezüge gefördert, die auch die aktuelle Politik immer stärker beeinflusse. Schon 1998 hatten die Experten den Ausdruck als Umschreibung für die Aufzucht von Kindern gerügt. Aktueller Anlass sei nun die Aufnahme des Begriffes in eine offizielle Erklärung der Europäischen Union gewesen", heißt es dazu bei Spiegel-Online. Nehmen Sie zu dieser Kritik und auch an der Formulierung des der PISA-Studie zugrunde liegenden Bildungsziels Stellung.

Abb. 5.20

M18 Skalierung der Leistungstests (Jürgen Baumert/Petra Stanat/Anke Demmrich)

In PISA wurde die internationale Skalierung der Leistungstests auf der Basis von 13.500 Schülerinnen und Schülern vorgenommen. Hierzu wurden aus jedem Teilnehmerland – ausgenommen Luxemburg – stratifizierte Zufallsstichproben von jeweils 500 Personen gezogen. [...]
Die ermittelten Testleistungen wurden auf einer Leistungsdimension abgetragen, die jeweils durch einen internationalen Mittelwert von 500 und eine Standardabweichung von 100 definiert waren. Diese Definition ist natürlich beliebig. Um Leistungsunterschiede in ihrer Größenordnung auf diesem Maßstab einordnen zu können, bedarf es üblicherweise einiger Interpretationshilfen. Abbildung 5.21, die den Zusammenhang zwischen Skalenwerten und Prozenträngen bei normal verteilten Leistungswerten zeigt, gibt eine erste Orientierung.

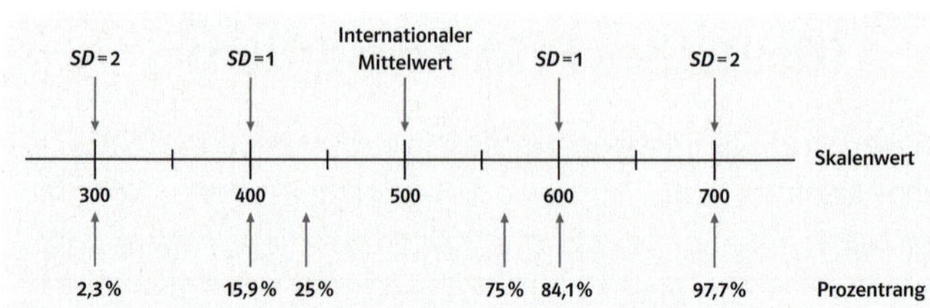

Abb. 5.21: Zusammenhang von Testwerten und Prozenträngen unter der Annahme von Normalverteiltheit

Der internationale Mittelwert ist in PISA auf 500 festgelegt; im Wertebereich zwischen 400 und 600 Punkten (± eine Standardabweichung = SD) liegen die Fachleistungen von ungefähr zwei Dritteln aller in PISA untersuchten Schülerinnen und Schüler aus OECD-Ländern. Ein erzielter Wert von 400 Punkten weist demnach aus, dass der betreffende Jugendliche im Test besser als 15,9 Prozent der PISA-Teilnehmer abgeschnitten hat. Umgekehrt bedeutet eine Leistung von 600 Punkten, dass nur 15,9 Prozent über diesem Wert liegen. Von besonderer Bedeutung bei der Definition von Leistungsmaßen in PISA ist die Eigenschaft der Skala, dass Personen und Aufgaben auf derselben Metrik angeordnet werden können. Eine Aufgabenschwierigkeit von 600 Punkten bedeutet, dass Personen mit einer Fähigkeit von 600 diese Aufgabe mit hinreichender Sicherheit lösen (Lösungswahrscheinlichkeit p = .62).

Anregungen zur Weiterarbeit

1. Beschreiben Sie die folgenden Darstellungen der zentralen PISA-Resultate unter besonderer Berücksichtigung der deutschen Ergebnisse.
2. Erläutern Sie die Ergebnisse auf der Grundlage der dargestellten inhaltlichen und methodischen Konzeption der Studie und der Aufgabenbeispiele.

Methode

Datenauswertung

Betrachten Sie das Alter von drei Gruppen von jeweils 20 Kindern und Jugendlichen, das hier von oben nach unten jeweils als geordnete Urliste (= Rangliste) gegeben sind.

	Gruppe 1	Gruppe 2	Gruppe 3
Kind 1	5	5	5
Kind 2	5	10	6
Kind 3	5	10	7
Kind 4	5	10	7
Kind 5	**5**	**10**	**8**
Kind 6	**5**	**10**	**9**
Kind 7	5	10	9
Kind 8	5	10	9
Kind 9	5	10	10
Kind 10	**5**	**10**	**10**
Kind 11	**15**	**10**	**10**
Kind 12	15	10	11
Kind 13	15	10	11
Kind 14	15	10	11
Kind 15	**15**	**10**	**12**
Kind 16	**15**	**10**	**12**
Kind 17	15	10	12
Kind 18	15	10	13
Kind 19	15	10	13
Kind 20	15	15	15

Zentralmaße

Der ***Median*** ist der mittlere Wert in der Rangliste. Bei einer geraden Anzahl von Werten (hier: 20), wird er als arithmetisches Mittel zwischen den beiden in der Mitte liegenden Werten (K_{10} = Wert Kind 10, K_{11} = Wert Kind 11 usw.) bestimmt, sie sind in der obigen Tabelle hervorgehoben:

$$\frac{K_{10} + K_{11}}{2}$$

Das häufig auch als Durchschnitt bezeichnete ***arithmetische Mittel*** wird als Quotient der Summe aller Listenwerte durch die Anzahl der Versuchspersonen (hier: n = 20) gebildet:

$$\overline{x} = \frac{K_1 + K_2 + K_3 + \ldots + K_{20}}{20}$$

Kurz, mit dem Summenzeichen aus der Tabellenkalkulation notiert:

$$\overline{x} = \frac{\sum_{i=1}^{20} K_i}{20}$$

	Gruppe 1	Gruppe 2	Gruppe 3
Median	$\frac{5+15}{2} = 10$	$\frac{10+10}{2} = 10$	$\frac{10+10}{2} = 10$
arithmetisches Mittel	$\overline{x} = 10$	$\overline{x} = 10$	$\overline{x} = 10$

Die Mittelwerte sagen in unserem Beispiel nichts über die Unterschiede der drei Stichproben (Gruppen 1 bis 3) aus.

Streuungsmaße

Die ***Spannbreite*** ist die Differenz aus dem maximalen und dem minimalen Wert.
Ausreißer nach oben oder unten erfahren – wie bei Gruppe 2 – eine hohe Bedeutung.
Daher ist die mittlere Abweichung vom Mittelwert interessanter bzw. die ***mittlere absolute Abweichung***, da die Abweichungen sich ja nicht gegenseitig aufheben sollen:

$$\frac{\sum_{i=1}^{20} |\overline{x} - K_i|}{20}$$

Das Berechnen von Beträgen erweist sich als wenig funktional, weshalb sich statt der mittleren absoluten Abweichung die mittlere quadratische Abweichung durchgesetzt hat, die ***Varianz***:

$$V = \frac{\sum_{i=1}^{20} (\overline{x} - K_i)^2}{20}$$

Um die Varianz auf die ursprüngliche Größe zurück zu transformieren (Alter² ist wenig sinnvoll), zieht man ihre Quadratwurzel. Das Ergebnis wird als ***Standardabweichung*** bezeichnet:

$$s = \sqrt{V} = \sqrt{\frac{\sum_{i=1}^{20} (\overline{x} - K_i)^2}{20}}$$

	Gruppe 1	Gruppe 2	Gruppe 3
Spannbreite	15 – 5 = 10	15 – 5 = 10	15 – 5 = 10
Standardabweichung	s = 5	s ≈ 1,6	s ≈ 2,5

Boxplot und Perzentil

Aus dem Mathematikunterricht der Sekundarstufe I kennen Sie den Boxplot als grafische Darstellung einer Merkmalsverteilung. Seine beiden Antennen (oder: Whisker) erfassen den Bereich vom Minimum bzw. Maximum zu den 50 Prozent der mittleren Werte, die durch eine Box vom unteren zum oberen Quartil angezeigt werden. In der Rangliste werden die Quartile in unserem Fall als Mittelwert zwischen dem 5. und 6. bzw. dem 15. und 16. Wert berechnet (auch diese Werte sind in der Rangliste markiert). Die Box ist durch den Median geteilt, das arithmetische Mittel ist durch einen kleinen Strich gekennzeichnet, der hier auf den Median fällt.
Nur für die Gruppe 3 lässt sich der Aufbau eines Boxplots gut erkennen (aber auch hier fallen Median und arithmetisches Mittel zusammen).

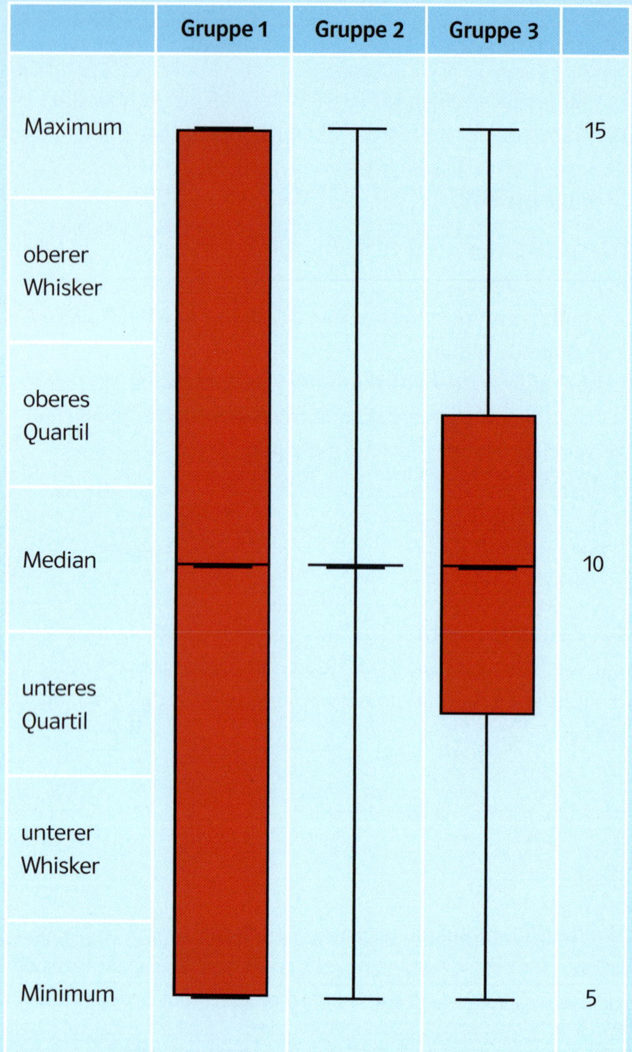

Statistiker wünschen sich bei einer Zufallsstichprobe eine normalverteilte Merkmalsausprägung, die sich dann auch in einem Boxplot (oder einem Perzentil) darstellen lässt. Ihnen wird eine solche Verteilung auch als Gauß'sche Glockenkurve bekannt sein:

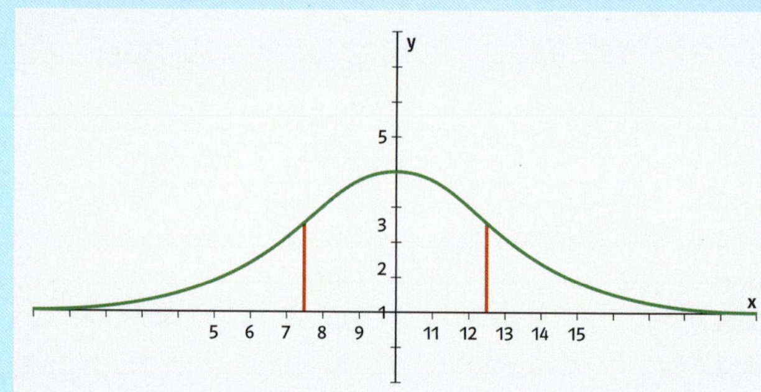

In der obigen Kurve liegt der Mittelwelt bei 10 und die Standardabweichung (als Wendepunkt der Normalverteilung) etwa bei 2,5. Im Bereich von 7,5 bis 12,5 liegen dann gut zwei Drittel aller Messwerte. Ein Perzentil (Prozentrang) zeigt jeden Prozentwert an, während ein Boxplot nur auf die Quartile (0 %, 25 %, 50 %, 75 % und 100 %) verweist.
Tatsächlich werden bei der Ergebnisdarstellung von PISA die jeweils 5 % „Ausreißer" nach unten und oben nicht dargestellt, die Streifen sind dann von 5 % bis 10 %, von 10 % bis 25 %, von 25 % bis 50 % und symmetrisch auf der anderen Seite von 50 % bis 75 %, von 75 % bis 90 % und von 90 % bis 95 % markiert. Zusätzlich wurden um den Mittelwert ein Konfidenzintervall markiert, der den doppelten Standardfehler (± 2 *SE*) umfasst, eine statistische Größe, die dazu dient, die Streuung zweier unterschiedlich großer Stichproben vergleichbar zu machen.

M19 Leseleistungen 2000 im internationalen Vergleich (Cordula Artelt u. a.)

Mittelwertunterschiede

- Auf der Gesamtskala im Lesen liegt der Mittelwert der 15-Jährigen in Deutschland bei 484 Punkten und damit 16 Punkte unter dem OECD-Mittelwert.
- Die durchschnittliche Lesekompetenz deutscher Schülerinnen und Schüler liegt an der Grenze zwischen Kompetenzstufe II und III.
- Der Abstand zur internationalen Spitzengruppe ist mit etwa einer halben Standardabweichung beträchtlich.
- Im Vergleich der Subskalen zeigt sich weiterhin, dass die Differenz vor allem beim Reflektieren und Bewerten groß ist: Hier erreichen deutsche Schülerinnen und Schüler im Durchschnitt 24 Punkte weniger als die 15-Jährigen in den OECD-Teilnehmerstaaten insgesamt.

In der unterdurchschnittlich erfolgreichen Gruppe befinden sich neben Deutschland alle fünf der ehemaligen Ostblockländer, die an PISA teilgenommen haben, vier Länder aus dem südeuropäischen Raum sowie zwei südamerikanische Staaten. Lediglich zwei weitere mitteleuropäische Länder weisen neben Deutschland Mittelwerte auf, die unter dem OECD-Durchschnitt liegen, nämlich Luxemburg und Liechtenstein.

Streuung der Leseleistungen 15-jähriger Schülerinnen und Schüler

- Wie an der Länge der Perzentilbänder in Abbildung 5.22 für Lesekompetenz zu erkennen ist, ist der Leistungsabstand zwischen den 5 Prozent leistungsschwächsten und den 5 Prozent leistungsstärksten Schülerinnen und Schülern in Deutschland im Vergleich mit den anderen Ländern am größten. Der von den 5 Prozent leistungsschwächsten Schülerinnen und Schülern maximal erreichte Testwert liegt in Deutschland 366 Punkte unter dem Ergebnis, das von den 5 Prozent besten Schülerinnen und Schülern mindestens erreicht wird. Dieser Abstand ist um 38 Punkte größer als die über alle OECD-Teilnehmerstaaten gemittelte Differenz.

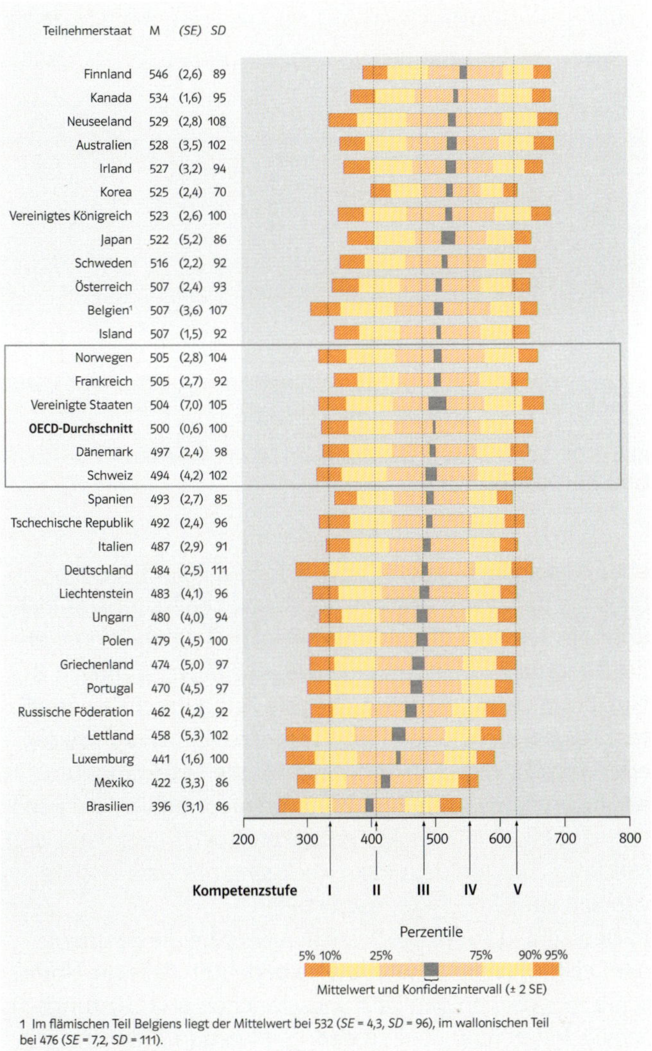

Abb. 5.22: Testleistungen der Schülerinnen und Schüler in den Teilnehmerstaaten: Gesamtskala Lesen

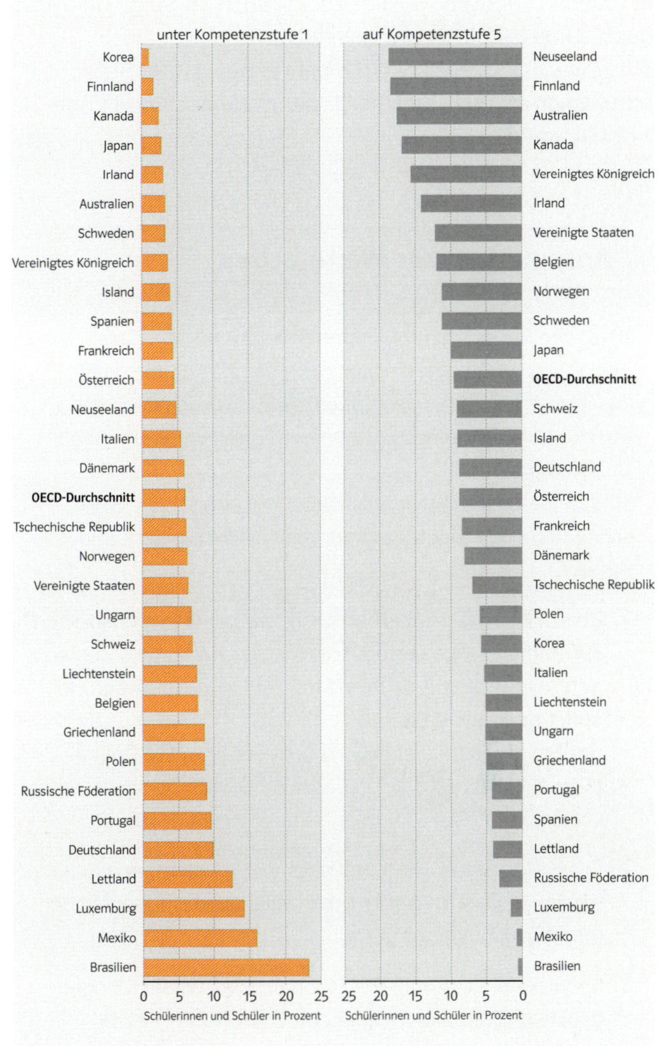

Abb. 5.23: Prozentualer Anteil von Schülerinnen und Schülern unter Kompetenzstufe I und auf Kompetenzstufe V: Gesamtskala Lesen

- Damit liegen die Leistungen dieser Schülergruppen in Deutschland mehr als eine halbe Kompetenzstufe weiter auseinander als im Durchschnitt der OECD-Teilnehmerstaaten.
- Auch ein Vergleich der Standardabweichungen bestätigt, dass die Streuung der Schülerleistungen in Deutschland besonders ausgeprägt ist. Auf der Gesamtskala im Lesen ist dieser Wert mit 111 Punkten für die 15-Jährigen in Deutschland am größten.

Verteilung auf die Kompetenzstufen

Abbildung 5.23 stellt dar, wie viele Schülerinnen und Schüler in den Teilnehmerstaaten jeweils extrem schwache Leistungen (linke Hälfte der Abb.) und wie viele sehr gute Leistungen (rechte Hälfte der Abb.) im Lesen erzielen.
Der Anteil der Jugendlichen, deren Leistungen unterhalb der Kompetenzstufe I liegen, ist in Deutschland vergleichsweise groß. Während im Durchschnitt aller OECD-Mitgliedsstaaten 6 Prozent der Schülerinnen und Schüler den Anforderungen der Kompetenzstufe I nicht gewachsen sind, liegt der Anteil in Deutschland bei fast 10 Prozent. Höhere Anteile finden sich nur in Brasilien, Mexiko, Lettland und Luxemburg. In Ländern wie zum Beispiel Australien, Finnland, dem Vereinigten Königreich, Japan, Kanada und Schweden liegt der Anteil dagegen deutlich niedriger, nämlich bei unter 5 Prozent.
Ein Vergleich der Befunde für die drei Subskalen im Bereich Lesen zeigt, dass Schülerinnen und Schüler in Deutschland insbesondere bei den Aufgaben relative Schwächen aufweisen, die das Reflektieren und Bewerten von Texten erfordern.
Weitere 13 Prozent der in Deutschland erfassten Schülerinnen und Schüler befinden sich auf Kompetenzstufe I. Damit sind insgesamt fast 23 Prozent der Jugendlichen nur fähig, auf einem elementaren Niveau zu lesen. Im Hinblick auf selbstständiges Lesen und Weiterlernen ist diese Gruppe insgesamt als potenzielle Risikogruppe zu betrachten.
Wie in der rechten Hälfte der Abbildung zu erkennen ist, sind die Ergebnisse der deutschen Stichprobe im oberen Leistungsbereich innerhalb des internationalen Rahmens anders zu verorten als die Ergebnisse im unteren Leistungsbereich: Mit fast 9 Prozent der Schülerinnen und Schüler, die Kompetenzstufe V erreichen, liegt der Anteil in Deutschland nur knapp unter dem Mittelwert der OECD-Mitgliedsstaaten und ist ähnlich hoch wie zum Beispiel in Dänemark, Frankreich, Österreich, Island und der Schweiz.

In etlichen Ländern werden jedoch auch im Spitzenbereich deutlich bessere Ergebnisse erzielt.
Mit etwa 20 Prozent des Altersjahrgangs ist der Anteil schwacher und schwächster Leser in Deutschland ungewöhnlich groß.

Anregungen zur Weiterarbeit

Beachten Sie bei den folgenden Arbeitsschritten, dass eine Querschnittsuntersuchung wie die PISA-Studie allein Zusammenhänge (Korrelationen) aufdecken kann, nicht aber Ursache-Wirkungs-Zusammenhänge oder Wenn-dann-Beziehungen.
Finden Sie Erklärungsmöglichkeiten für das schlechte Abschneiden etwa türkischer oder italienischer Jungen in deutschen Großstädten.

1. Bearbeiten Sie dazu arbeitsteilig die in PISA untersuchten Zusammenhänge erstens von sozialer Herkunft und Kompetenzerwerb und zweitens von Migrationshintergrund und Kompetenzerwerb.
   Greifen Sie hierbei auf das zusammengestellte Online-Material unter 8ni3pz oder direkt auf die schon zuvor zitierte PISA-Zusammenfassung aus dem Jahr 2001 zu.
2. Entwerfen Sie zur Herkunft alternative Erklärungsmodelle für das schlechte Abschneiden vieler Kinder/Jugendlicher mit Migrationshintergrund.
3. Entwickeln Sie schulische Maßnahmen, um die Mängel des deutschen Bildungssystems zu beheben – etwa hinsichtlich der Durchschnittsleistung, der hohen Spannbreite und des hohen Zusammenhangs von sozialer Herkunft/Migrationshintergrund und Kompetenzleistung.

M20 Veränderung der Lesekompetenz seit PISA 2000 (Katharina Hohn u. a.)

Wie bereits berichtet, verbesserte sich das Leistungsniveau der Schülerinnen und Schüler in Deutschland hinsichtlich der Lesekompetenz über die einzelnen PISA-Erhebungsrunden Stück für Stück. Dieser Trend setzte sich auch bei PISA 2012 fort, wobei die Fünfzehnjährigen in Deutschland 2012 erstmals signifikant oberhalb des OECD-Durchschnitts lagen. Auch der Leistungszuwachs von 2009 (497 Punkte) bis 2012 (508 Punkte) kann als statistisch signifikant abgesichert werden. Somit kann die Zunahme der Lesekompetenz der Schülerinnen und Schüler in Deutschland als substanziell erachtet werden. Abbildung 5.24 veranschaulicht die Entwicklung der mittleren Lesekompetenz in Deutschland über die PISA-Erhebungsrunden.
Die positive Weiterentwicklung der Lesekompetenz in Deutschland kann auch im Vergleich mit anderen OECD-Staaten hervorgehoben werden. Zwar gibt es einige Nachbarstaaten Deutschlands, in denen die Lesekompetenz der Schülerinnen und Schüler über die PISA-Erhebungsrunden

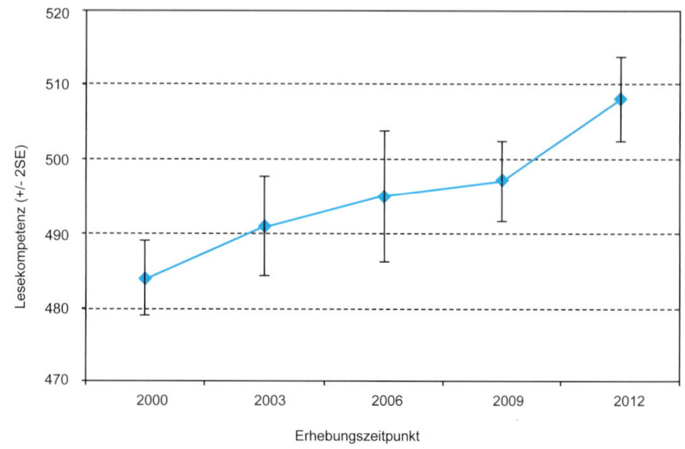

Abb. 5.24: Veränderung der mittleren Lesekompetenz in Deutschland von 2000 bis 2012

ebenfalls angestiegen ist (z. B. Schweiz, Polen), jedoch blieb sie bei einem Großteil der deutschen Nachbarländer über die Zeit nahezu unverändert (z. B. Belgien, Niederlande, Dänemark). Dass es keineswegs selbstverständlich ist, eine hohe Lesekompetenz über die Zeit aufrecht zu erhalten, zeigen zum Beispiel die Veränderungen in Schweden oder auch Finnland. In Schweden ist die Lesekompetenz der Jugendlichen seit PISA 2000 von ursprünglich 516 Punkten auf aktuell 483 Punkte gesunken. Auch in Finnland ist seit PISA 2006 ein deutlicher Rückgang der Leseleistung von 547 auf 524 Punkte festzustellen.
In Deutschland verringerte sich außerdem die Streuung der Leistungen im Lesetest. Dies bedeutet, dass die Unterschiede zwischen den Leistungsstärksten und Leistungsschwächsten über die Zeit geringer wurden. Während die Streuung bei PISA 2000 noch 111 Punkte betrug, wurde sie über die PISA-Erhebungsrunden immer kleiner und lag bei PISA 2012 mit 91 Punkten im OECD-Durchschnitt. […]
Betrachtet man die Leistungsentwicklungen von Jungen und Mädchen getrennt über die PISA-Erhebungsrunden (vgl. Abbildung 5.25), so wird bei beiden Geschlechtern ein kontinuierlicher Aufwärtstrend sichtbar, wobei sich die Leistungen der Jungen denen der Mädchen nach wie vor nicht annähern. Obwohl die Mädchen seit PISA 2000 im durchschnittlichen beziehungsweise überdurchschnittlichen Fähigkeitsbereich liegen, konnten sie im Hinblick auf PISA 2012 ihre Leseleistungen erneut steigern.

Diskussion und Ausblick

Seit dem „PISA-Schock" im Jahr 2000 und der damit einhergehenden Erkenntnis, dass die Schülerinnen und Schüler in Deutschland lediglich über unterdurchschnittliche Lesekompetenzen verfügen, hat sich einiges getan. Die einzelnen PISA-Erhebungsrunden ließen immer wieder Leistungszuwächse bei den Jugendlichen in Deutschland erkennen. Dieser Trend setzte sich auch bei PISA 2012 fort. Hier lagen die Lesekompetenzen in Deutschland sogar erstmals signifikant über dem OECD-Durchschnitt. Darüber hinaus geht dieser Befund mit einer weiteren, wenn auch nicht signifikanten Verringerung der Leistungsstreuung und einer Reduktion des Anteils von leistungsschwachen Schülerinnen und Schülern einher. Von dieser Verbesserung sind

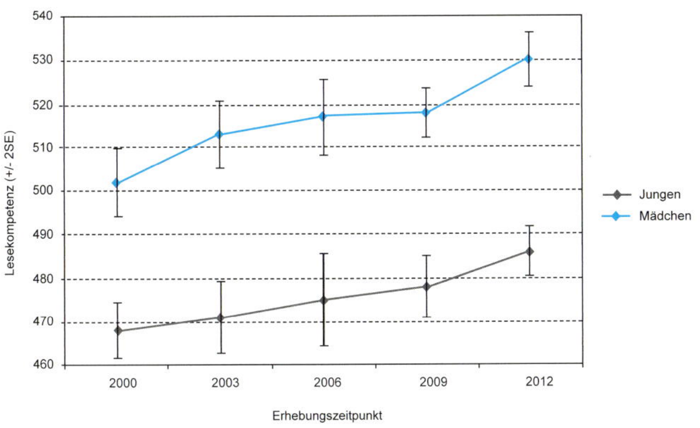

Abb. 5.25: Veränderung der mittleren Lesekompetenz in Deutschland von 2000 bis 2012 für Mädchen und Jungen

Mädchen und Jungen in gleicher Weise betroffen. Trotzdem bleibt die sehr große Leistungsdiskrepanz zwischen den Mädchen und Jungen in Deutschland weiterhin bestehen. Diese gilt es in Zukunft durch eine gezielte und frühzeitig beginnende Leseförderung der Jungen zu verringern.

Seit der Veröffentlichung der Ergebnisse der ersten PISA-Erhebungsrunde sind nun 12 Jahre vergangen, genügend Zeit also für die Implementierung kurz-, mittel- und langfristig angelegter Maßnahmen zur Förderung der Lesekompetenz. Diese scheinen mit den aktuellen PISA-Ergebnissen erstmals sichtbare Früchte zu tragen. Vergleicht man jedoch die Leistungsveränderungen in der Lesekompetenz mit denen in den Bereichen Mathematik und Naturwissenschaften, so wird deutlich, dass die Verbesserung der Lesekompetenz von fünfzehnjährigen Schülerinnen und Schülern in Deutschland eher zögerlich voranging.

Da eine ausgeprägte Lesekompetenz eine bedeutsame Grundlage für die aktive Teilhabe an unserer Gesellschaft darstellt, ist im Besonderen die Reduktion des Anteils von sehr leistungsschwachen Schülerinnen und Schülern (Kompetenzstufe Ia und darunter) erstrebenswert. Dieser Anteil liegt bei PISA 2012 in Deutschland bei 14.5 Prozent und ist somit im Vergleich zu PISA 2009 zwar leicht gesunken, aber immer noch zu hoch. Gleichzeitig ist der Anteil leistungsstarker Leserinnen und Leser (Kompetenzstufe V und VI) im Vergleich zu 2009 leicht angestiegen, von 7.6 auf 8.9 Prozent. Trotzdem stellt sich die Frage, ob ein Anteil von knapp 9 Prozent leistungsstarker Leserinnen und Leser ausreichend ist. Betrachtet man zum Beispiel die OECD-Spitzenreiter Japan oder Korea, so wird deutlich, dass es im oberen Leistungsbereich in Deutschland durchaus noch Entwicklungspotenzial gibt. Dieser Eindruck kann auch durch den Vergleich mit direkten Nachbarstaaten Deutschlands untermauert werden, wie Frankreich (12.9 Prozent) oder Belgien (12.3 Prozent).

Die Ergebnisse der Analysen für die verschiedenen Schularten lassen sich nur sehr eingeschränkt mit den vorherigen PISA-Erhebungsrunden vergleichen, da die Bildungsbeteiligungen über die Zeit stark variieren und sich darüber hinaus in den verschiedenen Schularten unterschiedliche Veränderungen vollziehen. Die Ergebnisse für PISA 2012 zeigen jedoch, dass es zwischen den Schularten in Deutschland nach wie vor große Leistungsdifferenzen gibt. So liegen zwischen der leistungsschwächsten Schulart (Hauptschule) und der leistungsstärksten Schulart (Gymnasium) mehr als 160 Leistungspunkte; dies entspricht Leistungsunterschieden von über zwei Kompetenzstufen. Trotz der in den letzten Jahren gestiegenen Bildungsbeteiligung an den Gymnasien hat sich dort das Leistungsniveau nicht verändert und liegt mit aktuell 579 Punkten weiterhin signifikant über der mittleren Lesekompetenz in Deutschland.

Zusammenfassend kann gesagt werden, dass sich die Lesekompetenz der Schülerinnen und Schüler in Deutschland seit PISA 2000 deutlich verbessert hat und inzwischen über dem Durchschnitt der OECD-Staaten einzuordnen ist.

Das Bewusstsein, dass die Lesekompetenz auch nach der Grundschule – systematisch und in allen Fächern – weiter gefördert werden muss, scheint sich inzwischen verbreitet zu haben. Trotz der erfreulichen Leistungszunahme gibt es jedoch weiterhin Handlungsbedarf, um die Lesekompetenz in Deutschland insgesamt auf ein noch höheres Niveau zu entwickeln, die Anteile schwacher Leserinnen und Leser weiter zu reduzieren und den Anteil von Schülerinnen und Schülern in den Spitzengruppen auszubauen.

Aufgaben

1. Fassen Sie die Entwicklung der Lesekompetenz in den Jahren von 2000 bis 2012 zusammen.

2. Beurteilen Sie diese Entwicklung und stellen Sie Mutmaßungen über die Gründe für die Verbesserung an.

3. Diskutieren Sie folgendes Gedankenexperiment:
Im Herbst eines Jahres (z. B. 2000) werden die Daten einer PISA-Untersuchung erhoben. Ende des darauf folgenden Jahres (z. B. Dezember 2001) werden die Ergebnisse veröffentlicht. Innerhalb des Schuljahres (2001/02) werden Konsequenzen erdacht und zügig im Laufe des nächsten Schuljahres (2002/03) umgesetzt: a) für die Frühförderung (Drei- bis Vierjährige), b) für die Grundschule (beginnend bei den etwa sechsjährigen Erstklässlern) oder c) bei den Sekundarschülern (beginnend bei den etwa zehnjährigen Fünftklässlern). Im darauffolgenden Herbst (2003), bei der nächsten Untersuchung, tragen die Konsequenzen bei den Fünfzehnjährigen schon erste Früchte. Welche Konsequenzen können hier gegriffen haben? Wann sind erste Wirkungen der verschiedenen Maßnahmen zu erhoffen?

5.4 Die Einführung nationaler Bildungsstandards als Konsequenz aus den PISA-Ergebnissen

Der Erziehungswissenschaftler Jürgen Oelkers hat zwei wesentliche Reaktionen auf PISA verzeichnet, um die Qualität des deutschen Bildungssystems zu verbessern: den Ausbau der Ganztagsschulen sowie die Forcierung von Bildungsstandards und zentralen Vergleichs- und Abschlussarbeiten. Beide Maßnahmen rühren an der Struktur des deutschen Bildungswesens, dessen Ausgestaltung in den Händen der einzelnen Bundesländer liegt.

Gleichwohl haben die Bundesländer eine Viermilliarden-Offerte des Bundes(-bildungsministeriums) nicht ausgeschlagen, mit der die Schulgebäude für den Ganztag ausgebaut werden konnten – die fortlaufenden Betriebs- und Personalkosten des Ganztags an den Schulen haben die Länder zu tragen. Ebenso hat die Ständige Konferenz der Kultusminister der Länder (KMK) die Einführung sogenannter Bildungsstandards in den Fächern Deutsch, der ersten Fremdsprache (Englisch, Französisch), der Mathematik und in den Naturwissenschaften beschlossen und nahezu alle Länder haben Vergleichs- und zentrale Abschlussarbeiten weiter vorangetrieben.

Der folgende Abschnitt über die Folgen der PISA-Studie bietet Ihnen Material an, sich mit der Einführung von Bildungsstandards zu beschäftigen.

M21 Definition: Standard (Heinz-Elmar Tenorth/Rudolf Tippelt)

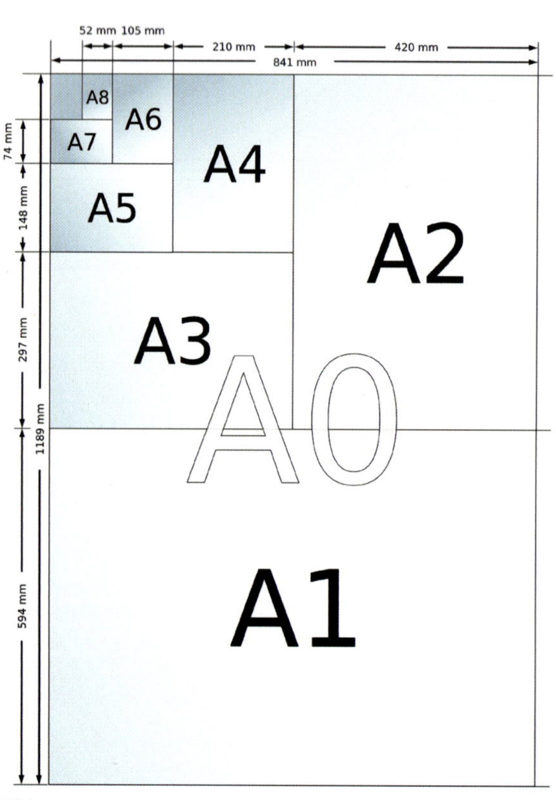

Abb. 5.26

Maßstab, Norm, Richtschnur bzw. durch Vereinheitlichung geschaffener fester Maßstab für bestimmte Produkte gleicher Qualität (Standardisierung, Zertifizierung); im Bildungsbereich auch Leistungs- und Qualitätsniveau (Bildungsstandards). S[tandard]s werden häufig von Normeninstituten festgelegt, in Deutschland z. B. vom Deutschen Institut für Normierung (DIN), in den USA von der ANSI.

Am 18. Februar 2003 wurde in Berlin die von einer Wissenschaftlergruppe um Eckhard Klieme erstellte Expertise zur Entwicklung nationaler Bildungsstandards präsentiert. Die Expertengruppe war vom Bundesministerium für Bildung und Forschung (BMBF) eingesetzt worden. Die Ständige Kommission der Kultusminister der Länder (KMK) hatte versichert, diese Expertise bei der tatsächlichen Entwicklung von bundesweiten Bildungsstandards zu berücksichtigen. Die ersten Bildungsstandards wurden im Auftrag der KMK dann parallel zur Expertise entwickelt, wobei teilweise die Beratung durch die gleichen Wissenschaftler in Anspruch genommen wurde. Einen Teil der in der Expertise für die zukünftige Entwicklung von Bildungsstandards formulierten Empfehlungen finden Sie in den folgenden Textauszügen.

M22 Was sind Bildungsstandards? (Eckhard Klieme)

Bildungsstandards formulieren Anforderungen an das Lehren und Lernen in der Schule. Sie benennen Ziele für die pädagogische Arbeit, ausgedrückt als erwünschte Lernergebnisse der Schülerinnen und Schüler. Damit konkretisieren Standards den Bildungsauftrag, den allgemeinbildende Schulen zu erfüllen haben.
Bildungsstandards, wie sie in dieser Expertise konzipiert werden, greifen allgemeine *Bildungsziele* auf. Sie benennen die *Kompetenzen*, welche die Schule ihren Schülerinnen und Schülern vermitteln muss, damit bestimmte zentrale Bildungsziele erreicht werden. Die Bildungsstandards legen fest, welche Kompetenzen die Kinder oder Jugendlichen bis zu einer bestimmten Jahrgangsstufe erworben haben sollen. Die Kompetenzen werden so konkret beschrieben, dass sie in Aufgabenstellungen umgesetzt und prinzipiell mithilfe von *Testverfahren* erfasst werden können.
Bildungsstandards stellen damit innerhalb der Gesamtheit der Anstrengungen zur Sicherung und Steigerung der Qualität schulischer Arbeit ein zentrales Gelenkstück dar. Schule und Unterricht können sich an den Standards orientieren. Den Lehrerinnen und Lehrern geben Bildungsstandards ein Referenzsystem für ihr professionelles Handeln. Die Kompetenzanforderungen einzulösen, so gut dies unter den Ausgangsbedingungen der Schülerinnen und Schüler und der Situation in den Schulen möglich ist, ist der Auftrag der Schulen. Mit Bezug auf die Bildungsstandards

kann man die Einlösung der Anforderungen überprüfen. So lässt sich feststellen, inwieweit das Bildungssystem seinen Auftrag erfüllt hat, und die Schulen erhalten eine Rückmeldung über die Ergebnisse ihrer Arbeit.
Diesem Verständnis nach gehen in die Entwicklung von Bildungsstandards (a) gesellschaftliche und pädagogische Zielentscheidungen, (b) wissenschaftliche, insbesondere fachdidaktische und psychologische Aussagen zum Aufbau von Kompetenzen sowie (c) Konzepte und Verfahren der Testentwicklung ein. […]
Alle drei Komponenten – Bildungsziele, Kompetenzmodelle und Aufgabenstellungen bzw. Testverfahren – werden benötigt, um Bildungsstandards für die Qualitätsentwicklung an Schulen zu nutzen.
(I) Ohne Bezug auf allgemeine Bildungsziele wären Kompetenzanforderungen reine Willkür oder bloße Expertenmeinung. Erst die Orientierung an diesen Zielen legitimiert die Bestimmung von erwünschten Niveaustufen und die daraus resultierenden Testverfahren. Insbesondere sollten die Standards von einem Verständnis des Bildungsauftrags der jeweiligen Fächer ausgehen, das expliziert werden muss.
(II) Kompetenzmodelle und -erwartungen sind unverzichtbar, um zwischen relativ abstrakten, verallgemeinerten Bildungszielen einerseits, konkreten Aufgabensammlungen andererseits zu vermitteln. Vor allem die Kompetenzstufen sind ein zentrales Hilfsmittel für die Konstruktion von Aufgaben, sei es zu Zwecken der Lernplanung oder für die Testentwicklung. Kompetenzmodelle geben Hinweise für die Aufgabenkonstruktion, indem sie kognitive Leistungen mit unterschiedlichem Schwierigkeitsniveau spezifizieren. Umgekehrt ermöglicht erst die Einordnung in ein Kompetenzmodell, zu verstehen, was das Lösen oder Nichtlösen einer Aufgabe bedeutet, und entsprechende Rückmeldungen zu geben. Modellvorstellungen, die den Aufbau von Kompetenzen über mehrere Stufen hinweg charakterisieren, sind demnach wichtige Orientierungen für die Unterrichtspraxis und die Bewertung von Lernergebnissen.
(III) Ohne Ergebniskontrolle würden die Bildungsziele als statische Größen von der tatsächlichen Entwicklung der Schule abgekoppelt werden; sie wären – wie die Forschung zur Rezeption von Lehrplänen vielfach nachgewiesen hat – kaum handlungsrelevant und würden häufig noch nicht einmal zur Kenntnis genommen. Feedback über den erreichten Kompetenzstand ist daher ein unverzichtbarer Bestandteil einer kontinuierlichen, systematischen Qualitätsentwicklung. Tests können Auskunft geben über die Erreichung von Bildungszielen. Diese Information kann für die Entwicklung von Schule, Unterricht und Didaktik genutzt werden.

M 23 Merkmale guter Bildungsstandards (Eckhard Klieme)

Es gibt durchaus verschiedene Wege, zu Bildungsstandards zu kommen, und das „Produkt" kann recht unterschiedlich aussehen. […] Es gibt jedoch eine Reihe von Merkmalen, denen gute Bildungsstandards genügen müssen, um allen Beteiligten in den Schulen die verbindlichen Ziele und Kompetenzanforderungen möglichst eindeutig zu vermitteln:

1. *Fachlichkeit*: Bildungsstandards sind jeweils auf einen bestimmten Lernbereich bezogen und arbeiten die Grundprinzipien der Disziplin bzw. des Unterrichtsfachs klar heraus.
2. *Fokussierung*: Die Standards decken nicht die gesamte Breite des Lernbereiches bzw. Faches in allen Verästelungen ab, sondern konzentrieren sich auf einen Kernbereich.
3. *Kumulativität*: Bildungsstandards beziehen sich auf die Kompetenzen, die bis zu einem bestimmten Zeitpunkt im Verlauf der Lerngeschichte aufgebaut worden sind. Damit zielen sie auf kumulatives, systematisch vernetztes Lernen.
4. *Verbindlichkeit für alle*: Sie drücken die Mindestvoraussetzungen aus, die von allen Lernern erwartet werden. Diese Mindeststandards müssen schulformübergreifend für alle Schülerinnen und Schüler gelten.
5. *Differenzierung*: Die Standards legen aber nicht nur eine „Meßlatte" an, sondern differenzieren zwischen Kompetenzstufen, die über und unter bzw. vor und nach dem Erreichen des Mindestniveaus liegen. Sie machen so Lernentwicklungen verstehbar und ermöglichen weitere Abstufungen und Profilbildungen, die ergänzende Anforderungen in einem Land, einer Schule, einer Schulform darstellen.
6. *Verständlichkeit*: Die Bildungsstandards sind klar, knapp und nachvollziehbar formuliert.
7. *Realisierbarkeit*: Die Anforderungen stellen eine Herausforderung für die Lernenden und die Lehrenden dar, sind aber mit realistischem Aufwand erreichbar.

Aufgaben

1. Fassen Sie zusammen, wie gute Bildungsstandards aus Sicht der Experten konstruiert werden müssen, um die Qualität des Bildungssystems zu erhöhen.
2. Stellen Sie arbeitsteilig oder in Form von Referaten Beispiele konkreter Bildungsstandards vor, etwa den Gemeinsamen europäischen Referenzrahmen für Sprachen oder seit 2003 von der KMK veröffentlichte Bildungsstandards.
   Diskutieren Sie deren Qualität anhand der o.g. Kriterien guter Bildungsstandards.
3. Skizzieren Sie die Argumentationsstruktur der folgenden Erwiderung M 24 auf die Bildungsstandards.
4. Eine Auseinandersetzung mit der Kritik an Bildungsstandards und vertiefende Hinweise zu ihrer Legitimation finden Sie unter PP-Code z49k9k.

M 24 Kompetenzen machen unmündig (Jochen Krautz)

Das Kompetenzkonzept wurde durch die OECD (Organisation für wirtschaftliche Zusammenarbeit und Entwicklung) mittels ihrer PISA-Studien als neues Leitziel von Schule durchgesetzt. Dies geschah ohne demokratische Legitimation und am Souverän, den Bürgern, vorbei. Dabei kann das Kompetenzkonzept als wissenschaftlich ungeklärt gelten, es senkt empirisch nachweisbar das Bildungsniveau, widerspricht den Leitzielen eines demokratischen Bildungswesens, zersetzt didaktisches und pädagogisches Denken und Handeln und behindert Kinder und Jugendliche in ihrer Entwicklung zu mündigen Staatsbürgern.
Dennoch wird das Konzept weiterhin bildungspolitisch durchgesetzt. Lehrpläne werden dementsprechend umgeschrieben, Schulbücher danach umgestaltet, Lehrer daraufhin ausgebildet. Millionen von Steuergeldern fließen zudem in entsprechende Forschung. […]

Kompetenzorientierung vernachlässigt die Inhalte und senkt das Bildungsniveau.
Gemäß dem Kompetenz-Dogma sollen nicht mehr Inhalte, sondern „Fähigkeiten" unterrichtet werden: Die Schüler sollen nicht nur „totes Wissen" anhäufen, sondern etwas können, heißt es. Auch das klingt selbstverständlich, schließlich war das schon lange Ziel von Schule. Was also ist nun neu? Tatsächlich verkehrt sich das Unterrichtsprinzip vollständig: Traditionell plant man Unterricht gemäß dem logischen Aufbau der Fachinhalte. Diese werden auf den Entwicklungsstand der Schüler bezogen, sodass sie altersgemäß zugänglich werden. So erwerben die Schüler fachliche und überfachliche Kenntnisse, Fähigkeiten und Fertigkeiten. Jetzt soll Unterricht die Kompetenzen der Schüler „ansteuern". Unterricht wird nicht mehr auf der Grundlage von Inhalten, sondern von erwünschten Fähigkeiten bzw. Verhalten geplant. Das hat gravierende Folgen:
Die Inhalte werden zweitrangig. Sie haben keinen Wert an sich, sondern dienen nur als Mittel zur Zielerreichung. Denn mit welchem Inhalt man eine Fähigkeit erreicht, ist grundsätzlich gleichgültig: Für das Trainieren von „Lesekompetenz" ist es unwesentlich, ob dazu ein Goethe-Gedicht oder die Bedienungsanleitung für ein Smartphone dient. Funktional für „Lesekompetenz" ist beides. Bildender Unterricht ist aber davon ausgegangen, dass man Lesen lernt, um bildende Gehalte der Literatur erschließen zu können. Kompetenzvertreter behaupten nun, das sei so nicht gemeint, keineswegs sollten die Inhalte vernachlässigt werden. Faktisch lässt sich aber gerade dies bei neuen Lehrmaterialien und der Ausbildung junger Lehrer beobachten: Man plant das Training von Fertigkeiten und geht von den dazu passenden Methoden, nicht vom Inhalt aus. Die Frage nach dessen Sinn und Bedeutung ist letztlich nebensächlich und beliebig. Kompetent ist nun, wer mit Wissen „umzugehen", Informationen „abzurufen" und zu „organisieren" versteht. Doch ist das „Googeln" von Informationen über eine Sache eben nicht mit deren Verstehen und der Frage nach ihrer Bedeutung für mich und für uns gleichzusetzen. Google bildet nicht Verständnis und Urteilskraft. […]
So ersetzt „Informationsmanagement" und „Methodenkompetenz" fachliches Wissen und Können, womit das Bildungsniveau nachweislich sinkt: Der Biologiedidaktiker Hans Peter Klein hat in mehreren Versuchen gezeigt, dass z. B. kompetenzorientierte Aufgaben des Zentralabiturs im Fach Biologie in NRW problemlos von unvorbereiteten Schülern der Klasse 9 zu bewältigen sind. Das Geheimnis: Alle Lösungen sind im Aufgabentext enthalten, man benötigt nur „Lesekompetenz", um sie zu finden und abzuschreiben. Fachwissen braucht es dazu nicht. […]

Kompetenzen zielen auf Anpassung.
[…] Kompetenzorientierung zielt nicht auf Selbstständigkeit, sondern auf unhinterfragte Anpassung an Vorgaben. So versteht auch die für die PISA-Tests verantwortliche OECD unter „Schlüsselkompetenzen" die Fähigkeit, „sich an eine durch Wandel, Komplexität und wechselseitige Abhängigkeit gekennzeichnete Welt anzupassen". Sie fragt: „Welche anpassungsfähigen Eigenschaften werden benötigt, um mit dem technologischen Wandel Schritt zu halten?" […] „Kompetenz" wird hier aus einem verengten, nur scheinbar ökonomischen Blick auf den Menschen verstanden: Er soll sich geschmeidig und auch etwas „kreativ" einpassen in ein System permanenter Umstrukturierung. Es soll funktionieren, aber nicht über das Ganze nachdenken oder es gar hinterfragen.
Was sich auf der praktischen Ebene des Unterrichts zeigte, sind also nicht „ungewollte Nebenwirkungen" eines „gut gemeinten" Konzepts, sondern ist dezidierte Absicht: Nicht Mündigkeit, sondern Anpassung und Steuerbarkeit ist das Ziel der Kompetenzorientierung.
Damit unterläuft sie den Anspruch der Aufklärung: Der Mensch solle Ausgang nehmen aus seiner „selbst verschuldeten Unmündigkeit", heißt es bei Immanuel Kant. Ziel der Schule ist demnach, dass der junge Mensch lernen kann und soll, selbstständig und kritisch zu denken und zu urteilen sowie human und verantwortlich zum Wohle des Gemeinwesens zu handeln. Dies spricht die OECD dem Menschen ab. Er soll sich nicht seiner Vernunft bedienen, sondern sich anpassen.

Die Durchsetzung des Kompetenzkonzepts zeigt Merkmale von Propaganda.
Das Kompetenzkonzept ist insofern antiaufklärerisch und inhuman. Es widerspricht allen Traditionen von Bildung, sowohl der christlichen wie humanistischen und aufklärerischen. Und dennoch wurde es von der OECD in den letzten 15 Jahren über die PISA-Studien in den Schulen des deutschsprachigen Raums um- und durchgesetzt. Dies war nur mit Mitteln der Propaganda möglich. Denn es mussten tief verwurzelte kulturelle Überzeugungen großer Teile der Bevölkerung verändert werden.
Kernelement von Propaganda ist, nicht offen für etwas Werbung zu machen – dann würde jeder die Absichten des Akteurs erkennen. Propaganda inszeniert vielmehr Scheinwirklichkeiten […].
Die Scheinwirklichkeit der OECD ist der PISA-Test. Er gibt vor, „Bildung" zu messen und „objektive Daten" über den Leistungsstand der Schüler zu liefern. Tatsächlich misst

er eben Kompetenzen, die den Lehrplänen nicht entsprechen und führt ein Menschenbild mit sich, das dem des Grundgesetzes und der Länderverfassungen widerspricht. Gleichwohl wurden die Ergebnisse medial skandalisiert und ein „PISA-Schock" ausgerufen. Nun fragte niemand mehr, was dort eigentlich gemessen wird, sondern alle reagierten zustimmend oder ablehnend nur noch auf die PISA-Ergebnisse. In der Schockstarre griffen Politiker dann nur zu gerne auf die seitens der OECD angebotenen Kompetenzkonzepte zurück, um bei den nächsten Tests in jedem Fall besser abzuschneiden. Und ganze Heerscharen von Wissenschaftlern begannen mit Feuereifer, dem neuen Paradigma hinterherzulaufen – nicht zuletzt, weil es dafür nun Unmengen an Forschungsgeldern gab.
Die OECD setzte ihr Konzept so per „Schock-Strategie" und „diskursiver Streuung" durch: Man steuerte das Verhalten souveräner Staaten und ihrer Bürger über indirekte, propagandistische Beeinflussung. Die PISA-Tester selbst behaupteten dabei, sie würden ja „nur messen". Doch liegt die normative Macht dieser Messung in der verdeckten Durchsetzung eines alle kulturellen Überzeugungen negierenden Bildungsverständnisses an den Bürgern vorbei. Diese Strategie beschreibt die OECD selbst ganz offen: In Peer-Reviews wie PISA sieht sie den „effizienteste[n] Weg, Einfluss auf das Verhalten souveräner Staaten auszuüben", obwohl ihr dieser Einfluss nicht zusteht. […]

Gesellschaftliche Folgen: Untergraben von Demokratie, Kultur und Wirtschaft.
Entsprechend gravierend sind die Folgen des ökonomistischen Kompetenzkonzepts: Es untergräbt die Grundlagen der Demokratie, weil diese von mündigen Bürgern lebt, die im Dialog die Sachfragen verhandeln und klären können und sich dabei am gemeinsamen Wohl orientieren. Es untergräbt die europäische kulturelle Tradition, die in der Idee der Menschenwürde und der Menschenrechte gründet und die Selbstbestimmung des Einzelnen mit Gerechtigkeit und sozialer Verantwortung verbindet. Der Wiener Erziehungswissenschaftler Marian Heitger warnte daher vor dem „Tod der Bildung", wenn diese „nichts mehr mit Selbstbestimmung zu tun [hat], nichts mit Urteilskraft, schon gar nichts mehr mit der Fähigkeit, verantwortlich zu werten und zu handeln. Sie wird zum Gegenteil dessen, was ihre Dignität ausmacht. Sie instrumentalisiert den Menschen, statt ihn in seiner Selbstständigkeit zu fördern, ihm zu helfen, eine unabhängige Persönlichkeit zu werden".
Zugleich untergräbt die ökonomisierte „Bildung" die Wirtschaft selbst, für die die OECD angeblich spricht. Tatsächlich entsprechen dem Bild der OECD allenfalls globalisierte Konzerne angloamerikanischer Prägung, die anpassungsbereite Mitarbeiter mit standardisierten Fertigkeiten bevorzugen, die sie weltweit beliebig hin- und herschieben können. Global standardisierte Kompetenzen braucht nur, wer weltweit nach einheitlichen Standards produzieren will.

Aufgaben

1. Fassen Sie die zentralen Kritikpunkte von Krautz an der mit der PISA-Studie erfolgten Kompetenzorientierung des deutschsprachigen Bildungssystems mit eigenen Worten zusammen.
2. Arbeiten Sie mithilfe des Textes und auf dem Hintergrund Ihres bisherigen Verständnisses des Bildungsbegriffs heraus, wie sich Krautz eine Alternative zu Bildungsstandards und zur Kompetenzorientierung vorstellt.
   Greifen Sie dazu auch auf die Artikel zum Bildungsbegriff in den bisherigen Bänden zurück, etwa von Krautz selbst in Heft 1, Kapitel 2.
3. Diskutieren Sie im Plenum die Kompetenzorientierung.

Projektvorschlag

Nutzen Sie die in Ihrem Kurs gewonnenen Erkenntnisse, um einen umfassenden Reformvorschlag nach PISA gemeinsam zu erarbeiten und zu diskutieren.

Wir schlagen hierzu eine Stellungnahme vom deutschen „Mr. PISA", dem OECD-Koordinator Andreas Schleicher aus dem Jahr 2008 vor, den Sie online unter PP-Code uf9w8g finden.

Unter PP-Code s8n9tt finden sie zwei Texte, die sich kritisch mit der im Anschluss an PISA vielfach geforderten Einführung des Ganztags und der sprachlichen Frühförderung von Migranten auseinandersetzt. Erarbeiten sie die praktischen Umsetzungsschwierigkeiten der auf den ersten Blick plausibel erscheinenden Konsequenzen aus der PISA-Studie.

6. Wie erzieht man in einer interkulturellen Gesellschaft zur Mündigkeit?

In der Bundesrepublik Deutschland vollzieht sich seit einigen Jahrzehnten ein bedeutender kultureller und sozialer Wandel, der alle Lebensverhältnisse dauerhaft und tiefgreifend verändert. Vor allem durch die Einwanderung von Menschen aus Südeuropa, aus den Ländern der ehemaligen Sowjetunion und aus Gebieten mit politischer und wirtschaftlicher Instabilität aus aller Welt hat sich eine stetig wachsende Verschiedenartigkeit (Heterogenität) der Lebensformen entwickelt. Alle sozialen Einrichtungen (Ämter, Betriebe, Krankenhäuser, Gerichte u.a.) müssen darauf reagieren. Auch die pädagogischen Institutionen sind aufgefordert, Antworten auf die Herausforderungen kultureller Heterogenität zu finden.

Gleichzeitig führen die wirtschaftlichen Notwendigkeiten, die weltweiten Verflechtungen von Institutionen, die neuen Kommunikationstechnologien, die gesteigerten Verkehrs- und Transportkapazitäten zu einer hohen Mobilität der Menschen.

Welche sozio-kulturellen und pädagogisch relevanten Herausforderungen, Chancen und Probleme haben diese Veränderungen zur Folge? Welche pädagogischen Antworten und Kontroversen gibt es?

M1 Wo kommst du wirklich her? (Khuê Pham)

Vor ein paar Jahren fuhr ich in Berlin mit dem Fahrrad die Friedrichstraße hinunter, als auf einmal ein Auto abbog, ohne mich zu sehen. Ich entkam einem Unfall nur deshalb, weil mich ein Fahrradkurier warnte. Er war vielleicht Anfang dreißig und blond. Er fragte mich, ob wir einen Kaffee trinken gehen wollten. Wir radelten zu Starbucks.

„Und", fragte er, als wir uns hinsetzten, „wo kommst du her?" Fremde stellen mir diese Frage oft. Ich beantworte sie immer gleich: „Aus Berlin." Berlin ist die Stadt, in der ich geboren bin; es ist der Ort, an dem ich mich zu Hause fühle. „Nein, nein", sagte er, „wo kommst du wirklich her?" Stumm seufzte ich in mich hinein. Ich wusste, worauf er hinauswollte, aber ich sagte: „Ich komme aus Nordberlin, Hermsdorf." Ich hoffte, er würde nun merken, dass ich nicht weiter darüber reden wollte. Wir waren uns gerade erst begegnet, und ich hatte kein Interesse, ihm meine Familiengeschichte zu erzählen.

Doch meine Antworten machten den Fahrradkurier nur ungeduldig. Man sah ihm förmlich an, dass er unbedingt wissen wollte, was mein Migrationshintergrund war. „Du weißt schon, was ich meine. Wo sind deine Wurzeln?" Ich schwieg. Die Frage nach meinen Wurzeln ist mir schon immer seltsam vorgekommen: Wieso sprechen andere mit mir, als sei ich ein Baum? „Komm schon", sagte der Fahrradkurier. „Na gut", sagte ich schließlich, „meine Eltern kommen aus Vietnam." Er lehnte sich in seinen Sessel zurück und grinste. „Wusst ich's doch, dass du aus Asien kommst!" Ich lächelte gequält und wiederholte, dass ich in Deutschland geboren und aufgewachsen sei. Dass das die richtige Antwort auf die Frage nach meiner Herkunft sei. Und dass ich die Herkunft meiner Eltern nicht unbedingt mit Fremden diskutieren müsse.

Abb. 6.1: Khuê Pham (* 1982) ist Redakteurin bei der Wochenzeitung „Die Zeit"

Der Fahrradkurier beugte sich nach vorne und sagte eindringlich:

„Dann hast du aber ein Problem!"

„Wie bitte?"

„Na, du hast ein Problem mit deiner Identität, deswegen willst du nicht darüber reden!"

„Wieso habe ich ein Problem, wenn ich keinen Small Talk über meine Identität will?"

„Andere Asiaten haben damit kein Problem."

„Was soll das heißen?"

„Ich kenne mich mit Asiaten aus. Ich bin drei Monate in Thailand und Vietnam rumgereist. Die hatten kein Problem wie du."

Ich sah den Mann ungläubig an. Wie konnte er mich mit irgendwelchen Thailändern vergleichen, nachdem ich ihm erklärt hatte, dass ich nie in Asien gelebt habe? Woher nahm er das Recht, meinen Umgang mit meiner Herkunft zu beurteilen? Wieso konnte er nicht akzeptieren, dass ihn das Ganze nichts anging? Ich trank schnell aus und stand auf. Als mich der Fahrradkurier nach einem weiteren Treffen fragte, sagte ich: Nein, lieber nicht. Draußen vor dem Starbucks atmete ich tief durch.

Ich werde oft gefragt, woher ich komme; meist ist es eine der ersten Fragen, die anderen einfällt. Viele fragen aus Neugier. Sie wollen verstehen, warum eine asiatisch aussehende Frau Deutsch spricht wie sie. Manche nicken, wenn ich sage: „Ich komme aus Berlin." Doch für viele passt diese Aussage nicht zu meinem Aussehen. Wenn sie immer weiter bohren, wie dieser Fahrradkurier, scheinen sie es zu tun, weil sie in mir eine Asiatin sehen und keine Deutsche. Dass ich mich anders beschreibe, dringt nicht durch. Meine Herkunft, meine Familiengeschichte sind keine Tabuthemen. Ich möchte sie nur nicht vor Menschen ausbreiten, mit denen ich auch andere persönliche Fragen nicht besprechen würde.

Ich erinnere mich an das Haus, in dem ich aufgewachsen bin: neonfarbenes Hellblau in einer Gegend voller Bäume und Einfamilienhäuser. Hermsdorf war bürgerlich, und wir waren es auch. Mein Vater war Arzt, meine Mutter arbeitete in einer Bank. Im Wohnzimmer stand ein Klavier, auf dem ich täglich üben sollte. Ich spielte auch Cello und lernte Ballett, außerdem war ich Schwimmerin, Klassensprecherin und Nachhilfelehrerin. Schon als Schülerin hatte ich einen Terminkalender und Stress.

Vietnamesisch war zwar meine Muttersprache, aber im Kindergarten habe ich viel davon verlernt. Mit meinen beiden jüngeren Geschwistern unterhielt ich mich auf Deutsch, unsere Eltern sprachen vietnamesisch untereinander und manchmal auch mit uns. Einfache Dinge wie „Räum den Tisch ab" oder „Deine Tante ist krank" konnten wir verstehen. Meine Mutter versuchte immer wieder, uns mit einem vietnamesischen Grundschulbuch Lesen und Schreiben beizubringen, aber sie scheiterte, weil wir zu selten lernten. Meine Eltern fanden es schade, aber letztlich war es ihnen wichtiger, dass wir gut Deutsch sprachen. So sahen wir es auch.

Weil wir schlecht Vietnamesisch sprachen und in einem Einfamilienhaus lebten, galten wir unter Vietnamesen als „eingedeutscht". In den Augen der anderen waren wir nicht nur wohlhabender, sondern auch weniger traditionell. Für Deutsche wiederum waren wir die vietnamesische Vorzeigefamilie. Wir selbst hatten dazu ein ambivalentes Verhältnis. Obwohl wir scheinbar nahtlos in die Welt von Hermsdorf passten, waren uns „die Deutschen" – so nannten wir sie zu Hause – irgendwie fremd. Besonders seltsam fanden wir das deutsche Abendbrot: Wie konnten sie so wenig und so einfach essen? Für uns war das Abendessen die wichtigste Mahlzeit. Punkt acht mussten wir zu Hause sein, um gemeinsam mit der Familie zu essen. Meine Mutter kochte vietnamesische Gerichte mit verschiedenen Gängen, meistens aßen wir in der Küche. Alles, was besprochen werden musste, wurde dann besprochen.

Abb. 6.2

Ich erinnere mich, dass ich als Schülerin oft in dieser Küche saß und meinen Eltern von meinen Freunden erzählte. Genauer gesagt erzählte ich ihnen, dass meine Klassenkameraden es viel besser hatten als ich: Sie mussten nicht auf ihre Geschwister aufpassen und sie überallhin mitnehmen, sie mussten auch keine Aufgaben im Haushalt übernehmen. Sie durften so lange weggehen, wie sie wollten. Sie wurden von ihren Eltern gelobt, wenn sie eine 2 im Aufsatz schrieben. Wieso war das bei uns nicht so?

„Am Wochenende übernachten alle bei Susy, wieso darf ich nicht auch?"

„Wir haben am Wochenende etwas mit der Familie vor."

„Aber die Übernachtung ist doch abends!"

„Dann schläfst du so wenig und bist am nächsten Tag müde."

„Was ist daran so schlimm?"

„Denk nicht immer nur an dein Vergnügen."

„Ich bin die Einzige aus der ganzen Klasse, die nicht dabei ist."

„Na und? Du bist nicht wie die anderen. Wieso vergleichst du dich überhaupt mit den Deutschen?"

Susy sagte ich, dass ich am Wochenende keine Zeit hätte und deswegen nicht kommen könne. Ich verschwieg ihr, dass meine Mutter es mir nicht erlaubt hatte. Es war mir vor meinen Freunden peinlich, dass ich nicht so viel durfte wie sie; dass meine Eltern mich mit 15 noch wie ein Kind behandelten, während meine Freunde von ihren Eltern schon wie Erwachsene behandelt wurden. Es kam immer wieder vor, dass ich meinen Freunden absagen musste, weil wir etwas mit der Familie unternahmen: Fast jedes Wochenende gingen wir zusammen ins Kino oder Restaurant, in den Ferien verreisten wir oft zu fünft. Wir machten Urlaub bei unseren Verwandten in Vietnam und Amerika; wir fuhren durch Skandinavien, Südfrankreich oder Griechenland. Der Zusammenhalt in unserer Familie war enger als in den deutschen Familien, die ich kannte. Er konnte einen schier erdrücken, aber er gab mir auch Halt.

Warum wir anders waren und warum es wichtig war, diese Andersartigkeit zu bewahren, das haben mir meine Eltern nie wirklich erklärt. Ich glaube, sie wussten es selbst nicht genau. Vielleicht hatten sie Angst, dass wir uns von ihnen entfernen würden, wenn sie uns zu liberal erzogen. Vielleicht konnten sie uns nicht deutscher erziehen, weil ihnen die Gleichberechtigung zwischen Eltern und Kindern so fremd war. Sie kannten nichts anderes als das vietnamesische Familienverständnis, das auf Hierarchie und bedingungslosem Zusammenhalt basiert. Schon als Kind wusste ich, dass ich meine Eltern nicht um viele Freiheiten bitten konnte. Dafür haben sie immer ja gesagt, wenn ich einen Sport lernen wollte, eine Sprachreise plante oder sonst welche Projekte vorhatte.

Mit 14 Jahren sollte ich bei einem kleinen Konzertabend in Reinickendorf etwas vorspielen, ich glaube, es war „In der Höhle des Bergkönigs" aus der Peer-Gynt-Suite von Edvard Grieg. Die Veranstaltung fand im Fontane-Haus statt, einem schmucklosen Konzertsaal mit zwei Flügeln. Schulorchester, chilenische Tanzgruppen und alles, was das Lokalpublikum noch hätte interessieren können, traten dort auf. Die Zuschauer saßen auf roten Sitzen in langen Reihen vor der Bühne, und auf vier Sitze ziemlich weit vorn legte ich vor dem Konzert Zettel mit unserem Nachnamen, „Pham".

Fünf Minuten vor Beginn traf ich meine Familie endlich am Eingang. Ich eilte mit ihr zu den reservierten Sitzen, aber inzwischen hatte sich ein deutsches Ehepaar dorthin gesetzt. Ich erklärte dem Mann die Situation, doch er weigerte sich aufzustehen: „Wer so spät kommt, verliert seinen Platz." Er schaute meine Mutter an, sie schaute ihn an, dann brach es aus ihr heraus: „Das machen Sie nur, weil wir Ausländer sind!" Wütend drehte sie sich um und suchte sich einen anderen Platz.

Vielleicht irrte sich meine Mutter, und das Verhalten des Mannes hatte nichts damit zu tun, dass wir Vietnamesen waren. Vielleicht hätte er eine deutsche Familie auch so behandelt. Aber warum sollte ich das glauben? Zu der Zeit liefen mir die Verkäuferinnen in Geschäften hinterher, weil sie dachten, ich würde etwas stehlen. Als Kind hatten sich andere Kinder mit „Ching-Chang-Chong-Sprüchen" über meine Geschwister und mich lustig gemacht. Meine Mutter ermahnte uns immer, uns ordentlich anzuziehen: „Sonst denken die Deutschen, wir sind Asylanten." Ich war mit dem Gefühl aufgewachsen, dass uns die Deutschen misstrauten. Dass sie sich für etwas Besseres hielten und auf Familien wie unsere herabsahen. Während ich mein Stück spielte, dachte ich: „Egal, wie sehr du dich anstrengst, sie werden dich immer als Ausländerin sehen."

Mit den Jahren habe ich die Unterscheidung zwischen uns und den Deutschen verinnerlicht. Ich weiß nicht, was dafür ausschlaggebender war: die Fragen der Deutschen nach meinen Wurzeln oder das Mantra meiner Eltern, wir seien anders. Jedenfalls sage ich nie von mir selbst, dass ich Deutsche sei. Ich sage immer nur: „Ich komme aus Berlin."

Nach der Schule zog ich zum Studieren nach London. Ich mochte es, dort Bus zu fahren. Nicht aufzufallen, weil neben mir Asiaten, Schwarze und Weiße saßen.

Mein vietnamesisches Ich

Du besuchst deine Verwandten, und sie sind dir fremd. Du weißt nicht genau, was sie arbeiten, wo sie wohnen und wann sie geboren sind. Sie leben in einem Land, das du nur aus Urlauben kennst, aus den Erzählungen deiner Eltern. Das Land heißt Vietnam und liegt in einer anderen Welt. Du weißt, du bist für deine Verwandten eine Ausländerin. Eine reiche Westlerin. Die deutsche Nichte.

Im Flugzeug denkst du darüber nach, wohin die Reise führt. Leute, die dich nicht gut kennen, sagen: in die Heimat. Deine Verwandten sagen: nach Hause. Deine Eltern sagen: zur Familie. Aber du, du weißt es nicht. Kannst dieses dumpfe Gefühl im Magen nicht benennen, das dich auf jeder Reise hierher begleitet.

Am Flughafen von Saigon rätst du, wer ein echter Vietnamese ist und wer ein Auslandsvietnamese. Du erkennst es an der Kleidung (Polyester gleich Vietnamese) und an der Anzahl der Koffer (viele Koffer gleich viele Geschenke, also Auslandsvietnamese). Neben dir stehen deine beiden Geschwister, mit euren geraden Zähnen und der hellen Haut strahlt ihr den Wohlstand des Westens aus. Wie deutsch ihr seid.

Deine Verwandten rollen auf dich zu. Kinder, die du noch nie gesehen hast, springen zwischen den Erwachsenen herum. Es ist halb sieben und tiefdunkel, es ist laut und schwül und voller Menschen. Alles dröhnt.

„Du bist aber dünn geworden!"

„Warum hast du dir deine Haare geschnitten?! Ist das in Deutschland modern?"

„Dein Gesicht sieht alt aus, du arbeitest zu viel!"

„Bist du müde? Willst du was essen?"

„Deine Geschwister sind ja viel größer als du!"

Sie umarmen dich auf diese komische Art, mit der Vietnamesen einander umarmen: schnell und möglichst ohne Körperkontakt. Du verhaspelst dich dabei, die Namen bei der Begrüßung zu nennen. [...]

Seit deinem letzten Besuch vor ein paar Jahren hattest du mit deinen Verwandten keinen Kontakt. Worüber solltet ihr euch auch austauschen: dass du für ein langes Wochenende nach Paris geflogen bist? Dass deine größte Sorge ist, nicht genug Zeit zum Abschalten zu haben? Dass dein neues iPad sehr praktisch ist? Und was würden sie dir antworten: dass die Luftverschmutzung in Saigon unerträglich ist? Dass sie sich Sorgen machen um die Zukunft ihrer Kinder? Dass 200 Dollar im Monat reichen, um die Familie zu ernähren, aber nicht für teure Medikamente, wenn einer krank wird?

Ihr lebt in zwei Ländern, zwischen denen Jahrzehnte liegen. In Deutschland verdienst du zehnmal so viel wie deine Cousine in Vietnam. Als Deutsche denkst du an Selbstverwirklichung, als Vietnamesin denkt sie ans Überleben. Deine Gesundheit ist besser, deine Reisen sind weiter, deine Zukunft ist offen. Ihre Familie ist größer, ihre Wohnung ist spärlicher, ihre Erwartungen sind bescheiden. Wie ein Riss zieht sich die Ungerechtigkeit der Globalisierung durch eure Familie. Gibt es mehr, das euch verbindet, oder mehr, das euch trennt? Selbst wenn es die Sprachbarriere nicht gäbe – könntet ihr einander je verstehen?

Du denkst, dass man Menschen kennen muss, um sie zu mögen. Dass man sich aussucht, mit wem man Beziehungen eingeht, und dass sie tiefer werden, je mehr man voneinander weiß und je mehr man sich schätzt. Für deine Verwandten spielt das keine Rolle. Entscheidend ist nicht, wer oder wie du bist. Entscheidend ist, dass ihr verwandt seid. Ihr müsst euch nicht gegenseitig befragen, ihr müsst nur zusammen sein. Zusammen essen oder zusammen rumsitzen, egal. [...]

Dein Leben in Deutschland verblasst. Du vergisst, dass du alleine lebst, viel arbeitest und oft reist. Du vergisst deinen Individualismus. Wenn du in Vietnam bist, gehst du in der Familie auf. Lässt dich fallen in der Gruppe, lässt andere, Ältere, für dich entscheiden. Du gibst deine Verantwortung ab und verwandelst dich in das Kind. [...]

Wenn du in Vietnam bist, vergisst du, dass es ein Ich gibt. Du bist nie allein und hast weder die Ruhe noch die Sprache dafür. Du bist, was du für andere bist: nicht jung oder alt, sondern jünger oder älter. Du spürst: In der Ich-Form zu denken, ist selbstbezogen und anmaßend. Niemand hat es dir gesagt, aber alle verhalten sich so. Niemand stellt seine Bedürfnisse über die der anderen. Niemand stört die Gruppe. Wer bin ich? Das ist eine Frage, die du in Vietnam nicht beantworten kannst.

Wenn du hier geboren wärst, wärst du eine andere geworden. Du wärst daran gewöhnt, dass der Jüngere dem Älteren gehorcht und die Frau dem Mann. Du würdest mit hoher, weicher Stimme sprechen, so wie alle Frauen hier. Du würdest jeden Satz mit „Ja" beginnen, auch wenn er danach mit „Nein" weitergeht. Du würdest hoffen, einen Mann kennenzulernen, der nicht trinkt und Arbeit hat. Vielleicht würdest du davon träumen, eines Tages ins Ausland zu gehen. Die Welt hätte eine natürliche Ordnung, und du hättest deinen Platz darin, vom Schicksal festgelegt wie deine Schuhgröße.

Wenn du in Vietnam bist, vergisst du dich. Du sprichst mit einer hohen, weichen Stimme und beginnst jeden Satz mit „Ja", auch wenn er danach mit „Nein" weitergeht. Wenn du siehst, dass deine Tanten für deine Onkel auf etwas verzichten, machst du es ihnen nach. Wenn du hörst, dass Frauen von ihren Männern betrogen und geschlagen werden, schweigst du. Dass Frauen leiden, ist normal. Wozu beklagen, was man nicht ändern kann? Wozu stören?

Du siehst, wie du dich verwandelst, und du weißt auch, warum: weil du dich einfügen willst in die natürliche Ordnung. Du weißt, wo dein Platz ist. Aber wer bist du, wenn du deine Werte ablegen kannst wie Kleidung, die für dieses Klima zu warm ist?

Du hoffst, dass der Unterschied zwischen Vietnam und Deutschland kleiner wird. Dass die beiden Welten zusammenrücken, sodass du dich nicht jedes Mal ganz verlierst, wenn du von einer in die andere gehst. Dass der Riss in deiner Familie, der Riss in dir selbst, mit der Zeit geringer wird. Du glaubst an das Versprechen der Modernisierung, du willst daran glauben. […]

Du spürst eine Wehmut, als das Flugzeug abhebt und Vietnam verlässt und sich ein Teil von dir verabschiedet bis zum nächsten Mal. Du hast viele Stunden Zeit, um nachzudenken, was du von dieser Reise mitnimmst. Warum du dich von dir selbst entfremdet fühlst, weil du dich deiner Familie gegenüber fremd fühlst. Ob du eine andere wirst, wenn du in das andere Land reist. Was das bedeutet: mehr als eine Person zu sein. Und du spürst dieses Gefühl im Magen und spürst, dass es warm ist.

Und wenn du dann in Deutschland landest, dann fühlst du dich erst einsam und kalt. Bis es dir wieder einfällt: Ich bin zu Hause.

Aufgaben

1. Khuê Pham beschreibt, wie andere Menschen ihr gegenüber Erwartungen, Ansprüche und Forderungen artikulieren, wie sie zu leben und zu denken habe. Arbeiten Sie mithilfe geeigneter Visualisierungen heraus, wer welche solcher Ansprüche und Erwartungen im Hinblick auf ihr Leben und ihr Selbstverständnis hat.

2. Arbeiten Sie heraus, wie Khuê Pham mit diesen von außen kommenden Ansprüchen und Erwartungen umgeht.

3. Erläutern Sie in dieser Hinsicht folgende Zitate:
- „Wenn sie immer weiter bohren, wie dieser Fahrradkurier, scheinen sie es zu tun, weil sie in mir eine Asiatin sehen und keine Deutsche. Dass ich mich anders beschreibe, dringt nicht durch" (Zeile 60–63).
- „Weil wir schlecht Vietnamesisch sprachen und in einem Einfamilienhaus lebten, galten wir unter Vietnamesen als ‚eingedeutscht'. In den Augen der anderen waren wir nicht nur wohlhabender, sondern auch weniger traditionell. Für Deutsche wiederum waren wir die vietnamesische Vorzeigefamilie. Wir selbst hatten dazu ein ambivalentes Verhältnis" (Zeile 89–102).
- „Mit den Jahren habe ich die Unterscheidung zwischen uns und den Deutschen verinnerlicht. Ich weiß nicht, was dafür ausschlaggebender war: die Fragen der Deutschen nach meinen Wurzeln oder das Mantra meiner Eltern, wir seien anders. Jedenfalls sage ich nie von mir selbst, dass ich Deutsche sei. Ich sage immer nur: ‚Ich komme aus Berlin.'" (Zeile 203–208).

4. Am Ende schreibt die Autorin: „Du spürst: In der Ich-Form zu denken, ist selbstbezogen und anmaßend. Niemand hat es dir gesagt, aber alle verhalten sich so. Niemand stellt seine Bedürfnisse über die der anderen. Niemand stört die Gruppe. Wer bin ich? Das ist eine Frage, die du in Vietnam nicht beantworten kannst. Wenn du hier geboren wärst, wärst du eine andere geworden" (Zeile 288–295). Erläutern Sie diese Sätze vor dem Hintergrund der Erfahrungen, die die Autorin beschreibt.

5. Erörtern Sie das Zitat aus pädagogischer Perspektive.

Ein weiteres Textangebot finden Sie online unter PP-Code 3ya6h8. Dort berichtet die Schülerin Clara von ihren Eindrücken und Erfahrungen, die sie während ihres Austauschjahres in China gesammelt hat.

Deutschland hat im Verlauf seiner Geschichte zahlreiche Migrationsbewegungen erlebt. Sie finden in der Fachliteratur und auf zahlreichen Seiten im Internet (z.B. im Angebot der Bundeszentrale für politische Bildung) vielfältige Informationen dazu.

Weiterführende Aufgaben

1. Recherchieren Sie zu Geschichte und Gegenwart der Migration nach Deutschland und referieren Sie über die historischen, sozialen und kulturellen Hintergründe, die für die aktuellen Herausforderungen von interkultureller Erziehung und Bildung von Bedeutung sind.
2. Präsentieren und interpretieren Sie dazu aussagekräftige Schaubilder.
3. Referieren Sie über ausgewählte Konflikte im Zusammenhang mit Migration, sozialen Konflikten und dem Bildungswesen und beurteilen Sie sie aus pädagogischer Perspektive.
4. Beziehen Sie die Informationen über die Entwicklung der Konzepte interkultureller Pädagogik aus M 2 auf Ihre Erkenntnisse zur Geschichte der Migration in der Bundesrepublik.

Was sind die pädagogischen Aufgaben im Hinblick auf Interkulturalität? Welchen neuen Herausforderungen muss sich pädagogisches Denken und Handeln stellen? Welche Ansätze, welche Konzepte gibt es?

Im folgenden Text gibt Alfred Holzbrecher dazu einige Informationen.

M2 Von der Ausländerpädagogik zum Interkulturellen Lernen (Alfred Holzbrecher)

Die Anwerbung der sogenannten Gastarbeiter war zunächst kein Thema der Pädagogik, denn die ersten Arbeitsmigranten waren jung, unverheiratet und tauchten im Bildungssystem noch nicht auf. Aus der Sicht der anwerbenden Unternehmen sollten sie baldmöglichst wieder in ihr „Heimatland“ zurückkehren, und auch sie selbst hofften zumeist, in möglichst kurzer Zeit viel Geld zu verdienen, um sich dann eine Existenz „zu Hause“ aufbauen zu können. Doch oft ging diese Rechnung nicht auf, die Lebenshaltungskosten in Deutschland waren höher als angenommen. So ergab sich häufig ein längerer Aufenthalt als ursprünglich geplant, Familien wurden gegründet und Angehörige aus dem Herkunftsland nachgeholt. Bald tauchten die ersten Migrantenkinder in einer Schule auf, die darauf allerdings in keiner Weise vorbereitet war. Die Wahrnehmung dieser „Gastarbeiterkinder“ war geprägt durch folgende Diskurse:

- Sie stellen ein Problem dar,
- sie haben Defizite, u.a. sprachliche, und
- sie können zur Belastung werden [...].

Aus einem solchen Wahrnehmungsmuster ergibt sich fast von selbst die Forderung nach Fürsorge, beratender Hilfe und Behebung der Defizite (vgl. Hamburger 1994, 73 ff.). So waren die Anfänge der „Ausländerpädagogik“ vom Bestreben gekennzeichnet, u.a. durch den Ausgleich der Sprachdefizite den Schulbesuch und damit eine bessere gesellschaftliche Integration zu ermöglichen. „Integration“ wurde meist – zumal vonseiten der politischen Entscheidungsträger – im Sinne einer Assimilation verstanden, d.h. einer einseitigen Anpassung der Migranten und ihrer Kinder an die bestehenden Verhältnisse.
Gleichzeitig sollte die Option einer Rückkehr ins Herkunftsland offengehalten werden, etwa durch muttersprachlichen Unterricht oder andere pädagogische Maßnahmen, die auf eine Erhaltung der spezifischen „kulturellen Identität“ der Migrantengruppe abzielten.
Bald jedoch zeigte sich, dass die Grundfigur dieses Defizitmodells eine paternalistische Haltung und eine moralisierende Appell-Pädagogik implizierte und nicht etwa Anerkennung bzw. Respekt vor der Andersartigkeit der Fremden. Erkannt wurde, dass ungeachtet der Bedeutung von Sprachunterricht eine Fixierung auf den Ausgleich kommunikativer Defizite eine Verkürzung der Gesamtproblematik darstellt, weil die gesellschaftlichen Dimensionen der Arbeitsmigration und das Beziehungsgefälle zwischen Mehrheitsgesellschaft und Minderheiten nicht mit reflektiert werden (vgl. Hamburger 1994). Bei aller Kritik dieses Ansatzes bleibt festzuhalten, dass die damals engagierten Lehrer/innen die Einzigen waren, die sich der Problematik „Gastarbeiterkinder“ annahmen und ihnen die notwendige Hilfe anboten.
Die „Gastarbeiter-Phase“ war gekennzeichnet von der Unsicherheit einer möglichen oder ökonomisch erzwungenen Rückkehr ins Herkunftsland. Die Schule reagierte darauf mit dem Konzept, die „Gastarbeiterkinder“ zur Beschulung in eigens für sie eingerichteten Klassen zusammenzufassen und von Lehrkräften des Herkunftslandes unterrichten zu lassen. [...]

Mit Blick auf die gesellschaftliche Entwicklung wird erkennbar, dass sich mit der Wirtschaftskrise Anfang der 70er-Jahre bereits ein Strukturwandel anbahnte, der – aufgrund des Anwerbestopps – zu einer verstärkten Familienzusammenführung und damit faktisch zum Daueraufenthalt der Migranten und ihrer Kinder führte. Zusammengefasst lassen sich diese Veränderungen mit folgenden Stichworten kennzeichnen:

- Nach der Boom-Phase der deutschen Wirtschaft mit ihrem beständigen Bedarf an (ausländischen) Arbeitskräften differenziert sich nun die Nachfrage entsprechend bestimmten Unternehmensbranchen in einzelnen Regionen. [...]

- Die Herkunftsgebiete der Migranten ändern sich: Wurden sie bisher gezielt in Südeuropa angeworben, kommen sie nun aus Krisen- und Kriegsgebieten der ganzen Welt sowie als „Aussiedler" mit deutschem Pass aus Osteuropa.
- Der Strukturwandel der ausländischen Wohnbevölkerung lässt diese verstärkt zu Konkurrenten auch auf dem Wohnungsmarkt werden.
- Die Politik ist einerseits gekennzeichnet durch die Forderung nach Integration, andererseits durch Begrenzungs- und Abwehrmaßnahmen, die den Migranten deutlich machen, dass sie nicht erwünscht sind.

Im bildungspolitischen Bereich spiegelt sich damit ein gesellschaftliches Grundproblem: Wie ist das allen Bürgern zustehende Recht auf Anerkennung und Gleichberechtigung bei der Teilhabe an gesellschaftlichen Gütern zu vereinbaren mit der strukturellen Benachteiligung der Migranten? [...]
Der skizzierte gesellschaftliche Wandel und die Kritik an der „Ausländerpädagogik" führten Anfang der 80er-Jahre zu einer Transformation der „Ausländerpädagogik" in das Konzept der „Interkulturellen Pädagogik" [...].
Der gesellschaftliche Umbruch nach dem Fall der Berliner Mauer brachte zu Beginn der 90er-Jahre Herausforderungen von bislang nicht gekannter Dramatik. Nicht zuletzt der Wegfall der seit Kriegsende verinnerlichten Ordnungskategorie „Ost-West", die große Zahl von Migranten aus bislang „dem Osten" zugeordneten Ländern und Regionen und ein starker ökonomischer Globalisierungsschub führten zu einer gesellschaftlichen Ambivalenzerfahrung, die in rechtsextremistischen Anschlägen ihren Ausdruck fand. Interkulturelle Pädagogen sahen sich vor der Aufgabe einer verstärkten Auseinandersetzung mit Rassismus und Rechtsextremismus, d.h. auch mit deren politischen und gesellschaftlichen Ursachen. Es kam zu einer wachsenden Beschäftigung mit Ansätzen einer „antirassistischen Erziehung" [...] bzw. mit Theorien, die die Kritik einer strukturell bedingten, institutionell verankerten Diskriminierung von Minderheiten zum Kern hatten. Folgerichtig fand auf didaktischem Terrain einerseits eine Ausdifferenzierung der Konzepte und Ansätze statt, andererseits deren Integration unter den Vorzeichen einer Globalisierung von Bildung und Erziehung. So lassen sich Tendenzen erkennen,

- interkulturelle Begegnung als Lerngelegenheit zu nutzen, um den eigenen, ethnozentrisch eingefärbten Blick auf das Fremde zu erkennen,
- Begegnung und Konflikt als zentrale Kategorien des interkulturellen Kontakts anzuerkennen (vgl. Nieke 2000),
- Lebenswelt, Region, Europa und Globale Gesellschaft als wechselseitig sich durchdringende systemische Kontexte anzuerkennen, d.h. Interkulturelles und Globales Lernen aufeinander zu beziehen und dabei auch die Perspektiven „Nachhaltigkeit/Ökologie", „Friedenspolitik" und „Menschenrechte" zu integrieren [...].

M3 Transkulturalität (Wolfgang Welsch)

Abb. 6.3: Wolfgang Welsch (* 1946)

Der traditionelle Kulturbegriff

[...] Die Kultur soll erstens das Leben der jeweiligen Gesellschaft im Ganzen wie im Einzelnen prägen, sie soll jede Handlung und jeden Gegenstand zu einem unverwechselbaren Bestandteil gerade dieser Kultur machen. Sie soll zweitens die Kultur eines bestimmten Volkes sein, das auf dem Weg der Kultur sein spezifisches Wesen zur Entfaltung bringt. Damit ist drittens eine Abgrenzung nach außen verbunden: Jede Kultur soll als Kultur eines bestimmten Volkes von den Kulturen anderer Völker spezifisch unterschieden sein und bleiben.
Diese Annahmen des traditionellen Kulturkonzepts sind heute unhaltbar geworden. Moderne Gesellschaften sind in sich so hochgradig differenziert, dass von einer Einheitlichkeit der Lebensformen nicht mehr die Rede sein kann. Das traditionelle Kulturkonzept ist unfähig, den aktuellen binnenkulturellen Differenzierungen gerecht zu werden, etwa den Unterschieden von regional, sozial und funktional divergierenden Kulturen, von hoher und niedriger, leitender und alternativen Kultur, von den Besonderheiten einer wissenschaftlichen, technischen, künstlerischen oder religiösen Kultur ganz zu schweigen. [...]
Aber auch die ethnische Fundierung der Kulturen ist äußerst problematisch: Herder beschreibt Kulturen als Kugeln oder autonome Inseln, die jeweils dem territorialen Bereich und der sprachlichen Extension eines Volkes entsprechen sollten. Wie wir aber nicht nur aus der deutschen Geschichte dieses Jahrhunderts wissen, sind solche völkischen Definitionen hochgradig imaginär und fiktiv. Die Kugelvorstellung und das Reinheitsgebot bereiten politischen Konflikten und Kriegen den Boden. Wie wir gerade heute zu erkennen Anlass haben, wo die Berufung auf ethnische und kulturelle Identität weltweite Separatismen und Kriege produziert.
Angesichts solcher Befunde ist die Verabschiedung des traditionellen Kulturkonzepts mit seinem unheilvollen Doppel von innerem Einheitszwang und äußerer Abschottung auch unter normativen Gesichtspunkten geboten. Es käme künftig darauf an, die Kulturen jenseits des Gegensatzes von Eigenkultur und Fremdkultur zu denken.

Interkulturalität

Das Konzept der Interkulturalität macht nicht einmal einen Versuch, die traditionelle Kulturvorstellung zu überwinden, sondern will sie bloß ergänzen, um ihre problematischen Folgen aufzufangen. Es reagiert auf den Umstand, dass die Kugelverfassung der Kulturen notwendig zu interkulturellen Konflikten führt.
Kulturen, die wie Inseln oder Kugeln verfasst sind, können sich der Logik ihres Begriffs gemäß eben nur voneinander absetzen, sich gegenseitig verkennen, ignorieren, diffamie-

ren oder bekämpfen – nicht hingegen sich verständigen und austauschen. […]

Das hatte Herder konsequent zum Ausdruck gebracht, als er sagte, dass solche Kugeln einander nur „stoßen" könnten und dass ihr Vorurteil gegenüber anderen Kulturen eine Bedingung ihres Glückes sei. Das Konzept der Interkulturalität sucht nun nach Wegen, wie die Kulturen sich gleichwohl miteinander vertragen, wie sie miteinander kommunizieren, einander verstehen oder anerkennen können. Hier hat die Suche nach interkulturellen Konstanten ein unerschöpfliches (weil ergebnisloses) Betätigungsfeld.

Die Misere des Konzepts der Interkulturalität rührt daher, dass es die Prämisse des traditionellen Kulturbegriffs unverändert mit sich fortschleppt. Es geht noch immer von einer insel- bzw. kugelartigen Verfassung der Kulturen aus. […]

Multikulturalität

Ähnliches gilt vom Konzept der Multikulturalität. Es greift die Probleme des Zusammenlebens verschiedener Kulturen innerhalb einer Gesellschaft auf, widmet sich also strukturell der gleichen Frage wie das Konzept der Interkulturalität. Dabei bleibt aber auch dieses Konzept im Status des traditionellen Kulturverständnisses. Es geht von der Existenz klar unterschiedener, in sich homogener Kulturen aus, nur jetzt innerhalb ein und derselben staatlichen Gemeinschaft.

Das Multikulturalitätskonzept sucht dann nach Chancen der Toleranz, Verständigung, Akzeptanz und Konflikvermeidung oder Konflikttherapie. Das ist ebenso löblich wie die Bemühungen um Interkulturalität, aber ebenso ineffizient, denn vom alten Kulturverständnis aus lässt sich allenfalls ein Stillhalten auf Zeit erreichen, nicht aber eine wirkliche Verständigung zwischen den kulturell heterogenen Gruppen oder eine Überschreitung der separierenden Schranken konzipieren. […]

Das Multikulturalitätskonzept hat jedoch die Hinnahme solcher Schranken geradezu zur Basis. Daher kann es auch zur Rechtfertigung und verstärkten Berufung auf solche Schranken dienen. […]

Die Kritik am traditionellen Konzept der Einzelkulturen sowie an den neueren Konzepten der Interkulturalität und der Multikulturalität lässt sich folgendermaßen resümieren: Wenn die Kulturen tatsächlich noch immer, wie diese Konzepte unterstellen, inselartig und kugelhaft verfasst wären, dann könnte man das Problem ihrer Koexistenz und Kooperation weder loswerden noch lösen. Nur ist die Beschreibung der Kulturen als Kugeln bzw. Inseln heute deskriptiv falsch und normativ irreführend. Die Kulturen haben de facto nicht mehr die unterstellte Form der Homogenität und Separiertheit. Dies ist der Ausgangspunkt des Konzepts der Transkulturalität.

Transkulturalität

Kulturen sind intern durch eine Pluralisierung möglicher Identitäten gekennzeichnet und weisen extern grenzüberschreitende Konturen auf. Sie haben eine neuartige Form angenommen, die durch die klassischen Kulturgrenzen wie selbstverständlich hindurchgeht. Das Konzept der Transkulturalität benennt diese veränderte Verfassung der Kulturen und versucht daraus die notwendigen konzeptionellen und normativen Konsequenzen zu ziehen.

Der traditionelle Kulturbegriff scheitert heute an der inneren Differenziertheit und Komplexität der modernen Kulturen. Moderne Kulturen sind durch eine Vielzahl unterschiedlicher Lebensformen und Lebensstile gekennzeichnet.

Ferner ist die klassische separatistische Kulturvorstellung durch die äußere Vernetzung der Kulturen überholt. Die Kulturen sind hochgradig miteinander verflochten und durchdringen einander. Die Lebensformen enden nicht mehr an den Grenzen der Nationalkulturen, sondern überschreiten diese und finden sich ebenso in anderen Kulturen. Die neuartigen Verflechtungen sind eine Folge von Migrationsprozessen sowie von weltweiten materiellen und immateriellen Kommunikationssystemen (internationaler Verkehr und Datennetze) und von ökonomischen Interdependenzen.

Grundlegende Probleme und Bewusstseinslagen treten heute in den einst für so grundverschieden erachteten Kulturen in gleicher Weise auf, gehen gleichsam quer durch sie hindurch, stellen Determinanten dar, man denke etwa an das Problem des Auseinanderdriftens von naturwissenschaftlicher und literarischer Kultur, an dem heute eine Vielzahl von Kulturen laboriert, oder an das ökologische Bewusstsein, das in jüngster Zeit zu einem mächtigen Wirkfaktor quer durch die Kulturen geworden ist.

Die Austauschprozesse zwischen den Kulturen lassen nicht nur das alte Freund-Feind-Schema als überholt erscheinen, sondern auch die scheinbar stabilen Kategorien von Eigenheit und Fremdheit. Es gibt nicht nur kein strikt Eigenes, sondern auch kein strikt Fremdes mehr. Im Innenverhältnis einer Kultur, zwischen ihren diversen Lebensformen, existieren heute tendenziell ebenso viele Fremdheiten wie im Außenverhältnis zu anderen Kulturen. […]

Der pragmatische Kulturbegriff

Transkulturalität dringt überdies nicht nur auf der Makroebene der Kulturen, sondern ebenso auf der Mikroebene der Individuen vor. Für die meisten unter uns sind, was unsere kulturelle Formation angeht, mehrfache kulturelle Anschlüsse entscheidend. Wir sind kulturelle Mischlinge. […]

Die Entdeckung und Akzeptanz der transkulturellen Binnenverfassung der Individuen ist eine Bedingung, um mit der gesellschaftlichen Transkulturalität zurechtzukommen, Hass gegenüber Fremdem ist (wie insbesondere von psychoanalytischer Seite mehrfach dargelegt wurde) projizierter Selbsthass. Man lehnt stellvertretend etwas ab, was man in sich selbst trägt, aber nicht zulassen will, was man intern verdrängt und extern bekämpft. Umgekehrt bildet die Anerkennung innerer Fremdheitsanteile eine Voraussetzung für die Akzeptanz äußerer Fremdheit. Wir werden dann, wenn wir – anders als das traditionelle Kulturkonzept es uns rät – unsere innere Transkulturalität nicht verleugnen, sondern wahrnehmen, eines anerkennenden und gemeinschaftlichen Umgangs mit äußerer Transkulturalität fähig werden. […]

Das Konzept der Transkulturalität zielt auf ein vielmaschiges und inklusives, nicht auf ein separatistisches und exklusives Verständnis von Kultur. Es intendiert eine Kultur, deren pragmatische Leistung nicht in Ausgrenzung, sondern in Integration besteht. Stets gibt es im Zusammentreffen mit anderen Lebensformen nicht nur Divergenzen, sondern auch Anschlussmöglichkeiten. Solche Erweiterungen, die auf die gleichzeitige Anerkennung unterschiedlicher Identitätsformen innerhalb einer Gesellschaft zielen, stellen heute eine vordringliche Aufgabe dar.
Man könnte einwenden, das Konzept der Transkulturalität laufe auf die Annahme einer zunehmenden Homogenisierung der Kulturen und auf eine uniforme Weltzivilisation hinaus. Aber bedeutet Transkulturalität tatsächlich Uniformierung? Keineswegs. Nur verändert sich unter den Bedingungen der Transkulturalität der Modus der Vielheit. Vielheit im traditionellen Modus der Einzelkulturen schwindet in der Tat. Stattdessen entwickelt sich eine Vielheit unterschiedlicher Lebensformen transkulturellen Zuschnitts. [...]
Das Konzept der Transkulturalität entwirft ein anderes Bild vom Verhältnis der Kulturen. Nicht eines der Isolierung und des Konflikts, sondern eines der Verflechtung, Durchmischung und Gemeinsamkeit. Es befördert nicht Separierung, sondern Verstehen und Interaktion. Gewiss enthält dieses Konzept Zumutungen gegenüber liebgewonnenen Gewohnheiten, wie die heutige Wirklichkeit überhaupt. Im Vergleich zu anderen Konzepten skizziert es aber den am ehesten gangbaren Weg.

Weiterführende Aufgaben

1. Welsch unterscheidet zunächst die Konzepte von Kulturalität, Interkulturalität und Multikulturalität. Arbeiten Sie die Merkmale dieser Konzepte heraus und vergleichen Sie sie.
2. Im nächsten Schritt setzt Welsch das Konzept der Transkulturalität von den drei zuvor dargestellten Konzepten ab. Beschreiben und erläutern Sie durch geeignete, auch selbst gewählte Beispiele, wie Welsch dieses Konzept versteht.
3. Arbeiten Sie heraus, inwiefern das Konzept der Transkulturalität sich von den drei anderen unterscheidet.
4. Erörtern Sie, wie auf die „Epoche der Transkulturalität" pädagogisch geantwortet werden sollte.

Welche pädagogischen Konzepte antworten auf die Herausforderungen der Transkulturalität? Im Folgenden lernen Sie zwei Konzepte kennen, die die von Welsch analysierten sozio-kulturellen Veränderungen in der Epoche der Transkulturalität aufgreifen.

Anregung zur Weiterarbeit

Sie können den folgenden Text arbeitsteilig erschließen, indem Sie die zehn Ziele interkultureller Erziehung und Bildung auf Kleingruppen verteilen. Achten Sie aber darauf, dass jeder Kursteilnehmer den gesamten Text zunächst gründlich liest. Auch das reziproke Lesen kann bei dem folgenden Text gewinnbringend eingesetzt werden.

M4 Zehn Ziele Interkultureller Erziehung und Bildung (Wolfgang Nieke)

Wolfgang Nieke (Universität Rostock) hat in seinem Buch „Interkulturelle Erziehung und Bildung" (Wiesbaden, 3. Aufl. 2008) die vorliegenden Konzepte Interkultureller Erziehung und Bildung dargestellt und kritisch geprüft. Er entwirft auf dieser Grundlage einen eigenen anspruchsvollen Ansatz, der die Kritik an den traditionellen Vorstellungen von Kultur aufgreift.

Abb. 6.4: Wolfgang Nieke (* 1948)

Die im Folgenden erläuterten Ziele sind nicht allein relevant für den Umgang der Majorität mit kulturellen Minoritäten ausländischer Herkunft; sie gelten grundsätzlich für jedweden Umgang der Majorität mit lebensweltlichen Minoritäten und für den Umgang der Angehörigen verschiedener Lebenswelten innerhalb der einheimischen Majoritätskultur miteinander.
Interkulturelle Erziehung und Bildung lässt sich [...] in folgenden Zielen konkretisieren. Die Reihenfolge ist eine solche zunehmender Voraussetzungen, was nicht bedeutet, dass die zuerst aufgeführten Ziele leichter zu realisieren wären als die späteren. Im Gegenteil ist das zuerst aufgeführte Ziel pädagogisch anspruchsvoll und nur in aufwendigen Bildungsprozessen zu erreichen. Hingegen gibt es viele Berichte von erfolgreich erlebten Projekten zur neunten Zielsetzung der gegenseitigen kulturellen Bereicherung.

Versuch eines integrierten Konzepts interkultureller Erziehung und Bildung in der Reihenfolge zunehmender Voraussetzungen

(1) Erkennen des eigenen, unvermeidlichen Ethnozentrismus
(2) Umgehen mit der Befremdung
(3) Grundlegen von Toleranz
(4) Akzeptieren von Ethnizität; Rücksichtnehmen auf die Sprachen der Minoritäten
(5) Thematisieren von Rassismus
(6) Das Gemeinsame betonen, gegen die Gefahr des Ethnizismus

(7) Ermuntern zur Solidarität; Berücksichtigen der asymmetrischen Situation zwischen Mehrheit und Minoritäten

(8) Einüben in Formen vernünftiger Konfliktbewältigung – Umgehen mit Kulturkonflikt und Kulturrelativismus

(9) Aufmerksamwerden auf Möglichkeiten gegenseitiger kultureller Bereicherung

(10) Thematisieren der Wir-Identität: Aufheben der Wir-Grenze in globaler Verantwortung oder Affirmation universaler Humanität?

(1) Erkennen des eigenen, unvermeidlichen Ethnozentrismus

Ethnozentrismus meint die unvermeidliche Eingebundenheit des eigenen Denkens und Wertens in die selbstverständlichen Denkgrundlagen der eigenen Lebenswelt oder Ethnie. Er kann überhaupt nur sichtbar werden in der Konfrontation mit anderen Sichtweisen auf die Welt. Da diese Eingebundenheit abhängt von den kollektiven Orientierungsmustern der jeweiligen Lebenswelt, wäre im Sinne der in diesem Buch gegebenen Definition von Kultur genauer von Kulturzentrismus oder Soziozentrismus zu sprechen, aber gegenwärtig geht die Sprachkonvention auf Ethnozentrismus.

Wenn Angehörige verschiedener Ethnien, die auch verschiedene Deutungsmusterhorizonte, d.h. Lebenswelten oder Kulturen haben, im Alltag, z.B. in der Schule, zusammenleben und miteinander auskommen müssen, können Verständnisprobleme dann entstehen, wenn jemand aus der einen Kultur seine Deutungen selbstverständlich für jedermann bekannt unterstellt, jemand aus einer anderen Kultur diese jedoch nicht kennt oder an ihrer Stelle andere hat. Aufgabe Interkultureller Erziehung und Bildung ist es, solchen Verständnisproblemen im gemeinsamen Alltag nachzuspüren, sie in ihrer lebensweltlichen, kulturellen Bedingtheit deutlich zu machen, um so Missverständnisse aufzuklären oder ihnen vorzubeugen, und ein Bewusstsein davon zu schaffen, dass jeder ohne eine solche Sensibilität unvermeidlich in seinem eigenen Kulturzentrismus befangen und gefangen bleibt.

Das ist etwas anderes und mehr, als über die andere Kultur zu informieren, wie es häufig von Befürwortern Interkultureller Erziehung gefordert und praktiziert wird, ausgehend von der sozialpsychologisch inspirierten Annahme, dass Misstrauen und Angst gegenüber Angehörigen kultureller Minderheiten durch Unvertrautheit entstehen und durch Kontakt und Information abgebaut werden können. Es hat sich jedoch gezeigt, dass solche Informationen ohne weitere Einordnung leicht zur Verstärkung der bestehenden Vorurteile fuhren können und damit das Gegenteil dessen bewirken, was intendiert wurde.

Die Eingebundenheit in die Denk- und Wertgrundlagen der eigenen Lebenswelt ist notwendig für eine rasche und routinisierte Orientierung in der Welt und für die Aufrechterhaltung einer alltäglichen Handlungsfähigkeit. Der so verstandene Ethnozentrismus ist also unvermeidlich. Eine vollständige Überwindung dieser Eingebundenheit scheint also weder möglich noch sinnvoll zu sein. Ziel Interkultureller Erziehung und Bildung kann also nicht eine völlige Lösung von der kognitiven und emotionalen Eingebundenheit in die eigene Lebenswelt sein; Ziel kann vielmehr nur so etwas wie ein aufgeklärter Ethnozentrismus sein, ein Bewusstsein von der Unvermeidlichkeit dieses Eingebundenseins in die Denk- und Wertgrundlagen der eigenen Lebenswelt sowie davon, dass andere in ihren Lebenswelten in ebensolcher Weise verankert sind. Dies kann dann die Grundlage werden für so etwas wie eine interkulturelle Kompetenz, Fähigkeit, beim Umgang mit anderen diese Verschiedenheiten und Schwierigkeiten in Rechnung zu stellen und sie so zu thematisieren, dass keiner der Beteiligten in seiner Sichtweise der Welt von vornherein als rückständig oder falschdenkend entwertet wird.

Ein solcherart aufgeklärter Ethnozentrismus erlaubt weder die zweifelsfreie Gewissheit, dass die eigenen Positionen unbedingt die richtigen seien, obwohl sie mit den besten Gründen für richtiggehalten werden müssen, noch kann er zu einer unbegrenzt relativistischen Anerkennung aller anderen Positionen führen, und zwar dann nicht, wenn diese Positionen den eigenen Quasi-Heiligkeiten widersprechen, an denen aus den oben erläuterten Gründen festgehalten werden muss. Aufgeklärter Ethnozentrismus ist die, durchaus schwierig zu erreichende und auszuhaltende, Voraussetzung für die im Folgenden dargelegten weiteren Zielsetzungen Interkultureller Erziehung und Bildung.

(2) Umgehen mit der Befremdung

Das Andere, Unbekannte, Fremde an einer anderen Kultur kann im spielerischen, unverbindlichen Umgang interessant sein; dann wirkt es exotisch. Im Alltag verunsichert es jedoch zumeist die eigenen Handlungsgewissheiten, Weltsichten und Wertüberzeugungen, weil es sich auf dieselben Alltagsbereiche richtet wie die eigenen Deutungen und Orientierungen. Dann ist es nicht nur fremd, sondern befremdlich und erzeugt unvermeidlich Irritation und meist Abwehr. Aus diesem Abwehrimpuls entsteht die direkte und indirekte Ablehnung des Andersartigen, wie sie sich hierzulande als „Ausländerfeindlichkeit" und als Rassismus manifestiert.

Dieser emotionalen Reaktion ist nicht durch Information, durch rein kognitives Lernen beizukommen. Hierzu bedarf es eines Lernarrangements, in dem auch die emotionale Beteiligung des Konfrontationserlebnisses sich ausdrücken kann, zur Sprache kommen kann. In diesem Zusammenhang wird oft auf die Wirkungen eines pädagogisch gelenkten Spiels gehofft: Rollenspiel, darstellendes Spiel, Pantomime, nonverbale Ausdrucksformen u.Ä. […]

So ließe sich vorstellen, dass das Gefühl der Befremdung gegenüber den als bedrohlich und als Konkurrenz wahrgenommenen Zuwanderern umgebildet werden könnte in die Neugier auf das andere, das Exotische.

So setzen ja bereits schon viele Versuche einer interkulturellen Verständigung an, indem sie Gelegenheiten zum Kennenlernen schaffen, wovon ein Abbau der Befremdung, der Angst vor dem Unvertrauten erwartet wird. Zugleich werden die attraktiven Seiten der fremdartigen Kultur präsentiert in der Erwartung, dass dies die Abwehr in Faszination verwandeln könne. Das ist der Hintergrund für die Feste in pädagogischen Kontexten, wo die zugewanderten Minoritäten den Einheimischen etwa ihre Art zu kochen und Musik zu machen, präsentieren. Noch fehlen systematische Untersuchungen über die Effekte solcher Arrangements; die unsystematischen Beobachtungen wissen sowohl von Erfolgen zu berichten als auch davon, dass zu solchen Begegnungen ohnehin nur die Zuwandererfreundlichen unter den Einheimischen kommen, deren Befremdung gar nicht mehr abgebaut zu werden braucht.

Abb. 6.5

(3) Grundlegen von Toleranz
Toleranz ist eine Basistugend für das gewaltfreie Zusammenleben in einer pluralistischen Demokratie und darüber hinaus in einer Gesellschaft mit Gedanken- und Religionsfreiheit. Deshalb müsste so etwas wie eine Erziehung zur Toleranz selbstverständlicher Bestandteil einer elementaren politischen Bildung sein. Im Zusammenhang von Interkultureller Erziehung und Bildung wird die Zielsetzung Toleranz jedoch weitaus anspruchsvoller als im üblichen Verständnis. Gefordert ist hier Toleranz gegenüber den in einer anderen Lebenswelt, Kultur Lebenden und Denkenden, selbst wenn Teile dieser Lebenswelt, Kultur den eigenen Orientierungen und Wertüberzeugungen widersprechen. Dies erfordert wesentlich mehr als ein gleichgültiges Akzeptieren der Vielfalt von Lebensformen im Privatbereich. Toleranz beginnt erst dort, wo ein Ausweichen nicht möglich ist, nämlich in der öffentlichen Sphäre, wozu wesentlich auch die Schule zählt. Toleranz ist gefordert, wenn das Geltenlassen anderer Lebensformen und ihrer Wertgrundlagen die eigenen Gewissheiten so infrage stellt, dass starke Abwehrimpulse die Entwertung der anderen Weltorientierungen zur eigenen Entlastung nahelegen. Grenzen dieser Toleranz liegen in den Basisbedingungen für menschliches Zusammenleben in einem staatlich organisierten Sozialverband. Wenn hier von Grundlegung gesprochen wird und nicht von Erziehung zur Toleranz, dann hat das seinen Grund in der Einsicht, dass diese höchst voraussetzungsvolle und komplexe Einstellung mit den Mitteln der Erziehung und der Bildungsarrangements nicht zuverlässig hergestellt werden kann, sondern dass mit diesen Mitteln zu ihrem Aufbau nur einige Grundlagen vermittelt werden können. Dies drückt sich auch in der Literatur zum Thema aus: gedankenreichen Begründungen, warum dieses Ziel so wichtig sei, stehen erstaunlich seltene und dann eher oberflächliche und theoretisch dürftige Unterrichtsvorschläge gegenüber.

(4) Akzeptieren von Ethnizität; Rücksichtnehmen auf die Sprachen der Minoritäten
bezeichnet das Bewusstsein und die Präsentation der Zugehörigkeit zu einer Ethnie. Dass eine solche Zugehörigkeit öffentlich deutlich und unbefangen präsentiert werden darf, ist alles andere als selbstverständlich. Die Erwartung und Zumutung, dass die Angehörigen ethnischer Minderheiten sich möglichst unauffällig anzupassen hätten, überwiegt. Interkulturelle Erziehung und Bildung in dem bisher diskutierten Sinne erfordert jedoch die Akzeptanz von Ethnizität, d. h. der Präsentation vor allem (aber nicht nur) kulturell bedingter Andersartigkeiten durch Angehörige ethnischer Minoritäten. Dies verweist auf die Notwendigkeit der Einübung in einen reflektierten Umgang mit dem Fremdheitserlebnis, das durch die Auseinandersetzung mit der anderen befremdenden Kultur ausgelöst wird und das eigene kulturelle Selbstverständnis infrage stellt: dabei wäre der eigene und unvermeidliche Ethno- oder Soziozentrismus ins Bewusstsein zu heben, um zu einer Haltung eines aufgeklärten Eurozentrismus zu gelangen.
Eine solche Akzeptanz von Ethnizität kann sich auf den verschiedenen Institutionalisierungsebenen von Erziehung und Bildung realisieren: in der verständnisvollen Reaktion auf lebensweltlich, d. h. kulturell bedingte Äußerungsformen, Kleidungsgewohnheiten und -vorschriften oder religiös bestimmte Essensvorschriften im alltäglichen Umgang. [...]
In der Schule gehört hierher die achtbare Behandlung der Familiensprachen der Schüler aus Zuwandererminoritäten von alltäglicher Sichtbarkeit – z. B. mehrsprachige Beschriftungen und Morgengrüße – bis hin zu Angeboten zum Erlernen dieser Sprachen für die Angehörigen der Minoritäten, aber auch die der Majorität [...].

Abb. 6.6

Die hier vorgestellte Zielsetzung einer Akzeptanz von Ethnizität ist jedoch kein einfaches Patentrezept, sondern eine handlungsregulierende Orientierung, die mit viel Umsicht gehandhabt werden muss. Sie muss insbesondere auch die möglichen Gegenreaktionen einer zu forcierten Thematisierung von Unterschieden mitbedenken, wobei die Lösung nicht im einfachen Verschweigen oder Betonen der Gemeinsamkeiten liegen kann, weil diese Unterschiede ja weiterhin unterschwellig oder ausdrücklich in den Alltagsdeutungen der Schüler und Edukanden vorhanden und wirksam sind.
Im Blick auf den Bestand von Gesellschaft und Kultur besteht die Aufgabe von Bildung in der Tradierung dessen, was zu einer gegebenen Zeit Kultur ausmacht, auf die

nachfolgenden Generationen. Seitdem es sehr viel mehr an solchen tradierungsfähigen und überlieferungswürdigen Wissensbeständen gibt, als in begrenzter Lebenszeit erlernt und angeeignet werden können, besteht die Aufgabe von Bildung immer auch wesentlich darin, aus diesen Beständen dasjenige auszuwählen, was gegenwärtig für unbedingt wichtig und tradierenswert gehalten werden kann. Diese Auswahl wird mit der Wichtigkeit für die Heranwachsenden in ihrer künftigen Existenz als Erwachsene begründet, seltener auch einmal für ihre gegenwärtige Lebensform.

Zur Erfüllung dieser Aufgabe müssen sich die professionellen Sachwalter von Bildung jeder historischen Ausprägung von Kultur, jeder Alltagskultur, Lebenswelt und Nationalkultur kritisch prüfend nähern. Bei vielen dieser Selektionen kann auf ein stillschweigendes Einverständnis aller Beteiligten als selbstverständlich gesetzt werden; einiges wenige ist strittig.

Diese kritische Auswahl ist dann auch Aufgabe Interkultureller Bildung im Blick auf die Kulturen der zugewanderten Minoritäten. Es kann hier so wenig wie bei der Majoritätskultur darum gehen, die mitgebrachte Kultur als Ganze zu tradieren, sondern auch hier müssen solche Elemente für den Bildungsprozess ausgewählt werden, die für die künftige Existenz der jetzigen Edukanden als Erwachsene voraussichtlich wichtig und sinnvoll sein können. Das muss für die Zielsetzung Interkultureller Bildung einer jeweils gesonderten Betrachtung für die Betroffenen der Minoritätenkulturen und die Angehörigen der Majoritätskultur unterzogen werden. Möglicherweise ergeben sich dabei jeweils etwas andere Akzentuierungen.

Die Kriterien für die Auswahl im Blick auf das künftige Erwachsenenleben sind hierbei so strittig wie bei den entsprechenden Selektionen im Blick auf die Kultur der Majorität, da dieser Blick in die Zukunft zum einen unvermeidlich mit der Unzuverlässigkeit des darin liegenden prognostischen Moments behaftet ist und zum anderen mit den widerstreitenden Vorstellungen vom guten und besseren Leben, das nur, wenn überhaupt, von den Nachwachsenden in einer noch offenen Zukunft erreicht werden könne. Hinzu kommt der Streit zwischen den Angehörigen der Majoritätskultur und den Vertretern der Minoritätskulturen; denn es ist zu erwarten, dass sich die Perspektiven dieser beiden Gruppen im Blick auf eine wahrscheinliche und angestrebte Zukunft für die Nachwachsenden zum Teil wesentlich unterscheiden. Aber Interkulturelle Bildung muss sich dieser Auseinandersetzung ebenso stellen wie die Pädagogik allgemein dem gesellschaftlichen Streit über die richtige Bildung, in dem auch nicht die berufsmäßigen Pädagogen die Definitionsmacht haben und beanspruchen können. […]

Abb. 6.7

(5) Thematisieren von Rassismus

Da sich gegenwärtig die Feindseligkeit gegen Zuwanderer und ethnische Minderheiten immer stärker als Rassismus äußert, als Feindseligkeit gegenüber Angehörigen von Minderheiten, die sich in körperlichen Merkmalen, vor allem der Hautfarbe, von den Einheimischen unübersehbar unterscheiden, wird es erforderlich, diese im Alltag weit verbreitete Haltung in der pädagogischen Absicht zu thematisieren, das Fragwürdige und Unhaltbare deutlich werden zu lassen. […]

(6) Das Gemeinsame betonen, gegen die Gefahr des Ethnizismus

Bei dem Versuch, die Besonderheiten einer Kultur im Sinne von Lebenswelt zu berücksichtigen und ihnen eine Eigengeltung zu verschaffen, besteht unvermeidlich die Gefahr, dass damit auch eine bereits nicht mehr gelebte Kultur künstlich fixiert oder sogar restauriert werden kann. Kultur kann damit auf Folklore reduziert werden. Das aber liegt nicht in der Intention einer Interkulturellen Erziehung und Bildung, wie sie hier erörtert wird. Dennoch finden sich in der pädagogischen Praxis nicht wenige Beispiele, auch in der schriftlich dokumentierten, in denen gegen die gute Absicht der Initiatoren eben dies geschieht. Ein Hauptfehler dabei ist eine unzulässige Gleichsetzung von Kultur und Nation, etwa als „die türkische Kultur". Wird ein solches Deutungsmuster zur Basis für Bemühungen um eine Beschäftigung mit der Kultur von Zuwanderern genommen, dann geschieht damit den Betroffenen oft in der Weise Unrecht, als eine synthetische Vorstellung von Nationalkultur als für die Lebenswelt der Zuwanderer relevant unterstellt wird. Diese Lebenswelt war jedoch bereits vor der Wanderung nur ein Teil einer solchen Nationalkultur – wenn denn überhaupt so etwas empirisch gehaltvoll identifiziert werden kann – und hat sich im Prozess der Wanderung weiterentwickelt zu so etwas wie einer Migrantenkultur mit je spezifischen Ausprägungen nach Aufenthaltsort und -dauer sowie nach Zukunftsperspektiven, die zwischen konkreter Rückkehrvorstellung und Bleibeabsicht im Sinne eines Selbstkonzepts als Einwanderer changieren können.

Um einer solchen Gefahr zu entgehen, kann versucht werden, das auffindbar Gemeinsame zu betonen, statt nur die Besonderheiten der jeweiligen Zuwandererkulturen im Kontrast zu den Lebenswelten der Einheimischen in den Blick zu rücken. […]

Eine solche Zielsetzung ist nicht einfach zu realisieren. Wo sich Gemeinsamkeiten auffinden lassen (vielleicht die Hilfsbereitschaft gegenüber Verwandten und Freunden), sind sie oft trivial, sodass die pädagogische Affirmation solcher Gemeinsamkeiten peinlich wirken kann. […]

Dennoch ist es geboten, die beiden Ausgangspunkte für Interkulturelle Erziehung und Bildung, die Wahrnehmungen und Erlebnisse von Befremdung und Konkurrenz, so aufzugreifen, dass über das Sichtbarwerden von Gemeinsamkeiten die Relativität dieser Deutungen herausgestellt wird. Damit kann sich die Hoffnung verbinden, dass Befremdung und eine Deutung illegitimer Konkurrenz abgebaut werden können.

Abb. 6.8

(7) Ermuntern zur Solidarität; Berücksichtigen der asymmetrischen Situation zwischen Mehrheit und Minoritäten

Zur Solidarität zu ermuntern, sind die Minoritätsangehörigen untereinander zur Stärkung ihrer Identität und zur Formierung einer politischen Kraft. Aber auch Majoritätsangehörige können sich mit den Minoritäten solidarisieren, da die Minoritäten sich allein aus eigener Kraft kaum einen wirksamen Minderheitenschutz erstreiten können. Dazu kann es nur kommen, wenn wenigstens ein Teil der Majorität bereit ist, den Minoritäten das Recht auf Anderssein einzuräumen, und sie in ihren Bemühungen um rechtlichen und politischen Schutz unterstützt.

Im Bereich des Sozialen Lernens können konkrete Aktionen der Kooperation von Angehörigen der Mehrheit und der Minderheiten zur gemeinsamen Bewältigung von Lebenslagen und Konflikten angeregt werden, etwa durch Beseitigung von ausländerfeindlichen Graffiti.

(8) Einüben in Formen vernünftiger Konfliktbewältigung – Umgehen mit Kulturkonflikt und Kulturrelativismus

Der von engagierten Pädagogen als am schwierigsten bezeichnete Bereich Interkultureller Erziehung ist der Umgang mit Konflikten in Verhaltensorientierungen und Wertüberzeugungen. Für ein und dieselbe Handlungssituation gibt es dabei sich widersprechende Handlungsvorschriften aus den zwei zumeist daran beteiligten Kulturen, der deutschen Majoritätskultur, zu der auch Schule und Lehrer gehören, und der jeweils betroffenen Minoritätskultur des Schülers ausländischer Herkunft.

Wenn etwa ein türkischer Vater seiner Tochter die Teilnahme am Schwimmunterricht verbietet, gerät die Lehrerin unvermeidlich in den Konflikt, einerseits diese Auffassung als aus der Herkunftskultur des Vaters als Erziehungsberechtigtem sehr wohl begründet zu respektieren und andererseits den staatlichen Erziehungsauftrag zu erfüllen, allen Kindern das Schwimmen beizubringen. Die Schülerin selbst mag darüber hinaus noch in den Konflikt zwischen elterlicher Autorität und der Orientierung an den anderen Schülerinnen und Schülern geraten, die für einen solchen Ausschluss in der Regel kein Verständnis aufbringen können und die Betroffene bemitleiden oder aufziehen.

An solchen, im Schulalltag nicht seltenen Konflikten wird deutlich, dass Verfahren erforderlich sind, mit denen begründet entschieden werden kann, welcher Anforderung nachzukommen ist und welche zurückgewiesen werden muss. Die von dem Konflikt Betroffenen müssen dabei nachvollziehen können, von welchen Grundlagen die Entscheidung ausgegangen ist und welche Folgen alternative Wege voraussichtlich haben würden.

In realen Situationen kann man nicht nicht handeln; die Konflikte müssen also durch eine Entscheidung gelöst werden. Die erkenntnistheoretische Position des Kulturrelativismus – alle Kulturen seien als gleichwertig anzusehen – ist in praktischen Situationen nicht durchzuhalten. Zur Lösung kulturbedingter Konflikte sind vernünftige Formen der Beachtung der verschiedenen Sichtweisen und Wertungen zu verwenden, gegebenenfalls neu zu erproben: denn die gängigen Formen sind von den Selbstverständlichkeiten und Heiligkeiten der nordwesteuropäischen Majoritätskultur geprägt und tun damit möglicherweise Angehörigen anderer Kulturen Unrecht. Darin drückt sich eine selbstverständliche und nur schwer infrage zu stellende Dominanz der Orientierungen von Moderne, aber auch von Urbanität und sozialer Mittelschicht gegenüber allen anderen Möglichkeiten von Weltorientierungen aus. Diese Dominanz aber ist mit guten Gründen gegenwärtig kaum zu rechtfertigen.

(9) Aufmerksamwerden auf Möglichkeiten gegenseitiger kultureller Bereicherung

In vielen praktischen Ansätzen Interkultureller Erziehung und Bildung steht der Gedanke im Vordergrund, dass durch die Übernahme von Elementen aus anderen Kulturen die eigene bereichert werden könne und dass dies durch Interkulturelle Erziehung und Bildung angeregt und befördert werden könne und solle. Auch die vielfältigen Bemühungen um die Folklore der zugewanderten Minoritäten sind von diesem Gedanken getragen. […]

Allerdings müssen hier auch die engen Grenzen gesehen werden, die diesem Bemühen dadurch gesetzt sind, dass die zugewanderten Minoritäten überwiegend von der Majorität in ihrer nationalen, gesellschaftlichen und kulturellen Herkunft als rückständig angesehen werden, sodass die Bereitschaft grundsätzlich gering ist, von derart geringgeachteten Kulturen etwas in die eigene Lebensgestaltung zu übernehmen. […]

Schwierig wird es mit einer kulturellen Bereicherung durch Elemente von Zuwandererkulturen, die von den Einheimischen als befremdend und rückständig angesehen werden, wie es gegenwärtig vor allem der türkischen und einigen Kulturen von Flüchtlingen geschieht. Möglicherweise ist die Befremdung und der Kulturkonflikt mit den Zuwanderern und für die Zuwanderer überhaupt auf den Grundkonflikt zwischen moderner und traditionaler Kultur zurückzuführen […].

Selbst engagierte Freunde dieser Minoritäten wissen kaum Überzeugendes auf die Frage zu antworten, was denn sie selbst aus jenen Kulturen in ihren eigenen Lebensstil übernommen haben oder gern übernehmen würden. Das Spektrum der Antworten bezieht sich überwiegend auf kulturübergreifende Momente allgemeinmenschlichen

Umgangs: die Herzlichkeit im Umgang mit Freunden, die Zeit, die man dort noch füreinander habe und dergleichen, was selbstverständlich auch in der eigenen Kultur höchste Wertschätzung genießt, aber faktisch nur ungenügend realisiert werden kann.

Die bisherigen Erfahrungen zeigen, dass Übernahmen von Kulturelementen von den Minderheitenkulturen in den Lebensstil von Angehörigen der Majoritätskultur eher selten sind; die Übernahme- und Bereicherungseffekte sind stark asymmetrisch verteilt. Die Funktionalität, Attraktivität und der Prestigewert der Kultur- und Lebensformen sind offenbar für die Angehörigen von Mehrheit und Minderheiten je unterschiedlich ausgeprägt vorhanden.

(10) Thematisieren der Wir-Identität: Aufheben der Wir-Grenze in globaler Verantwortung oder Affirmation universaler Humanität?

Die Vorstellungen der Menschen über sich selbst werden als Identität bezeichnet. Die gegenwärtige Forschung thematisiert überwiegend die Ich-Identität, also die Vorstellung des Individuums von sich selbst als einmalig und unverwechselbar in der Zeit – personale Identität – und in wechselnden sozialen Situationen – soziale Identität. Neben dieser Ich-Identität gibt es jedoch auch Vorstellungen über die reale oder virtuelle Zugehörigkeit zu Gruppen, und diese Zugehörigkeit ist nicht nur ein äußerlicher Status, sondern Bestandteil der Vorstellungen von sich selbst. Das wird in Anlehnung an eine Begriffsbildung von Erikson als Wir-Identität bezeichnet. Entlang der Grenzen solcher Wir-Identitäten erfolgen auch die Definitionen für andere Menschen als zugehörig – wir – oder als außerhalb dieser Grenze stehend – die. Wie im Vorhergehenden verschiedentlich angesprochen, sind für die Konflikte zwischen Einheimischen und Zuwanderern Wir-Identitäten relevant, die ein- und ausgrenzen und damit Diskriminierungen, Abwehr und Fremdenfeindlichkeit erzeugen können. Nur eine dieser Grenzen ist die der Nationalität – wir Deutsche, Einheimische gegen die Ausländer. Andere, ebenso wirksame Grenzen sind die zwischen Europäern und Nichteuropäern oder (christlichen, aufgeklärten) Europäern und (fundamentalistischen) Muslimen.

Auch Interkulturelle Erziehung und Bildung muss sich der Herausforderung stellen, die in der Ethik der planetaren und gattungsgeschichtlichen Verantwortung formuliert worden ist. Damit stellt sich für Interkulturelle Erziehung und Bildung in dem hier entfalteten Sinne sogar eine besonders zentrale Umakzentuierung ihrer Aufgabe. Bereits im Blick auf die Probleme des Zusammenlebens von Angehörigen verschiedener Lebenswelten und Kulturen innerhalb des Territoriums eines Nationalstaates besteht die Aufgabe Interkultureller Erziehung und Bildung in der produktiven Bearbeitung der beiden Grundtendenzen der Abwehr und Abgrenzung, nämlich der wahrgenommenen Befremdung und Konkurrenz. Durch diese stark emotional eingebundenen Reaktionen wird die jeweilige Wir-Grenze markiert, an der die Solidarität endet und die Ablehnung, Feindseligkeit, mindestens aber die Gleichgültigkeit gegenüber denen, die jenseits dieser Grenze lokalisiert werden, begründet werden können.

Die Ethik der planetaren und gattungsgeschichtlichen Verantwortung gebietet, diese Wir-Grenze neu und anders zu bestimmen. Das Wir dürfen nun nicht mehr Teile der Menschheit sein, sondern es muss alle Menschen einschließen und auch die noch nicht Geborenen zu berücksichtigen suchen. Daraus ergibt sich die Aufgabe, die Bearbeitung von Befremdung und Konkurrenz auf alle Menschen und Lebenswelten auszudehnen, über die bisher stillschweigend unterstellte Grenze eines Territorialstaates hinweg. Interkulturelle Erziehung und Bildung muss also auf eine globale Verantwortung für alle hinarbeiten und darf sich nicht auf ein vernünftiges Zusammenleben in Kleinräumen, in der Stadt, in der Nachbarschaft, in der Schule etc. beschränken. [...]

Werden diese Ziele den geläufigen Lerndimensionen kognitiv, affektiv und handlungsbezogen (in älterer Terminologie: konativ) zugeordnet, ergibt sich folgende Matrix:

Zieldimension	begegnungsorientiert	konfliktorientiert
kognitiv	(3) Grundlegen von Toleranz	(1) Erkennen des eigenen, unvermeidlichen Ethnozentrismus (5) Thematisieren von Rassismus (10) Thematisieren der Wir-Identität
affektiv	(4) Akzeptieren von Ethnizität	
handlungsbezogen	(6) das Gemeinsame betonen und in gemeinsamen Aktionen realisieren	(2) Umgehen mit der Befremdung
	(7) Ermuntern zur Solidarität	(8) Einüben in Formen vernünftiger Konfliktbewältigung – Umgang mit Kulturkonflikt und Kulturrelativismus
	(9) Aufmerksamwerden auf Möglichkeiten gegenseitiger kultureller Bereicherung	

Abb. 6.9

Aufgaben

Arbeiten Sie die zehn Ziele Satz für Satz durch und klären Sie alle Verständnisprobleme. Beachten Sie u.a. Folgendes:

1. Ziel 1: Was versteht Nieke unter „aufgeklärtem Ethnozentrismus"? Geben Sie passende, selbst gewählte Beispiele. Erörtern Sie dieses Ziel.
2. Ziel 2: „Das Fremde", schreibt Nieke, „kann Neugier und Abwehr erzeugen". Erläutern Sie diese These mit Bezug auf den Text und auf selbst gewählte Beispiele.
3. Ziel 3: Klären Sie mit Bezug zum Text den Begriff der „Toleranz". „Toleranz beginnt erst dort, wo ein Ausweichen nicht möglich ist ..." Erläutern Sie diesen Satz. Erläutern Sie, inwiefern es nach Nieke Grenzen der Toleranz gibt. Erörtern Sie seine Positionen zur Toleranz.
4. Ziel 4: Erklären Sie, was Nieke mit „Akzeptanz von Ethnizität" meint und arbeiten Sie die Konfliktfelder heraus, die er nennt bzw. andeutet. Erörtern Sie seine Lösungsvorschläge. Sehen Sie Grenzen der „Akzeptanz von Ethnizität"?
5. Ziel 5: Klären Sie den Begriff „Rassismus", indem Sie in Fachlexika und in der Fachliteratur recherchieren. Informieren Sie sich über Initiativen gegen Rassismus. Beachten Sie dabei vor allem Ihr näheres soziales Umfeld.
6. Ziel 6: Das Ziel, das Gemeinsame zwischen Menschen unterschiedlicher ethnischer und kultureller Herkunft zu betonen, ist, so Nieke, nicht einfach zu realisieren. Erläutern Sie diese Behauptung. Erörtern Sie Leistungen und Grenzen dieses Ziels.
7. Ziel 7: Suchen Sie Beispiele – wenn möglich, aus Ihrem sozialen Umfeld – für das „Ermuntern zur Solidarität". Was ist gemeint mit „asymmetrischer Situation zwischen Mehrheit und Minoritäten"?
8. Ziel 8: Was ist mit „Selbstverständlichkeiten und Heiligkeiten der nordwesteuropäischen Majoritätskultur" gemeint? Welche Rolle spielen sie nach Nieke bei der Konfliktbearbeitung? Welche „neuen Formen" sind vorstellbar? Erörtern Sie Niekes Positionen und beachten Sie dabei vor allem die letzten Sätze.
9. Ziel 9: Suchen Sie Beispiele für die gegenseitige kulturelle Bereicherung. Erklären Sie den Satz: „Möglicherweise ist die Befremdung und der Kulturkonflikt mit den Zuwanderern und für die Zuwanderer überhaupt auf den Grundkonflikt zwischen moderner und traditionaler Kultur zurückzuführen." Erörtern Sie diese Vermutung.
10. Ziel 10: „Auch Interkulturelle Erziehung und Bildung muss sich der Herausforderung stellen, die in der Ethik der planetaren und gattungsgeschichtlichen Verantwortung formuliert worden ist." Erklären Sie diesen Satz und konkretisieren Sie ihn durch selbst gefundene Beispiele.
11. Tragen Sie Ihre Erkenntnisse zu den zehn Zielen zusammen und sichern Sie sie, indem Sie mithilfe der Tabelle eine für Sie selbst brauchbare Visualisierung erarbeiten.

Die zweite Position der „interkulturellen" Pädagogik, die auf die von Welsch u.a. beschriebenen Veränderungen konstruktiv reagiert, stammt von Jürgen Rekus und Volker Ladenthin. Sie kennen bereits zahlreiche Texte von beiden Autoren. Zum besseren Verständnis dieses Ansatzes können Sie auf diese Texte zurückgreifen.

M5 Transkulturelle Bildung (Jürgen Rekus/Volker Ladenthin)

Jede Bildung setzt Kultur voraus. Menschliche Existenz ist an diese Kultur gebunden und nicht von ihr ablösbar. Der Mensch wird stets in eine bestimmte Kultur hineingeboren, deren Werte er zunächst verinnerlicht. Damit gewinnt er als Individuum eine Identität als Gruppen- und Gesellschaftsmitglied, die ihm Sicherheit und Geborgenheit, Schutz und Heimat bieten. Die übernommenen Kulturwerte bieten Orientierungen für das individuelle Handeln im alltäglichen Leben, sie bieten einen sichernden und schützenden Handlungsrahmen für das Individuum. Ohne Kultur könnte menschliches Leben und Zusammenleben nicht gelingen, sie ist seine „zweite Natur".
Deshalb gehört es zur pädagogischen Aufgabe, junge Menschen an die Manifestationen der kulturellen Umgebung heranzuführen. Dies geschieht in der Familie, in der Schule und in prägenden Gruppierungen. Hier findet eine Begegnung mit den herrschenden Werten und Normen, Sitten und Konventionen, Kulturgütern und -werten statt, wie sie sich im Leben, in der Wissenschaft und in der Kunst ausgeprägt haben.
Das ist aber nur der eine Teil der Bildungsaufgabe, und zwar derjenige Teil, der auf die existenzielle Sicherung des Menschen zielt. Ich bezeichne das als den *konventionellen Aspekt der Bildungsaufgabe*, der für das individuelle wie für das gemeinschaftliche Leben eine lebensnotwendige Sicherungsfunktion hat.
Zur Bildung des Menschen gehört aber ein weiterreichender Ansatz, will sie mehr sein als bloß eine kultursichernde, affirmative Veranstaltung. Nimmt man das Selbstbestimmungsrecht und die Selbstbestimmungsnotwendigkeit des Menschen ernst, dann muss das sich bildende Individuum die Geltungsansprüche der in affirmativer Absicht an es herangetragenen Kulturwerte und -normen selber prüfen und beurteilen. Bildung ist – so gesehen – ein Aufgabenverhältnis zur Kultur (vgl. Ruhloff 1985, S. 433). Auf diese Weise werden Kulturansprüche im Bildungsprozess nicht einfach tradiert, sondern zur Disposition gestellt. Dadurch wird ihre begründete Akzeptanz ebenso ermöglicht wie ihre Veränderung entsprechend der eigenen Wertsetzun-

gen. Nicht die Kulturen wandeln sich im Laufe der Geschichte, sondern der Mensch wandelt die vorgefundenen Kulturen durch eigene Wertsetzungen und entschiedene Handlungen.

Dieser normkritische Aspekt der Bildungsaufgabe ist identisch für alle Menschen in allen Kulturen. Kein Mensch, gleich in welcher Kultur er aufwächst und lebt, kann sich dieser Aufgabe entziehen. Ihm bleibt keine andere Wahl, als den Phänomenen seiner Lebenswelt eine Bedeutung beizumessen und diese Wertungen in seinem Handeln maßgeblich werden zu lassen. Deshalb bezeichne ich diese Aufgabe als den *universellen Aspekt der Bildungsaufgabe*. Sie ist eine kulturbezogene, aber nicht kulturbestimmte Wertungsaufgabe.

Beide Aspekte, der *konventionelle* und der *universelle*, sind aufeinander verwiesen. Bildung ist nur im Durchgang durch die Anfangskultur zu leisten, ohne jedoch von dieser bestimmt zu sein. Bildung ist deshalb immer ein *transkultureller Prozess*.

Im Kern geht es bei diesem transkulturellen Bildungsprozess darum, die eigene Werturteilsfähigkeit auszudifferenzieren. Man kann auch sagen, es geht um das selbstständige kulturbezogene und kulturschaffende Werten-Lernen. Diese Aufgabe des Werten-Lernens ist in offenen, pluralen Gesellschaften besonders gefordert. Denn es gehört zu den Merkmalen des Pluralismus, dass individuelle Handlungsentscheidungen kaum noch durch sittliche Maßgaben präformiert bzw. restringiert werden. Einschränkende Normen, Sitten, Konventionen und verbindliche Handlungsmuster sind auf ein Mindestmaß geschrumpft, wenn nicht sogar gänzlich geschwunden. Jeder ist selbst gefordert, über die Moralität seines Handelns zu entscheiden. Selbst die Wissenschaften geben keine moralischen Letztauskünfte mehr, da sie in ihrer szientifischen Form keine sittlichen Antworten bereithalten. Im dominanten empirischen Wissenschaftsverständnis liefert Wissenschaft nur noch Daten, aus denen man diese oder jene Handlungsschlüsse ziehen kann. Wissenschaft beschreibt heute allenfalls, was man alles tun *kann*, aber nicht mehr, was man tun oder lassen *soll*. Das obliegt der Wertentscheidung jedes Individuums. Bildung meint heute das Vermögen, in den wechselnden und unvorhersehbaren Situationen des sich stets wandelnden kulturellen Lebens richtige und gute Handlungsentscheidungen treffen zu können.

Aufgaben

1. Arbeiten Sie heraus, was die Autoren unter dem „konventionellen" und dem „universellen" Aspekt der Bildungsaufgabe verstehen.
2. Inwiefern ist „Bildung […] immer ein transkultureller Prozess"? Erläutern Sie in diesem Zusammenhang auch den letzten Satz.
3. Stellen Sie Bezüge zu den Positionen her, die die Autoren in anderen Texten formulieren, die Ihnen aus Perspektive Pädagogik bekannt sind.

Seit Mitte 2015 sind in Deutschland Hunderttausende von Flüchtlingen angekommen. Es ist nicht abzusehen, ob und in welchem Umfang diese Einwanderung weitergeht. Dies hat zu heftigen öffentlichen Kontroversen geführt. Ein Thema, das dabei immer wieder für Aufsehen sorgt, ist das Werte-Lernen: Flüchtlinge, so die Forderung, sollen möglichst schnell „unsere" Werte, Normen und Regeln lernen. Online finden Sie dazu einige Beiträge aus den Medien sowie einen Projektvorschlag (vgl. PP-Code f7cy72).

M6 Selbstbestimmung und Geltungsansprüche (Volker Ladenthin)

Da weder Natur noch Geschichte den Menschen in seiner Entwicklung determinieren, kommt jedem Einzelnen die Aufgabe zu, sich durch den Erwerb von Wissen und Haltung zu dem zu machen, der er sein will. Die Unbestimmtheit des einzelnen Menschen ebenso wie die der Gattung Mensch ermöglicht dem Menschen diese Selbstbestimmung sowohl individuell als auch gesellschaftlich. Aber sie nötigt ihnen zugleich die Frage auf, nach welchen Regeln die individuelle und die gesellschaftliche Selbstbestimmung erfolgen soll. Der Erwerb der Fähigkeiten und die Entschlossenheit zur individuellen und sozialen Selbstbestimmung wird gemeinhin Bildung genannt.

Selbstbestimmung und die Frage nach Geltung sind untrennbar verbunden. Eine Selbstbestimmung ohne die Verpflichtung, gültige Selbstverpflichtung zu sein, brauchte erst gar nicht zu erfolgen. Wenn alles gleich gültig ist, ist jeder Bildungsprozess unnötig. Man kann so bleiben, wie man ist. Geltungsbindung ohne Selbstbestimmung dagegen wäre „zivilisatorische Integration", kurz: Indoktrination. Die Fähigkeit zur Selbstbestimmung kann nicht fremdbestimmt erworben werden. Zugleich entwickelt sie sich nicht naturwüchsig, sondern erst in einem kulturellen Milieu. […]

Wenn im pädagogischen Prozess Freiheit zwar an Geltung, Geltung aber immer zugleich an Freiheit gebunden ist, sind all jene Vorstellungen und Ansprüche zurückzuweisen, die ihre Erfolge auf Zwang oder Verweis auf naturwissenschaftlich ermittelte Gesetzmäßigkeiten gesichert sehen und nachweisbar gemacht haben wollen. Damit verzichtet der Lehrer nicht auf den ihn überhaupt erst notwendig machenden Geltungsanspruch; damit ist nicht einem schlechten Unterricht, der sich um sachliche Richtigkeit, nicht aber um Anerkennung dieser Richtigkeit durch die Schüler bemüht, die Legitimation gegeben. Im Gegenteil. Der Anspruch auf sittliche und sachliche Geltung ist ja gerade die Legitimation pädagogischen Handelns. Nur wird Geltung weder durch körperliche Zwangsmaßnahmen noch naturwissenschaftlich zu beschreibende Wirkung erzeugt, sondern ausschließlich durch sprachlich sich artikulierende Vernunft. Wahrheit und Sittlichkeit können gar nicht anders als durch sprachliche Vernunft artikuliert werden. Andernfalls würden diese Begriffe ihre spezifische Bedeutung verlieren. Wahrheit ist eben nicht Übernahme von Tradition, weil sie nun einmal da ist, „zivilisatorische Integration" also, sondern der immer wieder neu und subjektiv zu vollziehende Erkenntnisakt; Sittlichkeit ist eben nicht normgerechtes Verhalten, sondern die Bestimmung von vernünftigen Normen in konkreten Handlungssituationen. Folglich ist Unterricht eben nicht das Auswendiglernen von „Wissen" (Traditionen), sondern die vernunftmäßige Erkenntnis unterschiedlicher Zugangsweisen zur Welt. Folglich ist Erziehung eben nicht Disziplinierung, sondern die Befähigung zu Sittlichkeit, so dass der Schüler ggf. sich selbst disziplinieren und sich selbst Normen geben kann.

Aufgaben

1. Was versteht der Autor unter „Geltungsansprüchen"? Erläutern Sie sein Verständnis dieses Begriffs mithilfe selbst gewählter Beispiele.
2. „Selbstbestimmung und die Frage nach Geltung sind untrennbar verbunden." Erklären Sie diese These.
3. Stellen Sie Bezüge zum Text über „transkulturelle Bildung" und zu anderen Ihnen bekannten Texten des Autors her. Erklären Sie „transkulturelle Bildung" im Hinblick auf „Geltungsansprüche".
4. Entwickeln Sie Formen und Verfahren, die geeignet sind, zu „transkultureller Bildung" aufzufordern.
5. Erörtern Sie Leistung und Grenzen dieses Ansatzes.

Kompetenzcheck

Hier finden Sie eine Übersicht über die Kompetenzen, die Sie vor allem in den Kapiteln 5 und 6 erwerben konnten. Versuchen Sie, selbst einzuschätzen, wie gut Sie sie beherrschen.

Sachkompetenz

Ich …	… sicher	… noch nicht sicher genug	Hier kann ich nachschlagen:
… erkläre die Unterschiede zwischen nicht-professionellem und professionellem pädagogischen Handeln im Hinblick auf Schule.			
… beschreibe den Wandel in den Anforderungen an Schule.			
… beschreibe die Funktionen von Schule nach Fend.			
… stelle Maßnahmen der Schulentwicklung und Qualitätssicherung im Anschluss an die internationale Vergleichsstudie PISA dar.			
… beschreibe das pädagogische Berufsfeld der Schule.			
… stelle die Entwicklung von der Ausländerpädagogik zur Interkulturellen Bildung dar.			
… stelle das Konzept der Interkulturellen Bildung von Wolfgang Nieke dar.			
… erläutere den Zusammenhang von Identität und Bildung im Hinblick auf Interkulturalität.			
… beschreibe Konzepte zur Förderung von mündiger und sozial verantworteter Identität im Kontext von Interkulturalität.			

Urteilskompetenz

Ich …	… sicher	… noch nicht sicher genug	Hier kann ich nachschlagen:
… bewerte aktuelle und für die nähere Zukunft prognostizierbare Veränderungen auf dem Markt pädagogischer Institutionen.			
… beurteile, inwiefern die verschiedenen Funktionen von Schule (nach Fend) miteinander vereinbar sind.			
… beurteile Maßnahmen der Schulentwicklung und Qualitätssicherung nach PISA.			
… beurteile das Konzept der Interkulturellen Bildung von Wolfgang Nieke.			
… erörtere Wolfgang Niekes Vorstellungen zur Identitätsentwicklung.			
… beurteile mögliche Gefährdungen von Menschen im Hinblick auf die Identitätsentwicklung in multikulturellen Gesellschaften.			
… bewerte Maßnahmen zur Förderung von mündiger und sozial verantworteter Identität im Kontext von Intekulturalität.			
… beurteile Möglichkeiten und Grenzen der Wahrnehmung eigener Interessen bei der persönlichen Lebensgestaltung im Kontext von Interkulturalität.			

Methodenkompetenz

Ich …	… sicher	… noch nicht sicher genug	Hier kann ich nachschlagen:
… beschreibe komplexe Situationen aus pädagogischer Perspektive unter Verwendung der Fachsprache.			
… ermittle pädagogisch relevante Informationen aus Fachliteratur, aus fachlichen Darstellungen in Nachschlagewerken oder im Internet.			
… ermittle aus pädagogischen Texten zur politischen Erziehung Positionen.			
… ermittle aus pädagogisch relevanten Texten zur Schule und zur interkulturellen Bildung explizit oder implizit verfolgte Interessen und Zielsetzungen.			
… analysiere Texte mit Hilfe hermeneutischer Methoden der Erkenntnisgewinnung.			
… werte mit empirischen Methoden gewonnenes Datenmaterial aus.			
… stelle Arbeitsergebnisse in geeigneter Präsentationstechnik dar.			
… wende Verfahren der Selbstevaluation/-reflexion im Hinblick auf meine eigene pädagogische Erkenntnisgewinnung und Urteilsfindung an.			

Handlungskompetenz

Ich …	… sicher	… noch nicht sicher genug	Hier kann ich nachschlagen:
… entwickle und erprobe Handlungsoptionen auf der Grundlage von Niekes Konzept der interkulturellen Bildung.			
… vertrete pädagogische Handlungsoptionen argumentativ.			
… entwickle schulische Handlungsoptionen auf der Grundlage aktueller Herausforderungen wie			
a) den Ergebnissen der PISA-Studie,			
b) den Herausforderungen der Migration,			
c) von Jugendgewalt, die Sie in Heft 4 kennengelernt haben.			

Stichwortverzeichnis

Übersicht über die Operatoren

Operator	Definition	AFB*-Bandbreite
• analysieren	Sachverhalte und Zusammenhänge in ihren Einzelaspekten nach vorgegebenen oder selbst gewählten Kriterien darstellen	II
• belegen	Behauptungen durch Materialbezug (z. B. Textstellen) oder bekannte Sachverhalte fundieren	II-III
• beschreiben	die Merkmale eines Bildes oder anderen Materials mit Worten in Einzelheiten schildern	I
• beurteilen	zu Aussagen oder Sachverhalten sich begründet positionieren (Sach- bzw. Werturteil)	III
• bewerten	zu Aussagen oder Sachverhalten sich begründet positionieren (Sach- bzw. Werturteil)	III
• darstellen	den Gedankengang oder die Hauptaussage eines Textes oder eines anderen Materials mit eigenen Worten darlegen ggf. unter Berücksichtigung der Textsorte	I
• einordnen	einen bekannten oder erkannten Sachverhalt in einen neuen oder anderen Zusammenhang stellen oder die Position eines Verfassers bezüglich einer bestimmten Denkrichtung etc. unter Verweis auf Textstellen und in Verbindung mit Vorwissen bestimmen	II
• entwerfen	sich kreativ (z. B. fiktives Gespräch oder Visualisierung) mit einer Fragestellung auseinandersetzen	III
• erklären	einen Sachverhalt, eine These etc. ggf. mit zusätzlichen Informationen und Beispielen nachvollziehbar veranschaulichen	II
• erläutern	einen Sachverhalt, eine These etc. ggf. mit zusätzlichen Informationen und Beispielen nachvollziehbar veranschaulichen	II
• erörtern	zu einer vorgegebenen Problemstellung eine reflektierte, kontroverse Auseinandersetzung führen und zu einer abschließenden, begründeten Bewertung gelangen	III
• formulieren	den Gedankengang oder die Hauptaussage eines Textes oder eines anderen Materials mit eigenen Worten darlegen ggf. unter Berücksichtigung der Textsorte	I
• gestalten	sich kreativ (z. B. fiktives Gespräch oder Visualisierung) mit einer Fragestellung auseinandersetzen	III
• Handlungsoptionen entwickeln	begründete Handlungskonsequenzen zu einer Fallstudie entwerfen	III
• herausarbeiten	aus einem wenig komplexen/komplexeren Text bzw. Material (z. B. einer Statistik) die Aussagen zu einem Sachverhalt oder einer Position ermitteln und darstellen	I-II
• in Beziehung setzen	nach vorgegebenen oder selbst gewählten Gesichtspunkten Gemeinsamkeiten, Ähnlichkeiten und/oder Unterschiede ermitteln und darstellen	II
• interpretieren	einen Text oder ein anderes Material (Bild, Karikatur, Tondokument, Film, Statistik etc.) sachgemäß analysieren und auf der Basis methodisch reflektierten Deutens zu einer schlüssigen Gesamtauslegung gelangen	III
• Konsequenzen ziehen	aus einer Position Schlussfolgerungen ziehen	III
• nachweisen	Behauptungen durch Materialbezug (z. B. Textstellen) oder bekannte Sachverhalte fundieren	II
• nennen	ausgewählte Elemente, Aspekte, Merkmale, Begriffe, Personen etc. darlegen	I
• prüfen	eine Meinung, Aussage, These, Hypothese, Argumentation nachvollziehen, kritisch hinterfragen und auf der Grundlage erworbener Fachkenntnisse begründet beurteilen	III
• sich auseinandersetzen mit	ein begründetes, abgewogenes eigenes Urteil zu einer Position oder Theorie entwickeln	III
• skizzieren	einen Sachverhalt oder Gedankengang in seinen Grundzügen ausdrücken	I

* Anforderungsbereich

Operator	Definition	AFB*-Bandbreite
• Stellung nehmen	zu Aussagen oder Sachverhalten sich begründet positionieren (Sach- bzw. Werturteil)	III
• Stellung nehmen aus der Sicht von	eine neue oder andere Argumentation oder Theorie aus der Sicht einer bekannten kritisieren oder in Frage stellen und sich begründet positionieren	III
• vergleichen	nach vorgegebenen oder selbst gewählten Gesichtspunkten Gemeinsamkeiten, Ähnlichkeiten und/oder Unterschiede ermitteln und darstellen	II
• zuordnen	einen bekannten oder erkannten Sachverhalt in einen neuen oder anderen Zusammenhang stellen oder die Position eines Verfassers bezüglich einer bestimmten Denkrichtung etc. unter Verweis auf Textstellen und in Verbindung mit Vorwissen bestimmen	II
• zusammenfassen	die Kernaussagen eines Textes oder anderen Materials strukturiert und komprimiert darlegen	I

* Anforderungsbereich

Quellenverzeichnisse

Textquellennachweis

4 Maschmann, Melita: Mein Eintritt in die Hitler-Jugend. In: Maschmann, Melita: Fazit. Kein Rechtfertigungsversuch. DVA: Stuttgart, 1963, S.16ff.; **6** Gutsch, Jochen-Martin: Zerbröselndes Vaterland. In: Der Spiegel. Geschichte. Heft 3/2015. Die DDR. Leben im sozialistischen Deutschland. DER SPIEGEL, S. 130-131; **8** Gallander, Sebastian: Jugendliche verkommen zu politischen Analphabeten. http://www.cicero.de/salon/politische-bildung-jugendliche-verkommen-zu-politischen-analphabeten/59054#comments, RINGIER PUBL, letzter Zugriff: 27. März 2015; **11** Krüger, Heinz-Hermann: Der Prozess des hermeneutischen Verstehens. In: Krüger, Heinz-Hermann: Einführung in Theorien und Methoden der Erziehungswissenschaft. Budrich: Leverkusen, 1997; **13** Hitlers Erziehungsgrundsätze in „Mein Kampf". In: Hitler, Adolf: Mein Kampf. Zitiert nach: Gamm, Hans-Jochen: Führung und Verführung. Pädagogik des Nationalsozialismus. 3. Aufl., Paul List Verlag: München, 1990, S. 451ff.; **14** Rede Hitlers in Reichenberg am 2.12.1938. In: Horn, Klaus-Peter/Link, Jörg-W.: Erziehungsverhältnisse im Nationalsozialismus. Klinkhardt: Bad Heilbrunn, 2011; **14** Sturm, Karl Friedrich: Der Staat als Erzieher. In: Sturm, Karl F.: Deutsche Erziehung im Werden -Von der pädagogischen Reformbewegung zur völkischen und politischen Erziehung. 4. Aufl., A. W. Zickfeldt Verlag: Osterwieck-Harz, 1938, S. 93; **14** Sturm, Karl Friedrich (1934): Erziehung für das Dritte Reich. In: Gamm, Hans-Jochen: Führung und Verführung. Pädagogik des Nationalsozialismus. 3. Aufl., Paul List Verlag: München, 1990, S. 94-97; **18** Scholtz, Harald: Phasen der Machergreifung im Erziehungssektor. In: Scholtz, Harald: Erziehung und Unterricht unterm Hakenkreuz. Vandenhoeck & Ruprecht, VARU, Göttingen, 2009, S. 44-49; **19** Volk und Führer. Deutsche Geschichte für Schulen. Klasse 8. Der Weg zum Großdeutschen Reich. In: Klagges, Dietrich (Hg.)(1943): Volk und Führer. Deutsche Geschichte für Schulen. Ausgabe für Oberschulen und Gymnasien in Verbindung mit Oberstudiendirektor Franke Dr., Walter. Klasse 8. Der Weg zum Großdeutschen Reich. Bearbeitet von Malthan Dr., Paul. 2. Aufl., Moritz Diesterweg: Frankfurt a.M.; **20** Berwersdorff/Sturkann: Rechenbuch für Knaben und Mädchen - Mittelschulen sowie Anstalten mit verwandten Zielen. Heft 4/5. S. 106f., 111. In: Focke, Harald/Reimer, Uwe (1979): Alltag unterm Hakenkreuz. Wie die Nazis das Leben der Deutschen veränderten. Rowohlt: Reinbek bei Hamburg; **21** Rede des Reichsjugendführers Baldur von Schirach am 12.5.1935 über „Wesen und Aufgabe der Hitler-Jugend". In: Meier-Benneckenstein, Paul: Dokumente der deutschen Politik, Bd. 3. Junker und Dünnhaupt, Berlin, 1938, S. 262-273; **22** von Schirach, Baldur: Für uns ist Gefühl mehr als Verstand. In: von Schirach, Baldur: Die Hitlerjugend - Idee und Gestalte. Zeitgeschichte Verlag: Berlin, 1934; **23** Aufnahmefeier in den Jungmädelbund, Oktober 1936. Ausschnitt aus der Rheinischen Landeszeitung, 5.10.1936. In: Miller-Kipp, Gisela (Hrsg.): „Auch du gehörst dem Führer". Die Geschichte des Bundes Deutscher Mädel (BDM) in Quellen und Dokumenten, Juventa: Weinheim, München, 2001 S. 126f., 131f.; **23** Gliederung und Aufbau der Hitlerjugend: http://de.wikipedia.org/wiki/Datei:Hitler-Jugend_Gliederung.jpg, letzter Zugriff: 30.06.2016. In: Jungvolk-Jahrbuch 1940, Reichjugendführung (Hrsg.); **23** Hand- und Werkarbeit im BDM, 1934 Reichsjugendführung (Hrsg.): Mädel im Dienst. Ein Handbuch. Voggenreiter: Potsdam, 1934; **24** Körpererziehung im BDM. In: Reichsjugend-Pressedienst („Das deutsche Mädel"), Nr. 7/1934, 8.3.1934; **25** Maschmann, Melita: Im Lager. In: Maschmann, Melita: Fazit. Kein Rechtfertigungsversuch. DVA: Stuttgart, 1963, S. 37-41; **26** Rundschreiben des Reichsleiters Bormann vom 27.9. 1940. In: Dabel, Gerhard im Auftrag der Dokumentations-Arbeitsgemeinschaft KLV e.V.: KLV- Die erweiterte Kinder-Land-Verschickung KLV-Lager 1940-1945, Verlag Karl Schillinger: Freiburg, 1981, S.7, 12; **28** Tagesablauf im deutschen Arbeitsdienst. Nach: Schinnerer, F.: Unser Arbeitsgau 28 (Franken). Ein Handbuch für seine Führer, Arbeitsmänner und Freunde. Nürnberg, 1935, S. 255-266; **29** Baeumler, Alfred: Erziehung im Lager. In: Baeumler, Alfred: Bildung und Gemeinschaft. PHILO HAMBURG, 1942; **29** Scholtz, Harald: Formationserziehung im Nationalsozialismus. In: Scholtz, Harald: Erziehung und Unterricht unterm Hakenkreuz. VARU, Göttingen, 2008, 75f.; **32** Bernhard, Armin: Prinzipien der Erziehung im Nationalsozialismus. In: Bernhard, Armin: Pädagogisches Denken. ; PAEDAGOG: Baltmannsweiler, 2015; **34** Bisky, Jens: Dogmas Anstalt. In: Bisky, Jens: Geboren am 13. August. Der Sozialismus und ich. Rowohlt: Berlin, 2004, S. 205-210; **36** Interview mit der Staatsbürgerkundelehrerin Frau M.. In: Grammes, Tilman/Schluß, Henning/Vogler, Hans-Joachim: Staatsbürgerkunde in der DDR. Ein Dokumentenband. Springer Fachmedien: Wiesbaden, 2006, 209-211; **38** Einheitliches sozialistisches Bildungssystem (Pädagogisches Wörterbuch. DDR). In: Laabs, Hans-Joachim u.a. (Hg.): Pädagogisches Wörterbuch. Volk& Wissen: Berlin, 1987, S. 90-91; **39** Strukturschema der POS. https://prezi.com/ahamxef69o03/copy-of-jugend-schule-erziehung-in-der-ddr/, letzter Zugriff: 30.06.2016; **40** Stundentafel der POS. http://www.radebeuler-klassentreffen.de/cxx/images/content/portal/Stundentafel_POS_1971.jpg, letzter Zugriff: 30.06.2016; **40** Heinz-Elmar Tenorth: Wirkungen und Nebenwirkungen des Bildungssystems in der DDR. In: Baumert, Jürgen/Goetz-Weimer, Christiane (Hrsg.): Einfallsreichtum. 60 Jahre Lernen und Forschen in der Bundesrepublik Deutschland. Goetz, Potsdam, 2009, S. 171-177; **42** Staatsbürgerkundeunterricht (Pädagogisches Wörterbuch. DDR). In: Laabs, Hans Joachim u.a. (Hrsg.): Pädagogisches Wörterbuch. Volk & Wissen, Berlin, 1987, S. 361-362; **43** Lehrplan Staatsbürgerkunde, Klasse 8 - Stoffübersicht. https://sascha313.files.wordpress.com/2015/08/stundentafel.jpeg, letzter Zugriff: 30.06.2016; **44** Interne Einschätzung der Lage des Faches Staatsbürgerkunde (Arbeitsgruppe der APW). In: Grammes, Tilman/Schluß, Henning/Vogler, Hans-Joachim: Staatsbürgerkunde in der DDR. Ein Dokumentenband. Springer Fachmedien Wiesbaden, 2006, S. 400-408; **46** Sander, Wolfgang: Staatsbürgerkunde als Kernfach politischer Bildung in der DDR. In: Sander, Wolfgang: Politik in der Schule. Kleine Geschichte der politischen Bildung in Deutschland. SP Schüren, Marburg, 2013, S. 100-104; **49** oben Indoktrination und Manipulation (Lexikonartikel). Indoktrination: In: Tenorth, Heinz-Elmar/Tippelt, Rudolf (Hrsg.): Beltz Lexikon Pädagogik. Beltz, Weinheim, Basel, 2012; Manipulation: In: Pädagogik-Lexikon. Hrsg. v. Gerd Reinhold, Guido Pollak, Helmut Heim. Cornelsen Berlin, 1999, S. 334-335; **49** Schluß, Henning: Indoktrination und Fachunterricht. In: ders.: Indoktrination und Fachunterricht – Begriffsbestimmung anhand eines Exempels. In: ders. (Hrsg.): Indoktrination und Erziehung. Aspekte der Rückseite der Erziehung. Springer Fachmedien, Wiesbaden, 2007, S. 69, 70-73, 75; **50** Nezel, Ivo: „Kunstgriffe" der Manipulation im Unterricht. In: ders.: Allgemeine Didaktik der Erwachsenenbildung. Haupt, Bern, 1992, 280-281; **51** Beutelsbacher Konsens. http://www.bpb.de/die-bpb/51310/beutelsbacher-konsens, letzter Zugriff: 30.06.2016; **52** Schreiner, Günter: Moralische Problemsituationen. Schreiner, Günter: Die Entwicklung moralischer Handlungsfähigkeit. In: Fittkau, Bernd (Hrsg.): Pädagogisch-psychologische Hilfen für Erziehung, Unterricht und Beratung. Bd.2, Westermann, Braunschweig, 1983, S. 402-460, 428-431; **53** Oser, Fritz /Althof, Wolfgang: Die Grundannahmen Kohlbergs. In: Oser, Fritz / Althof, Wolfgang: Moralische Selbstbestimmung. Modelle der Entwicklung und Erziehung im Wertebereich. Klett Cotta, Stuttgart, 1992, S. 43-46; **54** Oser, Fritz/Althof, Wolfgang: Das Messen des moralischen Urteils. In: Oser, Fritz/Althof, Wolfgang: Moralische Selbstbestimmung. Modelle der Entwicklung und Erziehung im Wertebereich. Klett Cotta, Stuttgart, 1992, S. 171-173; 55 Kohlberg, Lawrence: Moralstufen und Moralerwerb. In: Edelstein, Wolfgang/Oser, Fritz/Schuster, Peter (Hrsg.): Moralische Erziehung in der Schule. Klinkhardt, Weinheim, Basel, 2001, S. 35-43; **59** Dötsch, Regina/Gieren, Monika/Maier, Marie-Louise: Compassion: ein Projekt. In: FORUM Schulstiftung. Zeitschrift für die katholischen freien Schulen der Erzdiözese Freiburg. 14. Jahrgang, Heft 38, April 2004, S. 104-105; **60** oben Compassion: Vorstellung des Ziels. In: Dötsch, Regina/Gieren, Monika/Maier, Marie-Louise: Compassion: Vorstellung des Ziels.http://www.schulstiftung-freiburg.de/eip/pages/75_vorstellung.php?rg=5, letzter Zugriff 30.06.2016; **60** Rekus, Jürgen: Compassion: Begründung der Konzeption. In: Rekus, Jürgen: Compassion: Begründung der Konzeption. Compassion als pädagogisches Projekt. In: Engagement. Zeitschrift für Erziehung und Schule. Erzbistum Paderborn, Heft 2, 2000, S. 95-102; **62** links Ladenthin, Volker: Handeln als Werten. In: Ladenthin, Volker: Moderne Literatur und Bildung. Zur Bestimmung des spezifischen Bildungsbeitrags moderner Literatur. Olms G, Hildesheim, Zürich, New York, 1991, S. 29-35; **62** rechts Ladenthin, Volker: Was sind Werte? In: Ladenthin, Volker: Wert Erziehung. Schneider Verlag Hohengehren, Baltmannsweiler, 2013, S. 28-29; **63** links Ladenthin, Volker: Wie fällen wir Werteentscheidungen? In: Ladenthin, Volker: Wert Erziehung. Schneider Verlag Hohengehren, Baltmannsweiler, 2013, S. 32-34; **63** rechts Oser, Fritz/Althof, Wolfgang: Der progressive Ansatz der Moralerziehung. In: Oser, Fritz/Althof, Wolfgang: Moralische Selbstbestimmung. Modelle der Entwicklung und Erziehung im Wertebereich. Klett Cotta, Stuttgart, 1992, S. 103-108; **65** Diskussion moralischer Dilemmas. In: Lickona, Thomas: Wie man gute Kinder erzieht! Kindt, München, 1989, S. 488f.; **66** Gebauer, Matthias: Der Fall Daschner.http://www.spiegel.de/panorama/der-fall-daschner-anklage-macht-der-folter-den-prozess-a-287371.html, Spiegel Online, letzter Zugriff 30.06.2016; **67** links Oser, Fritz/Althof, Wolfgang: Die Entstehung des Just-Community-Ansatzes. In: Oser, Fritz/Althof, Wolfgang: Moralische Selbstbestimmung. Modelle der Entwicklung und Erziehung im Wertebereich. Klett Cotta, Stuttgart, 1992, 339-341; **67** rechts Higgins, Ann: Moralische Erziehung in der Gerechte-Gemeinschaft-Schule – Über praktische Erfahrungen in den USA. In: Lind, Georg/Raschert, Jürgen (Hrsg.): Moralische Urteilsfähigkeit. Eine Auseinandersetzung mit Lawrence Kohlberg über Moral, Erziehung und Demokratie. Beltz, Weinheim, Basel, 1987, S. 56-63; **70** Kohlberg, Lawrence: Moralische Entwicklung und demokratische Erziehung. In: Lind, Georg/Raschert, Jürgen (Hrsg.): Moralische Urteilsfähigkeit. Eine Auseinandersetzung mit Lawrence Kohlberg über Moral, Erziehung und Demokratie. Beltz, Weinheim, Basel, 1987, S. 25-53; **74** Dewey, John: Der demokratische Gedanke in der Erziehung. In: ders.: Demokratie und Erziehung. Beltz: Weinheim, 1949, S. 113-136; **76** Reinhardt, Sibylle: Mündige Bürger – Ziele der politischen Bildung. In: Reinhardt, Sibylle: Politik-Didaktik. Cornelsen, Berlin, 2014, S. 17-18; **77** Sliwka, Anne: Demokratielernen als Aufgabe der Schule? In: Sliwka, Anne: Bürgerbildung. Demokratie beginnt in der Schule. Beltz, Weinheim, Basel, 2008, S. 12-14; **78** Magdeburger Manifest zur Demokratiepädagogik (de Haan, Gerhard/Fauser, Peter/Edelstein, Wolfgang). Leicht verändert aus: Beutel, Wolfgang/Fauser, Peter: Demokratiepädagogik. Lernen für die Zivilgesellschaft. Wochenschau-Verlag, Schwalbach/Ts., 2007; **80** Friedrichs, Birte: Was ist ein Klassenrat? In: Edelstein, Wolfgang/Frank, Susanne/Sliwka, Anne (Hrsg.): Praxisbuch Demokratiepädagogik. Sechs Bausteine für die Unterrichtsgestaltung und den Schulalltag. Beltz, Weinheim, Basel, 2009, S. 54-90; **82** Reichenbach, Roland: Partizipation unter Ungleichen. In: Reichenbach, Roland: Diskurse zwischen Ungleichen. Zur Ambivalenz einer partizipativen Pädagogik. In: Quensel, Carsten/Oser, Fritz (Hrsg.): Die Mühen der Freiheit. Probleme und Chancen der Partizipation von Kindern und Jugendlichen. Chur, Zürich: Rüegger 2006, S. 39-61 (hier: S. 52f., 58f.); **83** links Reinhardt, Sibylle: Empirische Würdigung der Demokratiepädagogik. In: Lange, Dirk/ Himmelmann, Gerhard (Hrsg.): Demokratiedidaktik. Impulse für die Politische Bildung. Springer Fachmedien: Wiesbaden, 2010, S. 125-141 (hier: S. 125-152); **83** rechts Grammes, Tilman: Überwältigungsverbot. In: Grammes, Tilman: Unterrichtsanalyse – ein Defizit der Fachdidaktik. In: Schiele, Siegfried/Schneider, Herbert (Hrsg.): Reicht der Beutelsbacher Konsens? Wochenschau-Verlag, Schwalbach/Ts., 1996, S. 143-169 (hier: S. 147-152); **90** links Herrlitz, Hans-Georg / Hopf, Wulf/Titze, Hartmut: Entfaltungsmöglichkeiten in der ständischen Gesellschaft. In: Herrlitz, Hans-Georg/Hopf, Wulf/Titze, Hartmut: Deutsche Schulgeschichte von 1800 bis zur Gegenwart. Eine Einführung. Juventa, Weinheim, München, 1998, S. 13f.; **90** rechts Blankertz, Herwig: Erziehung/Bildung des Landvolks im Mittelalter. In: Blankertz, Herwig: Die Geschichte der Pädagogik. Von der Aufklärung bis zur Gegenwart. Büchse Pandora, Wetzlar, 1982, S. 18; **91** Uhl, Siegfried: Zur Geschichte des Lehrberufes. In: ders.: Eine kleine Geschichte des Lehrerberufs. Hrsg. v. Hessischen Kultusministerium. Institut für Qualitätsentwicklung, Wiesbaden, 2. Aufl., 2012, S. 4-13; **93** Herzmann, Petra/König, Johannes: Der klassische professionstheoretische Ansatz. In: Herzmann, Petra/König, Johannes: Lehrerberuf und Lehrerbildung. Klinkhardt, Bad Heilbrunn, 2016, S. 27-33; **94** Fend, Helmut: Funktionen der Schule aus strukturfunktionaler Sicht. In: ders.: Theorie der Schule. Urban & Schwarzenberg, München, Wien, Baltimore, 1980, S. 2-5, 15-18; **98** Gruschka, Andreas: Schulpädagogik als Schulkritik. In: Bernhard, A./Rothermel, L. (Hrsg.): Handbuch Kritische Pädagogik. Eine Einführung in die Erziehungs- und Bildungswissenschaft. Deutscher Studien Verlag, Weinheim, 1997, S. 256-270; **99** Gruschka, Andreas: Das Verhältnis der Funktionen von Schule als Ausgangspunkt einer Kritik an der Schule. In: Bernhard, A./Rothermel, L. (Hrsg.): Handbuch Kritische Pädagogik. Eine Einführung in die Erziehungs- und Bildungswissenschaft. Deutscher Studien Verlag, Weinheim, 1997, S. 256-270; **101** Gruschka, Andreas: Das Verhältnis der Funktionen von Schule als Ausgangspunkt einer Kritik an der Schule. In: Bernhard, A./Rothermel, L. (Hrsg.): Handbuch Kritische Pädagogik. Eine Einführung in die Erziehungs- und Bildungswissenschaft. Deutscher Studien Verlag, Weinheim, 1997, S. 256-270; **105** Artelt, Cordula: Anliegen und Merkmale von PISA. In: Artelt, Cordula u.a. (Hrsg.): PISA 2000. Zusammenfassung zentraler Befunde. MPG Förderung Wissenschaft, Berlin, 2001, S. 4f., http://www.mpib-berlin.mpg.de/Pisa/ergebnisse.pdf, letzter Zugriff: 30.06.2016; **106** Pauli, Oliver/Pfeiffer, Dietmar K./Püttmann, Carsten: Methoden empirischer Forschung in der Erziehungswissenschaft. ISF Münster. Schneider Verlag Hohengehren, Baltmannsweiler, 4. Aufl., 2011, S. 20; **107** Hierdeis, Helmwart/Hug, Theo: Pädagogische Alltagstheorien und erziehungswissenschaftliche Theorien. Klinkhardt, Bad Heilbrunn, 1992, S. 8; **108** links OECD: Beispielaufgaben aus dem Feldtest: Lesen, Mathematik, Naturwissenschaften. o.J. Online: http://www.mpib-berlin.mpg.de/Pisa/Beispielaufgaben_Feldtest.pdf, Oecd Publications; OECD Berlin, letzter Zugriff: 18.04.2016; **108** rechts OECD: Beispielaufgaben aus dem Feldtest: Lesen, Mathematik, Naturwissenschaften. o.J. Online: http://www.mpib-berlin.mpg.de/Pisa/Beispielaufgaben_Feldtest.pdf, Oecd Publications; OECD Berlin, letzter Zugriff: 18.04.2016; **109** OECD: Beispielaufgaben aus dem Feldtest: Lesen, Mathematik, Naturwissenschaften. o.J. Online: http://www.mpib-berlin.mpg.de/Pisa/Beispielaufgaben_Feldtest.pdf, Oecd Publications; OECD Berlin, letzter Zugriff: 18.04.2016; **110** Naumann, Johannes u.a.: Die charakteristischen Anforderungen der sieben Kompetenzstufen (Ib-VI) der Lesekompetenz. In: Naumann, Johannes u.a.: Lesekompetenz von PISA 2000 bis PISA 2009. In: Klieme, Eckhard u.a. (Hg.): PISA 2009. Bilanz nach einem Jahrzehnt. Waxmann, Münster, 2010, S. 128; **111** Deutsches PISA-Konsortium: Die Rahmenkonzeption von PISA. Deutsches PISA-Konsortium (Hrsg.): Schülerleistungen im internationalen Vergleich. Eine neue Rahmenkonzeption für die Erfassung von Wissen und Fähigkeiten. Max-Planck-Institut für Bildungsforschung, Berlin, 2000, S. 13f., Online: http://www.mpib-berlin.mpg.de/Pisa/Rahmenkonzeptiondt.pdf, MPI Bildungsforschung, letzter Zugriff: 18.04.2016; **112** Baumert, Jürgen/Stanat, Petra/Demmrich, Anke: Skalierung der Leistungstests. In: Baumert, Jürgen/Stanat, Petra/Demmrich, Anke: PISA 2000: Untersuchungsgegenstand, theoretische Grundlagen und Durchführung der Studie. In: Baumert, Jürgen u.a. [Deutsches PISA-Konsortium] (Hrsg.): PISA 2000. Basiskompetenzen von Schülerinnen und Schülern im internationalen Vergleich. Springer Fachmedien, Wiesbaden, 2001, S. 15-68; **114** Artelt, Cordula u.a.: Leseleistungen 2000 im internationalen Vergleich. In: Artelt, Cordula u.a. (Hrsg.): PISA 2000. Zusammenfassung zentraler Befunde. MPG Förderung Wissenschaft, Berlin, 2001, S. 13-16; **116** Hohn, Katharina u. a.: Veränderung der Lesekompetenz seit PISA 2000. In: Hohn, Katharina/Schiepe-Tiska, Anja/Sälzer, Christine/Artelt, Cordula: Lesekompetenz in PISA 2012: Veränderungen und Perspektiven. In: Prenzel, Manfred/ Sälzer, Christine/Klieme, Eckhard/

Köller, Olaf (Hrsg.): PISA 2012. Fortschritte und Herausforderungen in Deutschland. Waxmann, Münster, New York, München, Berlin, 2013, S. 217-244 (hier: S. 239-243); **118** links Tenorth, Heinz-Elmar/Tippelt, Rudolf: Definition: Standard. In: Tenorth, Heinz-Elmar/Tippelt, Rudolf (Hrsg.): Lexikon Pädagogik. Beltz, Weinheim, Basel, 2007, S. 692; **118** rechts Klieme, Eckhard: Was sind Bildungsstandards? In: ders. u.a.: Zur Entwicklung nationaler Bildungsstandards. Eine Expertise. Bundesministerium für Bildung und Forschung, Berlin, 2003, S. 19-24, http://www.intranet.bbsii-kl.de/media/Unterricht/Lehr-%20und%20Lernforschung/Klieme%20u.%20a.%20Expertise%20Bildungsstandards.pdf, letzter Zugriff: 30.06.2016; **119** Klieme, Eckhard: Merkmale guter Bildungsstandards. In: ders. u.a.: Zur Entwicklung nationaler Bildungsstandards. Eine Expertise. Bundesministerium für Bildung und Forschung, Berlin, 2003, S. 24f., Online: http://www.intranet.bbsii-kl.de/media/Unterricht/Lehr-%20und%20Lernforschung/Klieme%20u.%20a.%20Expertise%20Bildungsstandards.pdf, letzter Zugriff: 30.06.2016; **120** Krautz, Jochen: Kompetenzen machen unmündig. In: ders.: Kompetenzen machen unmündig. Streitschriften zur Bildung. Heft 1. Hrsg. Fachgruppe Grundschulen. GEW Berlin. Online-Version. Berlin, 2015, S. 6, 10-17; **122** Pham, Khuê: Wo kommst du wirklich her? In: Topçu, Özlem/Bota, Alice/Pham, Khuê Minh: Wir neuen Deutschen. Wer wir sind, was wir wollen. Rowohlt, Reinbek bei Hamburg, 2012; **126** Holzbrecher, Alfred: Von der Ausländerpädagogik zum Interkulturellen Lernen. In: Holzbrecher, Alfred: Interkulturelle Pädagogik. Cornelsen, Berlin, 2004, S. 51-55; **127** Welsch, Wolfgang: Transkulturalität. In: Institut für Auslandsbeziehungen (Hrsg.): Migration und Kultureller Wandel. Schwerpunktthema der Zeitschrift für Kulturaustausch. ConBrio Verlag, Stuttgart, 1995; **129** Nieke, Wolfgang: Zehn Ziele Interkultureller Erziehung und Bildung. In: ders.: Interkulturelle Erziehung und Bildung. Wertorientierungen im Alltag. Leske & Budrich, Wiesbaden, 3. Aufl., 2008, S. 75-90; **135** Rekus, Jürgen/Ladenthin, Volker: Transkulturelle Bildung. In: ders.: Transkulturelle Bildung. Verband Pädagogik Lehrer, Pädagogik Unterricht 29, Heft 4, 2009, S. 12ff.; **136** Ladenthin, Volker: Selbstbestimmung und Geltungsansprüche. In: ders.: Der Lehrer in bildungstheoretischer Hinsicht. In: Wenger-Hadwig, Angelika: Der Lehrer - Hoffnungsträger oder Prügelknabe. Tyrolia-Verlag, Wien, 2002, S. 24f.

Bildquellennachweis